O ARQUEÔMETRO

CHAVE DE TODAS AS RELIGIÕES E DE
TODAS AS CIÊNCIAS DA ANTIGUIDADE

*Reforma Sintética de Todas as
Artes Contemporâneas*

Saint-Yves D'Alveydre
Editado por Wagner Veneziani Costa

O ARQUEÔMETRO

CHAVE DE TODAS AS RELIGIÕES E DE
TODAS AS CIÊNCIAS DA ANTIGUIDADE

*Reforma Sintética de Todas as
Artes Contemporâneas*

Tradução:
Idalina Lopes

MADRAS

Publicado originalmente em francês sob o título *L'Archéomètre*.
Direitos de tradução para o todos os países de língua portuguesa.
© 2023, Madras Editora Ltda.

Editor:
Wagner Veneziani Costa (*in memoriam*)

Produção e Capa:
Equipe Técnica Madras

Tradução:
Idalina Lopes

Revisão da Tradução:
Jefferson Rosado

Copydesk:
Fulvio Lubisco

Revisão:
Silvia Massimini Felix
Neuza Rosa
Maria Cristina Scomparini

Dados Internacionais de Catalogação na Publicação (CIP)
(Câmara Brasileira do Livro, SP, Brasil)

d'Alveydre, Joseph Alexandre Saint-Yves, 1842-1909.
O arqueômetro : chave de todas as religiões e
de todas as ciências da antiguidade /
Saint-Yves D'Alveydre ; tradução Idalina
Lopes. -- São Paulo : Madras, 2023.
2 ed.

ISBN: 978-85-370-0937-6

Título original: L'archéomètre.
1. Cabala 2. Ciências ocultas I. Título.
14-10565 CDD-133

Índices para catálogo sistemático:
1. Ciências ocultas 133

Embora esta obra seja de domínio público, o mesmo não ocorre com a sua tradução, cujos direitos pertencem à Madras Editora, assim como a adaptação e a coordenação. Fica, portanto, proibida a reprodução total ou parcial desta obra, de qualquer forma ou por qualquer meio eletrônico, mecânico, inclusive por meio de processos xerográficos, incluindo ainda o uso da internet, sem a permissão expressa da Madras Editora, na pessoa de seu editor (Lei nº 9.610, de 19/2/1998).

Todos os direitos desta edição, em língua portuguesa, reservados pela

MADRAS EDITORA LTDA.
Rua Paulo Gonçalves, 88 – Santana
CEP: 02403-020 – São Paulo/SP
Tel.: (11) 2281-5555 – (11) 98128-7754
www.madras.com.br

É uma felicidade apresentar hoje a segunda edição de *O Arqueômetro*, do saudoso marquês de Saint-Yves d'Alveydre. Com certeza, esta edição será bem recebida por todos aqueles que se interessam pela notável personalidade do autor. O dr. G. Encausse "Papus" proclamava bem forte sua admiração pelo MESTRE INTELECTUAL cujos ensinamentos e conselhos muitas vezes lhe foram proveitosos. Estamos, portanto, convencidos de que, "no além", Papus será o primeiro a se alegrar com esta nova homenagem feita em memória de Saint-Yves d'Alveydre.

Philippe Encausse

Conhecendo o Autor

Joseph-Alexandre Saint-Yves nasceu em 26 de março de 1842, em Paris. Sua infância foi infeliz, em virtude de conflitos com seu pai, que decide matriculá-lo, aos 13 anos, na Colônia de Metrray, uma escola correcional criada por um conselheiro do Tribunal de Instância de Paris, Fréderic-Auguste Demetz, que tornou, para Saint-Yves, seu pai espiritual.

De volta ao lar, sem melhora no relacionamento, o pai obriga o filho a alistar-se na Infantaria da Marinha. Graças à intervenção de Demetz, Saint-Yves tem a permissão paterna para prosseguir seus estudos na Escola de Medicina Naval de Brest, na qual permaneceu por três anos, abandonando, aos 22 anos, os bancos escolares por motivos desconhecidos.

Decide, então, conviver com os exilados políticos do Segundo Império na Ilha de Jersey, provavelmente para ter a oportunidade dê conviver com seu grande ídolo, Victor Hugo. Lá, conhece Adolphe Pelleport, cuja avó, Virgine Faure, muito culta, havia sido ligada ao ocultista Fabre d'Olivet. Saint-Yves passa, então, a estudar toda a obra dele assim como de outros autores clássicos.

Os Amigos de Saint-Yves

Lebreton   W. Batillat

Duvignau de Lanneau   Dr. Chauvet (Sair)

Gougy   Jemain

Conhecendo o Autor 11

Dr. Encausse (Papus)

Marquesa de Saint-Yves d'Alveydre
(condessa Keller)
"O Anjo do Arqueômetro"

Conde Alex Keller   Saint-Yves d'Alveydre

Índice

Introdução à Edição Brasileira 19
    Saint-Yves d'Alveydre, o homem e a missão 19
    A Sinarquia 20
    Agharta, a cidade escondida 20
    Saint-Yves d'Alveydre, o revelador das missões 24
    O casamento 26
    Decadência financeira 29
    O Arqueômetro 29
    O falecimento 31
Adendo à Introdução Brasileira 33
Saint-Yves d'Alveydre e Sua Obra 39
Advertência 43

A SABEDORIA VERDADEIRA
LIVRO I

Introdução ao Estudo do Arqueômetro 49
Dedicatória 51
O Arqueômetro de Saint-Yves – Prefácio 53
Primeira Parte – *A Sabedoria do Homem e o Paganismo* 63
Capítulo Primeiro: A Regressão Mental 63

Da síntese verbal universal à Filosofia individual
– A instrução pagã e a educação cristã...................................63

Capítulo Segundo: O Erro Triunfante...73
I. A luta de Pitágoras contra a mentalidade pagã.
Seus esforços para a reconstituição da protossíntese.........73
I. Os sucessores de Pitágoras – *Os Versos Dourados*............81
II. O falso pitagorismo ancião e moderno
– As três raças mentais..85

Capítulo Terceiro: A Morte Espiritual..95
O Renascimento e o triunfo do Paganismo
pelo Humanismo moderno...95

Segunda Parte – *A Sabedoria de Deus e o Cristianismo*................109

Capítulo Primeiro: A Via..109
I. A Mathesis cristã 109
II. Os critérios constitutivos da Mathesis 117
Primeiro critério..119
Segundo critério – Primeiro grau: positivo
Segundo critério (continuação) 120
– Segundo grau: comparativo
Segundo critério (continuação)...124
– Terceiro grau: superlativo 128
Terceiro critério – A religião...131

Capítulo Segundo: A Verdade...137
I. Identidade do Cristianismo antes
e depois da encarnação..137
II. Cristianismo esotérico 148

Capítulo Terceiro: A Vida..166
I. O cânone orgânico de vida da humanidade
e sua revelação...166
II. A vida divina e a revelação dos mistérios......................180

Conclusão...194
Apêndice I..200
Os ciclos milenares...200
Apêndice II..202
Influência do Paganismo sobre a Revolução Francesa
– Demonolatria de Charles de Sécondat 202

Apêndice III 207
Shema da chave dátilo de 5, $E = \frac{10,y}{2,B}$ 207
Notas sobre a Tradição Cabalística 210

LIVRO II
Descrição e Estudo do Arqueômetro 223
Capítulo Primeiro: Os Amigos de Saint-Yves 224
Capítulo Segundo: Explicações Preliminares 227
I. 229
II. 231
III. 231
Capítulo Terceiro: A Palavra e os Alfabetos – O Planisfério
Arqueométrico – O Arqueômetro Cosmológico 233
    O Arqueômetro cosmológico 234
        Regulador, mediador e compositor universal 234
    O planisfério arqueométrico...234
    Descrição detalhada 236

O ARQUEÔMETRO COSMOLÓGICO
REVELADOR E REGULADOR DOS ALTOS ESTUDOS
    Descrição Detalhada – O Arqueômetro e a Arquitetura..........248
    Coroas de 360 graus ou de 360 decanatos 250
    A palavra 250
    Os alfabetos 252
    Alfabeto morfológico dos primeiros Patriarcas 253
        Superstição e ignorância 254
    Alfabeto lunar: signos védicos derivados do ponto do AUM....256
        Coroa zodiacal da palavra 258
        Inversão 259
    Coroa planetária da palavra...263
    Letras morfológicas e aritmológicas 265
    Aritmologia dos alfabetos cosmológicos solares 266
    Critério de certeza 267

O ARQUEÔMETRO COSMOLÓGICO
REVELADOR E REGULADOR DOS ALTOS ESTUDOS
Definição..276
    Descrição sumária – da circunferência ao centro...................278
        Coroa de 360 graus – transferidor numérico diferencial....278
        Coroa zodiacal da palavra 278
        Coroa planetária da palavra...278
        Triângulo do Verbo Jesus – Terra dos vivos 279

Triângulo de Maria – O mar das águas vivas 279
Estrela solsticial do Verbo 279
Triângulo do éter 280
Triângulo do fogo divino 280
Estrela dos equinócios do Verbo – De seus anjos ou
ALaHIM 280
Coroa musical cosmológica 280
Coroa zodiacal astral 282
Coroa planetária astral 282
Coroa dodecagonal de raios crômicos circunsolares 283
Coroa dos raios brancos 283
Centro solar 283
Resumo da descrição sumária 283
Dupla coroa de 360 graus:
o tempo sem limites, a eternidade 283
Mundo eterno da glória 284
Mundo temporal dos céus astrais 284
Capítulo Quarto: Os Triângulos Celestes 285
A astronomia dos templos iniciáticos da Antiguidade 285
Os planetas 289
Casas ascendentes e descendentes 296
Os ângulos 296
Influências planetárias, os asteroides, Urano e Netuno 300
Os planetas 301
Triângulo do Verbo, de Jesus 303
Trígono da Terra do princípio e da imanação nele 303
Significação das letras 304
As letras zodiacais uma a uma 304
A letra planetária de Jesus 307
As letras zodiacais duas a duas 309
A letra planetária com as zodiacais duas a duas 310
As letras zodiacais três a três 310
A letra planetária com as zodiacais três a três 310
A letra planetária com as zodiacais quatro a quatro 311
Triângulo de Maria 313
Trígono das águas vivas, da origem e da emanação
temporal dos seres 313
Significação das letras 313
As letras zodiacais uma a uma 315
A letra planetária B sozinha

  e combinada com as zodiacais 317
  As zodiacais duas a duas..317
  As letras zodiacais três a três 319
  A letra planetária com as zodiacais quatro a quatro................319
Triângulo dos Santos Anjos 321
  Trígono do éter..321
Significação das letras...321
    As letras zodiacais uma a uma 323
    As letras zodiacais uma a uma 323
    As letras zodiacais duas a duas 324
    As letras zodiacais três três 324
Triângulo do Cordeiro ou de Áries 326
  Trígono do fogo vivificante...326
    Significado das letras..326
    As letras zodiacais uma a uma 327
    As letras zodiacais duas a duas 327
    As letras zodiacais três a três 327
Capítulo Quinto: O Arqueômetro e a Tradição Oriental 329

LIVRO III

As Adaptações do Arqueômetro..393
Capítulo I: A Arquitetuta...394
  Regra musical do marquês de Saint-Yves.................................397
  Aplicação da régua musical na arquitetura e nas formas........398
  Referências bíblicas 404
    Êxodo 404
      Capítulo XXV 404
      Capítulo XXVII 405
      Capítulo XXX 405
    Reis 406
  Capítulo VI – Descrição do templo..406
    Ezequiel 406
      Capítulo XL..406
      Capítulo XLI 407
      Capítulo XLII 408
      Capítulo XLIII 409
Capítulo II: Arquitetura Falante e Musical
(Resumo das Várias Adaptações)..411
  Arqueômetro 413
  O padrão..417

    Patente de invenção 420
    Arqueômetro regulador 436
        Vasos 439
        Colunas..440
    Arqueômetro cromológico 441
    Transferidor de graus 445
    Música dos sons 448
    Resumo...456
Conclusão...469

Introdução à Edição Brasileira

Eduardo Carvalho Monteiro

SAINT-YVES D'ALVEYDRE, O HOMEM E A MISSÃO

Em uma consulta aos dicionários e enciclopédias brasileiras e francesas, raríssimas e econômicas referências são encontradas para o termo "sinarquia". A mais famosa enciclopédia francesa, a *Larousse du XX Siècle,* edição de 1920, assim a define: "Governo simultâneo de vários príncipes que governam diversas partes de um Estado".

Podemos considerar uma definição pobre e simplista demais para o estudo do sistema elaborado por Joseph-Alexandre Saint-Yves, marquês d'Alveydre, uma obra complexa e incomum, concebida por um homem de grande saber ligado às Antigas Tradições. Não pertencente a nenhuma escola ocultista,[1] recluso e voltado a seus próprios estudos, ele deixou apenas alguns poucos e fiéis discípulos além de seu pensamento em várias obras: *Missão dos Judeus, Missão da Índia na Europa, Missão*

---

1. N.R.: Nenhuma instituição "oficial", mas sabemos que, na Tradição, quando o discípulo está pronto, o mestre aparece, física ou psiquicamente, e que na verdadeira Tradição a Iniciação e/ou os conhecimentos vêm de estudo e muita prática.

da Europa na Ásia, Missão dos Trabalhadores, A França Verdadeira e esta, *O Arqueômetro.*

A Sinarquia

Trata-se, a Sinarquia, de um programa de ação e renovação política com uma análise da realidade social segundo a qual a vida de cada comunidade humana, considerada como um organismo fechado, deve, para ser satisfatória, estar em sintonia e corresponder harmonicamente às três funções principais que existem em cada ser humano.

Analisadas por Saint-Yves, essas três funções[2] adquirem a dimensão de uma "biologia social":

A primeira função, que é a base, corresponde ao corpo do homem e sua "nutrição", tratando-se da "economia" da sociedade; a segunda função social corresponde à atividade, à vontade e à alma.[3] Assegura as relações entre os homens por via da legislação e da política; a terceira, o Espírito, diz respeito à ciência, à religião e ao ensino que deve guiar toda a atividade humana, pois eles visam às grandes metas dos homens.

A partir desse esquema simples e insistentemente divulgado por Saint-Yves, desenvolve-se a segunda ideia essencial do sistema e trata de como cada uma dessas funções deve apresentar-se para as Instituições específicas que as irão gerir e fomentar. De uma coexistência harmoniosa, sem que uns dominem os outros, deverão conviver os três "poderes sociais". Daí a definição mais apropriada para sinarquia: *Governo de um Estado, autoridade exercida por várias pessoas ou vários grupos ao mesmo tempo.*

Agharta, a cidade escondida

Sobressai também na obra de Saint-Yves a referência a Agharta, a cidade escondida, na qual, desde tempos imemoriais, os iniciados da Padesa detêm e perpetuam conhecimentos extraordinários: este nome, *Agharta,* significa inapreensível pela violência, inacessível à anarquia.

---

2. N.R.: O Três. Trindade básica em qualquer Estudo Filosófico Superior, as três Matrizes do Universo, da kabalah, nítido no trabalho do Arqueômetro.
3. N.R.: O negativo (-), o passivo funcional; o positivo (+), ativador e animador; o Regulador, a origem, o éter, mais do que a biologia social (visão adiantada para a época) como vislumbra a ciência atual. Partícula, Onda, Possibilidade; como nos mostram a mecânica quântica e as visões mais modernas da realidade, é um padrão energético do Universo.

Em sânscrito, idioma muito utilizado por Saint-Yves na formulação de suas teorias, Agharta significa o impossível de encontrar.

Saint-Yves não foi o primeiro a falar de Agharta. Antes dele, Louis Jacolliot já se havia referido a ela em *Historie dês Vierges* (1875) a partir de uma tradição popular indiana. Em 1924, Ferdinand Ossendowski publica *Animais, Homens e Deuses,* que descreve sua viagem à Ásia Central em 1920, e suas descrições muito se aproximam das de Saint-Yves. Outros autores também falam de Agharta, como Raymond Bernard, em *A Terra Oca;* Andrew Tomas, em *Shambhala, a Misteriosa Civilização Tibetana;* e o erudito cabalista René Guénon, em *O Rei do Mundo*. Os argumentos e semelhanças das ideias desses autores nos levam a considerar seriamente a existência de uma tradição antiquíssima constituída pelo testemunho coletivo de toda uma população asiática de que existe no mundo uma "Terra Santa", poderoso centro de irradiação cósmica guardada por verdadeiras Escolas Iniciáticas,[4] só visitada até hoje por homens especiais e por seu chefe supremo, conhecido na Índia como Jagrat-Dwipa.

Tendo visitado Agharta inúmeras vezes em estados alterados de consciência, Saint-Yves não revela onde ela se situa por razões de segurança: "É suficiente para os nossos leitores saberem que, em certas regiões do Himalaia, entre 22 templos que representam os 22 arcanos de Hermes e as 22 letras de certos alfabetos sagrados,[5] Agharta forma o Zero místico, o impossível de encontrar". Descreve-a, no entanto, aguçando a curiosidade de seus leitores: "O território sagrado de Agharta *é* independente, sinarquicamente organizado e composto por uma população que se eleva a um número perto de 20 milhões de almas".

A sabedoria e a existência de Agharta são transmitidas por revelação ao ocultista Saint-Yves, o qual traça o perfil da cidade que é universitária por vocação, pois seus habitantes dedicam-se principalmente aos estudos e à evolução pessoal.

Prossegue Saint-Yves: "Reina nela uma tal justiça que o filho do último dos párias pode ser admitido na Universidade sagrada; os delitos são reparados sem prisão nem polícia. Fala-se nela, a língua universal, o *vattan*". A organização de Agharta é circular; os bairros estão dispos-

---

4. N.R.: A estas nos referimos quando concordamos que Saint-Yves não pertencia a nenhuma escola ocultista "oficial", mas, pelo seu nível de espiritualidade, o conhecimento que nos legou e pelas suas frequentes "visitas" a essa Terra Maravilhosa, como se depreende do conteúdo do Arqueômetro, necessitasse de "autorização" destas que guardam zelosamente a Cidade Sagrada.
5. N.R.: Os 22 Sons/Símbolos/Qualidades são as 22 frequências vibratórias básicas ou originais de nosso sistema – vide *Kabalah Prática sem Mistério*.

tos em círculos concêntricos.⁶ Em um desses círculos, habitam 5 mil panditas ou sábios: o seu número de 5.000 corresponde ao das razões herméticas da língua védica.

Em seguida, encontra-se uma circunscrição solar de 365 bagwandas, depois outra de 21 Arquis negros e brancos. O círculo mais próximo do "centro misterioso" compõe-se de 12 gurus, cada um deles com "sete nomes, hierogramas ou mantrams, de sete poderes celestes, terrestres e infernais". Enfim, no centro, vive o soberano pontífice, o Brahatmah, e seus dois assessores, o Mahatma e o Mahanga.

Note-se que Saint-Yves não designa o chefe supremo de Agharta por "Rei do Mundo", mas apresenta-o como "soberano pontífice". O caráter pontificial refere-se ao chefe de uma hierarquia iniciática e o termo "pontífice", que significa "construtor de pontes", é extraído de um título maçônico dos Altos Graus em que o pontífice é um fazedor de pontes entre os homens e o Grande Arquiteto do Universo, objetivo último da verdadeira religião – tornar a ligar, fazer a ponte com a Centelha Solar ou Crística dentro de nós. Brahatma, o sumo pontífice, significa "proteção das almas no Espírito de Deus"; os seus dois assessores são o Mahatma "representando a Alma Universal" e Mahanga, "símbolo de toda a organização" material do Cosmos, uma divisão hierárquica presente em outras Escolas de Mistérios, representada pelo Ternário, "espírito, alma e corpo", aplicada por Saint-Yves conforme a analogia constitutiva do macrocosmo e do microcosmo. Em sânscrito, esses vocábulos referem-se a princípios e não são aplicáveis a seres humanos senão na medida em que estes se encaixem nesses mesmos princípios e estejam ligados a funções e não a individualidades.

Também, destaque-se a descrição do círculo misterioso formado por 12 gurus que representam a Iniciação suprema e correspondem à zona zodiacal. Essa constituição está presente igualmente no "Conselho Circular" do Dalai-Lama, formado pelos 12 grandes *Namshahans,* ou, no Ocidente, junto dos Cavaleiros da Távola Redonda.⁷ Saint-Yves continua com sua descrição: "Nas células subterrâneas, estudam inúmeros djiwas: o aluno sente lá a invasão do Invisível. Pouco a pouco, as visões santas iluminam o seu sonho ou os seus olhos abertos. Uma biblioteca de muitos milhares de quilômetros estende-se sob toda a Ásia, contendo apenas livros gravados sobre pedra em caracteres indecifráveis

---
6. Representação, no Universo e na Kabalah, dos planos dimensionais concêntricos, atingidos apenas pela mudança de frequência vibratória e/ou expansão de consciência.
7. E como reza a Tradição na Hierarquia da Fraternidade dos Irmãos da Luz ou Fraternidade Branca.

ao homem vulgar. Impossível deslocá-los: "A memória deve conservar a sua imagem'. No fim da iniciação, todo iniciado tem a capacidade de ver uma pirâmide de fogo que se forma no espaço etéreo constituída pela 'chama espiritual das almas' de Agharta, pirâmide que rodeia 'um anel de luz cósmica'".

Esclarece ainda Saint-Yves, que Agharta é a herança de uma antiga "dinastia solar" *(Sârya-Vansha),* que residia outrora em *Ayodhyâ,* que podemos identificar como a mesma "Cidadela Solar" dos Rosacruzes ou a "Cidade do Sol" de Campanela, e que fazia remontar sua origem a *Vaivaswata,* o Manu do ciclo atual.

Saint-Yves mostra-se reservado quando se trata de falar de seus êxtases místicos que parecem poder ser enquadrados na definição popular de "desdobramento astral", ou seja, viagens fora do corpo em que seu Espírito é levado a Agharta e demais Escolas Iniciáticas de Outras Dimensões ou quem sabe... no próprio plano Físico da Terra, como quer fazer crer Saint-Yves d'Alveydre.

Nas palavras do místico Saint-Yves, "o *epopte*[8] recebe o segredo de acordar enquanto seu corpo dorme". Nos Mistérios, a terceira ou última parte dos ritos sagrados denomina-se "Epopteia" ou revelação, recepção dos segredos. Significa aquele grau de clarividência divina em que a visão se paralisa, tudo o que pertence à Terra desaparece e a alma une-se livre e pura com seu Espírito ou Deus. Porém, o verdadeiro significado de tal palavra é "superintendente, supervisor, inspetor, vigilante, mestre de obra e equivale à palavra sânscrita *evâpta*".

Paulo, o Apóstolo, usou para si mesmo o adjetivo "epopte", mostrando ter sido ele um Iniciado que recebeu o último grau dos Mistérios.

Ao tratar a si mesmo como um epopte, Saint-Yves parece estar falando de sua intimidade de Iniciado e faz uma confidência sobre sua vivência em estado alterado de consciência: "Envolvido em um sudário que lhe cobre a cabeça, tapando hermeticamente suas orelhas, seus olhos e suas narinas, e não deixando espaço vazio senão na boca, os braços cruzados sobre o peito, ele oferece-se ao Anjo da Morte e abandona-se totalmente a Deus".

Em 1893, em Versalhes, onde vivia, Saint-Yves d'Alveydre perde a esposa, transformando o quarto da falecida em câmara-ardente, onde ia constantemente pedir conselhos à sua alma. Barlet, seu discípulo e único biógrafo, esclarece: "Este gênero de comunicação não tinha nada

---

8. Epopte (grego): Um Iniciado. Aquele que passou por seu último grau de Iniciação [São Paulo, ao aplicar a si próprio esta palavra (I Coríntios, III, 10), declara-se um Adepto ou Iniciado, com faculdades para iniciar outrem].

de comum com o Espiritismo; ver-se-á, a propósito das suas doutrinas, que ele condenou sempre energicamente as suas práticas. Ele não tinha nenhuma faculdade mediúnica e não se servia de nenhum médium. Suas cerimônias, bastante mais sagradas, eram de um mundo completamente diferente. Esses atos, assim como as suas experiências de desdobramento, faziam parte desse saber secreto que Saint-Yves d'Alveydre nunca quis divulgar, afirmando: 'Se publicasse tudo aquilo que sei, integralmente, metade dos habitantes de Paris ficaria louca; a outra metade, histérica'".

Foi a alma da sua mulher, durante um dos seus contactos com essa Outra Dimensão, que lhe inspirou a ideia do Arqueômetro, "o instrumento de precisão das altas ciências e das artes correspondentes, e seu transferidor cosmométrico, a sua bitola cosmológica".

Antes, porém, de entramos em detalhes do "Arqueômetro", falemos um pouco mais sobre a existência terrena de seu criador.

Saint-Yves d'Alveydre, o revelador das missões

Joseph-Alexandre Saint-Yves nasceu em 26 de março de 1842, em Paris, filho de Guillaume-Alexandre, médico, com 36 anos, e Marie-Josephine Amouroux, com pouco mais de 18 anos, à 1 hora da madrugada, no domicílio familiar, no número 23 da Rua L' Echiquier, a poucos metros da Igreja Saint-Denis.

Sua infância foi infeliz, repleta de violentos conflitos com a autoridade paterna. Classificado como um revoltado indomável, ele próprio assim se analisaria na maturidade: "No colégio, tinha a triste honra de ser, entre os insubordinados, o mais insuportável".

Cansados de suas extravagâncias, os pais matriculam-no, aos 13 anos, na Colônia de Mettray, uma escola correcional em Indre-et-Loire, perto de Thiers, criada por um conselheiro do Tribunal de Instância de Paris, Fréderic-Auguste Demetz (1799-1873), que, a partir de 1839, renunciara às suas funções para se consagrar à infância delinquente.

Seu método pedagógico baseava-se na intenção de recuperar jovens problemáticos por meio de uma vida de trabalho no campo e vivendo em um castelo. Definia sua instituição como "uma sociedade paternal para a educação moral, agrícola e profissional dos jovens detidos com idade inferior a 16 anos, absolvidos em virtude do artigo 66 do Código Penal por terem agido sem discernimento". Interessaram-se por essa iniciativa diversas figuras proeminentes da sociedade francesa: o conde de Gasparin, o banqueiro François Delessert; o duque Decazes, Rambuteau e outros.

Dirigida por Demetz e Herman de Courtelles, a instituição, que tinha a extensão de 196 hectares (1855), recebia jovens das classes tanto ricas como pobres. Demetz soube tão bem afinizar-se com Saint-Yves e educá-lo, que este passa a lhe devotar grande admiração e a considerá-lo seu pai espiritual.

Esse ciclo de vida durou dois anos para Saint-Yves, que depois estudou com o cura de Ingrandes, o abade Rousseau, antes de voltar ao lar paterno. Sua relação com o pai não melhoraria com os anos de ausência, e este o obriga a alistar-se na Infantaria da Marinha. Uma intervenção de Demetz fez o pai consentir que Saint-Yves prosseguisse seus estudos na Escola de Medicina Naval de Brest.

Por razões que permanecem obscuras, após três anos de curso, aos 22 anos de idade, larga a Escola de Medicina e decide instalar-se junto aos exilados políticos do Segundo Império na Ilha de Jersey, provavelmente para ter a oportunidade de conviver com seu grande ídolo, Victor Hugo. Saint-Yves permaneceria hugoano fervoroso até o fim da vida. É neste ambiente que conhece outro hugoano, Adolphe Pelleport, e frequenta assiduamente as casas de Auguste Desmoulins e Luc Desage, genros de Pierre Leroux.

A sociedade local proporciona-lhe outros contatos que seriam importantes para seus futuros estudos. A avó de Pelleport, Virgine Faure, muito culta, havia sido ligada ao ocultista Fabre d'Olivet, bastante citado por Demetz a seu discípulo Saint-Yves. Este tem, então, a oportunidade de estudá-lo junto a uma fonte fidedigna, pela qual conhece toda a sua obra assim como autores clássicos, formando uma base cultural que muito lhe seria útil mais tarde.

Com a deflagração da guerra de 1870, Saint-Yves volta à França e conhece a Comuna de Paris, que iria marcá-lo profundamente e conduzi-lo a reflexões políticas e sociais, iniciando-se aí a sua ambição em descobrir uma fórmula política propícia a estancar violência nas relações sociais.

Seus projetos, no entanto, adormecem, visto que Saint-Yves teve de aceitar o trabalho de modesto funcionário do Ministério do Interior para poder ganhar seu sustento.

O CASAMENTO

Pobre, solitário, autor de alguns opúsculos que passaram despercebidos, chegou a pensar em tornar-se um monge trapista. O destino reserva-lhe, no entanto, outros rumos. Ele conhece durante um sarau, em um dos raros salões que frequentava, o de Paul Lacroix, na Biblioteca do Arsenal, Marie-Victoire de Risnitch, que, em 1876, divorciara-se do conde Edouard Fiodorovitch Keller, senador e conselheiro privado do czar russo. A condessa rica, 50 anos de idade, e Saint-Yves, 36, afinizados em seus interesses pessoais e de estudos de ocultismo e ciências herméticas, apaixonam-se e consorciam-se em 1877 em uma discreta cerimônia em Westminster, Inglaterra.

Após empreendimentos industriais fracassados, nos quais perdem grandes somas, o casal adquire, em 1880, terras italianas ligadas ao título do marquês de Alveydre, cuja honraria nobiliárquica coube, pela transação, ao plebeu esposo de Marie-Victoire.

Com a independência financeira adquirida graças ao patrimônio da esposa, Saint-Yves passa a se dedicar apenas aos estudos ocultistas e à tentativa de formular a sinarquia.

Desenvolvendo seus dons sensitivos, Saint-Yves, assessorado por seu secretário, Louis Cabrol, passa a ditar suas obras "em uma espécie de êxtase contínuo", as denominadas "Missões".

Em 1882, surge *Mission des Souvenirs par l'un d'eux,* em 12 capítulos, correspondentes aos 12 signos do Zodíaco, um ensaio no qual se apresenta como um Maquiavel que tinha escrito um novo livro de Estado: o do maquiavelismo da Luz.

A soberania de que falava era sacerdotal, tal como ele mesmo se considerava, um soberano, e dizia: "Ainda que não tenha sangue judeu nas veias, tomo lugar entre os judeus, dirijo-me aos seus sábios talmudistas, aos seus cabalistas". *Mission* des *ouvriers* (1882), *Mission des Juifs* (1884), *La France Vraie* (1887), em 22 volumes baseados nos arcanos maiores do tarô, completaram a sua teoria, a qual expôs em uma série de conferências pela Europa, proclamando a necessidade de uma anfictionia sinárquica europeia. A sua política oculta separava a Autoridade do Poder e o Poder (o *Imperium* dos romanos), da Vontade popular para fazer dela a expressão de uma síntese dos conhecimentos por reconciliação da ciência e da religião judaico-cristã e reaproximação dos corpos docentes religiosos e civis. O seu sistema, longe de exaltar o despotismo esclarecido, limitava os poderes pessoais e subordinava-os à fórmula: Reinar é servir.

Mas a publicação de *Mission des Juifs* causou-lhe uma série de problemas. A tal ponto esteve próximo das ideias de Fabre d'Olivet, que Saint-Yves foi acusado de plágio. Eram obras diferentes, seguindo uma mesma linha de raciocínio, mas no *Le Rappel,* de 7 de julho de 1885, um certo Victor Meunier, também diretor do jornal *Cosmos,* acusou-o de plágio das obras de D'Olivet: *História Filosófica do Gênero Humano, A Língua Hebraica Restituída* e *Os Versos de Ouro de Pitágoras.*

Saint-Yves defendeu-se acanhadamente e ficou muito abalado com a publicação, em 1886, de um romance a respeito, *Monsieur Le Marquis, Histoire d'un Prophète,* assinado por um tal Claire Vautier da Ópera, pseudônimo utilizado provavelmente por Camille Flammarion, famoso astrônomo e cientista.

Seu prestígio junto aos ocultistas abalou-se. Oswald Wirth, secretário e biógrafo de Stanislas de Guaita, ocultista de renome no seu tempo, escreve que este último "sentiu um cruel desencanto quando o autor da *Missão dos Judeus* foi desmascarado como plagiário de Fabre d'Olivet". Não querendo fazer coro com os adversários de Saint-Yves, Guaita calou-se, mas não pôde deixar de confidenciar maliciosamente que, "afinal, tudo o que é bom em Saint-Yves é de Fabre d'Olivet, e o resto é Saint-Yves original", no que o amigo se mostrava tão cruel como um inimigo, pois, na opinião de outros ocultistas de prestígio, a obra do marquês de Alveydre era realmente singular.

Talvez os contemporâneos de Saint-Yves tenham sido rigorosos demais em seus julgamentos, visto ser o autor um continuador das ideias de Fabre d'Olivet, e o conjunto de sua obra, muito original em relação aos estudos ocultistas das escolas de Mistérios de então. E, pelo contrário, pode-se dizer que até mesmo Madame Blavatsky e outros teosofistas apoiaram-se neste conjunto da obra de Saint-Yves d'Alveydre para formular sua doutrina.

Considerando-o, pois, um continuador da obra de Fabre d'Olivet, Saint-Yves reescreve, como seu mentor, a história humana a partir dos mitos e das etimologias. Enquanto historiadores eminentes se fixam na herança greco-romana da Europa, Saint-Yves ressalta a dupla influência céltico-druida e judaico-cristã na civilização europeia: "O Ciclo do Carneiro e do Cordeiro", sendo que "o Carneiro Ram *é* designado Cordeiro, o Cristo". Relata, ainda: O nome da Europa Ocidental era *Vahara,* o da Oriental era *Kouru,* exemplificando com a citação da herança dos nomes de regiões e cidades como *Var, Varsóvia, Warszawa* e pela palavra *war,* guerra, ou levantamento de *Vahara. O* carneiro representa, na Índia, o veículo de Agni".

Consciente, pois, da importância de sua obra, não se permitiu ao desânimo de continuar a escrever e, nos anos seguintes, iria publicar vários livros, brochuras e poemas ufanistas destinados à ilustração do sistema sinárquico.

Algumas ideias pregadas por Saint-Yves, como já nos referimos, foram absorvidas pela corrente teosófica, até mesmo antes do surgimento do segmento "Ísis", em 1887, de Blavatsky, sobre a existência de "*Mahatmas,* Mestres da Sabedoria, Invisíveis, que habitavam geralmente lugares inóspitos do Tibete e faziam parte da 'Grande Loja Branca', da qual dirigiam de maneira oculta os destinos do mundo". Para isso muito contribuiu lady Caithness, duquesa de Pomar, editora da revista *Aurora,* na qual assinava artigos o abade Roca, fervoroso seguidor de Saint-Yves d'Alveydre.

A duquesa de Pomar celebrizou-se na sociedade parisiense da época pelas conferências que organizava em seu castelo à Rua Wagran, frequentadas por espiritualistas das mais variadas correntes.

Em 1887, o marquês d'Alveydre conhece o príncipe Hardji Schariff, de Bombaim, um estranho personagem que se dizia *brama-guru pandita,* do qual recebeu conhecimentos que o levaram a escrever *Mission de la Índia en Europe.* Arrependido de tê-la escrito, ou prevenido pelos mestres que lhe fizeram as revelações, Saint-Yves destruiu a edição toda da obra, receoso que fossem dizer dele: "Este homem é louco, mistificado ou mistificador". O único exemplar que conservou ficou de posse de seu genro, Aléxis Keller, após sua morte. Este o doou posteriormente à Sociedade dos Amigos de Saint-Yves, liderada pelo dr. Gerard Encausse, Papus, que, em 1910, reeditou a obra, à qual se acrescentou a frase: "É a primeira obra de Saint-Yves em que as experiências práticas de desdobramento tinham permitido ao autor penetrar nos santuários mais secretos da Terra para verificar os ensinamentos orais. Esses santuários ficavam em Agitaria, a cidade perdida".

Foi Schariff quem revelou a Saint-Yves o segredo de uma autoridade suprema no mundo, organizada de modo sinárquico e liderada por três pontífices: Brahatmah, Mahatma e Mahanga.

Saint-Yves também temia represália desses pontífices, caso publicasse a obra. Como destaque, ressalte-se a advertência aos ocidentais contida em seu texto: "Se não fizerdes a sinarquia, vejo, daqui a um século, a vossa civilização judaico-cristã para sempre eclipsada, a vossa supremacia brutal para sempre domada por um renascer incrível de toda a Ásia, ressuscitada, erguida, confiante, armada dos pés à cabeça e cumprindo, sem o vosso concurso e até contra vós, a promessa social dos abraâmidas, de Moisés, de Jesus Cristo e de todos os cabalistas judaico-cristãos".

Coincidência ou não, China, Índia, Paquistão e Coreia do Norte possuem, mais de cem anos depois dessa previsão, um temido e ameaçador arsenal atômico.

DECADÊNCIA FINANCEIRA

Em 1890, o marquês de Alveydre publica *Mission des Souverains,* uma epopeia dedicada ao exército francês, e, em seguida, *Joana d'Arc Victorieux.*

Por essa época, a fortuna de sua esposa começa a minguar e eles se mudam para Versailles, onde passam a viver mais modestamente no palacete da esposa de Saint-Yves, na Rua Colbert nº 9.

Um grande abalo, no entanto, viria atingir Saint-Yves ao perder sua adorada esposa, a quem ele chamara de *Anjo da Minha Vida* assim que a conheceu. Com a idade de 68 anos, ela falece em 7 de junho de 1895. Seu quarto, como já descrito, passa a ser uma câmara ardente, o qual Saint-Yves visita constantemente para homenagear e receber as inspirações da esposa.

Em 1894, oito anos após a destruição da obra *Missão na Índia,* a biografia de Saint-Yves registra a visita de outro oriental, talvez mais poderoso que o primeiro. Não se identificou, mas não recebeu grande atenção do ocultista que já estava contaminado pelo objetivo de conceber sua grande obra, ainda mais importante que o sistema sinárquico, e que ele chamaria de *O Arqueômetro, uma síntese concreta de todos os conhecimentos da Humanidade.* No Arqueômetro, está contida, segundo o autor, a síntese das possibilidades religiosas, científicas e estéticas do homem.

O ARQUEÔMETRO

O Arqueômetro não foi um sonho só de Saint-Yves Alveydre. Raymond Lulle escreveu *Ars Magna,* em 1275, na qual expõe sua *ars generalis* ou *ars magna,* arte combinatória para dedução e demonstração lógica de todo saber, e a qual exerceu forte influência sobre Leibniz, Nicolau de Cusa e Giordano Bruno.

Athanasius Kircher, um amante das coisas egípcias, era considerado um cabalista e hermetista erudito e se esforçou para empreender uma síntese entre o cabalismo e o hermetismo.

Em seu estudo da Cabala em *O Edipus Aegyptiacus,* no capítulo "De allegorica & hieroglyphicae paralteia", Kircher tenta fazer uma síntese de todas as tradições místicas. Nesse sentido, ele é um Pico della Mirandola do século XVII, mas sua síntese abrange fontes desconhecidas de Mirandola, tais como o México e o Japão, que haviam sido visitados pelas missões jesuíticas.

Pico della Mirandola viajou em 1494 para Roma com suas 900 teses ou questões extraídas de todas as filosofias que ele dizia provar serem todas conciliáveis umas com as outras.

Francisco Sanches, que afirmava ter descoberto a raiz de todas as línguas, construiu seu *speculum archetypun,* suscetível de dar o sentido de todas as palavras imagináveis e a chave de todos os sistemas musicais.

O Arqueômetro, em grego, significa "a medida do Arqueo" (antigo) de que falam os hermetistas, mas Saint-Yves prefere explicar o termo como provindo do sânscrito *Arka-Matra: Arka é* o Sol, emblema central do selo divino, sendo *Ar* a roda radiante da Palavra Divina e *Ka,* a matéria primordial, enquanto *Matra é* a "medida-mãe por excelência, a do Princípio". Significa ainda o sinal métrico do Dom Divino, da Substância em todos os graus proporcionais de suas equivalências. O saber universal do Arqueômetro, que se constitui no fundamento de todas as religiões e ciências, une o Espírito, a Alma e o Corpo da Verdade, demonstrando na observação pela experiência, a Unidade de sua Universalidade e em seu triplo estado social: ordens econômica, jurídica e universitária.

O Arqueômetro, como instrumento, é um círculo de 360° dividido em zonas concêntricas e em triângulos móveis de 12 seções de 30° cada, onde as letras hebraicas, árabes, sânscritas, assim como uma misteriosa "língua primordial", o *vattan,* com os signos zodiacais e planetários, cores e notas musicais, formam um número indefinido de combinações harmônicas. Esse instrumento de correspondência universal serve a todos os campos de conhecimentos humanos e é a chave de toda a Tradição Iniciática. Permite, por exemplo, aos arquitetos elaborarem formas a partir de um nome, uma cor, uma ideia; ao poeta estabelecer relações entre as letras e as cores, exprimindo o ideal perfeito da humanidade. Esclarece Saint-Yves: "As relações das letras e das cores, entrevistas intuitivamente por Rimbaud e os seus imitadores, são determinadas cientificamente pelo Arqueômetro". Enfatiza também o seu criador que o Arqueômetro reintegra todas as medidas às unidades métricas atuais: o metro e o círculo, ou seja, 10^3 mm e 360°.

Em resumo, o Arqueômetro pode assim ser visto:

a) um duplo círculo de 360° girando em sentido inverso de maneira que: 3 representa o Verbo; 6, o Espírito Santo; e 360, o Universo definido;

b) um Zodíaco (12 portas) das Letras Modais, divididas na medida de 30°. Cada porta contém sua letra morfológica e o número tradicional desta letra em uma moldura de cor arqueométrica correspondente;

c) uma área móvel chamada Planetário das Letras, constituído por XII Ângulos; IV Triângulos Equiláteros, XII Letras, XII Números, XII Cores e XII Notas. O Triângulo formado pelas letras IshO é o Triângulo do Verbo (IphO);

d) uma faixa zodiacal fixa (rosa) com 12 signos derivados das XII letras zodiacais;

e) uma coroa azulada planetária astral mobilizada com seus VII signos diatônicos astrais (cinco repetidos). Note-se que a Astrologia arqueométrica tem as suas próprias características e apresenta diferenças nos domicílios astrológicos. Da mesma forma, os valores das letras do alfabeto hebraico não coincidem com os das letras Construtivas Evolutivas e Involutivas do Arqueômetro, pois Saint-Yves utilizou-se de um conhecimento mais arcaico que é a tradição judaica;

f) uma pequena área formada por XII ângulos de IV Triângulos Equiláteros que se cruzam sob o *Triângulo Gerador Metrológico;*

g) um círculo central (Centro Solar) que contém um Pentagrama Musical; uma nota (Mi) no centro comum; uma Letra Adâmica Ressurgente em forma de semicírculo; V Linhas; XII Raios Brancos que formam VI Diâmetros Brancos que passam pelo Centro a 30º um do outro sobre o círculo (30° x 12 = 360°).

A pretensão do autor do Arqueômetro é, pois, inscrever a medida do Verbo em um instrumento material que, de acordo com Papus, é precisamente aquele de que se utilizaram os antigos para a constituição de todos os mitos esotéricos das religiões. E o cânone da arte antiga em suas diversas manifestações arquitetônicas, musicais, poéticas e teogônicas.

O FALECIMENTO

Em 26 de junho de 1903, Saint-Yves d'Alveydre obtém a patente da invenção do Arqueômetro, quando explicou como utilizá-lo para obter a estrutura musical de uma catedral ou a "arquitetura falante" de um canto. Essa primeira versão já continha uma introdução relatando a história da formação do homem.

Com sua morte, às 12 horas de 6 de fevereiro de 1909, em Pau, França, para onde se havia dirigido por motivo de tratamento de saúde, as pesquisas sobre o Arqueômetro pararam.

Seu corpo foi levado para Versailles e sepultado junto ao da marquesa d'Alveydre, no Cemitério Notre-Dame. O túmulo foi construído segundo medidas obtidas com o Arqueômetro e rodeado por belas árvores envolvendo uma cruz de seis pontas ornadas com letras hebraicas, que não se encontra mais lá por ter se partido. Esse acidente teria acompanhado os sonhos de Saint-Yves d'Alveydre e se partido como suas ideias?

Só o futuro poderá responder se a humanidade adotará um dia a sinarquia, "uma nova ordem social" e se utilizará do Arqueômetro, o cânone da arte antiga em suas diversas manifestações arquitetônicas, musicais, políticas e teogônicas.

Barlet, biógrafo de Saint-Yves e Grão-Mestre da Ordem Rosacruz, cabalista, disse por ocasião de seu falecimento: "Saint-Yves estará sempre conosco para nos inspirar e nos guiar". E acrescentou, dirigindo-se aos praticantes das mesas girantes: "Não se trata aqui de uma alusão aos procedimentos espíritas de comunicação com a alma dos mortos, mas de uma presença mental. Tenho mesmo os motivos mais sérios e, por consequência, o dever de afirmar que a alma de Saint--Yves repousa em paz em uma região que nos é inacessível e que toda a evocação desta alma, verdadeira profanação segundo as suas próprias teorias, teria, sobretudo, o efeito de perturbar perigosamente a do evocador.

Eduardo Carvalho Monteiro
Madras Editora

Fontes:
BLAVATSKY, Helena. *Glossário Teológico*.
BRANCO, Plínio A. *Sinarquia, a Nova Ordem Social Que Se Aproxima*.
D'ALVEYDRE, Saint Yves. *La Mission de la Índia en Europa*.
GUÉNON, René. *O Rei do Mundo*.
Revista *Planeta*, edição especial. "Os Mestres do Espírito".
SARANE, Alexandrian. *História da Filosofia Oculta*.
SAUNIER, Jean. *A Sinarquia, ou o Velho Sonho de uma Sociedade Nova*.
YATES, Francis A. *Giodano Bruno e a Tradição Hermética*.
XIRAU, Joaquim. *Vida y Obra de Ramon Lulle – Filosofia y Mística*.

Adendo à Introdução Brasileira

Algo que passa muito despercebido, inclusive em obras de outros idiomas, em versões tanto recentes como antigas, é que a obra não é meramente uma apresentação do sistema criado por Saint-Yves ou como uma apresentação extensa de um método ou instrumento patenteado pelo conde. Apesar de seus discípulos, ao compilarem a obra, terem dito ao final de sua Advertência: "... Não falaremos da obra quanto à sua forma e divisão, pois acreditamos ser bastante clara, sobretudo agora que algumas pranchas do *Arqueômetro* foram reproduzidas e difundidas por todos os lugares...", isso parece não ter ocorrido ainda; apenas para alguns estudiosos que penetraram um pouco mais a fundo no mecanismo e não na aparência.

É um instrumento, sim, dos altos estudos como já se vê nas advertências dos Amigos de Saint-Yves, ou mesmo várias vezes demonstrado no conteúdo da obra, nos escritos do autor e nos adendos de seus discípulos – já que a obra foi feita em cima de documentos do próprio autor e de complementos do grupo de estudos formado por seus discípulos da Sociedade de Estudo dos Amigos de Saint-Yves – como um grande quebra-cabeça em que esse grupo se esforçou em ordenar e clarificar com as ideias, os conhecimentos e experiências que cada um havia obtido junto ao Mestre para dá-lo ao público.

A obra é, em si, a manifestação de seu sistema. Tanto em estrutura como na apresentação didática, em sua forma e sua estrutura, vê-se nitidamente o próprio sistema. A obra é dividida em três livros, sendo assim organizados: o primeiro possui três capítulos; o segundo, cinco capítulos; e o terceiro, dois capítulos.

A obra é construída de forma sinárquica e mais ainda com a estrutura do conhecimento uno ou da coroa do Verbo. Outro item que passa despercebido é que a própria Sinarquia não é mais um sistema político-filosófico, e sim a manifestação do conhecimento uno ou da coroa do verbo neste âmbito. Vejamos: administração trina com um pontífice, um elo com a coroa, com o conhecimento universal visto no Arqueômetro, a base da estrutura é trina – vinda do Uno –, começa se com os triângulos que, em suma, são a manifestação de três conceitos, o próprio conceito da manifestação. Temos dois polos que se equilibram ou saem dele, o positivo, o negativo e o neutro; portanto, do que estamos falando? De energia, de física, de ciência mundana, materialista, mas esta é uma obra filosófica esotérica... Sim! É de ciência mesmo, palavra exaustivamente usada pelo autor por todo este trabalho.

O conhecimento que o mestre Saint-Yves nos passou não é apenas erudição filosófico-arqueológica sobre ideias de povos antigos etc., é uma ciência que se manifesta em vários setores. Vejam que temos os três polos para o triângulo e, quanto aos triângulos, temos o masculino e o feminino – o do Verbo e de Mariah – ou o positivo e o negativo, equilibrados pelo Uno no centro solar do planisfério, isto é, em toda a estrutura. Temos quatro triângulos de quatro letras/sons, frequências sonoras/energéticas – estamos falando de ciência, não?! –, que por sua vez estão relacionados com quatro signos e quatro elementos. Nos quatro elementos, temos dois elementos positivos e dois negativos: Fogo e Ar, Água e Terra, respectivamente; dois pares, cada um deles relacionado ao equilíbrio no centro, sempre a mesma ideia do três, da trindade, do mundo tridimensional, número da manifestação. Na Kabalah, o número três está relacionado à *sephira* Binah, o terceiro item do triângulo das Três Supremas – triângulo que deu origem aos outros de planos dimensionais diferentes – e que se relaciona ao polo feminino no sentido de negativo, passivo-receptor. Justamente por isso está relacionado à materialização, com a manifestação do arquétipo aos outros níveis, até o material, ao plano humano.

Visto isso, podemos ressaltar que:

1) O Sistema do Arqueômetro é científico – em todos os sentidos da ciência – e se relaciona com a nossa realidade e mundo manifesto, não só intelectualmente.

2) Segundo as pranchas, não são apenas gráficos de estudo e especulação matemática; o planisfério do Arqueômetro é uma representação do Universo em suas manifestações e energias, tal qual – comparando grossamente porque vai além – o gráfico/planisfério da astrologia, independentemente das crenças e visão filosófica. Representa o espaço celeste do momento, como uma fotografia em forma de gráfico do posicionamento celeste naquele instante específico, uma imagem gráfica do fenômeno, imagem real daquele dado momento, ou seja, é um instrumento que nos permite ver e calcular os movimentos dessas letras/sons, dessas frequências energéticas que regem tudo, a manifestação, a realidade; vide os conceitos da ciência moderna e da mecânica quântica – temos a essência das possibilidades: a possibilidade que pode se manifestar em duas formas, seja em onda ou em partícula; aí o três novamente, e as diferentes frequências formam tudo o que existe, o que é manifesto. Entende-se que este instrumento não é apenas de estudos, mas de prática também, podendo-se regular e manipular as energias.

3) Demonstra claramente que os antigos tinham uma ciência completa e – principalmente – possuíam um conhecimento universal, único, que apenas era adaptado conforme a cultura regional, clima, língua, conceitos para transmiti-lo. Porém, era sempre o mesmo conhecimento – isso é claro –, antes da deturpação que mudou de posição o conceito base, como nos demonstra Saint-Yves, e da posterior degeneração dos conhecimentos quebram deixa de ser unos para serem versos, diversos, sem o elo entre si e a profundidade antiga, deixando apenas as várias "sabedorias" incompletas e os vários cultos regionalizados em termos de cultura, que não veem sua essência original em comum e, por isso mesmo, não se respeitam. Algo que já discutimos em outra oportunidade.[9]

Em relação à obra que temos em mãos, falávamos de sua divisão antes desses conceitos necessários. Temos a divisão em três livros que é a própria base trinitária do sistema, dois livros de formas de manifestação do método equilibrados por um de regulação, do conceito em si, da compreensão do sistema; mais que isso, do mergulho no mesmo

---

9. N.R.: Mitologia de Síntese.

– já que não há outra forma de estudar este ou outros estudos dessas ciências superiores se não pela prática. Como dizia o aforismo alquímico ... *Ora, Lege, Lege, Lege, Relege, Labora et Invenies!*..., que significa: "Ora, lê, lê, lê, relê, trabalha e encontrarás!" Como na estrutura sinárquica, há duas funções sociais, econômica e política, reguladas ou equilibradas pela função sacerdotal de elo, de ligação com a essência espiritual, coroa do verbo.

A obra é composta em três livros como a função básica de três no sistema; representam três graus para a compreensão ou até três estágios para atingi-la, para a Iluminação.

Essas três luzes estão subdivididas: o primeiro livro tem três capítulos, o segundo tem cinco e o terceiro tem dois, o que perfaz o total de sete: sete níveis, sete letras cantantes ou *falantes* do sistema arqueométrico e que, por sua vez, regem 12 formas de expressão. Lembrando que os sete planetas regem: dois são apenas uma forma de expressão, ou signo cada um – arquetípicos, masculino e feminino, positivo e negativo – e cinco tem, cada um, duas regências – dois polos para cada um no nível das expressões.

Então temos três livros sendo:

O primeiro com três capítulos que representam a base do sistema e, por sua vez, o conteúdo dos mesmos pode se reportar a cada um dos três itens. O segundo com cinco capítulos que representam os cinco planetas ou letras com duas formas de expressão cada, o que é conveniente para uma compreensão mais aprofundada do sistema, que é exatamente do que trata este segundo livro. O terceiro com dois capítulos que representam os dois planetas ou letras que regem uma forma de expressão cada um, a polaridade arquetípica que, por sua vez, também é conveniente para o livro que aborda as adaptações ou aplicações práticas do método.

Como podemos ver, tudo está interligado, inclusive a forma didática do autor ao seu método. Para compreender esta obra, este sistema, deve-se estar munido da prancha do Arqueômetro e, digamos, manipulando-o a cada parte que se estuda, sempre aplicando e pondo em prática. Agindo desta forma, vê-se como se torna simples a compreensão, como no jogo de xadrez: de início parece complicado, mas, ao se conhecerem as peças e como se movimentam, começa-se facilmente a jogar e, quando se vê que tudo – peças e movimentos – está interligado com as formas no tabuleiro, tudo flui, ou seja, não se aprende o xadrez de forma teórica, mas jogando!

O Arqueômetro não foi criado para serem compreendidos apenas os textos explicativos ou a apresentação do método, mas para ser usado, ou seja, para aprender a aplicar as adaptações do planisfério em movimento, o movimento das *letras cantantes*!

Boa aventura e aprendizado, com crescimento!

William Rona

Saint-Yves d'Alveydre e Sua Obra

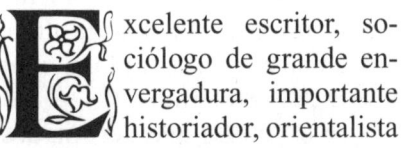

Excelente escritor, sociólogo de grande envergadura, importante historiador, orientalista dominando completamente o uso do hebraico e do sânscrito, músico admirável, Saint-Yves d'Alveydre aborda com sucesso todas as adaptações do esoterismo.

Sua via de iniciação foi sempre a da dor e do sacrifício. Iniciou-se na tradição ocidental pelos centros mais elevados; na tradição do Oriente, pelos dois maiores dignitários da Igreja Bramânica, um deles foi o Brahatma dos centros santos da Índia. Como todos os alunos da verdadeira iniciação oriental, ele possuía todos os cadernos de estudo, sendo cada página contra-assinada pelo brâmane responsável pela transmissão da palavra santa.

A leitura desses cadernos exige o conhecimento aprofundado não apenas do sânscrito e do hebraico (que esses brâmanes possuidores de altos graus iniciáticos conhecem a fundo), mas também das línguas primitivas das quais os hieróglifos e o chinês são adaptações.

Além do conhecimento dos Vedas e, em seguida, dos mantras

mais santos, dos sete sentidos da Séfer e das chaves cabalísticas, o "mestre Intelectual" possuía a prova real de seu grau: a chave viva, que permite transformar em adaptação imediata ao homem, à arte, à sociedade conhecimentos que, sem isso, constituiriam uma enciclopédia de belas coisas mortas e congeladas.

Sob seus dedos, os ritmos dos antigos cantos druidas se construíam prodigiosos e perturbadores; os segredos das antigas formas góticas e das futuras arquiteturas de ferro e de vidro se formulavam, traduzindo em linguagem arquitetural as palavras vivas do Cristo, dos anjos da Revelação. E eu ainda poderia continuar minha exposição durante páginas e páginas, sem atingir o fundo dessa ciência admirável que era assim porque estava viva, e que vivia apenas porque buscava sua fonte no princípio do Amor.

Os literatos e os artistas ficarão emocionados com o estudo das obras poéticas de Saint-Yves: *O Testamento Lírico*, hoje perdido, seus diversos poemas para a rainha da Inglaterra ou para os soberanos da Rússia, e principalmente seu admirável *Joana d'Arc Vitoriosa*, que não seria demais recomendar aos artistas dignos desse nome.

Como sociólogo, Saint-Yves consagrou a maior parte de sua vida à defesa e à difusão de certa forma de organização social: a sinarquia.

A Sinarquia não é uma forma social nova. Ela desempenhou seu papel na humanidade durante milhares de anos. A *Missão dos Judeus*, de Saint-Yves, consagra 900 páginas demonstrando essa tese ao longo da história universal.

A Missão dos Soberanos e *A França Verdadeira* demonstram que progressos imediatos poderiam ser realizados mediante a aplicação da sinarquia em nossas formas sociais atuais, em todos os países.

Um imenso infortúnio atingiu de repente Saint-Yves. A companheira à qual ele havia dedicado toda a sua vida foi levada pela morte impiedosa, apesar das noites de vigília e dos meses de luta de Saint-Yves. Naquele momento, ele se revelou um marido digno desse nome e desse título, no sentido cristão do termo.

Essa morte que deveria destruir tudo, tudo salvou... Do mais profundo desespero, a voz da querida desaparecida ressoou, e é um anjo lá do alto que agora acompanha em todos os seus esforços o pobre exilado aqui embaixo.

Sob a direção e a inspiração da desaparecida, novas obras de um caráter absolutamente singular surgem: *O Arqueômetro* e suas aplicações irão aparecer...

O que é *O Arqueômetro*?

É um instrumento do qual se serviram os antigos para a constituição de todos os mitos esotéricos das religiões. É o cânone da arte antiga em suas diversas manifestações arquiteturais, musicais, poéticas ou teogônicas. É o céu que fala: cada estrela, cada constelação, torna-se uma letra ou uma frase, ou um nome divino iluminando com um novo dia as antigas tradições de todos os povos.

São as chaves arqueométricas que Saint-Yves aplicou a uma nova tradução do Gênesis de Moisés, em uma obra bastante desconhecida: *A Teogonia dos Patriarcas*. Comparada à Vulgata, à tradução de Fabre d'Olivet e aos outros ensaios anteriores, a nova adaptação das palavras de Moisés pela prosa ritmada de Saint-Yves é do mais alto interesse para os membros, pastores ou laicos, de todas as Igrejas da cristandade.

Saint-Yves, entre essas atividades, iniciado diretamente pelos brâmanes hindus, escreveu sua *Missão da Índia*, em que a questão do "Mahatma" é resolvida de forma clara e definitiva. Seus "Amigos" piedosamente reimprimiram essa obra, cujos exemplares, com exceção de um, foram destruídos.

Há então um, ou melhor, vários assuntos de estudo para os críticos futuros e não sabemos o que impressionará mais a posteridade: a imensa erudição do autor, seu estilo tão pessoal e tão brilhante, ou as revelações tão elevadas do iniciado e do historiador.

Papus

Advertência

Faz apenas dois anos que nosso mestre venerado, deixando o mundo visível, atravessou a Porta das Almas, a fim de se unir para sempre ao Verbo divino e à alma angélica, que sempre foi, mesmo invisível, seu apoio e sua vida aqui embaixo.

O desaparecimento desse luminoso gênio fez surgir de todas as partes uma quantidade de discípulos, e isso só nos poderia alegrar, mas alguns desses convencidos de ontem, exagerando um pouco seu zelo de neófitos, tentam se persuadir e persuadir os outros de que são eles os verdadeiros depositários das supremas confidências do mestre, e de seus mais íntimos pensamentos. Inútil acrescentar que todos possuem a fundo o Arqueômetro, cuja descrição exata, aquela que recebemos das próprias mãos de seu inventor, ainda é, no entanto, completamente inédita.

Alguns não hesitam em dar interpretações cabalísticas[10] a esse instrumento de *interpretação*. Outros, que não se envergonham quando afirmam conhecer

---

10. N.R.: Comentário irônico, já na época. Refere-se aqui aos não iniciados no tema, no Arqueômetro – e aos não conhecedores da Cabalá ou Kabalah. Curiosamente a obra trata da Cabalá, a original, aqui designada como Ário-egípcia.

os últimos segredos da ciência arqueométrica, prometem iniciações grandiosas e fantasmagorias que, graças a Deus, só existirão em sua imaginação exaltada. Outros, enfim, ainda que se refiram a Saint Yves, entregam como alimento, a seus leitores, elucubrações de um anticlericalismo e de um antipapismo realmente bastante rudimentares e infantis, dignas no máximo de um subcomitê eleitoral de vilarejo ou de uma Loja de décima ordem do G∴ O∴, e que, se vivo fosse, valeriam a seus autores serem postos no pelourinho por meio de uma dessas palavras ferinas cujo segredo ele tinha.

Entre esses espíritos que leram e sinceramente apreciaram Saint-Yves, alguns puderam se perguntar por que seus Amigos demoraram tanto a defender sua memória. A razão é simples. Um ser como aquele que nunca lamentaremos o suficiente não precisa ser defendido; mesmo morto na Terra, ele é bastante poderoso para se defender sozinho, tendo deixado para trás muitas obras inéditas que calam a boca de todos os impostores. Esta que publicamos hoje é uma esplêndida prova disso. Ela vem na hora certa, na hora desejada e escolhida pelo mestre, e responde como um trovão a todas as insanidades debitadas há dois anos sob o manto de seu nome.

Complemento e selo final das *Missões*, este livro é a verdadeira introdução ao estudo do Arqueômetro. Nunca, em nenhuma de suas obras anteriores, Saint-Yves revelou, como nesta, o fundo de seu íntimo pensamento; nunca, em nenhuma, os mistérios foram por ele assim tão audaciosamente escrutados; nunca como aqui, ele se revelou de forma tão completa.

Não é mais apenas o gênio cristão, o Renovador inspirado na sinarquia que encontraremos, é o verdadeiro sucessor dos nabis[11] antigos, o último Profeta. Uma chama terrível corre em sua obra de Isaías moderno, tão severa para os fariseus e os escribas contemporâneos quanto o filho de Amós o foi para os letrados e os sacerdotes de Judá. Tão aterradoras são suas visões em relação ao futuro da França e da Europa, hoje recaídas na pior anarquia pagã; infelizmente, várias já se realizaram, outras estão em vias de acontecer, e, se não tivéssemos ouvido da própria boca do mestre a leitura dessas profecias há mais de sete anos, diante do infinito mar, que lhes dava, se é possível, ainda mais amplidão e majestade, poderíamos acreditar que elas foram escritas depois.

Mas, ao mesmo tempo que descreve as iminentes catástrofes para os povos sujeitos às leis implacáveis dos ciclos históricos,

---

11. N.R.: De *Nâbhi*, em sânscrito: chefe, rei.

seu coração sangra ante essa fatalidade, que parece inevitável e que, no entanto, poderia ser evitada. Ele exorta seus irmãos humanos a abandonar o falso caminho e a seguir a verdadeira Estrada, aquela que lhes indicou há mais de 20 anos, e que ainda lhes indica. Enfim, suplica-lhes que façam uma tentativa leal dos únicos meios ainda capazes de se opor ao destino e salvar a humanidade. E nesse sentido ele é um verdadeiro homem, homem ao qual "nada do que é humano é estranho", e esse não é o menor de seus títulos em nossa veneração e em nosso afeto profundo.

Por volta de 1903, tal como indicam certas alusões aos eventos de então, foi elaborada a presente obra que hoje publicamos. Notas dispersas e textos completos foram reunidos religiosamente, e nosso único desejo foi o de sermos apenas os coordenadores. Avisamos isso ao leitor para que compreenda que tivemos de transformar em apêndice um fragmento escrito de uma forma e em um estilo completamente diferentes ao adotado no conjunto da obra. E, se conservamos e publicamos esse fragmento inacabado, foi com a convicção de que será lido com prazer por todos aqueles que conheceram o mestre e o estudaram um pouco, pois reconhecerão nesse texto sua fina ironia, esse espírito engenhoso e essa maravilhosa mistura de simplicidade e de elegância que davam tanto charme, originalidade e, às vezes, imprevisto a suas conversações mais elevadas e sérias.

Não falaremos da obra quanto à sua forma e divisão, pois acreditamos ser bastante clara, sobretudo agora que algumas pranchas do Arqueômetro foram reproduzidas e difundidas aqui e ali.

23 de maio de 1911.

Os Amigos de Saint-Yves.

A Sabedoria Verdadeira

BRA-ShITh BRA ALHIM
Gênesis, I, 4.

BRA-ShITh HaIaH HaDaBaR.
São João, Ev. I, 1.

Livro I

Introdução ao Estudo do Arqueômetro

1. O Arqueômetro.
2. Sua reconstituição objetiva.
3. Solstícios e equinócios da palavra do Verbo.
4. Arqueometria das religiões comparadas no incomparável.
5. O bramanismo, inversão do Ishoa-risme.
6. O protesto de Pho-Y de ZaRathosTra do protobudismo Gayna.
7. O iohanismo dos sobas e o maometanismo.

Dedicatória

Meu querido mestre,

O impiedoso destino, que bruscamente pôs fim aos seus dias terrestres, valeu-nos a perigosa honra de substituir, pela união de seus amigos, a unidade de sua inteligência, para a publicação de O Arqueômetro. Se o senhor tivesse vivido para assistir ao nascimento desta sua obra intelectual, a dedicatória que faria seria para o Anjo que conduziu, do outro lado, sua edificação. É à sua querida mulher, a esse espírito angélico que veio à Terra para iluminar com todo o brilho de sua beleza e de sua espiritualidade nosso pobre Inferno aqui embaixo, é a ela que sua obra teria homenageado.

Por isso, é nosso dever evocar no começo desta publicação que vem de um duplo plano, a memória daquela que foi sua inspiradora no mundo da palavra viva.

Dedicamos, portanto, O Arqueômetro à senhora marquesa de Saint-Yves d'Alveydre, que agora está unida eternamente ao senhor, em nome de Nosso Senhor Jesus Cristo e pela bondade de Maria, a Virgem de piedade e de luz.

O Arqueômetro de Saint-Yves

Prefácio

Os estudos clássicos; sua influência. – As hierarquias dos povos. – A astronomia humana. – Atenienses e romanos; seu caráter anárquico. – Origem dos gregos. – Os ciclos antigos. – As metrópoles. – A protossíntese[12] verbal. – O paganismo mediterrâneo. – As invasões. – O surgimento de Pitágoras. – A época atual comparada à de Pitágoras – Por que escrevemos este livro.

Faz cinco séculos que os estudos clássicos nasceram, três que eles usurpam cada vez mais as direções europeias, conduzindo-as à sua ruína sucessiva, em proveito da América e da Ásia. Desde os príncipes herdeiros até os bolsistas de colégio, todos entram cada vez menos cristãos nessas catacumbas, ao contrário, e delas saem cada vez mais pagãos.

Eles são, portanto, excessivos ou falta alguma coisa à segunda saída dessa descida aos infernos, à saída desse país das trevas de onde as jovens gerações entram coradas e saem pálidas. O que falta é uma comparação, um julgamento, uma iniciação em plena vida, uma cura de verdadeira humanidade, de ar celeste de luz divina.

Quando estes estudos foram publicados, já suspeitávamos do seu espírito. Em seguida, nossos altos estudos nos fizeram descobrir, acima dessa anarquia dos ensinamentos, o princípio universal do

---

12. Protossíntese: a primeira síntese realizada na Terra. De início o conhecimento era uno, universal e sintético, adaptado posteriormente a cada cultura.

conhecimento e da sociologia, cuja lei de Estado foi mais tarde o objeto de nossas demonstrações históricas.

Há hierarquias entre os povos; principalmente entre seus guias, de acordo com sua essência original e o enxerto que esses povos possam trazer.

Como regidos por uma astronomia humana, esses guias reaparecem de era em era, de povo em povo, iluminando as trevas, os fluxos, os obstáculos e o rumo das coletividades. Por um tempo mais ou menos longo, de acordo com a natureza dos ambientes, eles reorganizam suas deformações obscuras, dando-lhes um sentido geral e uma exacerbação de destinos. Eles vêm no momento certo, cumprir uma das funções que já descrevemos,[13] e que todas se atraem e se determinam, como um sistema gravitacional.

Uma vez que a teocracia é o mais elevado grau, os povos são sempre visitados no tempo certo por um dos tipos da primeira Ordem, que também possui seus graus: Orfeu, Numa, Pitágoras. Eles se engajam completamente na vida social e na civilização, para sua própria paz, bem como um exemplo para a humanidade.

Nossas *Missões* provam que nós, mais do que ninguém, admiramos os grandes homens de todas as épocas, consequentemente aqueles da Antiguidade greco-latina. Mas não podemos dizer o mesmo dos atenienses e dos romanos, repositórios municipais dessas notáveis individualidades.

De fato, entre todos os meios históricos, nunca houve maiores refratários a esse organismo supremo do que os atenienses e os romanos. A qualidade humana nunca lidou com uma quantidade mais caótica, incoerente, essencialmente anarquista, mais individualista em massa banal e, consequentemente, mais rebelde à individualidade.

Nunca a trepidante atomicidade foi menos suscetível de uma coesão molecular outra que a compressão sob a força das coisas, desnudada na força armada.

É a desordem civil permanente, dedicada ao regulamento militar ou à invasão.

E é então que, para a proteção momentânea desses meios, ressurge um representante de segunda Ordem, uma estrela secundária da astronomia humana. Chamam-se Alexandre e César; e, para que a desordem civil não se devore a si mesma, seu chefe de Estado-Maior o faz devorar o mundo.

A primeira Ordem era social; a segunda é política. Uma cria, a outra conserva o que existe, porém ela só a modifica exteriormente. A podridão intelectual e social permanece no interior.

---

13. Ver *Missão dos Judeus*. Nota dos Amigos de Saint-Yves.

Por isso tudo desmorona no Baixo Império romano-bizantino; é a consequência das ações da Babilônia. A Europa está submetida a essa recordação velha, mas não antiga, movimentada como um romance de aventuras e de escândalos. Mas, graças a Deus, não é essa a norma da longa história universal, é apenas a série evolutiva de uma sequência de decadências, sua ondulação de serpente. Desde sua origem, os próprios atenienses e romanos eram apenas refugiados decadentes, quase estrangeiros nessas cidades, especialmente na Grécia e na Itália.

A arqueologia entre os modernos, a mitologia entre os antigos, uma vez que sob a ordem das universidades sacerdotais indo-egípcias, a História, bem como as outras ciências, era escrita somente em enigmas, os livros sagrados, que enfim nos permitiram abrir os véus das idades remotas.[14]

Nunca nossa veneração será suficiente para com as duas penínsulas que em nosso continente se iniciam nas cadeias montanhosas dos Bálcãs e dos Alpes. A cada passo é possível dizer: *Sta viator heroem calcas!*.[15] Mas o viajante não pisa apenas sobre um pobre herói perdido da história antiga, quase recente; são as necrópoles das idades heroicas e, mais ainda, as metrópoles dos ciclos patriarcais que estão enterradas sob seus pés.

Quando Filipe da Macedônia respondia com uma doce ironia à arrogância dos embaixadores do Peloponeso: "Quantos verdadeiros gregos há entre vocês?", dava-lhes, sem demonstrá-lo, uma pequena lição de história, sabendo melhor que eles que os graios, os totemistas de Grou, eram celta-eslavos epirotas, e que a própria Grécia antiga era eslava e pelasga, até a invasão dos mercadores revolucionários da Ásia: Yonijas e Yavanas de Manu, Yavanim de Moisés. Um rei etrusco, um Numa, também poderia dizer aos levantinos de Tibre: "Quantos verdadeiros italianos existem entre vocês?".

De fato, os verdadeiros gregos eram eslavos dos Bálcãs; os verdadeiros italianos eram celta-eslavos que também desceram das montanhas, dos Alpes ocidentais e orientais. Todos faziam parte da imensa confederação dos pelasgos de Harakala e, antes disso, do Rama de Moisés e dos bramas, o Baco dos greco-latinos, e ainda muito antes do primeiro ciclo dos Patriarcas.

Esses retificadores de rios, de mares, de terras inundadas, esses domadores da animalidade e da

---

14. Saint-Yves d'Alveydre, *loc.cit*. Nota dos Amigos de Saint-Yves.
15. N.T.: "Pare viajante, teus pés estão sobre o pó de um herói!". Epitáfio inscrito pelo conde d'"Enghien na lápide de seu grande oponente, o general Mercy, morto em 1645, na Guerra dos 30 Anos.

natureza selvagem eram sacerdotes sábios, engenheiros militares, lavradores e fundadores de cidades como nunca mais se viu.

Seus arianos[16] agrupados em dodecápolis espalhavam-se desde a Itália até a Grécia, dos Bálcãs até o Cáucaso, da Táurida até as planícies da Tartária, do Irã dos guiborim até o Hébyréh dos Nefilins[17]e[18], e por toda a Ariavarta.[19]

"Oh Hébyréh, residência da Lei pura na Ariavarta."

Assim falou ao primeiro Zoroastro,[20] 28 séculos antes de nossa era, 12 séculos antes de Moisés. Este último segue fielmente o Héber do Hébyréh, ele o cita por sua posição entre os Patriarcas que ele atribui como ancestrais a seus hicsos, àqueles que Maneton chama de párias do Egito. Os brâmanes, no que concerne à Índia, dizem o mesmo que Maneton, mas Zoroastro explica tudo.

Somente na Itália, podemos citar as metrópoles dessas cidades zodiacais, as Argytas tão grandiosamente belas quanto Tebas e Mênfis, tão antigas quanto a Babilônia e Nínive, e que testemunham a mesma ciência que ilumina as

---

16. Arya (sânsc.): "Santo": "Nobre" ou de ruça nobre. Nome da raça (ariana) que invadiu a Índia no período védico. Esse nome tornou-se epíteto de uma raça e nossos orientalistas, privando os brâmanes hindus de sua origem, transformaram os europeus em Árias. No Esoterismo, os quatro Aryas, caminhos ou graus de desenvolvimento espiritual ou "evolução em santidade", denominados "os quatro frutos" que levam ao estado de Arhat, são: Zrotapatti (aquele que entrou na corrente), akrídagamin (que deve retornar à vida apenas uma vez), Anagamin (que não deve retornar à vida) e Arhat (venerável, o quarto grau de perfeição). Portanto, são as quatro classes que correspondem a esses quatro sendeiros e verdades.
17. N.T.: Gigantes, titãs, anjos caídos.
18. N. R.: Ou *whatcher*, do aramaico, vigilantes, os anjos caídos e vigilantes da humanidade no Livro de Chanoch, o Enoch Bíblico.
19. N.T.: Antigo nome da Índia do Norte.
20. Zoroastro, versão grega de Zaratustra (*Zend*) – grande legislador e fundador da religião conhecida como: Masdeísmo, Magismo ou Parsismo, ou Culto do Fogo e às forças imanentes do Sol representadas pelo Deus Mitra. A data do último Zoroastro é desconhecida e, talvez, por esta razão, Xanto de Lydia, o primeiro escritor grego a mencionar esse grande legislador e reformador religioso, situe-o cerca de 600 anos antes da guerra de Troia. Porém, esta data também é incerta. Aristóteles e Eudóxio assinalam uma data não menor a 6 mil anos antes dos dias de Platão, e Aristóteles não fazia afirmações sem estar bem fundamentado. Beroso disse que ele foi rei da Babilônia cerca de 2200 anos a.C., porém também não temos certeza das fontes originais deste, pois, se elas eram os manuscritos de Eusébio, este costumava alterar as datas tanto nas tábuas sincrônicas egípcias como na cronologia caldeia. Haug dá a Zoroastro uma antiguidade não menor que 1000 anos a.C. e Bunsen (Deus na História, tomo I, livro III, cap. VI, p. 276) diz que Zarathustra Spitama viveu no tempo do rei Vistaspa, ou seja, 3 mil anos antes de nossa era, e o descreve como "uma das mais po-

cidades universitárias do norte da Índia, tais como Kaçi, cara aos caldeus, e Tirohita, a bem-amada dos sacerdotes egípcios. Assim, na própria Europa, o declínio social antediluviano cai como um véu cada vez mais opaco, até o advento do Redentor.

Mas se erguermos dobra por dobra o véu rasgado por Jesus, Verbo Encarnado, ele se torna menos espesso e deixa transparecer, e depois resplandecer, a luz da civilização primordial, o império universal dos arianos e dos rutas,[21] a teocracia indo-europeia e egípcia de Ishva-Ra e de Oshi-Ri, de Jesus, Verbo Criador; *Jesus Rex patriarcum*, dizem com razão nossas ladainhas.

"No princípio era o Verbo", diz o discípulo que Jesus amava e para o qual o mestre nada ocultava. Não é possível determinar mais claramente o ciclo da protossíntese governamental, a era primordial em que o Verbo Criador adorado sob seu verdadeiro nome foi profetizado como o Verbo Encarnado, como o Salvador do estado social decaído.

E quando se produziu o paganismo mediterrâneo, o sabá dos burgueses escravistas, as sociedades regulares da Europa, da Ásia, da África, suas universidades, seus templos não deixaram de protestar contra os sofistas, os falsos democratas, os políticos e os oradores rebeldes a qualquer ordem e a qualquer paz social.

---

derosas inteligências e um dos maiores homens de todos os tempos". Com as datas citadas e com a extinção da língua zenda, cujos principais conhecimentos foram traduzidos para a língua pelvi (que, segundo Darmosteter, caiu em desuso na época dos sassánidas), nossos sábios e orientalistas determinaram por conta própria a data hipotética para a idade do santo profeta Zurthust. Porém, os anais da Sabedoria Oculta dão as datas exatas dos 13 Zoroastros mencionados no Dabistan. Seus ensinamentos, especialmente os do último (divino) Zoroastro, difundiram-se desde a Bactriana até os Medos e daí, sob o nome de Magismo, incorporado pelos adeptos astrônomos da Caldeia, influenciaram os ensinamentos místicos das doutrinas mosaicas, embora talvez fosse a base teológica da moderna religião dos parses. Como Manu e Vyasa na Índia, Zaratustra é um nome genérico dos grandes reformadores e legisladores da Antiguidade. A hierarquia começou com o divino Zaratustra no *Vendidad* e terminou com o grande, porém mortal, homem que portava tal título e que hoje está perdido para a História. Conforme é demonstrado por Dabistan, existiram muitos Zoroastros ou Zaratustras. Segundo HPB em sua *Doutrina Secreta*, vol. II, o último Zoroastro foi o fundador do Templo do Fogo de Azarcksh, muitos séculos antes dos registros históricos. Se Alexandre, o Grande, não tivesse destruído tantas obras sagradas dos masdeistas, a verdade e a filosofia o apontariam nos anais da História com o título de "Grande Vândalo".

---

21. Ruta/s (sânsc.): nome de uma das últimas ilhas da Atlântida que foi destruída séculos antes de Poseidônia, a"Atlântida" de Platão. (*Ruta*, em sânscrito, significa também "grito".) Antigo povo que habitava a Ilha de Ruta situada em um continente do Oceano Pacífico.

Roma e Atenas foram banidas da humanidade, como a Babilônia, Tiro e toda a podridão intelectual e moral da Jônia.

Druths celto-kímricos, droths celta-eslavos, volas escandinavos, velles germânicos, reis da Itália e da Ibéria, profetas do Egito, nabis de Israel, magos da Pérsia e da Caldeia, brathmas manávicos, rishis védicos, lamas do Tibete, xamãs tártaros e mongóis, por toda a parte o mesmo anátema contra o Edom[22] e o Yavan de Moisés, contra os Yavanas e o Mlektas de Manu[23].

Enfim se ergue o justiceiro do Norte, o grande Ase[24] de Asgard,[25] Frighe, filho de Fridolf, e nele ruge

---

22. Edom (hebr.): reis edomitas, podem representar as Raças Raízes. Um mistério escondido na alegoria dos sete Reis de Edom, "que reinaram na terra de Edom, antes que ali reinasse qualquer rei sobre os filhos de Israel" (Gênese, XXXVI, 31). A Cabala ensina que este reino era instável, porque ali "as forças estavam desequilibradas", O mundo de Israel é uma imagem da condição dos mundos que passaram a existir subsequentemente ao período posterior ao do estabelecimento do equilíbrio. Por outro lado, a filosofia esotérica oriental ensina que os sete Reis de Edom não são uma imagem de mundos fenecidos ou de forças em desequilíbrio, mas símbolo das sete Raças Raízes da humanidade, quatro das quais desapareceram, a quinta estamos passando e as duas últimas ainda estão por vir. Na linguagem oculta, os véus esotéricos indicam, tal como está explícito no Apocalipse de São João, no cap. XVII, 10. que diz: "E são sete Reis; os cinco caíram e um (a quinta Raça) subsiste e o outro (a sexta Raça-Mãe) ainda não veio..." Se todos os sete Reis de Edom tivessem perecido como mundos de "forças desequilibradas", não poderiam existir o quinto e os outros por chegar. Na *Cabala Revelada**, lemos: "Os sete Reis morreram e suas possessões foram destruídas". e uma nota ao pé. da página reafirma tal observação, dizendo: "Estes sete Reis são os Reis edomitas". (**A Kabbalah Revelada – Filosofia Oculta e Ciência,* de Knor Rosenrot – Madras Editora.)
23. Manu (sânsc.): grande legislador hindu. O nome deriva da raiz sânscrita *man*, "pensar" na humanidade; porém, realmente, significa Swayambhuva, o primeiro dos Manus, que surgiu de Swayambhu. "aquele que existe por si mesmo" e é, portanto, o Logos ou o progenitor da humanidade. O Código ou Livro de Leis de Manu (Manava-dhurma-shastra) é atribuído a este grande legislador, ao qual, para diferenciá-lo dos outros Manus, foi dado o nome de Manu Swayambhuva.
24. Ash (hebr.): fogo físico ou simbólico. Essa palavra pode ser escrita de outras maneiras: Ase, As, Aish e Esch.
25. Asgard (esc.): residência ou reino dos deuses escandinavos; situado "acima da casa dos Elfos de Luz", porém no mesmo plano do Joel unheim, residência dos Jotus, gigantes perversos conhecedores da magia, com os quais os deuses viviam em constantes lutas. Os deuses do Asgard são idênticos aos Suras (deuses hindus) e os Jotuns são iguais aos Asuras. São semelhantes também aos deuses e titãs gregos, que representam os poderes benéficos e maléficos das forças da natureza.

o furor secular dos povos. Metade druida, metade budista, ele sobe em seu pavês[26] (escudo vodan) carregado sobre as 12 espadas de seus apóstolos. Adota o nome de Trismegisto boreal, para reunir, em seu deísmo militante, toda a Europa do Norte, do Centro, do Leste e suas reservas: Og, Gog e Magog, até o coração da Alta Ásia.

Depois, essas torrentes de homens, lentamente reunidos, varrem a civilização de Satã. Realizando a profecia de Cristo, a Roma pagã, sem saber, vingou o céu ao devorar Jerusalém; a Europa vinga a Terra ao entregar Roma vazia aos pontífices de Jesus Cristo.

Resta Bizâncio, onde todas as pestilências de Roma e de Atenas se fundem para perverter os bárbaros e os cristãos. Então surge o vodan do Sul, e Maomé sopra o Corão, a Suna e o Djehad nos tornados humanos do Islã. O que a raça das neves não pôde finalizar é realizado pela raça das chamas e dos tições: árabes, turanianos, turcomanos e osmanelitas.

A Europa atual sofre os mesmos destinos. Ela provoca todos ao mesmo tempo, desde o momento em que troca o espírito vivo pelo espírito morto, o espírito cristão pelo pagão.

E se as energias humanas não bastam para reconduzi-la ao seu Príncipe, Jeová lançará as energias dos elementos sobre essa nova Adamah e sobre sua Atlântida.

Por bem ou pela força, pelo Filho ou pelo Pai, a cristandade retornará ao Espírito Santo.

Seis séculos antes de Nosso Senhor Jesus Cristo, na sombria escuridão do paganismo mediterrâneo que sucede à celeste claridade da síntese órfica,[27] no período

---

26. Pavês (ital.): escudo grande e largo que cobria todo o corpo do soldado. Bandeira, galhardete.
27. Orfeu (*Orpheus*, em grego): "Escuro". Na mitologia é filho de Eagro e da musa Calíope. A tradição esotérica o identifica com Arjuna, filho de Indra [discípulo místico de Krishna]. Percorreu o mundo estabelecendo mistérios e ensinando às nações a sabedoria e as ciências. A lenda de Orfeu diz que perdeu a esposa Eurídice e a encontrou no Hades [mundo inferior], que é um ponto de semelhança com a história de Arjuna, que vai ao Pâtâla (Hades ou inferno, porém, na realidade, aos antípodas ou América) onde encontra Ulûpî, filha do rei Nâga e com ela se casa. Orfeu tinha a pele escura; segundo os gregos, eles nunca tiveram uma cor de pele muito bonita. Sabemos, por Heródoto, que Orfeu trouxe seus mistérios da Índia, e, segundo a ciência oficial, são anteriores aos caldeus e aos egípcios. Sabe-se ainda que, no tempo de Pausânias, havia uma família sacerdotal que, como os brâmanes faziam com os Vedas, transmitia de geração a geração todos os Hinos Órficos, ao ouvido do neófito, confiando em sua memória. (*Doutrina Secreta*, III, 297). Orfeu, músico virtuoso, tocava a cítara, que recebeu dos deuses, à qual acrescentou duas cordas às sete que possuía anteriormente. Tinha tal destreza em tocar a lira, que

anárquico consecutivo à revolução dos sudras[28] em favor da burguesia escravista e da instrução agnóstica; da eminência de um epopta, um homem se ergue, Pitágoras, que se assemelha a um Patriarca do Antigo Testamento; que merece muito mais do que tudo o que foi dito sobre ele, e que, por essa razão, inscrevemos na abertura deste livro destinado a preparar a inteligência para a compreensão e para a utilização do instrumento de precisão que torna experimental a Revelação universal do Verbo, a Divina sabedoria.

É que, mesmo com 25 séculos de distância, nossa época, quanto ao estado mental e governamental europeu, apresenta uma notável identidade com a época de Pitágoras. De fato, no momento em que Pitágoras realiza a missão da Europa, a síntese órfica, retomada da protossíntese patriarcal ou verbal, havia quase desaparecido, afogada pela onda invasora do paganismo dos letrados asiáticos e jônicos. Hoje, ocorre o mesmo: o Cristianismo, obscurecido desde o concordato do século IV, e completamente privado de sua maestria desde o Renascimento, em toda parte cede lugar ao humanismo neopagão.

Pitágoras, sua época, sua obra e as conclusões que ela traz nos oferecem, portanto, uma base sólida para o estudo que empreendemos, e a exposição dos meios científicos que deverão ser usados para erguer o Estado social decaído, e para restabelecer a síntese que o grande filósofo tentou em vão reconstruir.

Ora, desde nosso vigésimo ano, resolvemos ser o Pitágoras do Cristianismo, suplantado desde o Renascimento pelo espírito pagão. Então, 20 anos depois, nossas quatro missões entre os gentios modernos, e nossa ação em Paris, Bruxelas, Roma e outros lugares, e, nesse testemunho dado à verdade, contávamos apenas com Deus e com Seu ajudante de campo: o Tempo.

---

seus acordes amansavam as feras. Era vegetariano rigoroso, levava uma vida absolutamente sem carne. Entre os primeiros monumentos cristãos, encontrava-se às vezes a figura de Orfeu rodeada de animais ferozes e domésticos, bem no (...) sua lira. Nos primeiros tempos do Cristianismo, o insigne cantor da Trácia era objeto de uma singular veneração e culto dos próprios santos padres da Igreja (Martigny, *Dict. des antiq. Chrét.*).

28. Shûdra ou Súdra ou S'udra (sânsc.): A "casta dos servidores", que surgiu do pé da Divindade. [Servo, criado, indivíduo da quarta classe, inferior; indivíduo dedicado à servidão e aos ofícios mais vis]. A última das quatro castas que saíram do corpo de Brahmâ.

E agora, em plena velhice, lançando um olhar retrospectivo sobre a longa trajetória de nosso dever cumprido, vemos, com uma grande paz de espírito e de consciência, que ela não se desviou nem em nossos livros nem em nossos atos públicos ou privados. Ela paira sobre o desconhecimento e sobre a calúnia, mais alto do que o desprezo, tão alto quanto a piedade divina, por esses infelizes cegos conduzidos por cegos ao Inferno humano, que os engolirá.

É essa mesma caridade que, apesar do mais cruel dos lutos, apesar da idade e da doença, nos faz terminar a obra cuja composição foi prometida ao divino mestre e executada com sua ajuda.

A glória pertence, portanto, apenas a Jesus Cristo, e, n'Ele, à alma angélica à qual ele nos uniu e da qual ele desejou que nem a própria morte nos separasse. Assim, antes de ter a indescritível alegria de deixar neste planeta nosso cartão de visita com P. P. C., estamos encantados de saudar a gloriosa memória de Pitágoras com o mesmo respeito que em nossa juventude.

PRIMEIRA PARTE
A Sabedoria do Homem e o Paganismo

Omnis homo mendax
Salmos CXVI, 11.

CAPÍTULO PRIMEIRO
A Regressão Mental

DA SÍNTESE VERBAL UNIVERSAL À
FILOSOFIA INDIVIDUAL
A INSTRUÇÃO PAGÃ E A EDUCAÇÃO CRISTÃ

Definição do paganismo. – Seu caráter. – Sua essência é a anarquia. – A vontade humana erigida em princípio. – A Trimurti de Krishna. – Os sudras. – Mentalidade da terceira casta. – Sua rejeição pelos corpos religiosos. – O milênio do paganismo mediterrâneo. – O paganismo domina o clero e a instrução há mais de quatro séculos. – Instrução exclusivamente pagã. – Educação religiosa reduzida à catequização. – Desequilíbrio em favor do paganismo. – O ser e o ter. – Frineia e o areópago. – O paganismo experimental na criança. – O pai e a mãe; seu papel. – A escola da vida. – Onde encontrar o espírito de vida? – A riqueza. – Evolução pagã da criança. – O sacerdote; seu papel. – O catecismo. – A universidade. – A possessão pagã.

O paganismo é um estado mental e governamental regredindo do enxerto ao silvestre. Sua fórmula: *Primo mihi et sequere naturam*. É sempre sintomático, não de uma evolução, mas de uma revolução. Ele vem de uma instrução corrompida, fruto de uma educação viciosa. Uma está para a outra como o ter e o ser, e o ser corrompido por si mesmo ou por seu meio corrompe tudo, até mesmo um ter verdadeiro, e muito mais um falso.

Seu caráter é ser filosofista e político, antirreligioso e antissocial. É filosofista e antirreligioso porque subordina a razão universal à individual, os dois critérios objetivos da primeira ao subjetivo da segunda. É político e antissocial porque essa subversão no entendimento torna-se suplantação na vontade, e porque ele tende a tomar por todos os meios a legalidade para opô-la à legitimidade.

Periódico em suas crises históricas, crônico em sua causa ontológica, esse estado mórbido é natural ao espírito humano decaído, privado de seus dois critérios verdadeiros: a ciência e a vida, que estudaremos mais adiante. Mesmo tendo erigido sua própria filomania[29] como sistema, sob o nome de filosofia ou até mesmo de teosofia; sua essência é a anarquia, e esta é: *Fiat Voluntas mea*![30] É a vontade do homem. Transformá-la em um princípio e colocá-la em uma balança com um ou vários outros decorados com o nome de providência e de destino significa não reconhecer nenhum princípio. Significa criar três deuses, dos quais dois ficam sobrando, e essa é, realmente, a essência intelectual do paganismo, o politeísmo em primeiro lugar.

Fabre d'Olivet, sobre o qual voltaremos a falar, tomou essa doutrina emprestada, além de outras, de Pitágoras, porém ela nunca foi a doutrina desse grande homem. Ele conhecia muito bem a Trimurti[31] que, com nomes diferentes, na Índia, na Caldeia, no Egito, Krishna substituíra pela trindade patriarcal, a da protossíntese evocada por São João. Qualquer que seja a concessão que o fundador do bramanismo atual tenha desejado fazer há 5 mil anos ao estado mental dos letrados sudras, ele nunca

---

29. Filomania: produção excessiva de folhas e/ou documentos.
30. N. R.: Faça se a minha vontade!
31. Trimurti (sânsc): Trindade indiana, constituída por: Brahma (o Criador), Vishnu (o Conservador) e Shiva (o Destruidor), simbolizando as três faces da natureza.

pretendeu dizer que Brama, Shiva e Vishnu fossem algo além da personificação dos três poderes de um único e mesmo Deus criador, transformador e conservador. E essa mesma tríade era apenas a inversão desejada da trindade anterior, rebaixada do princípio eterno na origem temporal das Hierarquias Criadoras[32] dos seres e das coisas; do Universo divino ao Universo astral; da biologia à

---

32 . Hierarquias Criadoras (As Doze): ocupam-se da construção do Universo, em guiar os homens (seus irmãos menores) no caminho da evolução e em comandar o desenvolvimento das forças espirituais no Universo material. Segundo as tradições indianas, no ciclo evolutivo que estamos, tomaram parte somente sete Hierarquias, que afetam, em nossa partícula de Divindade, a porção de Ishvara (*Bhagavad-Gita*, XV, 7) e o Jivatma, o Ser vivente cuja natureza espiritual superior é parte integrante de uma dessas Hierarquias. A primeira Hierarquia é formada pelos Senhores do Fogo ou Hálitos ígneos Amorfos, Chamas Divinas, Fogos Divinos, Leões do Fogo, da Vida, etc. que constituem a vida e o coração do Universo. O *Atma* (Vontade Cósmica) pertence a este plano; por meio dele passa o raio de Paramatma, que desperta o *Atma* na Mônada ou também o Espírito puro do homem. A segunda Hierarquia é composta por seres de dupla natureza, as "dúplices unidades", Fogo e Éter, o discernimento manifestado, a sabedoria do sistema; o Buddhi cósmico que desperta *o Buddhi* na Mônada humana, que é a intuição pura. A terceira Hierarquia, a do Mahat ou Manas cósmico, é composta pela Tríade, Fogo, Éter e Água, a atividade cósmica, que também deixa parte de sua essência na Mônada do homem à medida que este vai descendo. Estas são as Hierarquias Criadoras arúpicas [sem forma], que moram na matéria ainda muito sutilizada para tomar uma forma limitada na matéria, em que se misturam e compenetram com as outras formas. Manas é o mental abstrato. A quarta Hierarquia é a das Mônadas humanas, que, contudo, ainda não deixaram o seio do Pai Supremo, onde permanecemos verdadeiramente inseparáveis d'Ele, embora no labirinto de matéria nos pareça estarmos separados e distintos. Essa Hierarquia é também chamada de Hierarquia dos Jivas imortais. A quinta Hierarquia é a do Makara, que tem por símbolo o pentágono. Apresenta o duplo aspecto espiritual e físico da Natureza, o positivo e o negativo, que sempre estão em luta recíproca (dos opostos); são os turbulentos, os rebeldes das mitologias, os nascidos do Corpo de Trevas, que, por sua evolução, pertencem a este Universo. São seres de grande poder e sabedoria espirituais, mas que ocultam em seu interior o germe, a essência do ahamkara, daquela faculdade autoativa necessária à evolução humana. São o produto da primeira cadeia planetária. A sexta Hierarquia é formada pelos nascidos do corpo de Brahma, denominado Corpo de Luz. Neste plano de devas, brilham gloriosos os Pitris dos Devas, chamados de Agnichvattas ou "os sêxtuplos Dhyanis". Eles fornecem tudo ao homem, exceto a Alma e o corpo físico, por isso são chamados de "doadores dos cinco princípios intermediários do homem". Guiam a Mônada para que tenha seus átomos inter-relacionados com os princípios do "plasma quíntuplo". São produtos da segunda Cadeia Planetária. Nesta Hierarquia se encontram incluídas as grandes hostes dos Devas e os mais elevados espíritos da Natureza ou elementares do reino médio. A sétima Hierarquia consiste nos seres que conhecemos com o nome de Pitris lunares, nascidos do corpo de Brahma, chamado Crepúsculo ou Sandhya. Seu trabalho em relação à evolução física do homem é idêntico ao dos Pitris Agnichvattas no que se refere à evolução intelectual. Fazem também parte dessa Hierarquia os agentes dos Pitris na tarefa que lhes é encomendada. Esses agentes são as várias cortes de Devas, os espíritos menores da Natureza ou elementares do reino inferior, encarregados de formar os corpos físicos dos homens.

fisiologia; do mundo das espécies à embriogenia dos indivíduos; da involução à evolução.

A mentalidade dessa terceira casta usurpadora, a dos sudras, correspondia apenas ao ensino primário antigo e a alguns períodos do secundário. Sua ganância homicida invadira e aniquilara o Estado social das duas penínsulas, suas metrópoles contemporâneas de Nínive e da Babilônia, a Aliança Templária dos eslavo-arianos, argianos, aqueus e dos pelasgos indianos, reconstituída por Orfeu, o Ribhou dos Vedas. Ela se tornou, portanto, insensível, tanto em direito religioso quanto em ontologia, aos sentidos correspondentes aos graus superiores da Revelação. Com raras exceções e pagando o preço das mais rudes provações, essas metrópoles iriam expiar suas origens anatemizadas de yavanas, de mechtas, de pinkshas, de sudras e de hicsos revolucionários. Foi isso o que Pitágoras fez durante mais de 20 anos, outros dizem que são 40. E ainda assim, mesmo depois de todas as purificações físicas, morais, intelectuais e espirituais, os corpos eruditos religiosos os mantinham em longa observação antes de reabrir neles os sentidos íntimos da graça e de sua vida superior. Na maioria dos casos, eles revelavam apenas os internos.

Quanto à massa instruída, degenerada do Verbo órfico em sua própria verborragia, ela estava mais distante da verdade, que é a vida, do que seus últimos escravos. Por isso ela só viu na filosofia sua própria filomania de discussão, de casuística, de uma dialética sem fim, de uma anarquia mental e governamental. E, apesar de tudo, essa plebe intelectual, elevada à classe dirigente, permaneceu tão curiosa quanto profanadora da perdida Sofia.

De Pitágoras a Hiérocles se estende quase toda a linha do horizonte dos estudos greco-latinos secundários e os superiores. São 11 dos 60 séculos contados pela história mais bem documentada de nossa humanidade terrestre, já que ela, exceto nos livros sagrados, não ultrapassa 6 mil anos.

Faz quatro séculos que esse milênio de paganismo escravagista, de burguesia antissocial é o único modelo mental e governamental de todas as universidades europeias, tanto sacerdotais quanto laicas.

Clérigos e clericatura, cuja diferença será tratada em outro momento, reproduzem esse mesmo clichê da anarquia em uma quantidade igual de exemplares e de alunos. Estes, por sua vez, usam-na para marcar tudo: ciência, arte e vida, legislação, política e costumes. Porém, quanto mais avançamos, tanto mais o molde rebaixa a imitação já estéril e mortal do gênio cristão de nossa raça.

Cada letrado diplomado dessa forma, desde o príncipe herdeiro de um trono até o último bolsista do seminário ou do liceu, tem a mesma instrução vulgar, a mesma mentalidade banalizada. A educação pouco difere onde existe o lar cristão, e se existe a possibilidade de ofertá-la. Mas essa possibilidade torna-se cada vez mais rara, e até mesmo excepcional, graças ao desmembramento das fortunas, ao desenraizamento das existências, à anarquia econômica, frutos desse sistema clássico, incapaz de reger o mundo que ele pretende governar. Em todo caso, a instrução e a educação religiosas encerram-se para todos, indistintamente, na pura e simples catequização.

Esses fatos colocados em uma balança demonstram um enorme peso a favor do paganismo, e uma enorme diminuição em detrimento do Cristianismo. É então a demagogia intelectual dos pagãos, ligeiramente temperada com um pouco de burguesia cristã, que está sentada tanto nos tronos europeus como em todas as cátedras de instrução, inclusive as dos altos estudos e das religiões comparadas, ponto culminante dessa anarquia.

Nesse resultado, não é necessário ser um grande clérigo para ver que a luz dos mistérios do Pai e do Espírito Santo brilha por sua total ausência, do mais alto ao mais baixo dessas hierarquias laicas. Mas, ao mesmo tempo, a luz contida nos mistérios do Filho, pontífice e rei do Universo, Verbo Criador, encarnado, ressuscitado e glorificado, está completamente obscurecida por esse paganismo mental e governamental.

Todavia, a instrução é feita para a vida, e não o contrário, assim como a lei é feita para o homem, e não o homem para a lei, de acordo com as palavras de São Paulo.

É sempre o método do Verbo formulando em todas as coisas da vida, e se trata aqui da vida social. A educação vence, portanto, a instrução, porque a primeira vem do ser e a segunda, do ter. Uma é essencial, a outra é auxiliar. Mas o caráter do espírito clássico é o de substituir o Verbo pela verborragia e de suplantar o espiritual para usurpar o temporal. Ele quer ser ao mesmo tempo a razão que ensina e a razão de Estado, cabeça e braços seculares. É, portanto, exclusivo da educação, porque a imitação política dos pagãos é exclusiva do ser, e resulta apenas em uma possessão demoníaca.

É possível ter bilhões e não ser nada. É possível não ter nada e ser de um valor inestimável. Portanto, a instrução só vale de acordo com o uso que se faz dela, assim como a fortuna, o talento e a beleza.

Quando os helenistas do Areópago absolvem Frineia de todos os seus crimes, porque ela deixa cair suas vestes até os pés, Têmis[33] marca esses porcos da Vênus terrestre nas costas, para a carruagem de triunfo do açougueiro romano. É o sistema penitenciário substituindo a ausência de educação. Tal é o mistério: é preciso que a vida social devore a morte ou qualquer causa de mortalidade coletiva. Por isso, mil anos depois de Zoroastro, Moisés repete: "Nosso Deus é um fogo devorador". A história militar, desde a Babilônia até nossos dias, não passa de um longo e doloroso comentário dessa não menos terrível palavra.

A observação prática e a experiência direta do paganismo estão diariamente diante de nossos olhos. É a infância e a adolescência que passam da família para o peso do Estado político usurpador do Estado social e de seu poder de ensino. A instrução pública assim desenraizada é a árvore da morte, raízes ao vento; seu espírito anda de cabeça para baixo. Ela toma da sociedade representada pela família uma boa e verdadeira moeda de ouro vivo, cunhada com J. C., Jesus Cristo, e, por uma transmutação ao contrário, devolve uma falsa moeda de cobre marcada com J. C., Julio César, pontífice e imperador dos pagãos.

A criança é uma página em branco, sobre a qual podemos escrever tudo, o Céu ou o Inferno. É uma adorável árvore selvagem humana na qual podem ser enxertadas todas as flores das duas árvores do Paraíso. À sua direita, invisível, há um anjo de luz, mas à esquerda há um demônio negro. O anjo traz os sete dons que irradiam do Espírito Santo, o Universal; o demônio traz os sete presentes tenebrosos do autoespírito individual. Há, então, desde o berço, uma luta entre a revolução cristã e a reação pagã, e essa batalha invisível entre a luz e as trevas pode ser vista na criança.

Somente quando se propõe realizar algum empreendimento, torna-se um indivíduo encantador, por exemplo: um verdadeiro *sans-culotte* (patriota da revolução francesa), que se considera o único, o bom, aquele que pode ser amado. Que faz, a sua maneira, a declaração dos direitos humanos... individualmente. Isso de imediato significa para sua jovem compreensão que os deveres são para os pais; porém, o Anjo está ao seu lado!

Como é encantador ver eclodir essas belas flores da primeira

---

33. Têmis: filha do Céu e da Terra, deusa da Justiça. É representada sempre com a balança na mão e os olhos vendados. Como se recusa a casar com Júpiter, este a submeteu contra sua vontade, e dela teve duas filhas: a Lei e a Paz. Júpiter colocou sua balança no número dos 12 Signos do Zodíaco.

idade, esses esboços do livre-pensamento, da livre consciência, da livre ação com todas as suas consequências, desde o pote de geleia degustado secretamente, até as cólicas e as meias remendadas.

Mas o anjo faz um sinal: a religião e a sociedade estão ali! Jesus é representado pelo pai; a Igreja, pela mãe; pois a profundidade do vínculo conjugal mede toda a grandeza da vida eterna. Por isso, bem-aventurada a mãe, pois o santo espírito de Jesus vive nela, feliz e radiante por assumir todos os deveres do amor aos quais todos esses jovens têm direito a partir de seu nascimento. E seu amor não requer essas asas tão pesadas! Não quer mais liberdade, nem de pensamento, nem de consciência, nem de ação; mas todas as correntes, todo o jugo, tão leves!

Da mesma forma que o divino mestre lavou os pés dos apóstolos, ela se dedica inteiramente à sua celestial servidão, à pequena árvore selvagem bem-amada. Jesus disse: "Aquele que quer ser o primeiro entre vocês, seja então seu primeiro criado". Palavras do grande senhor celestial que apenas as mães podem compreender, porque elas possuem uma compreensão celestial: a do coração.

Quando nela insufla seu espírito e sua alma com sua vida, ela quer que seu ranúnculo se torne a mais bela das rosas do paraíso humano e divino. Mas, no ritmo atual deste mundo, e principalmente de seu espírito, são poucas as jovens mães que podem se dedicar a essa seráfica escravidão, são poucas as que, podendo, sabem proteger seu clarividente amor da venda de sua própria idolatria. É aí que começa o perigo temido pelo anjo e aguardado pelo Demônio.

O berço e depois o pequeno leito são o centro da eterna epopeia da vida. Esse pequeno ser sorridente é a maior e a mais grave coisa que possa interessar ao mesmo tempo ao Céu e à Terra, todo o presente, todo o futuro terrestre e celestial, não apenas de uma família, mas de uma sociedade.

É por isso que o divino mestre pede que as crianças venham até ele; é por isso que ele diz: "O Reino dos Céus pertence aos que a elas se assemelham". Assemelhar-se com as crianças é saber ouvir e entender. A criança, como a mulher, possui a verdadeira compreensão: a do coração; ela ouve tudo o que se diz, mas só entende aquilo que se vive. Por isso, o educador deve viver o que ele diz, pois pode instruir sem educar, o que é pior do que deixar na ignorância. Pior, pois a escola da vida é a única verdadeira; todas as universidades juntas não valem sua mais humilde lição.

O pequeno trabalhador tem essa escola na casa de seus pobres pais, e por isso ele suplanta pelo coração todas as classes letradas de origem universitária. Dos sete dons negros do autoespírito, ele apenas possui os dois últimos, e é por essa razão que não possui nada de próprio, ou poucas coisas, exceto suas afeições, que são os bens de Ser, mais do que de Ter, e os únicos verdadeiros.

Mas a educação não deve limitar-se ao saber viver do mundo, pois então seria simplesmente o saber do parecer e não o de Ser, que é o saber real da vida. O último sem o primeiro preserva as últimas profundezas; o primeiro sem o segundo é um pote de pomada que, perfumado na superfície, embaixo é apenas ranço.

Onde podemos, hoje em dia, encontrar essa existência, esse espírito da vida? Raramente na alma dos letrados; talvez ainda um pouco entre os de dedicação ou de disciplina voluntária, sacerdotes e soldados de vocação; muito entre essas pessoas pobres, entre os que levam o peso do dia sem a certeza do amanhã, entre os cavaleiros do trabalho, sobre os ombros dos quais pesa tão fortemente o paganismo contemporâneo. Mas isso não deverá durar por muito tempo, graças aos letrados mendigos do sufrágio universal, esses cavaleiros da indústria política.

"É mais difícil um rico entrar no Reino de Deus que um camelo passar pelo Buraco da Agulha", disse Jesus. (O Buraco da Agulha era o nome de uma das portas baixas de Jerusalém.) A riqueza é tudo o que temos de próprio, começando pela instrução; e, quando esta é falsa, quando não nos vemos como o simples detentor responsável diante de Deus, é melhor não ter nada; a riqueza, nesse caso, serve apenas para aumentar o peso do Eu e torná-lo poderoso. Quando o Senhor recomenda a simplicidade do espírito, Ele quer dizer a disponibilidade para a reflexão da vida, do coração para a cabeça; mas, se a cabeça está repleta de coisas inúteis ou nocivas, ela é a maior oponente, e sua reflexão está fechada à incidência.

É por isso que, ou nenhuma instrução, salvo a elementar, ou toda instrução possível devolvida à simplicidade, à unidade, à humildade da razão individual diante da incidência do Verbo Deus na reflexão universal do homem.

Só dessa forma manifestar se-ão as três raças da verdadeira hierarquia terrestre e celestial, mas não vamos antecipar o que será tratado mais adiante, e voltemos à pequena criança mimada para a qual é difícil a entrada no Reino dos Céus. A mulher na Igreja é a única educadora, o homem no Senhor é o único educador. A criança que não sente esta manifestação de amor e de sabedoria torna-se o senhora da idolatria paterna e materna. Pouco a pouco a pequena razão subordina a grande, sua pequena vontade a manipula, a pequena razão triunfa sobre todo o jardim e o jardineiro do Éden[34] conjugal. De ano em ano, a mente da criança se tornará internamente uma caixa de brinquedos proibidos, uma arca de Noé cheia de ídolos, toda uma filosofia pagã para seu uso, e terá transformado rapidamente essa filosofia em desejo governamental, primeiro gentilmente, depois quebrando tudo. O presente é sombrio, o futuro é negro. O demônio ri, a mãe chora, ela perde cada vez mais o controle das coisas e não sabe a quem recorrer. Em vão, invoca o braço secular paterno; surras, chicote, tapas, todo o arsenal da sabedoria de Salomão se mostra impotente lá onde a sabedoria desarmada do Evangelho já teria conduzido tudo com perfeição.

O anjo reza; corifeu[35] das sete virtudes sociais, a piedade religiosa é a mãe da piedade filial. O sacerdote vem socorrer a sacerdotisa materna. Sente ternura por ela, mas a ela adiciona essa doce gravidade das duas primeiras raças, as do sacrifício, a sacerdotal e a real. Dele irradia o sopro do Espírito Santo que exorciza o autoespírito e no qual se retifica o mental da criança rebelde. Os joelhos da mãe sobre os de seu modelo, a Igreja; a catequização retoma a obra indecisa, para não dizer comprometida. Ela começa o enxerto divino no ponto em que ela poderia ter tido êxito quando o Verbo, por meio dos lábios maternos, ensinava a palavra em sua fonte divina: a oração; ele mesmo dava, por meio da jovem mulher, a resposta do Deus Vivo: sorrisos, carícias, beijos, luz e calor da vida.

O catecismo é o ensinamento primário do Evangelho, é o melhor que poderia existir. Mas, infelizmente, onde está o secundário, o da segunda raça; aquele ensinamento superior da primeira? Eles são, no entanto, indispensáveis às idades viris, às fases iniciáticas da vida, à iniciação e à condução dos indivíduos, e, por suas fraternidades, bem como pelas ordens de suas raças, para a conduta das sociedades.

O Evangelho possui apenas uma única luz, a da vida eterna, mas essa luz tem muitos graus, da lamparina à lâmpada, da lâmpada à Lua, da Lua ao Sol, vivendo das existências e de seus espíritos.

Logo após a primeira comunhão, quando o infante sai pelas portas de ouro da Igreja, abertas sobre a Cidade de Deus, as portas de bronze do Universo se abrem,

---

34. Éden (hebr.): paraíso terreno segundo a Bíblia. Lugar de delícias, sítio aprazível.
35. Corifeu: indivíduo caudilho, chefe, líder de uma classe, partido ou profissão, Diretor ou regente dos coros nas tragédias.

engolem-no e voltam a se fechar. Completada sua educação da vida, que está apenas começando quando a instrução da morte vem soprar por cima. Por trás das grades vigiadas pelo carcereiro, a criança vai descendo novamente os graus que tinha acabado de subir, mudando novamente sua alma e seu espírito. Então, os outros graus do abismo se abrirão ante esse jovem, que passa da puberdade para sua plena virilidade; a mente da sua alma sente pouco a pouco pesar sobre ela o espírito glacial, a morte; as políticas que ensinam aos mercenários do governo, em lugar do espírito cálido da vida; o social de todas as dedicações gratuitas.

O enxerto novamente murcha, a arvorezinha silvestre retoma seus direitos, a seiva dos sentidos usurpa a do coração, e, como não é mais exorcizado, o jovem espírito se levanta rebelando-se ou se debilita na constrição.

Mas eis que surge a lanterna mágica do Paganismo que começa suas projeções, suas evocações e, infelizmente, suas reencarnações mortuárias sobre uma atenta multidão de jovens médiuns, almas viventes: Homero, Horácio, Virgílio, Demóstenes, Cícero, e depois todas as saturnais do individualismo filosófico e dos políticos, dos sofistas e dos retóricos, toda a licantropia[36] burguesa da loba romana, toda a aigotropia medíocre do macho bode grego.

Que possessão infernal se abate sobre as crianças! E como resistem, uma vez que ela vence os homens feitos, por falta de uma educação completa, por falta de um ensino integral, que controla cada uma das doutrinas, para constatar seus erros ou as verdades à luz dos dois critérios objetivos, dos quais nos ocuparemos na segunda parte deste livro.

---

36. Licantropia (licomania): alienação mental em que o doente julga transformar-se em lobo. Pretensa metamorfose em lobisomem.

CAPÍTULO SEGUNDO

O Erro Triunfante

I

A LUTA DE PITÁGORAS CONTRA A MENTALIDADE PAGÃ. SEUS ESFORÇOS PARA A RECONSTITUIÇÃO DA PROTOSSÍNTESE

O paganismo no tempo de Pitágoras. – Resistência das Terceiras Ordens. – Pitágoras e Aristóteles. – Pitágoras é um filósofo? – Seus mestres. – A unidade religiosa antiga. – As diferentes sínteses; sua sobreposição. – Adão. – Citação de Moisés – Koush; os Kashidim. – Pitágoras, peregrino da unidade. – Livros de Orfeu – Thoïth e Thoth. – Nomes do Verbo nas duas primeiras sínteses. – Pitágoras repudia o Paganismo. – Teofania de Pitágoras. – O orfismo. – O domínio noaquida. – Os OSIoï. – Pitágoras destrói seus próprios trabalhos.

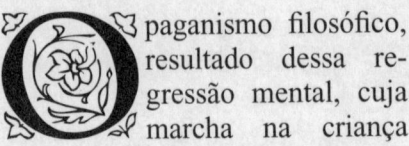

O paganismo filosófico, resultado dessa regressão mental, cuja marcha na criança que está se tornando adulta acabamos de acompanhar, e que domina a Europa atual, já a escravizava na época de Pitágoras. É contra ele que o grande iniciado e as Ordens que fundou, de acordo com os planos da síntese órfica, tentaram em vão cumprir a função de terapeutas sociais, entre os escombros das Terceiras Ordens jônicas e fenícias que haviam corrompido o espírito e conturbado essa organização da Grécia e da Itália antigas, celta-eslavas e dos pelasgos, sobre as quais falamos anteriormente.

Esses teólogos laicos, principalmente Pitágoras e Aristóteles, que se destacam da banalidade de seu tempo como homens de outra raça e de outro ciclo, vieram dos templos metropolitanos do politeísmo para tentar conjurar um duplo flagelo perpétuo, o da revolução civil e de seu corretivo militar, isto é, a guerra. São Paulo, em suas epístolas aos romanos, define maravilhosamente a mediocridade da terceira casta mental e moral, e podemos até dizer que esses filósofos a pressentiram.

E a história o comprova além da conta, infelizmente! Quanto esses meios permaneceram refratários à ação desses homens, a todo espírito hierárquico, a toda sociologia, e como somente a segunda raça mental, a dos Estados-Maiores militares, pôde vinculá-los à sua paz forçada.

Esse admirável Pitágoras, que criou a palavra filosofia no idioma grego, também era um filósofo, no sentido em que tomamos o termo filosofia: o Ter de sua própria sabedoria? Um religioso, sim; um fundador de Ordens, que seja; o São Benedito do quase divino Orfeu, que seja: mas um filósofo, é dizer muito e não o bastante.

Há séculos, os chefes das confrarias órficas que então dirigiam a Grécia e a Itália intitulavam-se teólogos e profetas. Antes de Pitágoras, Numa fora um de seus enviados à nascente anarquia dos romanos. Era o rei eleito de um colégio sagrado etrusco de acordo com os ritos patriarcais. Os Mestres mediterrâneos do Grande Samien tinham o mesmo caráter: Epimenides, Ferécido de Siros, Aristeas de Proconesis; eram todos teólogos e profetas, o segundo era taumaturgo; o terceiro, sacerdote. Seu antecessor na Itália, Xenófanes, pai espiritual dos eleatar, era igualmente teólogo, combatia de peito aberto o paganismo dos jônicos e mesmo seu politeísmo, assim como o dos fenícios.

Por isso, certamente, os hierofantes que instruíram Pitágoras não eram filósofos: Temistocleia era grande sacerdotisa de Delfos; Abaris, sacerdote do Verbo solar entre os hiperbóreos; Aristeas, já mencionado; Zalmoxis, o chefe dos sacerdotes trácidas; Aglaofemo, grão-sacerdote de Lesbetra, etc.

Citamos aqui apenas os chefes dos templos da proto-Grécia, a órfica, a eslava, traço de união de todas as federações celta-eslavas e pelasgas que remontam à Igreja patriarcal designada por Manu e Moisés pelos nomes de Koush e Rama.

Mas acompanhemos Pitágoras nas metrópoles iniciáticas da África e da Ásia. Seus mestres sacerdotais são: em Sais, o profeta de Oshi; em Om, Heliópolis, no templo no qual Moisés, sob o nome de Oshar-Siph, tinha sido o profeta de Oshi-Rish e o iniciador de Orfeu, o profeta Hôn-Ophi. Na Babilônia é Nazaré (esse nome é sugestivo, porque o profeta Daniel, o Nazareno, era então o Grão-Mestre do Colégio Sagrado dos Magos). Na Pérsia, é o chefe dos neozoroastrainos, o Gheber Zarothosh. No Nepal, visitado também por Lao-Tsé, é o primeiro *pandit* do Sagrado Colégio de Brama depois de Krishna, e, antes deste último, de IShVa-Ra.

Façamos uma pausa para observar algumas etapas importantes da antiga unidade religiosa. Ela contava com numerosas sínteses e alianças sobrepostas, como segue:

1. A universal de ISh Va-Ra;
2. A indiana das raças morenas e douradas, as de Bharat e de ISh Va-Ra;
3. A ariana conquistadora, a de Pavan, do Hanouman citação de Rama;
4. O sistema de Nared, que adere à protossíntese;
5. A bramânica concordatária, a de Krishna, fonte do abramanismo dos cashidim, sendo estes últimos uma ramificação dos iyotishikas de Caçi, Cashi. O egipcianismo concordatário segue os pouranikas de Tirohita.

Essa sobreposição dos sistemas pré e pós-diluvianos, de seus ciclos e de suas doutrinas, é quase impossível de captar, por causa da inversão do selo de AMaTh, que, realizada por Krishna cerca de 3 mil anos antes de Pitágoras, produz a da palavra do Verbo BRA-ShITh, de seu ShéMa e do SéPheR. Mas, com o Arqueômetro, é relativamente fácil se reconhecer, e a sobreposição indicada anteriormente se torna então muito clara.

Moisés chama a protossíntese e a primeira aliança de Adão, em védico, AD-Am, unidade-universalidade; e ela se multiplica em inúmeras igrejas étnicas que Moisés chama de Patriarcas até Noé, de acordo com os egípcios, os caldeus, os brâmanes, os magos, o Kouo-Tsé do Extremo Oriente e os votânidas do Extremo Ocidente.

Começam então a deutossíntese e a segunda aliança universais. Se nos fosse necessário mencionar todos os documentos históricos dessas duas Igrejas Católicas, este livro quase não bastaria. Moisés, que tinha todos esses documentos sob seus olhos, registra entre outros, com sua habitual precisão, aquele que diz respeito e interessa hoje mais do que nunca às vanguardas da raça branca na Ásia, no Nepal e na Pérsia. Eis a tradução de suas palavras extremamente misteriosas e veladas com uma preciosa arte, porque sua substância é muito simples, muito real e, sobretudo, sem metáforas nem filosofia.

Bereshith, capítulo VI, versículos 1, 2, 3, 4.

1. "Tendo-se pervertido a Igreja do Patriarca Adão, por causa da multiplicação das raças e da sua mistura, sobre a face visível (PhaNa-I) da Terra espiritual (ADaMaH), o resultado foi a formação de numerosas confrarias de Virgens.

2. "Os filhos dos Alhim celestes amaram essas filhas de Adão. Tomaram-nas como esposas espirituais, como inspiradoras, como Nashim, aquelas cujo amor os cativara mais em espírito: (B'Ha-ROu), inversão de Ba-ROu-aH).

3. "Porque os Nefilim[37] existiam agora na Terra astral desses Ya-Mim, épocas e ondas luminosas do Yá. Com efeito, desde que os filhos dos Alhim tinham perseguido as confrarias virginais da Igreja de Adão, a aliança ghibórea, a grande Boreal havia nascido dessa inspiração e havia fundado desde a mais remota Anosh-Ya, a corporação masculina do Ya, o Estado-Maior sagrado de Ha-Shem, do Shema celeste da glória divina."

Eis a antiga aliança chamada hoje de ariana, fundada por uma reação das Virgens inspiradas contra a decadência universal. Pitágoras não esquecerá, como chefe de Ordens, de devolver ao feminismo verdadeiro toda a sua missão, toda a sua parte legítima de influência.

Além da aliança citada, mas muitos séculos depois, devemos mencionar aquela que data do Patriarca Koush antes da Revolução Nemródica. As metrópoles orientais, cujos colégios sagrados tinham como correspondentes todos os outros centros mais ou menos ligados à Antiga Ordem, eram: a capital de Jana-Cadesha, Mithilâ, para a seção das ciências divinas e humanas chamadas purânicas, ou humanidades santas, e Kashi, para a seção das ciências chamadas positivas ou iyóticas, porque a

---

37. N.R.:Os que desceram, que vieram à Terra, erroneamente considerados como caídos, por isso Anjos Caídos.

astronomia desenvolvida até a fisiologia cósmica era vista como a síntese dessas ciências.

São dessas épocas históricas que datam, muito antes de Moisés, as relações sacerdotais da Índia com o Oriente e o Extremo Oriente de uma parte, e o norte da Ásia e a Europa, inclusive a Grécia e a Itália, de outra. E, enfim, com o Egito e Etiópia. Foi de Kashi, hoje Benares, que veio o colégio dos Kashidim (literalmente, dados por Kashi), os caldeus. Foi também lá que os magos do antigo Irã iriam terminar seus altos estudos iyóticos. Mas, desde o primeiro Zoroastro, e seu repúdio do culto dos Devas, que ele considerava como contrário à antiga ortodoxia, eles se abstiveram de Mithilâ, o grande colégio purânico frequentado pelos sacerdotes egípcios, cólquidos, délficos e outros.

Pitágoras era, portanto, um religioso, um piedoso peregrino da unidade e da universidade patriarcais, um fiel de sua dupla revelação e de seu duplo critério que estudaremos mais adiante: a vida e a ciência. A vida, vida eterna, uma vez que o tanatismo, que é a finalidade de todo ser, seria o princípio da vida, o que é absurdo. A ciência, não a do homem, mas aquela que antes dele já estava escrita em todos os fatos, desde o infinitamente grande até o infinitamente pequeno. A biologia do Universo invisível e a fisiologia do Universo visível.

No mais, vamos ouvi-lo por intermédio de seus discípulos e ele nos dirá se os critérios da verdade são objetivos ou subjetivos, reais ou metafísicos, vivos ou mortos, universais ou individuais.

"A razão humana tem, por si só, apenas um valor de conjetura. A ciência e a sabedoria pertencem somente à divindade e só temos o poder de obter seu conhecimento de acordo com nosso grau de receptividade."

Essas palavras trazidas por Proclo cheiram a incenso, aos altares do Verbo, seu Cristianismo uno e universal, sua revelação contínua desde os primeiros Patriarcas até os de nosso tempo.

Comecemos pelos altares do Verbo.

É historicamente certo que Pitágoras reconstituiu, graças à documentação dos templos, um dos livros de Orfeu: *O Verbo hierático*. Dedicou-o à memória desse profeta eslavo, renovador da Grécia e da Itália patriarcais. Já é menos certo que os sacerdotes egípcios conservassem, sob o nome de Thoïth, livros provenientes da protossíntese, a antediluviana do Verbo, e sob o nome de Thoth, os livros da deutossíntese, a pós-diluviana. Mas não se pode duvidar de que a substância desses livros era comum às universidades religiosas da Europa, da África, da Ásia e até mesmo da América, até a revolução filosófica política que, em

3100 antes da encarnação, quebrou essa Santa Aliança e a obrigou a se ocultar. É incontestável que entre os 10 mil nomes do Verbo, disseminados nessas duas sínteses, aparece há muito tempo seu nome direto ou invertido; em etíope ShOu-I, em zenda IOSh, em caldeu IShO, em védico Ish Va, em sânscrito ISOus, em chinês ShOuI e SOuI. É o IeShU, rei dos Patriarcas de nossas preces. Esse mesmo nome era o de Moisés escrito da forma como lhe foi dada pelo infante Thermouthis: M'OShI, dedicado a OShI.

Os qabbalistas têm toda a razão, quando dizem por hábito de tradição: o nome de Deus está no de Moisés; mas eles não podem oferecer a prova: ela está no que precede.

Teremos de retomar todos esses pontos de forma mais detalhada; mas o que notamos aqui prova que o ponto de apoio tomado por Pitágoras sobre o Verbo nos templos de Europa e da Ásia é religioso e não filosófico. Ele pertence à revelação una, universal e contínua da Igreja e das Igrejas patriarcais. Ao mesmo tempo, Pitágoras não pôde deixar de repudiar o paganismo jônico, seu politeísmo ateu, sua anarquia mental, suas políticas antissociais. E, ao fazê-lo, seguiu apenas as pegadas de Numa e de Xenófanes no Ocidente, de Lao-Tsé na China, de Daniel na Caldeia, de Zaratas na Pérsia. E muito mais ainda, o próprio Invisível o teria enviado.

Seus biógrafos, gregos e alexandrinos, dizem efetivamente que ele recebeu a graça de sua primeira teofania, ou até mesmo sua vocação, em Creta, por volta do ano 550 ou 553. Tinha então 30 anos ou um pouco mais. Estava assim dentro das condições ritualísticas impostas pelas Igrejas patriarcais ao segundo nascimento, o espiritual, à abertura dos sentidos fisiológicos na biologia divina, à entrada, pela Porta da Morte, na experiência da imortalidade.

O Verbo Encarnado realizando completamente sua própria lei, como Verbo Criador, observará esse rito em seu retiro no deserto.

Foi assim que Pitágoras teria visto o Céu e o Inferno pela primeira vez, e, nos círculos mais aterradores deste último, os dois corifeus do paganismo, os dois magos do jonismo mediterrâneo: Hesíodo e Homero, cujos cantos admiráveis acalentaram sua elegante juventude na casa de seu pai, um rico banqueiro de Samos. Desolado, não ousando acreditar no que seus olhos viam, ele olhava para esses espíritos à mercê do Espírito das Trevas, da turba dos demônios, de sua luz preta e vermelha. "Por quê?", gritou-lhes. E eles lhe responderam: "Infelizmente! Por ter maculado Deuses e homens, os deuses dando-lhes como mestres o ateísmo, caluniando-os, mostrando-os corrompidos como nós; os homens ao divinizar seus vícios".

Eis então uma antinomia definida, tomada na hora, da primeira escolha de Pitágoras. De um lado, o profeta Orfeu e o Verbo divino ocultado de forma santa em sua celestial majestade; de outro lado, a verborragia humana nua na nudez extraordinária de toda a sua arte emprestada à arte sagrada, de seu panteísmo, em que tudo é Deus, com exceção do próprio Deus, de seu teosofismo no qual tudo é divinamente verdadeiro, com exceção da verdade, o Amath, o selo do Verbo eterno, e Ele mesmo.

Na Europa, o orfismo, mil anos antes de Pitágoras, foi um dos máximos esforços da aliança templária contra a invasão da revolução asiática, de seus retóricos, seus sofistas, seus mercadores, seus políticos suplantadores e escravistas.

Na época de Moisés e de Orfeu, a Creta das cem cidades tinha se reassociado à Santa Aliança dos Templos de Manu e de Menes. Os cretenses eram uma missão sacerdotal dos Kurus celebrados nos poemas hindus. A Minoa[38] de Minos os viu reatar um dos nós górdios,[39] símbolos do Orco[40] e do Orcus órfico, do juramento de aliança com

---

38. Minos (gr.): antigo rei de Creta. Grande Juiz do Hades.
39. Nós górdios: referem-se ao chamado nó górdio. Conta-se que o nó prendia o jugo dos bois com a lança da carroça doada ao Templo de Júpiter por Mídia, filho de Górdio, em reconhecimento à nomeação deste ao trono da cidade de Frígia, que os tinha feito com tal destreza que não se podia distinguir nenhuma das pontas da corda. Conta ainda a história que, quando Górdio era lavrador e possuía somente duas juntas de bois como bens, uma ele usava para puxar o arado, e a outra para puxar a carroça. Um dia, quando estava arando, uma águia pousou sobre o jugo dos bois e ficou ali até o início da noite. Górdio, admirado de semelhante prodígio, foi consultar os oráculos e adivinhos da região, entre eles uma virgem donzela que tinha fama de fazer oráculos certeiros, a qual o aconselhou a fazer um sacrifício a Júpiter, o que ele fez, e ainda tomou a donzela por esposa. Por outro lado, os frígios, que precisavam então de um rei, tiveram um oráculo de que deveriam eleger aquele que entrasse primeiro para fazer uma oferenda no Templo de Júpiter no início de uma primeira Lua Crescente. Górdio foi o primeiro a entrar no Templo e, assim, foi eleito rei. A história conta ainda que Júpiter prometeu o império da Ásia a quem desatasse o nó de Górdio. Muitos tentaram sem sucesso, entre eles Alexandre Magno, mas este, percebendo a dificuldade, decidiu cortá-lo com a espada, ganhando o império da Ásia.
40. Orco (Orcus); o inferno ou mundo inferior; é também um sobrenome de Plutão, deus das regiões infernais. O abismo sem fundo, segundo o *Codex* dos nazarenos.

Deus. Esses nós sagrados são facilmente cortados pela filosofia e a política para o infortúnio dos povos; somente a religião pode refazê-los para sua paz.

Estes nomes – Minoa, Minos, Menes, Manu – significam, na língua do Bereshith: Ma-NoaH, a regra, a ortodoxia de Noé. Durante esse tempo, o O-Rifeo, o Ribhou dos Vedantas, o filho dos reis Sármatas da Trácia, Orfeu reatava o mesmo vínculo no santuário eslavo e pelasgo de Delfos. É a Daliph egípcia, a Dalipha sânscrita. Em devanagárico,[41] Dalapha ou Dalapa expressa um desses lugares santos, neutralizados, e também um desses tesouros sagrados da Aliança. A mesma observação para Dodona,[42] uma das Dyomnas do Danu védico e dos Dodonim de Moisés.

Quando a grande autoridade de Noé renovou a adâmica, ela semeou Dalaphas em sua marcha sacerdotal de um extremo a outro do planeta.

Na Europa existiam grandes siringos[43] desse gênero, desde o Cáucaso até os Pirineus, e o catálogo dessas bibliotecas subterrâneas era propriedade apenas dos sumo pontífices metropolitanos. A Cólquida também tinha sua Dalapha, que motivou a expedição órfica dos argonautas. Este último nome designa uma das antigas épocas da aliança chamada Arga ou Arka. Seu conselho de vigilância se chamava de Argus, o cachorro de Pan, de Fanes e do Grande Pan.

Orfeu foi então encarregado de ser, na Europa, o renovador da Anfictionia[44] celto-eslava e pelasga, datando de Krishna no que concerne ao culto dos deuses, dos Devas, dos Alhim, fruto pagão da revolução das burguesias asiáticas.

Com esse neoconcordato, ele preservara a antiga ortodoxia dos OSI-oï, cujo santo nome os pontífices de Delfos sempre conservaram. Ele também vinculou à paz sagrada na Cólquida, na Grécia, na Táurida, na Itália, e até na Espanha e na Gália, os invasores revolucionários, contidos por séculos na Europa pela proteção exercida pela barreira oriental dos magos e depois pelos reis da Pérsia. Seus ensinamentos registrados na língua deva, e depois na dórica sobre placas de cobre, eram, em cada cidade central, guardados por fa-

---

41. Devanagárico: antigo dialeto das primeiras raças vermelhas Abaenheenga.
42. N.T.: cidade famosa por seus oráculo.
43. Siríngos: exprime a ideia de flauta, tubo.
44. N.R.: Argonautas: príncipes gregos que, sob o comando de Jasão, embarcaram na nave Argo para ir a Cólquida conquistar o Velocino de Ouro. Entre os principais, temos: Anfiarau, Casior, Corono, Euriâamas, Hércules, Ifidamo, Melampo, Orfeu, Pólux, Télamon, Teseu, Testor, etc.

mílias autóctones que, até mesmo em Atenas, desfrutavam ainda de grandes prerrogativas no tempo de Pitágoras. Dessa maneira, esses costumes subsistiam ainda na Grécia e na Itália.

Como já dissemos, a obra destruída de Orfeu foi reconstituída por Pitágoras, que, para selar melhor sua objetividade de pensamento, a submissão de sua própria razão à razão suprema, desprezando colher os louros fáceis dos jônicos, não escreveu ou destruiu suas próprias obras, confiando sua essência apenas aos seus adeptos. Esse desprezo por toda doutrina, por todo sucesso individual, com muitos outros sinais, faz de Pitágoras um grego sem igual; ele o aproxima tanto dos sacerdotes quanto o afasta dos filósofos.

Essa forma de compreendê-lo é a cristã, a verdadeira, aquela que desenvolvemos em nossa primeira Missão.

II

Os sucessores de Pitágoras
Os *Versos Dourados*

Manuscritos comprados por Platão. – Os pitagóricos perseguidos. – Lísias e os *Versos Dourados*. – O grande Pan. – Os três credos. – O juramento de Orco e a tripla certeza. – Fundação do Estado Social Universal.

Não tendo Pitágoras deixado, pelas razões expostas anteriormente e talvez ainda por outras impostas pelas iniciações templárias, outra documentação além da memória cada vez mais incerta de seus discípulos, seu ensinamento superior permanece guardado sob um véu impenetrado, mas não impenetrável.

Três manuscritos comprados por Platão escaparam felizmente à cruel disciplina. Édipo e Sófocles digno de tal esfinge, o autor do *Timeu*[45] é, portanto, tanto em data

---

45. Timeu (greg. Timoeus): filósofo pitagórico nascido no século IV a.C., em Locres. Discordava de seu Mestre sobre a doutrina da metempsicose. Escreveu em dialeto dórico sobre a Alma do Mundo, sua natureza e essência, obra ainda existente.

como em posição, o primeiro dos comentaristas das próprias notas, e talvez dos resumos de Pitágoras.

O título que o amigo de Arquitas e de Timeu, de Locres, dá ao seu admirável diálogo indica sua filiação. Vistas as circunstâncias, a Ordem sem dúvida não apreciava que Platão se mostrasse demasiado como seguidor de Pitágoras. Alguns apoios independentes eram necessários a essa Ordem; a invejosa burguesia que o dizimara e dispersara continuava a odiá-lo como uma ameaça às suas usurpações. Ela percebia que, por trás dele e de seu fundador, estava a síntese sagrada ressuscitada pelo real filho de Eagro, a quem Pitágoras, no que diz respeito a Europa, relacionava, como todo o resto, sua teologia cosmológica transmitida pelo *Timeu*.

Entre as relíquias fragmentárias dos ensinamentos da escola italiana, uma das mais conhecidas é certamente *Versos Dourados*, escrita por Lísias no século V antes de nossa era, e que formula o exoterismo, o ensinamento primário da Ordem semiórfica dos pitagóricos dispersos.

Com efeito, esses versos são o catecismo do grande Pan, mas não do panteísmo. Pan é um dos nomes cósmicos do Verbo, o pastor cósmico das estrelas, das potências que as guiam, das almas que as povoam. Essa palavra vem do sânscrito, Pana, o Tutor. Esse símbolo também expressa, do ponto de vista terrestre, a aliança universal dos templos nesse mesmo Verbo, do qual Argus significa a vigilância. O que precede esclarece o que vem a seguir.

Os dois primeiros versos são um credo, e esse credo, em sua oposição aos termos, é análogo aos dois hierogramas de Moisés: ALHIM, os deuses ou as potências de Deus, e IHOH, o ser absoluto. E, enquanto o epopta egípcio diz: "Ouve, Israel, Deus, teus deuses, o ser absoluto, o um", Orfeu, discípulo de Moisés, Pitágoras, renovador de Orfeu, e Lísias, redator de Pitágoras, rezam:

> Rende a homenagem legal aos deuses das nações,
> E guarda teu juramento ao Deus legítimo.

Todos os cultos antigos derivam, com efeito, de forma mais ou menos fiel, de uma mesma fonte una e universal: a revelação primordial, a protossíntese ou religião cristã dos Patriarcas: *Religio vera*, disse Santo Agostinho, e esse fato culminante, ponto de equilíbrio da ciência das religiões comparadas, mina todos os sistemas anticristãos que presidem hoje o duplo grau dos ensinamentos clássicos e sua consequência: os altos estudos.

No império dos Patriarcas, antes de Krishna,[46] o ato de fé era: "Om, Sas, Tat, IShOua-Ra, Hamo!". Depois de Krishna: Om, Sas, Tat; a IeShU-rei, glória! Ele glorificava dessa forma o Verbo, sob o nome de acordo com a aliança. A partir de Krishna foi: "Om, Sas, Tat, BRAH-Ma, Hamo!". IShVa expressava o ser existente por Ele mesmo, BRA-H-Ma expressava sua imagem refletida nas ondas do tempo sem limites, sua energia criadora em ação na substância e para a subsistência dos seres.

Ao ler os primeiros Slokas[47] (poemas) do Manava-Dharma-Sastra, podemos compreender que o que precede é sua chave. É assim,

---

46. Krishna (sânsc): O deus mais popular e "salvador" dos hindus. É o oitavo avatar de Vishnu, filho de Devaki e sobrinho de Kansa. Krishna é representado por uma figura formosa, com o corpo escurecido (Krishna, negro), forte anelados cabelos negros, com quatro braços, tendo nas mãos uma maça, um disco flamejante, uma joia e uma concha. Era filho de Vasudeva e da virgem Devaki e primo de Arjuna. Eis, em ordem descendente, a genealogía de Krishna em sua forma mortal: Yadu, Vríchni, Devaratha, Andkaka, Vasu (ou Sura) e Vasudeva (irmão de Kunti). Para escapar da perseguição de seu tio Kansa, a mãe de Krishna o colocou quando recém-nascido sob o amparo de uma família de pastores, que vivia do outro lado do Rio Yamunã. Desde jovem pregava e, acompanhado de seus discípulos, percorreu a Índia ensinando a moral mais pura e operando prodígios inauditos. Morreu no inicio do Kali-Yuga, ou seja, cerca de 5 mil anos atrás, com o corpo trespassado e cravado em uma árvore pela flecha de um caçador. No fim da idade atual, aparecerá de novo para destruir a iniquidade e inaugurar uma nova era de justiça. No *Bhagavad-Gîtâ*, Krishna é a representação da Divindade suprema, *Atman* ou Espírito. É representado desempenhando, em favor de Arjuna, o papel de guia ou condutor de seu carro no campo de batalha; assim como Arjuna é a representação do homem, ou da Manada humana, como o prova o próprio significado de Nara (homem), entre os vários nomes que o príncipe Krishna recebe; Vâsudeva (ou "Filho de Vasudeva"). Yadava ("Descendente de Yadu"), Hrichikeza ("de cabelo anelado"), Kezava ("de cabeleira bundante"), Covinda ("Vaqueiro" ou "Pastor"), Kezinichudana ("Matador de Keshin"), Madhu-sudana ("Matador de Madhu"), etc. Krishna é também o nome que se dá à quinzena obscura do mês, desde o plenilúnio até a Lua Nova. Krishna é também o nome de Draupadi, filha do rei Drupada e esposa comum dos cinco príncipes andavas. Esse nome se deve à cor negra, ou escura (Krishna) de sua pele. Entre os cristãos, Krishna é representado como Jesus, o qual foi salvo quando o rei hindu Herodes mandou matar milhares de crianças recém-nascidas. A história da concepção, do nascimento e da infância de Krishna é o verdadeiro protótipo da história relatada no Novo Testamento. Os missionários, como é natural, esforçaram-se para demonstrar que os hindus roubaram dos primeiros cristãos essa história natalícia de Jesus e a levaram para a Índia.
47. N.T.: versos.

efetivamente, que o Vyasa Krishna, ao refundar as Leis de Manu, indicou a filiação da deutossíntese indiana, a de Noé, Ma-NoaH, à protossíntese dos primeiros Patriarcas, a universal, a adâmica do Éden, a cristã-católica.

Moisés, 1.500 anos depois de Krishna, 800 anos depois de A-BRA-HaM, reduzindo tudo à unidade primordial, subordina os ALHIM não a BRA-H-Ma, mas a BRA-ShITh, o Verbo da Héxade genésica: "BRA-ShITh BRA ALHIM", e o nome de IHOH só é pronunciado na realização do sétimo IOM cósmico. O credo que ele impõe aos párias indo-egípcios, que ele transforma em um povo shemático, é: "SheMWa IShRAL! IHOH ALHI(M)NO, IHOH AHD". Ouve, ó Israel! Deus teus deuses; o ser absoluto, Uno.

Para o judeu, não para Moisés, não para os Profetas, Israel é somente ele; para os filhos de Jafet, é a humanidade em seu zodíaco ou organismo universal. Em védico, Israel lido à moda europeia é a inversão de RAShI, o zodíaco; L é o símbolo monolítero[48] de uma só letra de Indra, o Céu astral divinizado.

Depois de Moisés, Pitágoras e Lísias.

Os diferentes cultos étnicos oriundos da religião universal davam apenas aos melhores, e em seu 30º ano somente, como vimos para o epopta Samien, a terrível revelação do invisível, a reintegração da existência humana na vida absoluta, por meio e dentro desse estado de encantamento tão pouco conhecido dos europeus modernos quanto à validade de todos os outros mistérios religiosos. Mesmo nas iniciações mais ou menos puras das três ramificações da deutossíntese, o duas vezes nascido do Evangelho, o Dwija das Torás patriarcais, trazia do outro mundo para este as seguintes três certezas fundamentais: a existência de Deus, de seu Verbo e de suas potências; a imortalidade da alma, ou seja, da existência humana; e, por último, sua responsabilidade diante do Tribunal desse mesmo Verbo e dessas mesmas Potências: o Osíris do Amenti, segundo os sacerdotes egípcios; o Mahadeva Ishvara, segundo os sacerdotes arianos. É a esse grande Juiz em cujo nome se encerra o nome de Jesus que, durante seu duplo nascimento, o iniciado prestava o Juramento: o Orcos, o Orcus dos Órficos, da Grécia e da Itália patriarcais. E esse nome, Orcus,

---

48. N.R.: símbolo de uma letra só, lembrando que estas letras representam sons, sons universais nos alfabetos divinos, devanagáricos, em várias culturas; são frequências – vibratórias – universais.

designava também o grande Juiz, o senhor da Triloka védica.

Foi sobre essa tripla certeza que se fundou o primeiro Estado social universal, e sempre que se tentou ou se tentar lhe retirar essa base tripla sagrada, retornamos ou retornaremos ao espírito da Besta, à sua lei de guerra, de anarquia e a todos os castigos do mundo invisível.

Lísias não deixou de registrar esse Orcos em seu segundo verso, que reunido ao primeiro pode ser explicado da seguinte forma: "Respeita a diversidade dos cultos, a potência e o papel do nome, e sê fiel ao Orcos, quer dizer, à religião una e universal que recebeu teu juramento".

III

O FALSO PITAGORISMO ANCIÃO E MODERNO
AS TRÊS RAÇAS MENTAIS

Os *Versos Dourados* inclinam ao panteísmo.
– Os principais comentaristas de Lísias. – As três conclusões; as três raças mentais e suas relações com o Cristianismo. – O ecletismo alexandrino. – Hiérocles. – Os teólogos concordatários. – Dacier – O neopaganismo. – Giordano Bruno. – Fabre d'Olivet. – Reservas sobre os últimos *Versos Dourados*. – Empédocles. – A raça branca pura.
– Perigos resultantes do compromisso com o paganismo.

Apesar dessa reserva extremamente importante, mas que era acessível apenas às mentalidades dos dois graus superiores, os versos de Lísias, em razão do nível desejado, mas perigoso, de ensino primário, acabaram conduzindo a um filosofismo pagão de tendências panteístas aqueles que fizeram dele seu código filosófico e religioso.

Isso foi o que aconteceu à maioria de seus comentaristas, à maior parte daqueles que, de boa-fé, se diziam e puderam se considerar como verdadeiros pitagóricos.

Entre esses comentaristas, devemos destacar três: Hiérocles,

Dacier e Fabre d'Olivet; pois ninguém melhor do que eles pode observar de forma clara esse desvio da verdadeira doutrina de Pitágoras: do Cristianismo universal e eterno para o paganismo; nem sintetizar de forma mais exata para os apaixonados pelos estudos pagãos as três conclusões que esses estudos contêm em relação ao Cristianismo e à cristandade, que são:

1ª conclusão: a eclética, tipo Marco Aurélio;
2ª conclusão: a concordatária, tipo Constantino;
3ª conclusão: a pagã pura, tipo Juliano, o Apóstata.

Essas características têm como única finalidade facilitar o discernimento das raças de espíritos correspondentes. Para compreendermos melhor, chamaremos de negro o Paganismo e de branco o Cristianismo teologal, inseparável de sua verdadeira forma que é o Catolicismo. Em consequência, chamaremos de "morena" a raça eclética, "escurinha" a raça concordatária, e "negrinha" a raça pagã pura: *Nigra sed pulchra*, naturalmente. Pois, se reservarmos, como Pitágoras, nossa fé a uma quarta, a totalmente branca velada que é a própria sabedoria, uma razão a mais para cobrir de flores as três graças às quais recusamos a maçã.

Para nós, o único interesse nessas três conclusões está em suas relações com o Cristianismo. Desse ponto de vista, o representante da primeira é Marco Aurélio. É o liberalismo de M. Prudhomme; é bom apoiar-se sobre as baionetas, porém é ruim sentar-se sobre elas. Este liberal também as persegue em nome da razão que orienta o Império e o Estado. Entretanto, os tempos mudaram desde Constantino. As baionetas de então passam pouco a pouco para o Cristianismo e a filosofia recolhe suas garras, já que os bispos mostram as suas para defenderem vigorosamente os fiéis.

A segunda conclusão merece o nome de concordatária entre a autonomia teologal e essa mesma filosofia. De ambos os lados as garras são recolhidas, mesmo que vez ou outra elas se mostrem, segundo as direções políticas se operem pelo flanco direito ou pelo flanco esquerdo.

A terceira conclusão é a de Juliano, o Apóstata; em pleno flanco esquerdo. Esse personagem bem parisiense durante sua vida, como dizia minha cara Lutécia, teve participação considerável na Enciclopédia do século XVIII e em suas amáveis consequências tanto políticas como antissociais.

Voltemos à primeira que, torndo-se a eclética alexandrina há mais de 15 séculos, foi revisada e corrigida por um admirável professor de filosofia oficial: Hiérocles. No fundo ela é apenas a Imperial greco-romana, a razão instrutora dos filósofos que adotam a razão de Estado do Panteão e até mesmo a de Santa Sofia, desde Augusto até os Augústulos. Mais ou menos impregnada, querendo ou não, do duplo Cristianismo anterior e posterior à encarnação do Verbo, ela desconhece sua essência divina e seu alcance humano, e acredita que pode eliminá-la ou subordiná-la a seu critério e a seus métodos.

Nomeado para pacificar uma terrível guerra civil pagã-escolástica e eclesiástica, Hiérocles é digno da escolha do imperador bizantino. Percebemos, na suave beleza e na profundidade de seus ensinamentos, que o período concordatário está para nascer. É um teólogo órfico como todos os pitagóricos. Não é um filósofo no sentido vulgar da palavra. Sem dúvida Pitágoras continua sendo, depois de Orfeu, o maior unitário que o politeísmo eslavo e pelasgo, depois grego e romano, já produziu; mas, desde o fundador da Academia até Hiérocles, reencontramos a tendência do pitagorismo inicial, principalmente porque os sistemas individuais fundam muito mais legiões, formando uma última glória extática no ocaso da Lua da Dóxia dos Templos.

Podemos seguir pelo pensamento Hiérocles em Alexandria, no Bruchium que sobreviveu à destruição do Serapeu. Ali, as traduções sobre Pitágoras estão espalhadas em mais de 40 autores e 60 volumes. Sucessor de Hipátia, após um longo período que se encerrou com a morte de São Cirilo, o elegante mestre, dos cabelos brancos como sua túnica, teve também como amigos todos esses incontáveis livros empilhados nas prateleiras. Nessa alma, nessa inteligência, todos esses tesouros mais ou menos contraditórios entre si se buscam, por uma espécie de atração para a unidade perdida, para o acorde perfeito da Lira. Quantas meditações nesse homem por quase meio século; quantos diálogos com os misteriosos afiliados da liga dos filósofos e dos sacerdotes dos deuses irremediavelmente vencidos pela Igreja, depois de ter tentado em vão esmagá-la sob o braço secular dos imperadores.

Infelizmente! Os mistérios degenerados de sua época não lhe deram uma epifania real, como aquela que tantos cristãos ainda tinham sem que Pitágoras lhes tivesse dito: "Vá ao encontro de Jesus!". Mas ele soube manter sobre a cátedra profana uma simples e real majestade de ensinamento. Nem sombra, não apenas de uma expressão, mas de um movimento de alma indicando um ressentimento qualquer contra o triunfo do Cristianismo: como pitagórico, ele não se aflige nem um pouco com a derrota do paganismo, pelo contrário, talvez, e com toda a sua alma que pertence ao helenismo, ele beijaria a Cruz se ela tivesse sido plantada no Monte Olimpo e não sobre o Gólgota.

As trevas se amontoam cada vez mais, e de todos os lados o dilúvio dos bárbaros vem submergir essa civilização, filha decadente de uma mãe diferentemente bela e pura, imortalizada pelos livros sagrados de todos os povos. Assim, a vontade de Hiérocles não é apenas reconduzir à ancestral unidade de Pitágoras uma anarquia de ensinamentos já harmonizados desde Plotino, mas fazer competir com o Evangelho esse helenismo ideal e que novamente se tornou religioso, e fazê-lo sobreviver luminoso, apesar dessa Luz das luzes.

Ele deseja que sua encantadora Febe seja a irmã mais velha desse deslumbrante Apolo, e que seu último sorriso, iluminando ainda as gerações por vir, ajoelhe sua inteligência diante do passado das mais puras glórias de sua raça. É por isso que seus comentários, vivificados sem que ele o saiba pelos evangelistas e pelos sacerdotes, têm um quê de adeus, uma majestade do último suspiro da alma nacional devolvida à alma da humanidade. É um legado social que mãos semelhantes às de Fídias elevem em direção ao incomparável Testamento de Nosso Senhor Jesus Cristo algo belo, recolhido piedosamente, quase divino, uma espécie de Testamento também, o de uma Hélade transfigurada, colocada artisticamente em seu ponto de imortal perspectiva, com Orfeu por Moisés, Pitágoras por Elias, Lísias por Eliseu.

É com essa nobre raça de espíritos, tão bem representada por Hiérocles, que a segunda é neoconcordatária, especialmente a partir de 1648; mas sem dominá-la cientificamente com a potência invencível de suas reservas e de seu princípio. Essa segunda raça é a tomista,[49] depois a oportunista de Loyola,[50] a luterana da Confissão de Augsburgo, a calvinista, passando pelas ortodoxias nacionais gregas e outras, e pela anglicana, que classificaremos como irmãs e primas da Igreja Romana do ponto de vista dos interesses comuns.

Em seu modesto papel de tradutor, o bom Dacier representa de forma muito digna essa se-

---

49. N.R.: refere-se ao sistema filosófico de frade Tomás de Aquino – o canonizado. Santo de Aquinos, São Tomás. Sistema de grande influência na filosofia e na teologia, linha da escolástica.
50. N.R.: Inácio de Loyola, nascido Íñigo López, e canonizado Santo Inácio de Loyola, fundador da Companhia de Jesus, os jesuítas. Três anos depois da fundação da companhia de Jesus, em 1537, é ordenado padre por ordem do papa após apresentar a companhia a ele.

gunda raça, e ele tem muito mais importância do que fariam supor sua modéstia, sua humildade e, sobretudo, seu pobre estilo. Que estilo! Que mistura de intermináveis períodos frágeis, que estilo!... Sim, mas que consciência e que bela luz cristã nessa pobre lanterna que honrou a Academia. Sobre ele e sua esposa, disseram que era o casamento do grego e do latim; casamento de amor, e como foi prolífico! Dacier é o padre Gigogne[51] das traduções. E quantos eruditos estudaram suas traduções sem esgotá-las.

Mas há muito mais do que isso na obra que nos ocupa. Além de sua erudição, sempre tão sagaz, além de seu real valor de filólogo e de escolistas, ele é um apaixonado calculista. Como ele gosta de seu Hiérocles, como sabe acrescentar, sem demonstrá-lo, pedras preciosas a seu rosário! Seus estudos cristãos são tão sérios que nem mesmo sua admiração pelos comentários de Hiérocles o faz esquecer! Que cuidado discreto tem em prevenir a juventude estudiosa contra o desvio que em toda parte seduz professores e alunos. É por isso que em suas notas se encontram, disseminadas, suas próprias conclusões que reduzem o Renascimento pagão ao Renascimento patriótico, ao ponto justo do Concordato.

Sob esse aspecto, ele toma o cuidado de não se enganar de hora histórica. Não acerta seu relógio de acordo com as estrelas da escolástica nem com as marés da Lua. Ele vai, se não ao Sol teologal, pelo menos àqueles de seus adoradores, que depois dos apóstolos foram os mais próximos. É um bom católico, um honesto cristão do ensinamento religioso primário, da catequização. Esse grau de instrução religiosa é puramente teologal; mas os outros dois são da mesma natureza: o grau secundário e o grau superior faltam desde Constantino.

Essa sagacidade real foi também, desde o século XIV, um dos méritos de Petrarca.[52] Sem dúvida, São Tomás de Aquino continua sendo, merecidamente, o mestre teólogo do clero; mas não é necessário nada menos ao clero, para defender-se, que o próprio Grande mestre, Santo Agostinho, o de todos os sacerdotes, cuja compreensão é a que mais se aproximou da suprema maestria, a do Verbo Criador e do Verbo Encarnado, a do duplo Cristianismo anterior e posterior à encarnação. Mas quanta diferença entre a fé de Dacier e a de Petrarca! Este é a fidelidade dos eruditos e letrados católicos inspirados pelo

---

51. N.R.: *cegogna*, cegonha, expressão usada pelos franceses para definir uma paternidade prolixa.
52. N.R.: Francesco Petrarca, intelectual e poeta italiano.

intelecto pagão, dando-lhe sua razão e reservando seu coração ao sentimento cristão. É um adultério, menos o último ato. Dacier, ao contrário, muito mais sólido em sua dupla erudição pagã e cristã, não entrega toda a sua razão aos atrativos da filosofia. Mais ainda, a monomania da glória, o atavismo, o patriotismo necropolitano da república e do império romano, o desencadeamento silencioso da possessão pagã, no amor de si mesmo e em todos os instintos, são rejeitados sem o menor esforço, e não atingem o moral de Dacier.

Como nunca tivemos uma vocação tão generalizada para sair em socorro dos vencedores, consideramos importante acrescentar que a conclusão que mais se aproxima da rainha das inteligências e da perfeita imaculada é a nobre vencida de hoje: a concordatária, no sentido mental e governamental do termo. Pagã em sua cabeça, sim, está aí sua fragilidade atávica, sua falha clássica, e é apenas nisso que ela se assemelha às suas duas irmãs Átridas, das quais ela tem apenas a pequena lúnula escura no branco perolado das unhas. Mas seu coração é cristão, e isso basta para estar certo de que esse fogo vivo se transformará novamente na divina luz cerebral.

Além do mais, e dessa vez como sacerdotal, ela é única depositária da Tradição Sagrada e da promessa. Dessa forma, ela é a mãe para sempre venerável de todos os cristãos, a salvaguarda da cristandade, e a Europa pagã de hoje não consegue mais supor tudo aquilo que ela lhe deve, e tudo o que ela ainda tem para receber.

Em Fabre d'Olivet, enfim, temos o anticristianismo clássico, o laicismo pontificante dos filósofos e dos letrados, que opõem os ensinamentos secundários e superiores greco-latinos ao ensinamento religioso primário do catecismo, a filosofia pagã à teologia dos concordatários.

Já é possível ver despontar essa raça, que é muito própria na pessoa de Fabre d'Olivet, o neopitagórico do século XVIII, entre os infames secretários apostólicos, dos quais falaremos em outra parte, que exploravam o papado na primeira metade do século XIV. Seu representante mais verdadeiro é o pobre pitagórico Giordano Bruno, expulso do Catolicismo pelo Humanismo, para cair primeiro no Protestantismo, saltar em seguida para fora do Cristianismo da Revelação, para finalmente mergulhar de cabeça no pitagorismo. Deram-lhe o fim de Pitágoras, a fogueira, quando uma ducha e algumas boas palavras teriam sido suficientes para reconduzi-lo a Jesus Cristo. Quanto a Fabre d'Olivet, ele se apunhalou. Não se renuncia em vão ao Cristianismo; e esse gênero de Humanismo é o de Juliano, o

Apóstata, uma verdadeira possessão infernal. Fabre d'Olivet sofreu essa possessão; mas ele tem, entre outras coisas, algo de curioso, ele eleva deliberadamente altar contra altar. É o espírito mais sistemático da Franco-Maçonaria de então, que ultrapassava em cem cúbitos[53] a de hoje. Entre os pontífices laicos que tomavam a erudição por uma tiara, poderíamos citar muitos, e não os menores: Court de Gébelin, Boulanger, Dupuis, Volney; na Alemanha, Schelling e muitos outros amigos do comentarista de Lísias. Não esqueçamos que La Reveillère-Lepeaux, o famoso teofante, o ilustre teofilantropo que hoje ninguém mais conhece e que pontificava também como sonâmbulos por Pítias.

É certo que Fabre d'Olivet fundou um culto neogrego desse gênero, que felizmente não lhe sobreviveu. Para mim, como ele morreu em 1824, e eu nasci em 1842, seria difícil falar diretamente dele, e a única pessoa que poderia me manter a par com conhecimento de causa ocultava tristemente esse assunto. Mas um manuscrito que me foi indicado por Rosen, em 1885, provou-me que deixar seu culto lá onde se encontra, nas masmorras da história, é o melhor que podemos fazer pela memória desse grande clássico. Aliás, isso não diminui em nada o valor de seus *Comentários*, belo e paciente mosaico de citações em que ele nos apresenta como uma novidade sua conclusão anticristã dos estudos secundários e superiores.

Antes de deixar Lísias, devemos externar as mais expressivas reservas em relação às ultimas linhas dos *Versos Dourados*, aquelas que se referem ao Super-homem intelectual, tão caro à mentalidade pagã, o homúnculo filosófico se autoadministrando as honras da deificação. Jâmblico, documentado de forma diferente da de hoje em dia, adverte-nos caridosamente que essa apoteose é de Empédocles. Esse ilustre filósofo, que não nos permitiremos chamar filoneísta, é o Nietzsche do século XV antes do nosso. A Confraria, considerando-o demasiado comprometedor, mostrou-lhe discretamente a porta de saída. Mas, sem dúvida acreditando que seu dia de glória tinha chegado, ele continuou

---

53. N.R.: Cúbito ou côvado: antiga medida de vários povos, egípcios, gregos, hebreus, babilônios etc., definida pelo comprimento do braço medido do cotovelo à extremidade do dedo médio estendido. Tendo por padrão o "cúbito real" egípcio, variava, para cada povo, entre 45 e 52 centímetros. Os cem cúbitos referem-se à expressão bíblica no livro de Revelações do Profeta João, o Evangelista, onde cita a altura dos muros da cidade celeste, a nova Jerusalém ou Jerusalém Celeste, com 144 côvados ou cúbitos de altura, o "mais de cem", onde vemos um pouco do traço da fina ironia do Mestre.

chamando a atenção. Vestido ridiculamente com uma túnica roxa, os cabelos esvoaçantes, uma coroa na cabeça como a Pítia, ele cantava nas ruas sua própria divindade, em versos que involuntariamente evocam as Cantatas da deusa razão e dos teofilantropos, na catedral de Paris.

> No seio dos Imortais, tornas-te, tu mesmo, um Deus!

Nada menos do que isso!... Conselheiro municipal, deputado, senador, ministro, presidente do Conselho, presidente da República, manequim nos palácios, estátuas nos cruzamentos, tudo à custa da economia social, ainda é aceitável; mas Deus!... Essas espécies de gregos, protótipos dos nossos Jourdains e de seu professor de filosofia, não duvidavam de nada, e muito menos deles mesmos.

Mas quanto a mania desses gregos pela glória estrangeira, sua busca de opinião e seu gosto pela ascensão estavam distante do pensamento e do caráter de Pitágoras!

Para resumir, e acabar com qualquer dúvida sobre nosso pensamento em relação às três raças, falta-nos acrescentar que: toda a nossa fé, como já dissemos e voltamos a repetir, vai, acima das coloridas para a branca pura, à teologal autônoma, isenta de qualquer mistura; mas a segunda, a teológica concordatária, também tem nosso respeito. O que nós criticamos na teologia cristã é todo o flerte de engajamento sinalagmático com a pagã, com o preto-branco mais ou menos mitigado. Não se deve nunca esquecer que este é antissocial, amante da mediocridade, suplantador e escravagista. Quando oferece os bens deste mundo, ou melhor, de seu mundo, ele o faz sempre de uma forma obrigatória, mas não gratuitamente. Rebocador, mas também infelizmente!, a reboque da Antiguidade patriarcal, ele só a oferece de forma alterada. É seu camelô filosófico e político. Seu estado mental sempre tem camelô governamental por trás de seu pensamento e que é muito ortodoxo: República romana ou grega, cesarismo romano ou, com razão instruidora e razão de Estado, mas, de toda forma, antissocial. Seu domínio pode deixar sobreviver um pouco de Cristianismo sentimental no coração, mas expulsa qualquer Cristianismo do cérebro. Ora, este é o único, reunido ao outro, que pode conduzir ao domínio do mundo atual e devolver o negro à sua posição.

O negro é Mefistófeles, pois Fausto é apenas seu Polichinelo. O concordato, inclusive o mental, é o palco das joias, qualquer que seja sua música alcoviteira. Desejamos ser ternamente respeitosos para com as três Graças clássicas, que tanto amamos, sem com isso odiar as outras que gostaríamos de converter. Mas não escondemos de Margarida que esses tipos de histórias renovadas de Constantino, o Grande, sempre terminam de forma deplorável com um fulano qualquer. É o adultério sacerdotal, dizem severamente os Profetas aos dirigentes judeus que se tornaram teólogos concordatários. A raça resultante nos valeu, como a de Esdras para sua Judeia, muitos golpes de Jeová, entre os quais o Islã e os mongóis, que só desejam recomeçar seu sabá de forma ainda mais forte do que antes. Mas essas moxas, essas pontas de ferro e fogo, são benfeitoras, se comparadas aos males interiores passados, presentes e futuros, causados à cristandade pela imprudência da mesma raça.

Será porque ela é sacerdotal? Sim! Clamam os negros-brancos. E nós respondemos: Ela não o é o suficiente!

Será porque é teologal? Sim! Vociferam os demônios de Juliano, o Apóstata. Nós dizemos: é porque ela é teológica concordatária.

O Arqueômetro

Quadro sintético dos Altos Estudos
Lâmina 1 (ver imagem colorida, p. 471)

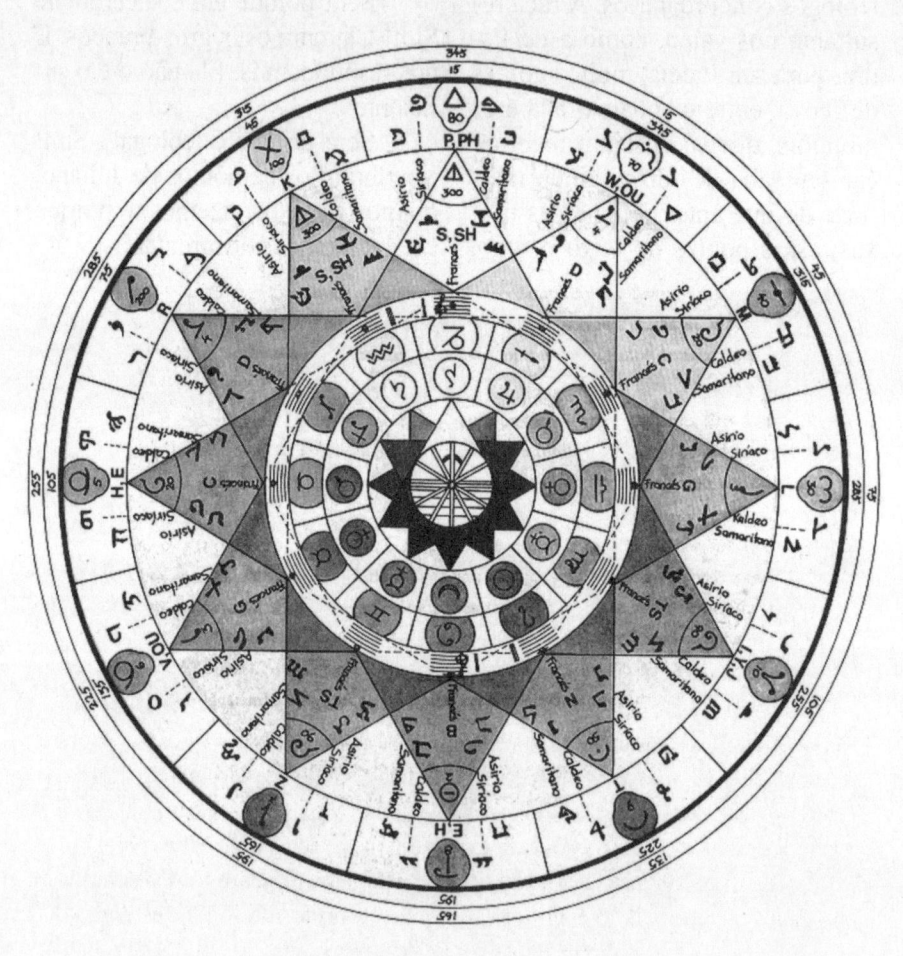

As III letras de construção: A, s, Th

CAPÍTULO TERCEIRO

A Morte Espiritual

O Renascimento e o triunfo do Paganismo pelo Humanismo moderno

Nascimento do Humanismo no século XIV. – Seu espírito. – Sua ação sobre o Estado social cristão. – Suas consequências. – Papas e Igreja instrutora diante do Humanismo. – Perigos dos estudos pagãos. – Utilidade da catequização. – O clero poderia evitar o perigo; seu ponto vulnerável. – O Renascimento pagão acolhido sem temor pelos regulares. – Os estudos pagãos e o clero. – Eclosão infernal entre os eruditos do Renascimento. – Os secretários apostólicos: Petrarca, Boccaccio, Coluccio Salutati, Poggé, Laurent Valla, l'Arétin, etc. – Sua influência sobre os séculos seguintes. – Resultado pagão do Humanismo; ele é inevitável? Quem o fez assim? – Os papas deveriam receber os orientais? – O verdadeiro Humanismo. – Os dois espíritos da história. – Os fatos e as leis. – O princípio da sociologia; sua chave. – Leis reguladoras do Humanismo – As três Ordens sociais e os três graus de ensinamento.

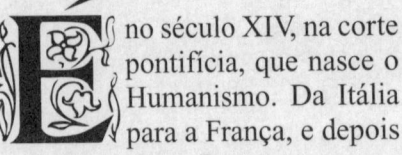

É no século XIV, na corte pontifícia, que nasce o Humanismo. Da Itália para a França, e depois de Avignon para Roma, recomendado pelos eruditos laicos que já o antecipavam, explorando e fazendo com que fosse celebrado por príncipes temporais e espirituais, o Renascimento surpreendeu, fascinou, subornou a Igreja instrutora em sua mais alta representação humana: papas e cardeais.

Qual Renascimento? Pois são dois: a forma e o conteúdo, a carne e o espírito. O do espírito, e esse espírito é mortal a todo estado sintético e vivente, religioso e social. Ele se chama a razão mental e governamental pagã. Como já dissemos, em sua origem, em seu ovo, é a razão individual se erguendo exclusivamente em princípio, em lei, em critério do espírito humano; e o último vai para o diabo sem o primeiro. É a sudra semialfabetizada renegada, que desmembrou a Igreja e o Estado social dos Patriarcas, há 5 mil anos; foi a apóstata sudra moderna que matou há mais de um século a verdadeira burguesia e a economia social de nossa nação.

Ela desmembrou também a Igreja e os Estados gerais de Nosso Senhor Jesus Cristo, pois, em todos os tempos, sua marcha é a mesma: tudo desestruturar para tudo ocupar; ser o intermediário ilegítimo, parasitário de toda a economia pública, para subjugá-la à sua venal voracidade. Seu verdadeiro nome é anarquia, individualismo, inveja e cupidez, até a loucura coletiva do homicídio e da pilhagem. Seu pensamento vem sempre do ventre, até mesmo quando parece emanar do cérebro. Ela marca todas as coisas com esse sinal que vem do ventre e que faz com que seja reconhecida onde quer que vá e em todas as coisas. Pensando com o estômago, ela age com o cólon, e tudo aquilo que usurpa e toca fica irreparavelmente maculado: instrução, justiça, economia, fé, leis, costumes, ciência, arte, vida. Monstro humano, que se fez por si mesma à imagem de Satã, ela se espalha, como um cego, por todos os raios da luz de Deus.

É a senhora "Sai para lá, para eu me sentar", a senhora "Corte a cabeça", se for preciso; senhora "Roupa Suja" sempre, mas só para ela e para os seus.

Essa mãe de todas as crises e dos sete pecados capitais não é a Eva, mas a Lilith do Espírito humano. Também é a senhora Jourdain, louca por seu professor de Lógica, e por ele matando seu honesto marido que a tornou baronesa e arrendatária geral, assim como tantos outros. Depois de ter medido o pano com uma falsa medida, ela submete tudo à mesma fraude, tudo, até o Monte Tabor e o Calvário; chama a isso exegese, a sua; e assim ela se fez algumas prebendas à nossa custa. Hoje, seu clericalismo de instrução nos custa mais bilhões por ano do que o clero em dez séculos.

De acordo com os tempos, é a tecedora e depois a servidora da guilhotina. Este era seu sonho: tornar-se assim a princesa do sangue à sua maneira. Essa mentalidade começa e termina com dois pronomes: Eu, e sua vontade. Eu, com maiúscula, no estilo inglês. Nascida batedora de carteira, sempre se sente atraída por uma carteira qualquer, e para disfarçar acaba se intitulando, de acordo com as circunstâncias: ateia, filósofa, filantropa, teósofa, teofilantropa, humanista concordatária, tudo aquilo que se quiser, menos cristã. Tem horror das relíquias dos santos, dos altares consagrados e, assim que vê um crucifixo, possuída pelos piores demônios, ela espuma. Acaba de lançar um no Monte Pelé e a resposta do fogo central não acabou ainda.

A revolução babilônica que provocou um segundo dilúvio de sangue e de lama deu-lhe honrarias, não só imperiais como também divinas, sob o nome de Senhora Nemrod: a razão do mais forte. Sem Moisés, que o reconstituiu, teria aniquilado o testamento dos Patriarcas, pois, urrando contra o Verbo Criador, já gritava: "Morte ao infame!".

Sua revolução antifrancesa, retorno de Roma, também fez um ídolo vermelho de sangue, lançando a mesma blasfêmia, mas contra o Verbo sob todos os seus aspectos: criador, encarnado, ressuscitado, pontífice e rei da vida eterna. Na pessoa de uma prostituta, a Carmanhola filosófica a assentou sobre o altar principal da Catedral de Notre Dame sob o nome de Deusa da razão, tal como na Babilônia.

Lutero, como um homem do Norte, teve mais moderação e mesura. Ele se limitou a preparar a seguinte apoteose dizendo: "Todo o homem dotado de razão é intérprete nato das Escrituras". A interpretação da megera consistiu em se colocar sobre as Escrituras e sobre Lutero.

Essa razão tem, portanto, como última palavra: *Sit pro ratione voluntas Mea!*, evidentemente! É a malfeitora dos estudos clássicos. Por isso suas conchas de ostra proscrevem todas as pérolas, seus odiosos ostracismos, esse retorno infernal dos condenados, chauvinistas necropolitanos, fanáticos, pagãos, medíocres rancorosos calçando sandálias ou coturnos, estrangeiros de Roma e de Atenas, sofistas da Ágora, oradores do Fórum, que pagam sua clientela eleitoral com novos *circenses* à sua custa, tomando-lhe o *panem* sob a forma de impostos. Por isso todos esses monastérios violados e vazios, todas essas escolas abandonadas e viúvas, todos esses asilos sagrados profanados e desertos. Por isso essa multidão lamentável e incontável de exilados, mulheres e homens, irmãs celestes dos pobres, anjos da verdadeira democracia, religiosos de todas as Ordens que insuflaram sobre esse Ocidente o espírito militante da vida cristã, a responsabilidade dos grandes para com os pequenos, a disciplina sempre pronta à dedicação, ao sacrifício de si. Eles antecipam no exterior a Igreja episcopal da França, e seus fiéis, nessa execrável expatriação que com eles expulsa novamente a alma desse corpo nacional. Logo mais, para guiá-lo, só restarão as legiões de Satã que já a possuíam. Ela acredita em vão escapar assim ao terrível castigo que a aguarda; mas a guerra social, como nos tempos da Roma pagã, irá devorá-la, pois sua política a enlouquece, assim como abre a porta à invasão estrangeira.

Com efeito, a funesta razão é, pelo mesmo motivo, a má vontade, aquela que nunca terá a paz, nem dentro nem fora. Nunca a terá porque não a deixa para ninguém, desde Caim até a Torre de Babel, desde o sabá filosófico e político dos gregos e dos romanos escravagistas até a enciclopédia e a anarquia dos ensinamentos atuais.

Como então papas e cardeais se deixaram levar até a vertigem do abismo, cujo fundo hoje tocamos? Suas santidades não percebiam o mal; sua fé acreditava que a fé do mundo laico fosse tão sólida quanto a deles, outros motivos não menos nobres os animavam.

Temos de reconhecer, aliás, que os estudos pagãos ofereciam um perigo muito menor para o clero do que para a clericatura, por causa do Concordato intelectual assinado em 313, sob o nome de Teologia escolástica. Certamente esse tratado bilateral não era perfeito. Deixava subsistir o paganismo ao lado do Cristianismo: o ensinamento cristão de uma parte; a filosofia pagã da outra. Rebaixava o teologal, instituía uma inevitável confusão entre as raças, e é por isso que vemos perpetuamente a concordatária avançar na direção da pagã; mas, da forma que era, mantinha e ainda mantém uma disciplina mental que ele fixava pela catequização primária e pela teologia secundária. Por isso, e vamos repetir, é essa raça concordatária que, apesar de suas fraquezas e imperfeições, merece ainda nosso respeito.

Esses estudos até poderiam não oferecer perigo para o clero, sob a condição de que o secular recrutasse no regular toda a Igreja instrutora, a episcopal, e a mergulhasse periodicamente em um banho de vida intelectual, moral e espiritual, absolutamente livre de qualquer mistura mundana. Nessas condições de ambiente, o sacerdote de Nosso Senhor Jesus Cristo tinha, para defender seu domínio, todas as armas diretas e indiretas do Evangelho: uma sólida educação cristã garantindo a invulnerabilidade do coração e da vida; uma poderosa instrução não somente teológica, mas teologal e científica, mergulhando a inteligência e tornando-a dona sintética de toda análise; o controle mútuo e hierárquico da caridade cenobítica; a disciplina, não da coação, mas da obediência voluntária, a do *Fiat voluntas tua* em todas as coisas; a independência econômica, territorial e mobiliária em relação a todo poder político e civil; a segurança do viver afastando do indivíduo todas as sugestões do ventre; a renúncia ao mundo expulsando do ser todas as sugestões dos sentidos, todas as exigências do parecer e do sucesso.

As Ordens gregas e latinas, viveiros do clero secular, reuniam a maioria dessas condições; mas todas ofereciam um duplo ponto fraco, universitário e social. O primeiro tinha como causa a teologia, concordato mental de interpretação, entre o teologal objetivo e a filosofia subjetiva dos gentis, a razão individual e sua subjetividade metafísica e dialética. Esse era o primeiro lado vulnerável, inclinando a compreensão sacerdotal a se conformar à mentalidade pagã, em vez de submetê-la em todas as coisas à invencível intelectualidade cristã, munida, como mostraremos mais adiante, dos dois critérios objetivos da Tradição sagrada: a vida e a ciência. Tudo isso era curável e os remédios são atualmente: a ciência despojada de qualquer interpretação filosófica e os textos teologais tomados nas mesmas condições.

Do ponto de vista social, isto é, da aplicação da Tradição à boa vontade coletiva, faltava a certeza em relação às condições orgânicas do Estado político e as do Estado social; por isso, a tendência em aceitar, a esse respeito, as noções já prontas dos pagãos escravagistas.

Essas duas lacunas derivam uma da outra, e o corretivo da primeira conduz forçosamente ao da segunda. À parte disso, as Ordens gregas e latinas, como viveiros episcopais do clero regular, realizavam muito mais do que Pitágoras inutilmente tentou para a reforma do paganismo, depois de ter consultado toda a Tradição patriarcal.

Por isso vemos, desde o século XIV, os regulares, cujos chefes têm a posição de bispos e fazem parte da Igreja instrutora, e com eles a hierarquia dos príncipes seculares dessa Igreja acolher sem medo o Renascimento pagão, e encorajá-lo com uma liberalidade de inteligência e uma munificência de hospitalidade sem rival.

Foi Bento XII que, em 1335, nomeou Petrarca o verdadeiro padrinho do Renascimento e do Humanismo, cônego de Lombez; foi Clemente VI quem confiou a esse mesmo Petrarca a embaixada de Nápoles, em 1343, e que em 1346 o transformou em pronotário e secretário apostólico, depois arquidiácono de Parma em 1348, e finalmente cônego de Pádua em 1349. Inocêncio VI, de espírito bem mais austero do que seu antecessor Clemente VI, nomeou Zanobi secretário apostólico. Urbano VI continuou as mesmas tradições e, sob seu reinado, podemos destacar entre os secretários os humanistas Coluccio Salutati e Francesco Bruni, cujo sobrinho Leonardo, dito o Arétin, foi secretário apostólico, chefe de serviço, de certo modo, da Chancelaria pontifícia no começo do século XV.

Sob Martinho V, que voltou de Avignon para Roma, Poggé foi nomeado chefe do Colégio dos Secretários, espécie de Academia onde havia apenas humanistas. Nesse colégio, cristãos, como Ambrosio Traversari, Camaldule, Mafféo Vegio, convivem com pagãos repletos de vícios como Poggé e l'Arétin, Beccadelli, o Panormita, e Filelfo.

Finalmente, com Nicolau V, o Renascimento toma, por assim dizer, posse do trono pontifical. Piedoso e devoto, ele distribuiu, sem distinção, seus favores a todos os humanistas, tanto aos pagãos como aos cristãos. Deu a Teodoro Gaza a cátedra de língua e de filosofia gregas na universidade romana. Sob seu reinado, Marsilio Ficino é o oráculo da Academia de Florença, e foi sob sua inspiração que Gianozzo Manetti deu início à erudita edição trilíngue da Bíblia, baseando-se no texto direto.

Não poderíamos, sem estender indefinidamente este estudo, enumerar todos os membros do Sagrado Colégio que, levados pelo exemplo dos papas, se interessaram pelo movimento do Renascimento. Entre os mais ilustres, citaremos: Louis Alaman, arcebispo de Arles; Nicolau Albergati, bispo da Bolonha; Hughes de Lusignan; Próspero Colonna; Domenico Capranica; Juliano Cesarini.

Foi Cesarini quem descobriu e protegeu esse humanista destinado a se tornar uma glória da Igreja e das letras, o alemão Nicolau de Cuso. Foi o cardeal de Saintange que, percebendo o valor moral e a cultura intelectual de Bessarion, o ilustre arcebispo de Niceia, estabeleceu por meio dele o helenismo na Itália, e é a Cesarini que esse erudito humanista deve seu capelo de cardeal.

Promovido cardeal junto com Cesarini, Dominico Capranica foi, como este último, o mecenas dos estudantes, dos artistas e dos letrados. Ele mandou construir um palácio em Roma para os jovens pobres e instituiu 30 bolsas de estudos para os alunos de teologia e de literatura. Foi desse Colégio que, descoberto por Capranica, que mais tarde o elegeu seu secretário, surgiu Aeneas Sylvius Piccolomini, pobre, mas muito inteligente e enérgico, e que se tornou papa sob o nome de Pio II. Desse mesmo centro saíram também Jacques Ammanati, futuro cardeal-bispo de Pavia, Agnili e Blondus.

Entre esses protetores e promotores do Humanismo, não podemos nos esquecer do cardeal Pedro Barbo, artista, colecionador e arqueólogo, que mandou construir um esplêndido palácio para abrigar suas ricas coleções; nem de Gérard d'Estouteville, parente dos reis da França, e que compete com Barbo em luxo e em liberalidade.

Essas poucas citações farão entender com que liberalidade, com que ardor e com que espírito liberto de todo temor de perigo para o entendimento e para a fé do clero a Igreja se lançou ao Renascimento dos estudos pagãos.

Mas esses mesmos estudos pagãos, se não são um perigo real para o clero, tanto regular como secular, espalham-se desde o começo como um perigo social sem precedentes para toda a clericatura, começando por seus mestres, letrados-filósofos ou juristas do mesmo gênero.

Uma fraca educação cristã, muito mais forte, no entanto, do que a de nossos dias; uma fraca instrução religiosa limitada ao grau primário, à catequização e, contudo, muito mais extensa do que a atual; uma disciplina relaxada e, entretanto, mantida por uma série de organismos familiares e sociais totalmente destruídos há mais de um século; um controle mútuo hierárquico impregnado ainda de espírito cristão, mas já corrompido no alto pela corte, e no meio pela moda e pela opinião dessa mesma corte; a preocupação com a sobrevivência muito menor do que em nosso tempo, graças às corporações e à garantia que ali os indivíduos encontravam; as sugestões do ventre entre os letrados laicos em ruptura com sua Ordem e que passam necessariamente do diletantismo para o parasitismo; as solicitações de todos os sentidos pelo naturalismo e pelo espírito do mundo, ambos pagãos. A sede de parecer para ter sucesso; o ódio instintivo contra toda pressão social a esse descompromisso da anarquia individual: essas eram as condições de meio no qual o paganismo deveria despertar como se estivesse em sua própria casa, sob todas as formas possíveis, porém infinitamente piores do que seus modelos, pois o espírito de imitação exagera os defeitos e nunca as qualidades.

Por isso, como foi infernal a eclosão entre todos os letrados dessa época e particularmente entre os infames secretários apostólicos.

Contudo, Petrarca, o primeiro desses humanistas, permanece cristão e se esforça para conciliar a instrução pagã com a educação cristã. Ele respeita a Igreja e seus dogmas, visita os santuários e as tumbas dos apóstolos e dos mártires, mas é amigo de Boccaccio e de Leôncio Pilatos. Se Santo Agostinho é o inspirador de sua consciência, Cícero e Virgilio são seus mestres literários. Ainda que sinceramente bastante devoto, ele tem pela glória um amor desenfreado que vai até a monomania, uma vaidade sem limites que o impele a invejar e a odiar seus rivais, e ele mesmo lamenta esse amor pagão pela fama do qual não consegue se livrar. Desde o século XIV, ele já é o modelo de Poggé e de Maquiavel. Seu patriotismo de antiquário o faz saudar o triunfo de Rienzi, e ser pródigo em amargas críticas contra o papado; pois, imbuído das ideias políticas encontradas entre a maioria dos humanistas do Renascimento, ele sonha com uma Roma rainha das nações, não como uma cidade pontifical, mas como arcaica pagã: República romana ou Império universal. Mais tarde, Valla e Maquiavel também denunciarão o papa como inimigo de Roma e da Itália.

O paganismo que ainda se revela apenas timidamente em Petrarca, tipo da raça concordatária, não tardaria em impor-se como mestre indiscutível do Humanismo. Desde o início do século XV, Coluccio Salutati, o mestre de Poggé, escrevia em seus *Trabalhos de Hércules*, que "o Céu pertence aos homens fortes". Isso era proclamar que o homem extrai de si mesmo e de seus esforços seu objetivo final e sua perfeição. Já era o Humanismo pagão a quarta raça mental, a negação radical do Cristianismo. O Colégio dos Secretários apostólicos, emparelhando seus passos, desenvolveu esta tese: "A natureza humana é boa para si mesma", e, no século seguinte, compartilhando desse otimismo Rabelais escreverá, ao falar dos telemistas: "Em suas regras havia apenas esta cláusula: 'faça o que você quer', porque os bem-nascidos, bem instruídos, dialogando em companhias honestas, têm por natureza um instinto aguçado que sempre os impulsiona a fatos virtuosos". É a moral reduzida à satisfação de todos os instintos.

Cada vez mais pagão, o Renascimento, sob o pretexto de seguir a natureza, dá a preferência aos prazeres sob todas as suas formas. O futuro favorito de Nicolau V, Laurent Valla, é epicuriano. Em 1431, ele publica um tratado, *De voluptate*, no qual afirma que o prazer é o verdadeiro bem, e dedica a Eugênio IV sua obra *De vero bono*, que desenvolve a mesma doutrina: a do prazer sem freios.

Portanto, não é uma surpresa se tal teoria acabou conduzindo ao desenvolvimento dessa literatura obscena representada na corte dos papas por tantos ilustres humanistas. Citaremos apenas os mais notáveis: Leonardo Bruni l'Arétin e seu discurso de Heliogábalo discutindo com as cortesãs de Roma sobre as diferentes formas de volúpias; livros que fazem as delícias dos secretários apostólicos. Panormita também escreve um livro infame: *O Hermafrodita*; Poggé publica uma coletânea de piadas obscenas. Sob Nicolau V, Pedro Niceto e Aeneas Sylvius Piccolomini, futuro Pio II, trocam uma correspondência sobre o matrimônio e a união livre.

Os costumes dos secretários correspondem à sua literatura: Poggé, que recebeu as Ordens menores, reconhece 14 filhos bastardos. "Como laico", diz ele, "tenho filhos; como diácono, não preciso de mulher". Filelfo, Porcello, Vallas, Poggé são também sodomitas, e, quando Pomponius é recriminado por seus ignóbeis vícios, ele alega o exemplo de Sócrates.

Mas por que mexer por mais tempo nesse lodo? Pessoas letradas capazes de tudo, crápulas do espírito humano, pornógrafos, panfletários, chantagistas, mercenários, vaidosos, de costumes podres, venais como moças públicas, desavergonhados maculadores de tudo o que é digno de respeito, eis o que foram os secretários apostólicos, os humanistas do Renascimento pagão, os representantes da quarta raça mental; e, graças a eles e aos seus sucessores, desse Renascimento ao Protestantismo, deste para a apostasia completa da clericatura enciclopédica, o fosso foi cavado a uma profundidade suficiente para que o fogo do Inferno saia com todos os seus demônios. Descreveremos mais adiante essa possessão mental e a influência antissocial sobre a Revolução francesa.[54]

Esta é a razão mental pagã: Agripina, mãe de Nero, ou Frineia, amante do Areópago. E eis por que, desde o Renascimento, a Igreja sacerdotal, a boa galinha do Evangelho, choca tanto patos pagãos quanto bacharéis diplomados pelo Estado usurpador da instrução pública. A incubação é cristã, a instrução é pagã e pior do que seu modelo, o paganismo jônico. Da Igreja para a anti-Igreja, do mar ao mangue, há o Humanismo concordatário da universidade que conduz todos os patinhos, da água pura do batismo para a água suja do dilúvio.

Alma mater!... Alma é um exagero, e Mater mais ainda a

---

54. Ver Apêndice, II.

partir do momento em que o Estado político, novo Caim, aniquilou o Estado social, Abel, seus Estados gerais, o povo mesmo em corpo vivo, e escravizou seus três poderes: o ensino, a justiça e a economia públicas.

Essa desumanidade pagã, cujo Juízo Final segue seu curso, é um resultado do Humanismo. E será que esse é um resultado necessário? Admiti-lo seria ser pagão como ela. Seria ignorar o Evangelho e suas chaves, sua ciência, sua sabedoria velada, sua síntese divina e humana, sua religião una e universal. E aí, e apenas aí, está o supremo domínio de todos os humanismos; como ele é espírito e vida, ele os quer ressuscitados, lavados em sua luz, purificados em seu amor, transfigurados em sua glória.

O que são todas as igrejas étnicas da Terra senão os corpos espirituais de todos os povos mortos pela Roma pagã, chamados à vida, como tantos Lázaros pela Igreja de Jesus Cristo? Esses corpos glorificados são os anjos guardiões dessas nações e de toda a sua história, passada, presente e futura. Mas infelizes daqueles que expulsam esses anjos, pois os demônios exorcizados as penetram novamente, piores do que antes, e assim acabam morrendo.

Se o resultado do Humanismo não era fatalmente pagão, o que então o tornou assim? A vontade, a livre escolha dos letrados tanto do clero quanto da clericatura, principalmente desta última, com responsabilidade plena e completa e com sanções penais das leis em ação nos fatos, e do princípio que fala nessas leis.

Contudo, será que podemos recriminar os pontífices romanos por terem aberto seus braços, seu coração, seu espírito, seus palácios, seus tesouros, toda a nossa Igreja a seus santos e venerados irmãos do Oriente, aos monges e aos abades dos conventos orientais que fugiam de Bizâncio, sobre a qual se abatia a cimitarra dos turcos? À incorrigível e anárquica Europa, eles apelaram em vão, pediram, rogaram, suplicaram por uma Cruzada; a batalhadora permaneceu fechada em si mesma e surda às suas vozes. Como, nessas condições, recriminar aos papas a ajuda dada aos patriarcas bizantinos para salvar do ferro e do fogo dos sectários muçulmanos os monges eruditos que traziam, misturados, de todos os conventos das terras eslavo-gregas e jônica, não apenas os manuscritos dos seus ancestrais pagãos mas também os dos Pais de suas Igrejas? Como reprovar esses pastores de povos europeus de terem abraçado, com um mesmo entusiasmo, diante do triunfo insolente de um invasor anticristão e asiático, toda a solidariedade cronológica de nosso continente, inclusive sua idolatria mediterrânea dominada pela cruz!

No fundo, esse grito, o "Humanismo", como era belo nessa hora da história e no espírito vivo dessa crise de vergonha e de dor! Sobre esses lábios dos santos letrados ele significa: caridade. Essa majestosa Igreja latina foi, de fato, a irmã de caridade de sua nobre e desafortunada irmã. Oh! Essas duas irmãs! Na prosperidade cremos que são rivais de beleza, ciumentas de poder, até mesmo hostis; mas, se uma se dobra diante da adversidade, a outra toma a cruz, seu amor resplandece, e assim será de século em século.

Esse Humanismo da primeira hora é o nosso em seu primeiro grau; mas temos mais dois de reserva, e no mesmo espírito: lembrança e esperança. As obras-primas de toda a Humanidade testemunham a mesma cidade de Deus, a mesma civilização anterior e futura. Todas pertencem à fonte divina de toda a verdade, estando na verdade, mas apenas pelas gotas diamantinas que dela receberam; os puros raios, os humanos-divinos que brilham nessas águas sempre vivas, provêm do mesmo Sol de onde procedem todas as razões e todas as línguas humanas: o Verbo Deus.

Portanto, quem dentre nós que, no lugar desses papas e desses cardeais, não teria feito a mesma coisa, atire a primeira e a última pedras. Em relação a isso, os clamores dos protestantes contra o papismo e a grande Babilônia representam outras tantas ejaculações de humanistas energúmenos ou de ébrios bíblicos iletrados; desaforos ou mesmo pontapés do asno escolar.

Não se trata do ato dos papas em relação ao Humanismo, mas do uso que dele se poderia fazer. O ato em si mesmo está acima de qualquer elogio, assim como de qualquer recriminação, e toda a Europa deve apenas agradecer com veneração à Roma pontifical, como uma criança à sua mãe, por ter lhe devolvido os autores gregos. Os jesuítas merecem a mesma gratidão por ter nos revelado os Kings chineses, e os anglicanos, sacerdotes e nobres, fiéis letrados, por ter nos transmitido os textos sânscritos, os *Vedas*, as Puranas e suas interpretações feitas então de acordo com os brâmanes.

Nós conduzimos não apenas longe, mas muito mais longe do que qualquer um, esse sentido da universalidade humana que é, no fundo, aquele do infinito celeste. Para nós ele é imperioso, assim como nossa fé na universidade da palavra primordial; mas não menos imperioso em nosso espírito fala o sentido da unidade, o absoluto, o sentido do Divino, cujo eixo polar é a ação direta do Verbo, seu Cristianismo eterno, no princípio, no meio e no fim de todos os ciclos, não somente na Terra, mas em todo o Céu.

Nós seremos ainda mais bem compreendidos indo do superlativo ao positivo. A história tem dois espíritos conhecidos, e o menor deles não é o da escala, se o julgamos pelo número de seus escritores modernos e pelo concerto pouco harmonioso de suas interpretações. Que esses continuem tocando a seu bel-prazer essa música de melodias variadas, tocadas ao mesmo tempo, mas sem unidade. Inauguramos para nós, para nossa exata compreensão, um terceiro espírito. Ele conserva intacto o primeiro, o dos fatos; e afasta de nossa consciência o segundo, aquele que não nos interessa, o das reflexões subjetivas; mas o substitui por um terceiro, o das leis.

Das leis, mas não no sentido individualista, jurista, político e pagão de Montesquieu; nosso sentido é o objetivo, o da ciência pura. Ora, esta é inseparável da vida que a orquestra, e essa vida, a vida do Verbo Legislador, é a própria religião e as três são a sabedoria sagrada.

O espírito dos fatos é pura e simplesmente a observação, no homem, da experiência humana em todos os seus graus históricos e de sua solidariedade em todos os tempos. É o "como". Em seguida vem o "porquê". Por que da existência dos povos e das raças; por que de seu nascimento, seu crescimento, seu apogeu mais ou menos longo, sua decadência, sua decrepitude, sua morte? Finalmente, por que sua sobrevivência no Verbo, por sua palavra; por que sua ressurreição em um novo corpo glorificado por Ele. Esses corpos gloriosos são as igrejas das nações, sem prejuízo para as das raças e, por fim, de toda a humanidade.

Esse "porquê" repetido de grau em grau é o Espírito das Leis sociológicas intrínsecas aos fatos, e essa ciência é sagrada como toda ciência real. O princípio da sociologia está em todos os livros santos, no dos arianos, no dos iranianos, no dos mongóis, no dos egípcios, no de Orfeu, no dos druidas, em todos, desde os Patriarcas até os Evangelhos. Mas, nesse turbilhão da universalidade, é necessário que a mão sustente com força a unidade, o centro absoluto e o eixo polar que passa por esse centro, correndo o risco de ser arrastado pelas forças centrífugas. Esse centro é o Verbo Deus, seu eixo vai do polo patriarcal ao do Juízo Final, passando por todos os Patriarcas, por Moisés, pelos profetas, pelo Verbo encarnado, crucificado e ressuscitado, pelos apóstolos e por seus sucessores, passados, presentes e futuros.

É útil repetir essas coisas, pois a essência pagã da intelectualidade contemporânea, filha do

Renascimento, logo mais repetirá seu sabá à custa da sociologia, bem como de todo o resto. Cada bacharel terá a sua no bolso, seu próprio socialismo, o que é o contrário da verdadeira sociologia.

Sem a chave, ao mesmo tempo científica e religiosa desta última, a história é um farol apagado. É a lanterna dos burgueses de Falaise. Graças a essa chave, o farol se ilumina, e é mais útil aos homens de Estado do que aos da Igreja, não como letrados por diletantismo, mas como guias conscientes e responsáveis pela caminhada humana. É por isso que sujamos nossos dedos de tinta, 20 anos atrás, para escrever nossas *Missões*; e é pela mesma razão de caridade que hoje, em uma época em que qualquer um pode escrever, que em breve voltaremos a usar a pena com cuidado, e a usaremos para fazer urrar, mais forte do que nunca, os fariseus e pagãos e todos os seus sub-répteis.

Vejamos então quais são as leis reguladoras do Humanismo, se compreendemos essa palavra como os estudos clássicos. As leis vigentes são o próprio Cristianismo, em sua maestria primeira sobre os pagãos, tal como mostraremos na segunda parte deste livro, maestria tanto intelectual quanto espiritual, pois que direito temos de separar as duas entre os apóstolos e os discípulos desde o Pentecostes?

Para que essa maestria sagrada, por meio de seu incessante controle sobre a ascensão do neopaganismo do Renascimento, pudesse refrear as catástrofes que já atingiram e atingirão ainda a humanidade, teria sido necessária uma dupla intervenção de sua parte na compreensão laica e em sua vontade coletiva.

Na compreensão, os remédios preventivos indicados pela maestria teologal eram os três graus de ensino do Tri-Regno, correspondentes às três pessoas da trindade: Pai, Filho e Espírito Santo; essência, existência e substância.

Na vontade coletiva, a profilaxia evangélica indicava as três ordens sociais correspondentes aos três graus do ensino.[55] Eis, de cima para baixo, a relação desses graus e dessas ordens.

1º: À clericatura da ordem econômica corresponde o grau primário da catequização, completada por uma solidariedade de comunhão e por uma seleção sempre aberta, que se reúne à:

2º: Clericatura da ordem jurídica, a da espada e da toga. Ela responde ao grau secundário, este

---

55. Ver, para os desenvolvimentos, a *Missão dos Franceses*. (Nota dos Amigos de Saint Yves.)

não sendo mais banal como o anterior, mas iniciático. Ele se reúne por uma solidariedade de comunhão e de seleção à:

3º: Clericatura da ordem educadora universitária. Ela responde ao grau superior da sociedade dos fiéis, ao grau iniciador, ele mesmo unido à Igreja instrutora, à abacial mitrada regular e à episcopal secular para um encadeamento de comunhão e de seleção: 1º: Sacerdócio privado, *ad missam*; 2º: Mitrada abacial, *Canonnicat*; 3º: Púrpura cardinalícia.

Em suma, os estudos secundários e superiores greco-latinos, adequados ao segundo grau, deveriam conduzir apenas aos estudos ainda mais profundos, com o sânscrito como língua ariana protoclássica. O vazio apareceria rapidamente, e nos bancos escolares restariam apenas as verdadeiras elites que buscam a verdade por ela mesma e não uma inútil instrução para tirar uma vantagem, um meio anormal de existência, ou parasitária, ou corruptora.

A outra mentalidade seria mais objetiva, encorajando por meio de uma educação proporcional à instrução até o estudo supremo sobre o qual falaremos mais adiante e que é o da dupla vida visível e invisível, e de sua anfíbia humanidade.

SEGUNDA PARTE

A Sabedoria de Deus e o Cristianismo

Ego sum Via, et Veritas, et Vita.
São João, XIV, 6.

CAPÍTULO PRIMEIRO

A Via

I

A MATHESIS CRISTÃ

Reconstituição da protossíntese. – Nossos guias. – O Cristianismo é a única religião. – A Mathesis cristã e as três sínteses. – Quadro sinótico. – Os livros sagrados divididos em três sínteses. – Sua origem comum. – O Evangelho. – Jesus. – A AMaTh. – A Mathesis e São João. – Daniel, Esdras; reconstituição da síntese. – A CaBaLaH e suas chaves. – As universidades antigas. – O selo do Deus vivo nos Vedas; no ARKA-METRA. – O nome de JeShU e suas correspondências. – A tradição diante da mentalidade europeia adormecida – Nossos esforços para despertá-la.

Alguns esqueletos foram o bastante para que Cuvier reconstituísse a paleontologia antediluviana. A história e a pré-história relatada nos livros sagrados de todos os povos diminuem em muito nosso mérito em relação à protossíntese humana. A maior dificuldade seria deixá-la recuperar-se por si mesma de acordo com o duplo método objetivo e seu duplo critério.

Nossos principais guias foram, entre os Pais da Igreja, Santo Agostinho; entre os evangelistas, São João; entre os outros apóstolos, São Paulo e São Pedro; entre os escritores sagrados do Antigo Testamento, Moisés; entre os autores anteriores a Moisés e conformes à mais pura tradição patriarcal, Jó; entre as universidades antigas dos Patriarcas, mas ainda ativas atualmente, a do bramanismo, que data de Krishna, mas que contém uma documentação muito anterior ao século XXXII antes da encarnação do Verbo.

A essa universidade acrescentamos a iraniana, ainda representada pelo guebres, e, no Extremo Oriente, o Kouo-Tsé-Kien; e no Extremo Ocidente, temos os documentos da raça vermelha.

Toda essa documentação pode ser lida e se situa por si mesma, com todas as suas correspondências, no instrumento de precisão, já várias vezes citado, o Arqueômetro; como todo ensinamento que dele deriva se centraliza e se resume em um monumento verbal vivo: o CRISTIANISMO.

Com efeito, o Cristianismo não é uma entre as religiões deste mundo: todas as outras são apenas um desmembramento dele. É a religião de todos os mundos, a Mathesis do duplo Universo visível e invisível e de seu anfíbio: a humanidade.

A Mathesis cristã contém então três sínteses: o Universo visível, o Universo invisível, a humanidade, anfíbia das duas, assim como são resumidas no quadro sinótico seguinte:

UNIVERSO
Invisível, Visível, homem anfíbio

A glória divina: SheMa

A vida eterna { Essência. – Sujeito. – Suporte. – Centro. – Apoio. – Pai.
Existência. – Verbo. – Princípio. – Raio. – Poder. – Filho.
Substância. – Objeto. – Finalidade. – Círculo. – Movimento. – Espírito Santo.

O Céu da glória, o involutivo radiante: SheMaY

A existência eterna
{ Potências especificantes do Verbo: ALHIM.
Potências específicas do Espírito Santo: ROHa.
Potências especificadas da Espécie: Ha – OR.

O Céu reflexo da glória refletida, o involutivo das ondas etéreas: SheMaYn

A existência imortal
{ Sociedade cosmogônica dos anjos da palavra viva: ATh-Ha-Sha-Ma-Ym.
Faculdades androgônicas involutivas: ATh-Ha-ADaM.
Sociedade dos eleitos glorificados: ATh-Ha-AReTs.

O Céu físico involutivo e evolutivo das forças e das atmosferas: SheMi – DWl

A existência intermediária
{ Anjos e faculdades antropogônicas: Involutivas.
Sociedade das almas evoluídas.
Anjos e faculdades animais e vegetais: Involutivas.

A astralidade shematizada – involutiva e evolutiva: AReTs-AsTRa

A existência física evoluída
{ Os homens individuais visíveis.
Os animais individuais visíveis.
Os vegetais individuais visíveis.

A astralidade dinamizada – involução e evolução

A substância física e evoluída
{ As forças reflexas e os gases.
Os metais: suportes das forças. Oclusão dos gases.
A matéria cadavérica reentrando em transação de substância.

A ASTRALIDADE REABSORVENTE, DISJUNTIVA, EM CONTRA-SHEMA

A existência infernal
- Potências sarcófagas das trevas.
- Demônios involutivos.
- Condenados evoluídos de homens.

O FOGO DO CAOS DISJUNTIVO, PUTRIFICANTE E ANIQUILANTE

A existência satânica
- Demônios das forças repulsivas e dos gases explosivos.
- Demônios dos ódios e das pragas.
- Satã: o antiverbo de perdição e de destruição.

Cada grau dos sete primeiros ternários é comentado de um ponto a outro da história humana pelos livros sagrados de todos os povos. Esses mesmos livros se trifurcam, de acordo com a Mathesis Divina,[56] em três sínteses relativas ao duplo Universo e à dupla humanidade: invisíveis e visíveis.

Apesar de suas aparentes divisões sob as bandeiras das religiões, das universidades, das línguas e das legislações que se apropriam da humanidade terrestre, os Vedas, os Kings, a Avesta, os livros de Moisés, os livros dos profetas e até as mitologias asiáticas, europeias e africanas, não são nada mais do que as expressão de sistemas individuais presididos pela anarquia. Não são filosóficos; não emanam do critério subjetivo, e mostraremos que têm entre si um elo de unidade que revela uma origem comum nesse mundo, e um mesmo princípio revelador no outro. O mesmo pode ser dito dos sistemas científicos que acompanham essas obras, bem como dos sistemas sociais que são sua aplicação.

Todos os eruditos que se dedicaram a estudar uns e outros chegaram às mesmas conclusões que as nossas, saber que esses desmembramentos são tanto mais conformes às leis reais dos fatos universais quanto mais longe se

---

56. N.R.: Mathesis Universalis ou Divina é uma ciência geral capaz de explicar tudo o que diz respeito à quantidade e à ordem, independentemente do objeto de estudo. Insere-se entre as principais ideias da civilização ocidental, e seus primórdios podem ser encontrados entre os Pitagóricos e em Platão.

remonta na Antiguidade, até um ponto de partida, velado mas translúcido, onde se entrevê sua tripla síntese primordial. E, pudemos constatar, com todo o rigor possível da razão mais exigente, que essa tripla síntese e sua Mathesis são a religião cristã, aquela do Verbo Criador e que deve se encarnar para a salvação dos homens. No mais, o Evangelho nos diz isso com todas as letras e, depois dele, os apóstolos e os discípulos que o pregam para todas as nações. Os Pais da Igreja, saídos em sua maior parte das iniciações mediterrâneas e orientais, continuam a conquista cristã lembrando aos pagãos esse fato incontestável.

É por essa razão que Jesus fala ao mesmo tempo como Verbo Criador, inspirador de toda Revelação passada e futura, e como Verbo Encarnado que deve retornar para a glória de onde ele desceu, quando disse: "Eu sou a AMaTh", a Verdade viva de onde procede toda verdade.

AMaTH, com efeito contém:

1º – ThaMA, o milagre da vida, sua manifestação na existência universal;

2º – AThMa, a existência infinita da essência absoluta, a Alma das almas: ATh;

3º – MaThA, Mata, a razão suprema de todas as razões verdadeiras, a incidência de todas as reflexões, a legislação de todas as leis, a eudóxia de todas as doutrinas.

Ao falar assim, o Senhor expressa não apenas toda a tradição sagrada revelada por Ele aos Patriarcas, não apenas a Torá de Moisés que os resume, mas sua própria Torá direta, a do duplo Universo e da dupla humanidade.

Como já dissemos várias vezes, o confidente mais íntimo do divino pensamento de Jesus, São João, registrou a Mathesis antiga e o princípio das três sínteses no começo de seu Evangelho. É impossível, lendo esse livro e o Apocalipse, com um espírito ao mesmo tempo religioso e científico, não perceber que são do mesmo autor. Eles expressam os mesmos mistérios, da mesma forma hierática, e em particular a AMaTh de que estamos tratando aqui.

"Eu vi um anjo subir do Oriente com o selo do Deus vivo." Peço ao leitor que guarde bem essas palavras do Apocalipse, VII, 2. Ela profetiza que a Mathesis da AMaTh, inseparável em Jesus, porém aparentemente desunida na humanidade religiosa, científica, universitária e social, será reconstituída entre o Oriente e o Ocidente. Fazendo eco a Daniel por meio de Esdras, em relação a certas tradições e chaves dos mistérios, o Talmude diz: "O selo do Deus vivo é AMaTh".

Os profetas, sabendo o significado disso, seriam capazes

de reconhecer imediatamente o Messias a cada enunciado que ele fizesse sobre mistérios tão decisivos. Mas os profetas estavam todos mortos, assassinados pelo estado mental e governamental da burguesia suplantadora, a da tribo de Judá.

Remontando o curso do tempo, vamos nos deter na fonte universitária em que os textos de Moisés foram reconstituídos em caracteres assírios vulgares e em uma língua metade hebraica e metade caldeia. Daniel era nessa época o Grão-Mestre do Sagrado Colégio dos Kashidim. Durante alguns séculos, as chaves dadas por ele abrem as portas de todos os santuários da Tradição, bem como de sua unidade e de sua universalidade pré-diluvianas e mesmo pós-diluvianas. Entre essas chaves comuns a todas as universidades direta ou indiretamente patriarcais, temos de mencionar a Ca-Ba-LaH, assim como definida em nossas notas a esse respeito, em solar-lunar, lunar, horária, mensal, decânica, etc., de acordo com as línguas e seu procedimento sagrado. Essas chaves são científicas e, por isso, tão claras quanto as profecias de Daniel, tão exatas quanto a época que ele indica para a encarnação do Messias. Isso e muitas outras coisas faziam parte da Mathesis da AMaTh.

O mesmo mistério nos conduz de sua segunda transcrição para a primeira, da Babilônia a Tebas, onde, sob o nome funcional de Oshar-Shiph, Moisés, como filho de um rei, foi epopta e depois chefe do Estado-Maior real comissionado como engenheiro militar na reconstrução das fortalezas e das máquinas de guerra. Sua fama como sábio e como inventor passou dos egípcios aos romanos.

Quando voltamos no tempo, a universalidade tebana nos leva a outra que foi, não sua mãe, mas sua irmã mais velha: Tirohita, a cidade erudita dos antigos brâmanes do Norte. Os sacerdotes tebanos e os da Etiópia, bem como seus iniciados reais, iam terminar ali seus altos estudos sobre o Universo invisível. Da mesma forma, os Kashidim da Babilônia iam aperfeiçoar seus estudos sobre o Universo visível em sua universidade de origem: Kashi, em sânscrito Caçi, hoje em dia Benares.

Façamos uma parada em Tirohita e, para observar a universidade e a universalidade cristãs em um fato tão importante quanto a AMaTh, o selo do Deus vivo, vamos abrir o Atharva Veda: "O selo do Deus vivo traz o Sol, porque sua revelação ilumina o Universo". Assim, Nosso Senhor Jesus Cristo, nessa como em todas as Suas palavras shemáticas, apenas resumiu a si mesmo como Verbo

A Via

O Arqueômetro

Os VII Modos Luminosos: Sistema Diatônico Bemol
Prancha crômica II

Copyright by Saint-Yves d'Alveydre, 1907 – Patente registrada.

Consultar o Arqueômetro, seu padrão, sua aritmologia e sua música.

Criador e inspirador de Sua religião eterna, una e universal.

O Atharva Veda nos conduz a uma filiação antediluviana. É ali que reencontramos a marca do selo da Mathesis, seu Shema verbal e cosmológico solar na ARKA-METRA que reconstituímos baseados nos documentos antigos verificados pela ciência moderna. É o Arqueômetro dessa palavra primordial do Verbo que São João designa em seu Apocalipse. A leitura de ambos não deixa nenhuma dúvida de que essa marca do selo não lhe foi revelada por seu divino mestre.

Fomos então conduzidos pelos Vedas ao ciclo antediluviano, o da tripla síntese e de sua Mathesis confirmada e atestada nesse mesmo selo: JeShU-Verbo e MeShIaH. Em nossas notas sobre a CaBaLaH, e na primeira parte desta obra, lembramos que as litanias de nossa Igreja chamam o senhor de "rei dos Patriarcas". É um fato, e não uma maneira de falar, e isso ocorre com toda a Tradição religiosa, desde seus textos teologais até o Arqueômetro litúrgico que os enquadra em todas as correspondências do duplo e do triplo Universo.

Em vatan, a língua shemática do primeiro ciclo, encontramos IShVa-Ra, JeShU, rei dos Rishis. O sânscrito articulado a partir dessa língua shemática, de onde também procede o védico, diz IShOua e ISOua; mas sempre é necessário reduzir as línguas sagradas cosmologicamente sistematizadas às XXII letras da língua vatan do selo e a todas as suas correspondências arqueométricas. Aqui mencionaremos apenas aquelas dos números. O número do nome divino é 316. Esse número também é encontrado no Osíris egípcio: OShI= 316. Ri e Risch, rei de Amenti, o Universo invisível. Em hebraico é IShO, mas anteriormente ao hebraico, em etíope é ShOI. E sempre, qualquer que seja sua posição, o nome é verificado por seu número. Em sânscrito ISh significa o Senhor; Va, o Movimento cíclico universal.

Depois do que foi dito, não ficaremos mais surpresos em ver, 17 séculos antes de nossa era, a infanta egípcia, uma iniciada no ensino superior da Tradição, dedicar a OShI-RI uma pequena criança salva das águas e chamá-la de M'OShI, assim como nós dizemos: Filho de Jesus, Filho de Maria.

Teremos de voltar mais adiante, e com mais detalhes, a todos esses pontos, mas quisemos mostrar agora como, ao se afirmar o AMaTh, Nosso Senhor Jesus Cristo se afirmava como o Verbo Criador, Fundador do Cristianismo, religião eterna confirmada por toda a Tradição, tanto a antediluviana como a pós-diluviana.

A mentalidade europeia dificilmente pode compreender tudo isso, dominada como está pela mentalidade dos pagãos greco-latinos, e só agora despertada da razão individual para a razão divina pelos recentes métodos científicos. Como veremos mais adiante, estes recortam o éter dos antigos, seu sistema ondulatório e o meio intermediário da transmissão das potências divinas em: ALHIM, para as forças físicas; SheMaIM, para as vibrações musicais dos números.

E, no entanto, há mais de 20 anos que não poupamos esforços para explicar tudo o que a Mathesis evangélica oferecia como recursos para evitar os males nacionais e internacionais que ameaçam a vida de nosso país e do que foi a cristandade. Tudo o que aconteceu desde então, tudo o que está em vias de acontecer, foi fielmente levantado por nós, como uma consequência das leis divinas da história e do desconhecimento dessas leis por nossos letrados da Igreja e da universidade, do clero e da clericatura, desde o Renascimento pagão. Tudo poderia ter sido evitado, e durante três anos imploramos, tanto à esquerda quanto à direita, à direção de nosso país, para que se tomassem as medidas necessárias, muito simples, mas muito eficazes, que a tradição lhes indicava. Aquele era o momento, agora a hora passou, e escrevemos apenas para o amanhã, para o dia seguinte das catástrofes de todos os tipos, em que será necessário novamente construir o que o paganismo destruiu.

II

Os critérios constitutivos da Mathesis

Ciclos sociais dos Patriarcas. – AD-aM. –
Origem da religião. – A certeza e a evidência. –
Os três critérios.

Como religião do Verbo criador, conservador e salvador, o Cristianismo foi então a religião dos primeiros homens e de seus ciclos sociais designados sob o nome dos Patriarcas que os fundaram. Muito antes dos hebreus, os primeiros povos da Índia registraram essa lembrança em sua imensa documentação histórica e mítica. AD-aM significa em sânscrito unidade-universalidade, indivisibilidade do conjunto. O mesmo Patriarca é nomeado pelos Kashidim com o nome de AL-OuR-OShI, Deus luz, e esse mesmo nome invertido diz JeShU--Espírito-Santo-Deus.[57] O Verbo era então conhecido sob esse nome arqueométrico, e os Patriarcas exibiam como uma bandeira esse divino hierograma e o inscreviam sobre sua testa em letras de ouro e de pedras preciosas.

Como essa religião se impôs à razão humana? Será que veio da ignorância ou do medo, assim como Voltaire afirmou? Nenhuma das duas. Essa religião nasceu de duas Revelações que conduziram os homens ao verdadeiro sistema do mundo e ao verdadeiro sistema da humanidade.

Com efeito, a certeza é para a verdade o que a evidência é para a luz. Mas a mesma evidência, mesmo que não mude, tem diversos aspectos conforme o estado dos olhos, sua abertura e o ponto de vista; ela não tem nenhum para os olhos que se fecham voluntariamente ou para os cegos. O mesmo vale para a certeza. Ela tem suas condições, seus graus críticos, seus signos crisíacos, que correspondem no homem à sua existência coletiva e individual ensinante e ensinada, involutiva e evolutiva. É o que a escola chama de critérios, mas adicionamos a essa palavra abstrata seu substrato vivo.

Podemos dizer sem medo de errar que três critérios compartilham o espírito humano. De acordo com a ordem de suas influências, são aqueles fornecidos pela:

1º – Filosofia;

2º – Ciência;

3º – Vida.

Se, por sua influência, a filosofia ocupa a primeira posição entre esses três critérios, o mesmo não pode ser dito sobre seu real valor.

---

57. A inversão, com efeito, dá IShO-ROu(aH')-AL. – Não se deve esquecer de que O e U são uma única e mesma letra: o Vav. (Nota dos Amigos de Saint-Yves.)

Primeiro critério

Critério dos filósofos. – Suas consequências sobre a vida social. – A ciência e a vida.

Esse primeiro critério, o dos filósofos, tem por si mesmo apenas um simples valor de opinião e de conjetura; é uma tagarelice mais ou menos elegante, de acordo com a eloquência nativa; mais ou menos inocente, segundo a educação, mas sempre semi-inconsciente e que tende a erguer como princípio o individualismo, como autoridade a opinião; em todas as coisas a anarquia. A primeira parte desta obra e todas as nossas obras anteriores o comprovam exaustivamente.

A fórmula reatualizada por Descartes: "Penso, logo existo", é de uma inexatidão evidente; o homem não vive porque pensa, ele pensa porque vive, e o pensamento só é justo proporcionalmente à educação dada pela vida e à instrução dada pela ciência.

Entregue a si mesma e não subordinada às outras duas, a via filosófica não conduz então à verdade que é a vida; afasta-se dela, e a ascensão dos filósofos ao governo das sociedades abre sempre a liquidação destas últimas.

Esse foi o destino do mundo antigo a partir da divisão das línguas e do aparecimento do naturalismo pagão. Babel começou, entre os judeus que saíram da Babilônia, o reino dos escribas e os fariseus o continuaram; entre os gregos que esqueceram a sinarquia órfica, assim como os judeus esqueceram a de Moisés, os filósofos e os sofistas nos deram até o final a prova do que vale para o Estado social, o critério filosófico por si mesmo. Enfim, vimos aqui mesmo, e ainda veremos, para onde tende o destino da Europa atual, graças aos estudos secundários que, desde o Renascimento, operaram a ressurreição pagã, o despertar dessa anarquia mental e então governamental, digna filha da filosofia individual.

Uma vez abordado o primeiro critério, encontramo-nos diante dos dois outros: a ciência e a vida.

A Ciência é a Verdade constitutiva do Universo visível, seu fato legiferado.

A Vida é a Verdade constituinte dos dois Universos, o visível e o invisível, seu princípio legiferante verbal.

Esses dois critérios são objetivos. Ambos são demonstrados pela observação e pela experiência. Ambos procedem da revelação, e essa dupla revelação é a religião.

O Universo visível e o Universo invisível estão entre eles na relação do exoterismo com o esoterismo, semelhantes ainda que inversamente proporcionais. Sua concordância é a própria sabedoria.

Segundo critério
Primeiro grau: positivo

O sacerdote e o sábio. – A ciência não é um produto do espírito humano. – A ciência, legislação do fato. – O pensamento humano. – Reflexão da incidência universal. – Os sentidos externos, individuais, coletivos. – Biologia e fisiologia – Os instrumentos, órgãos epigenéticos. – Os diferentes graus de constatação. – As séries são evolutivas, seu encadeamento é involutivo. – As duas leis de atração. – O tempo orgânico. – O fato cósmico não é puramente mecânico. – A harmonia, testemunha de uma suprema razão. – Onde para o critério científico – Sua conclusão.

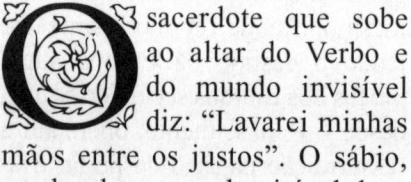

O sacerdote que sobe ao altar do Verbo e do mundo invisível diz: "Lavarei minhas mãos entre os justos". O sábio, ao abordar o mundo visível, lava todas as suas faculdades de observação, todos os seus instrumentos de experiência na justeza e na exatidão.

É uma nova raça mental em nosso mundo neopagão, raça pura e não bastarda, tão poderosa quanto era a raça primordial, aquela que, pela mesma via, chegou da análise à síntese, da ciência à religião. Seu método não tem nada de humano no mau sentido da palavra; ela é o oposto da imaginação filosófica.

Quanto mais o sábio é poderoso pelo pensamento, tanto mais ele teme se enganar e enganar os outros; por isso afasta, como infantis, toda a metafísica, toda a filosofia, toda a cogitação vazia. Faz tábua rasa da anarquia multiforme, cujos estudos secundários pagãos entulham a inteligência e a opinião desde o Renascimento, sabendo melhor do que qualquer um que aquilo que constata existe desde sempre sem sua permissão.

"Pegamos a água do oceano com uma concha", dizia Newton. A emissão newtoniana era essa concha, mas a ondulação permite refazer o antigo périplo dos Patriarcas: a volta ao mundo cognoscível, inclusive até o princípio.

A ciência, não mais do que a religião, não pode então ser um produto do espírito humano; ambas lhe foram dadas apenas pela revelação, a verdade constitutiva do Universo visível existente, e seu fato sendo legiferado pelos séculos e ciclos, antes que o homem aparecesse. Este último tem apenas o poder de tomar conhecimento da ciência de acordo com os progressos de sua própria evolução.

A ciência é a legislação cíclica do conjunto do Universo visível, sua Torá cosmogônica, seu código cosmológico, seu *habeas corpus*. Ela não é endossada pela razão humana, mas pela razão social desse Universo. O homem só toma conhecimento dela por meio da abnegação de seu pensamento pessoal, pois este é por si só a mentira por essência, ou, caso se prefira, uma ilusão conjetural. É apenas por uma estrita disciplina mental e até certo ponto moral que ele se eleva ao seu verdadeiro valor cultural. Assim a árvore selvagem, retificada pelo enxerto, torna-se suporte de uma árvore de uma espécie superior.

O pensamento humano enxertado pela ciência é a reflexão da incidência universal do Verbo considerado como razão do Universo visível.

Portanto, é de Revelação exotérica que se trata aqui. Ela penetra no homem desde o berço, por meio de todos os seus sentimentos externos. Essa penetração da reflexão pela incidência também se faz por uma inversão proporcional; de forma que a incidência que, em si mesma, é todo o ciclo da fenomenia, o involutivo, decompõe-se na reflexão em tantas séries evolutivas quanto objetos correspondentes a cada sentido.

A fenomenia universal afeta a existência cósmica inteira, e é evidente que a existência não é a vida, mas seu modo exotérico: como expressa claramente seu nome.

O processo mental do erudito, ou melhor, do estudante, é semelhante ao de uma criança, ainda que retificado. Ele questiona, mas sem conjeturar; observa, mas sem imaginar; experimenta, mas exaltando e retificando seus sentidos externos, aqueles da fisiologia terrestre que tem em comum com os animais.

Esses sentidos são individuais, suficientes no animal, insuficientes no homem em relação à potência de reflexão que, apenas nele, corresponde à incidência universal. Essa potência, razão de sua espécie, coloca-o acima e fora da série fisiológica, como um biólogo anfíbio da Terra e do Universo, da evolução planetária e da involução cósmica.

É por isso que, aos órgãos individuais de seus sentidos, ele acrescenta outros, coletivos, que correspondem mais à sua vida do que os de sua existência. São principalmente os animais que têm aparelhos sensitivos mais desenvolvidos do que os dele: o falcão pela visão, o cachorro pelo olfato e audição, o cavalo pelo movimento, o touro pela força, etc. Mas em seguida são os instrumentos de precisão que corrigem a limitação dos órgãos terrestres da visão, da audição, do tato, do paladar, do olfato e, por último, do sexto sentido, o movimento.

A existência dessas estruturas epiorgânicas, transorgânicas, comprova, como veremos mais adiante, que a biologia impõe sua superioridade à fisiologia e transforma o organismo de acordo com suas necessidades. Comprova também que o homem enxertado pela revelação, ainda que simplesmente exotérica, deixa em parte de ser terrestre para se tornar cósmico e dominar as condicionalidades fisiológicas, as séries submetidas à duração do tempo, e às extensões do espaço.

Então, quando o astrônomo observa um astro invisível a olho nu, mas não à visão, usando o telescópio, tem seu olho aumentado, isso equivale em duração e extensão a uma aproximação proporcional não somente do fenômeno observado, mas da visão observadora.

O mesmo acontece em relação não mais ao infinitamente grande, mas ao infinitamente pequeno, o microscópio. Esses exemplos são multiplicáveis para todos os instrumentos científicos, verdadeiros organismos que o homem acrescenta ou pode acrescentar aos seus outros sentidos conhecidos ou desconhecidos.

O grau positivo da constatação da ciência incidente pelo conhecimento reflexivo tem por objetivo todas as séries de fatos e de leis que dizem respeito às forças e aos suportes, suas existências, seus organismos e seus meios. Em seguida vem a constatação do grau comparativo. Ela descobre a relação das séries entre elas, toda uma nova ordem de fatos e de leis em que a involução comanda as evoluções. Desvendam-se então a harmonia, a organia e a logia das espécies invisíveis que conduzem os indivíduos visíveis, então as Potências que especificam e encadeiam tudo, desde os mínimos detalhes até o conjunto cósmico.

As séries individuais são evolutivas, seu encadeamento cíclico é involutivo. À primeira vista, parece que as primeiras são os suportes do segundo; mas um exame mais profundo nos mostra que o contrário é o verdadeiro. É a ordem universal que especifica toda a ordem particular. De forma que, enquanto todo indivíduo, em cada série, como sua própria série, é regulado por uma lei de autoatração particular, suas relações são reguladas por uma lei de atração universal que atua de um reino para outro e entre todos os reinos, para que se apoiem mutuamente na finalidade sempre atual de um único e mesmo princípio de existência geral. Este é o fato cósmico supremo, o fato cíclico dessa lei, ao mesmo tempo fisiológica, harmônica e lógica.

Esse fato supremo tem muitos aspectos, mas mencionaremos apenas aquele que é mais fácil de ser percebido. Ele se chama o tempo orgânico, quer se trate do ciclo universal do ano cósmico que inclui todos os sistemas solares, ou do Grande Ano de apenas um desses sistemas, ou do simples ano de um único planeta ou do ano do último satélite.

O tempo está para o espaço como o número está para o intervalo sobre a corda sonora. Mas, no Universo, a corda é todo o dinamismo possível, todo o Céu fluídico do qual o Céu astral é o tensor.

O fato cósmico não se limita a esse caráter mecânico. Este último só existe em função da fisiologia geral na qual, do maior ao menor, os próprios ciclos anuais são renovadores das condições de existência. Seus papéis fisiológicos também estão subordinados a uma lei superior de harmonia que regula sua interorgania, encaixando-as de modo em modo, de número em número, de intervalo em intervalo.

Essa própria harmonia ainda é apenas uma expressão de Logia, de pensamento em ato perpétuo. E o ato é testemunho da vontade consciente de uma suprema razão legisladora, una em sua essência, universal em sua forma, global em seu modo de operar, sempre aplicada com esse mesmo fim: a garantia e a renovação da existência cósmica e de todas aquelas que dela resultam.

O critério da ciência para por aqui, e essa suprema constatação da razão social que governa o Universo visível traz totalmente para a reflexão uma das incidências experimentais do Verbo: a exotérica. Essa incidência, que engloba todo o ciclo das séries e das harmonias do conhecimento exotérico, corresponde no Verbo à gênese e à síntese designadas sob o nome de ciência, e no espírito humano à hierarquia e à síntese dos conhecimentos naturais e humanos. Nessa hierarquia, a fisiologia resulta na constatação da perenidade da forma e da alma de vida, quaisquer que sejam os meios astrais ou fluídicos que essa alma e essa forma assimilem em sua dupla existência visível e invisível.

Essa dupla existência acessível à observação e à experiência provoca como conclusão a imortalidade, a liberdade moral, a responsabilidade individual. Isso, sem abandonar as condições de observação e de experiência próprias ao critério designado sob o nome de ciência que, apenas com a vida, pode nos levar à certeza.

Segundo critério (continuação)
Segundo grau: comparativo

Marcha dos Patriarcas em direção à síntese. – Os fatos conduzem às leis; estas, ao princípio. – Negação da matéria e do espírito puro, no sentido metafísico. – A raiz do MaT. – Matéria e substância. – O corpo não implica o estado material. – Os minerais e os vegetais. – Ressurreição experimental de suas formas. – O homem não cria os números. – O som. – As forças e as potências; suas relações; sua natureza. – Ondulação e vibração. – Lei da intensidade dinâmica. – Leis das potências vivas. – Da primeira revelação à segunda.

Em sua marcha ascensional à síntese, à sabedoria e à religião universal, os primeiros mestres do espírito humano, conhecidos sob o nome de Patriarcas, percorreram todo esse duplo ciclo.

Rapidamente eles abandonaram o primeiro critério, infantil por falta de ciência e de consciência, e passaram ao segundo que, pouco a pouco, lhes entregou todos os seus graus para conduzi-los aos do terceiro critério, pois a observação e a experiência exatas são a condição comum do conhecimento de todos os fatos reais. Ora, o mundo divino é a realidade supraetérea do mundo astral.

Uma vez terminado o inventário dos fatos físicos, assim como o de suas leis de harmonização e de organicidade, a razão e a consciência humanas chegam sempre como conclusão necessária ao *Verbum Vitae* do *Sum qui Sum*: Lei suprema, princípio que fala nas leis como estas nas placas vibrantes dos fatos.

As harmonias universais, as de cada coisa e de todas entre si, são as leis dos fatos, e elas proclamam o princípio comum dos quais são os equivalentes funcionais e convertíveis. Por isso, depois de ter observado e experimentado, usando todos os procedimentos da análise, os organismos dos três reinos: os minerais terrestres e cósmicos, os vegetais e os animais da Terra, as substâncias e as forças; depois de ter estudado a cristalização dos primeiros, a célula e a organicidade dos outros, as resistências e os movimentos dos últimos, fomos e sempre seremos conduzidos ao seguinte.

Negação da matéria e do espírito puro no sentido metafísico pagão e grego dessas palavras, pois, quando pedimos às línguas arqueométricas ou shemáticas da Antiguidade a etimologia da palavra matéria, eis que elas nos respondem:

O caldeu, o siríaco e o hebraico nos dizem: MaT, passividade, inércia e mortalidade.

O védico, o sânscrito e o pali indicam a ideia de ter, de coisa possuída pelo ser.

Isso está claro, mas no ponto atual da anarquia das relações entre os cleros e as clericaturas, na atual guerra civil entre os teólogos filósofos e os letrados, uns tomam emprestados seus argumentos da ciência contra a religião e os outros, da religião contra a ciência, é bom colocar lado a lado esses políticos e esses camelôs tanto de uma quanto da outra.

E nós diremos: a matéria e a substância orgânica, longe de serem a mesma coisa, são o contrário. A matéria é um dejeto, um *Caput mortuum*, um excremento inorgânico, amorfo, da substância orgânica e mórfica. Mas, assim que é expelida de um organismo anterior, apenas caos e matéria, ela é retomada pelas forças que trabalham nos meios de organização. Sua atividade movimenta novamente sua inércia e a faz sair de sua condição de matéria caótica e retornar para a de substância definida em um corpo e qualificada em uma forma. Pois o estado de corpo não implica de forma alguma o estado material, mas, pelo contrário, o de substância e de forma em função da harmonia e da organicidade específicas.

Um pedaço de ferro ou de qualquer mineral não é matéria, pois esta é inorgânica e amorfa, enquanto o metal ou o mineral é completamente organizado de acordo com sua espécie, cada uma caracterizada por uma aritmologia e uma morfologia especiais. Essa aritmologia corresponde aos equivalentes dos químicos e essa morfologia, à arquitetura molecular ou cristalométrica dos físicos.

Além do que, a harmonia e o organismo dos metais e dos minerais em si mesmos correspondem exatamente às suas relações com os reinos vegetal, animal, hominal e cósmico, inclusive os gases por oclusão, as forças pela condutibilidade, e todo o restante de suas relações, conhecidas ou não.

Da mesma forma, um fragmento de vegetal qualquer não é matéria enquanto não for desorganizado; ele pertence à substância, a de seu reino, na forma da sua espécie, de seu gênero e de sua variedade. Sua aritmologia é a expressão de sua função na harmonia vegetal, sua morfologia é a assinatura de seu organismo em seu reino, e a célula é sua estrutura rudimentar como a molécula cristalina é a do mineral e a do metal. Além do mais, seja qual for a destruição física imposta ao vegetal como ao mineral e ao metal, sempre se pode fazer reaparecer sua forma típica usando meios muito simples, e pela ação do calor polarizado sobre o mineral, da luz polarizada sobre o vegetal.

Essa é a ressurreição dos corpos gloriosos e a afirmação da perenidade da vida ao estado de fato de laboratório.

Essa aritmologia que rege as substâncias organizadas conduz diretamente aos números que o espírito humano não criou, assim como o que quer que seja. Ele os verifica pela observação e experiência, pois tudo é numerado, pesado e medido. O número é a própria harmonia, inseparável de todas as leis e de todos os fatos, inclusive os que lhe parecem escapar.

A música dos sons é apenas um dos aspectos dessa música universal, mas, como expressa o número experimental ao mesmo tempo que a cifra, ela tem uma excepcional importância científica.

O regime das forças cósmicas, das quais o som faz parte, é exatamente correspondente e obediente às potências cósmicas do Verbo por meio de suas leis vivas de involução e de evolução.

Como equivalentes verbais do princípio, as potências e o mundo da glória são supraetéreos em si mesmos. Eles são intraetéreos em sua ação, em sua onipresença e em suas manifestações. Estas provêm do terceiro grau do terceiro critério: a religião.

As forças correspondentes às potências são intraetéreas em seu estado direto; são subetéreas e atmosféricas em suas manifestações. Estas provêm do segundo critério: a ciência positiva.

Nesse grau, o observador não percebe o regime das forças no próprio éter, mas em sua reflexão através do prisma da atmosfera, das substâncias terrestres e de seus próprios órgãos. A estes últimos, ele acrescenta os instrumentos apropriados, que são dualísticos assim como os métodos desse grau.

A ondulação é o movimento direto das forças em seu meio: o imponderável éter. A vibração é seu movimento reflexo nos meios densos. O éter atravessa esses meios com seus sete modos dinâmicos. Os seres físicos submetidos à gravidade central só percebem, portanto, as forças pela vibração de seus meios densos; mas um fato permitirá compreender que não é a vibração dos corpos ponderáveis que produz a força.

A uma determinada altura na atmosfera, os órgãos físicos não sentem mais as vibrações. Em pleno meio-dia, a luz mais brilhante do Sol dá lugar a uma noite de Érebo; essa altura, cujo número corresponde a uma densidade menor do prisma atmosférico, excede o potencial vibratório do sistema nervoso.

As forças não têm, portanto, como causa a vibração dos corpos; o contrário é o verdadeiro, pois o Sol não deixou de brilhar porque o homem nos confins de nossa atmosfera não percebe mais seu brilho.

Outro fato, o da superfície da Terra, completará o primeiro.

Os sons graves, que provocam menos vibrações do que os agudos, têm uma potência dinâmica maior, propagam-se mais rápido. Abaixo de 60 vibrações, o ouvido humano não os percebe mais; por isso os sons universais de toda a dinamia etérea são inaudíveis para nossos ouvidos de carne, e o som fundamental do próprio Cosmos é inaudível, porque sua audição seria o fim do mundo visível: é a trombeta do Juízo Final.

A intensidade dinâmica é, portanto, diretamente proporcional à ondulação e aos números no éter imponderável; é inversamente proporcional à vibração e à cifra nos meios densos e consequentemente refratários.

O que é verdadeiro para as forças cósmicas que provêm do segundo critério é ainda mais para as potências vivas e os modos orgânicos do *Verbum Vitae* observável e experimental pelo terceiro critério.

Quando os especialistas observam e experimentam suficientemente os fatos de superfície que são o objeto da ciência positiva; quando os classificam de forma independente uns dos outros; quando aproximam a lei de cada um de acordo com sua espécie física, química, geológica, vegetal, mineral, botânica, zoológica, etc., eles os comparam e são conduzidos ao segundo grau de seu critério. Os fatos de reflexão os conduzem aos fatos de incidência; o indireto, ao direto; a aproximação das leis, às próprias leis; os anéis, à sua corrente; a vibração dos corpos ponderáveis; à ondulação das Forças no imponderável éter; a cifra desarmônica, ao número harmônico; o mutismo, à palavra. Então, uma segunda dobra do véu se abre e a beleza do verdadeiro deixa entrever os fatos e as leis em suas harmonias e em suas organicidades.

É a segunda revelação que começa. Foi difícil para ela se destacar do sistema de Newton; mas está feito, e o primeiro quarto do século XX esgotará essa fase preparando o grau seguinte: a ciência superlativa que nasce da comparativa, como esta nasceu da positiva.

Será então a indissolúvel união da ciência e da religião, do segundo e do terceiro critérios pela síntese na sabedoria.

Segundo critério (continuação)

Terceiro grau: superlativo

O testemunho dos Patriarcas. – Alfabetos sagrados. – O selo cosmológico. – O Estado social humano. – Os dois modos de existência abertos pelo nascimento e pela morte. – A civilização primordial. – O culto aos mortos. – A fisiologia do tempo – Nenhuma universidade existente inventou a protossíntese. – A razão social do Universo visível é o Verbo? – O homem tem em si o Verbo e a vida? – As potências do Verbo. – Os ALHIM estão para o Verbo assim como as letras estão para a palavra. – Sua harmonia – A existência é a vida?

Nesse ponto chegaram os Patriarcas. Foi por essa razão que eles testemunharam tudo isso de diversas maneiras, e mencionaremos duas delas:

1º – Eles enxertaram a palavra humana na cosmologia ou razão social das potências e das funções do Universo. A partir de então os alfabetos sagrados solar-lunares, seus derivados horários, lunares, mensais, decânicos, etc., e toda essa língua maravilhosa dos equivalentes científicos da palavra, chamada língua dos anjos. Nós reconstituímos todo esse conjunto cosmológico perdido desde a divisão das línguas. Deles, permaneceram, no entanto, alguns traços com o nome de selo cosmológico do Deus vivo. Entre os arianos, é o Arka-Metra dos Vedas; entre os egípcios, é o selo divino carregado pelo profeta nas procissões hieráticas; entre os judeus, é o selo de IHOH, chamado AMaTh por Moisés, por seus ALHIM e seus sucessores, os colégios de Nabim fundados por Elias e Eliseu. Enfim, na Barith ha Kadosha, é o selo de Deus mencionado por São João em inúmeras ocasiões, o sinal do anjo ou enviado divino regulado pelo Oriente espiritual:

2º – Eles fundaram o Estado social humano baseado no modelo de Estado social cósmico e de suas potências. Um teólogo diria com razão a mesma coisa com outras palavras: eles fundaram a Igreja militante baseada na triunfante.

Esses termos só devem ser usados quando se trata da religião; aqui apenas diremos que, somente sob o ponto de vista da ciência, os primeiros Patriarcas conheceram a solidariedade dos dois modos de existência abertos pelo nascimento e pela morte, e dos meios próprios a esses dois modos. Esses meios são: o Céu astral para a assimilação fisiológica de suas substâncias pela via da reprodução e da nutrição vegetativa e, após a morte, ou melhor, após a transposição, o Céu fluídico para o retorno à espécie e à assimilação direta das substâncias supraetéreas. Isso, de acordo com o grau de pureza realizado pela liberdade e pela responsabilidade da alma.

Todos os eruditos dignos desse nome que estudaram a Antiguidade sob qualquer ângulo de especialidade, todos concluíram por uma civilização primordial, por uma unidade e uma universalidade do espírito humano tanto mais perfeita quanto mais nos aproximamos dessa fonte. Nossa civilização, ainda selvagem, permite apenas compreender seu estado mental, governamental e sua sociologia. Também é por isso que vemos todo esse Estado social fundado no culto aos pretensos mortos, isto é, na vida imortal constatada na ciência, pelo conhecimento e pela consciência.

Se falássemos com profundidade sobre isso, com as provas nas mãos, seríamos pouco compreendidos, inclusive pela corrente de inteligências que nos últimos 30 anos suscitamos um pouco por toda a parte.

Entre os monumentos que atestam o grau de conhecimento dos mais antigos Patriarcas, devemos inscrever no primeiro lugar a fisiologia do tempo, o organismo de suas funções, a harmonia de suas potências, a lógica de suas revoluções. É essa síntese que encerra em si mesma todas as suas análises concorrentes, que para eles era a própria ciência, subordinada à consciência e à previdência ou providência da razão cósmica do Verbo universal, criador de toda a existência e seu conservador pela perpétua renovação cíclica.[58]

Nenhuma universidade existente, por mais antiga que seja: a bramânica ou a chinesa, ou nenhuma universidade desaparecida, tão antiga quanto as precedentes: a etíope, a egípcia ou a caldeia, pode se orgulhar de ter inventado essa maravilhosa protossíntese. Todas recolheram seus escombros, suas fórmulas, sem possuir por completo nem sua unidade nem suas leis. Todas têm suas chaves parciais, mas não a chave geral. É afirmada por todas, é confirmada por todas, mas nenhuma pode se considerar nem sua conservadora completa, nem mesmo sua intérprete científica.

O Arqueômetro substituirá as lacunas para todas as provas dadas pelo princípio supremo: o Verbo, a

---

58. Ver Apêndice I: o Ciclo de 500 anos.

observação das leis na experimentação dos fatos.

Aquilo que aparece como razão social, como associação de potências e de funções harmônicas no Universo visível, será o próprio Verbo? A existência universal, renovada incessantemente, será a vida? Será que o homem, reflexão da incidência universal, tem em si esse Verbo e essa vida? Essas são as questões que necessariamente os primeiros Patriarcas se propuseram perante a inteligência, quando tomaram conhecimento do ciclo da ciência, de sua unidade racional e de sua universalidade fisiológica. A força do verdadeiro os levará a concluir pela negação de todos esses pontos, e isso pela observação e pela experiência.

A razão social do Universo visível carrega o selo do Verbo, mas ela não é o próprio Verbo, assim como o selo real não é o rei, e uma Torá escrita não é Deus.

Essa razão é social pela associação de potências em funções harmônicas, e essas potências são inteligentes e livres. Sua harmonia é o fruto mesmo da liberdade de sua inteligência e de seu amor. Seu Estado social tem como base não só a Torá divina, que é sua norma, e a ciência cujo Universo visível é o fato confiado à sua guarda, mas também o ser inefável, para sempre adorável, que as criou antes desse Universo. Para esse ser, a própria ciência é apenas um instrumento de suprema inteligência, de inconcebível amor, de previdência e de providência inesgotáveis para tudo e para todos que, sem ele, seriam para sempre caos e vazio.

Não importa como são nomeados: Potências, ALHIM, anjos ou deuses, esses guardiões das funções universais estão para o Verbo como as letras para a palavra. Cada um, de acordo com sua função, preside todo um regime de forças nos céus astrais. De modo que, pelos ciclos do tempo orgânico, essa função se estende instantaneamente através do éter, para todo o Universo, para todas as hierarquias de seres e de coisas que o duplo céu visível contém em si, até o fogo central de cada globo, e esse mesmo fogo não faz somente parte do céu astral, mas sobretudo do céu fluídico.

Assim são as potências, cada uma em sua função tomada isoladamente. Mas sua harmonia funcional constitui seu Estado social, e seu produto é a existência universal, continuamente renovada de acordo com os reinos, as espécies, os gêneros, cuja conservação e, se existe lugar para isso, destruição, são cometidas pela razão suprema.

A existência é a vida? Os primeiros Patriarcas só tiveram de se observar para encontrar a resposta. O homem só tem o verdadeiro pensamento pela reflexão. Tem a existência só pela reprodução. A mesma coisa acontece com todo astro, com todo o sistema solar e com a totalidade do Universo astral. Somente o que é reflexão no homem nomeia-se então evolução na involução anual, e o que é reprodução na fisiologia humana nomeia-se então renovação na fisiologia geral.

Porém, a existência proclama a vida, fato supremo, inegável; ela confirma esse milagre inexplicável apenas pela ciência exotérica.

Terceiro critério
A religião

O critério da religião, união dos dois critérios verdadeiros. – Os sentidos: externos e internos; os íntimos e a biologia. – Relação entre os internos e os íntimos. – Experimentação dos sentidos íntimos. – Seu último vestígio: a consciência.– Os sentidos internos e o desenvolvimento autônomo do ser individual. – O homem não pode alcançar por si só esse grau que, no entanto, não é sua última possibilidade de vida. – Integração dos Patriarcas na vida. – Sua certeza da vida verbal. – O instase. – A revelação oculta do Verbo. – A revelação suprema do princípio.

O critério da religião, união íntima dos dois verdadeiros critérios, o da ciência com o da vida, tem como condições a observação e a experimentação internas, não somente as da existência manifestada, mas da vida e de sua Revelação. Quando se trata do Universo visível, a observação e a experimentação têm como instrumentos os sentidos fisiológicos terrestres simples ou ampliados mecanicamente. Quando se trata do Universo invisível e da vida, a observação se transforma em observância, a experimentação em experiências, preliminares da sapiência, e elas continuam por meio dos sentidos internos e por meio dos íntimos destes.

Os externos têm como sentido comum ou central o local da reflexão cerebral que se chama *Sensorium commune*.

Os internos têm como sentido comum seu ponto de convergência com os íntimos, ponto vital conhecido pelo nome da consciência e que corresponde ao coração, a sede direta da vida.

Os sentidos internos são os diretos da biologia, como os externos são os diretos da fisiologia.

Seria um erro confundir essas duas ordens orgânicas correspondentes e inversamente proporcionais. A biologia pertence categoricamente apenas à vida, quaisquer que sejam os meios que ela integra para existir. A fisiologia pertence categoricamente apenas à existência que evolui segundo os meios astrais ou dinâmicos, ponderáveis ou não; pois o organismo não pode ser pesado em quilogramas, e existem muitos outros meios e condicionalidades possíveis além dos submetidos à gravidade ou à atração central de um determinado astro. Uma onda etérea, um raio de luz, um som, carregam em si todos os regimes de harmonia e de organia dos quais são veículos.

Em relação aos seres, estes mesmo regimes correspondem aos sentidos internos ou diretos da vida. Os metafísicos chamariam esses sentidos de faculdades da alma; mas a metafísica é uma abstração humana e suas definições estão longe de expressar as qualidades vivas de seus objetos; e é aí que se encontra toda a diferença entre a abstração vã e a própria vida.

Assim como os sentidos externos, ou melhor, seus órgãos, podem ser ampliados mecanicamente, o que significa penetrar mais profundamente as exterioridades da existência e de todo o Universo visível, da mesma forma os sentidos internos podem ser ampliados pelos íntimos.

A comunicação dos externos com os internos é feita pelo *Sensorium commune*, fisiologicamente, isto é, de uma forma mecanicamente orgânica, ainda que já biologizada.

A comunicação dos internos com os íntimos é feita pela consciência; mas aqui não há mais nada de mecânico, tudo é organicamente vital, ainda que com uma reação imediata no suporte fisiológico.

Para se convencer disso, basta fazer a observação e a experiência que segue: pensar com força, isto é, tanto no coração como na reflexão cerebral, que seria possível, mesmo involuntariamente, fazer mal a seres bons. Imaginar esses seres, ou seja, concebê-los e torná-los presentes, revê-los em espírito com todas as qualidades que os faziam ser admirados e amados. Então, ao pensamento, que agora é o reflexo da vida, responde uma desordem da própria vida, e a fisiologia registra essa emoção sob a forma de uma contração no coração e de uma sensação de sufoco nos pulmões.

A consciência é, portanto, biológica e não metafísica, e ela influi por meio da vida sobre a existência e sobre sua fisiologia.

A palavra consciência significa: com a ciência, quer dizer, de acordo com a verdade constitutiva do Universo visível. Essa verdade é apenas uma das manifestações do

Verbo. A consciência é, portanto, o senso comum pelo qual o Verbo Legislador, o da ciência, esclarece diretamente a vida por meio de sua própria sapiência. Esse sentido pelo qual os internos se comunicam com os íntimos e que pertence ao mesmo tempo a esses dois regimes, e é o único sentido que permanece destes últimos. Pois, em consequência desse profundo mistério chamado a queda, todos os sentidos íntimos do ser humano se fecharam e atrofiaram, com exceção da consciência.

O que eu chamo de sentidos internos corresponde ao desenvolvimento autônomo do ser individual apoiado no desabrochar prévio de seus sentidos externos, ou de sua fisiologia. Equilíbrio e saúde resumem esse desabrochar. A razão e a consciência resumem o desenvolvimento que nelas se apoia e cresce sem, no entanto, delas resultar. Será que o maior grau desse desenvolvimento como razão e como consciência oferece a medida última de toda a soma de vida que o homem é suscetível de viver dentro de si e de manifestar externamente? Não, pois se trata aqui apenas de um segundo desenvolvimento de autonomia individual.

Tanto por sua razão como por sua consciência, o homem viverá e manifestará apenas aquilo que esses dois modos de vida podem oferecer: a justeza em relação à ciência; a justiça em relação à consciência. Isso já é muito, e longe de nós o pensamento de diminuir o tipo humano desse grau: não que o mérito não seja do indivíduo, como muitos homens dessa espécie são levados a acreditar.

O espírito de justeza não é próprio ao homem, pois é a razão universal que o revela à sua razão; a ciência, ao seu conhecimento.

Nem o espírito de justiça é próprio do indivíduo humano, pois é o ser dessa razão universal que o revela ao ser íntimo do homem; pois é a sapiência vivente que assim fala na consciência.

O mérito do indivíduo é ter sido vivo o bastante para que esse duplo enxerto o levasse a esse desenvolvimento que o constitui na verdade, como ser intelectual e moral, apto a servir de base para esse grau superior da vida ou de participação da vida sobre o qual falaremos a seguir.

Assim como existe comunicação por relação entre as existências, da mesma forma existe entre as vidas e entre esta e a vida absoluta que as especifica por meio de seu Verbo.

Quando os Patriarcas, os primeiros mestres da humanidade, na flor de sua virgindade psíquica, chegaram à constatação do Verbo, pelo caráter exotérico, eles sentiram a comoção do Deus vivo no coração. Até na mais profunda solidão eles sentiram que essa emoção não vinha apenas deles,

O Arqueômetro

Os VII Modos Luminosos: Sistema diatônico bequadrado.
Prancha crômica III

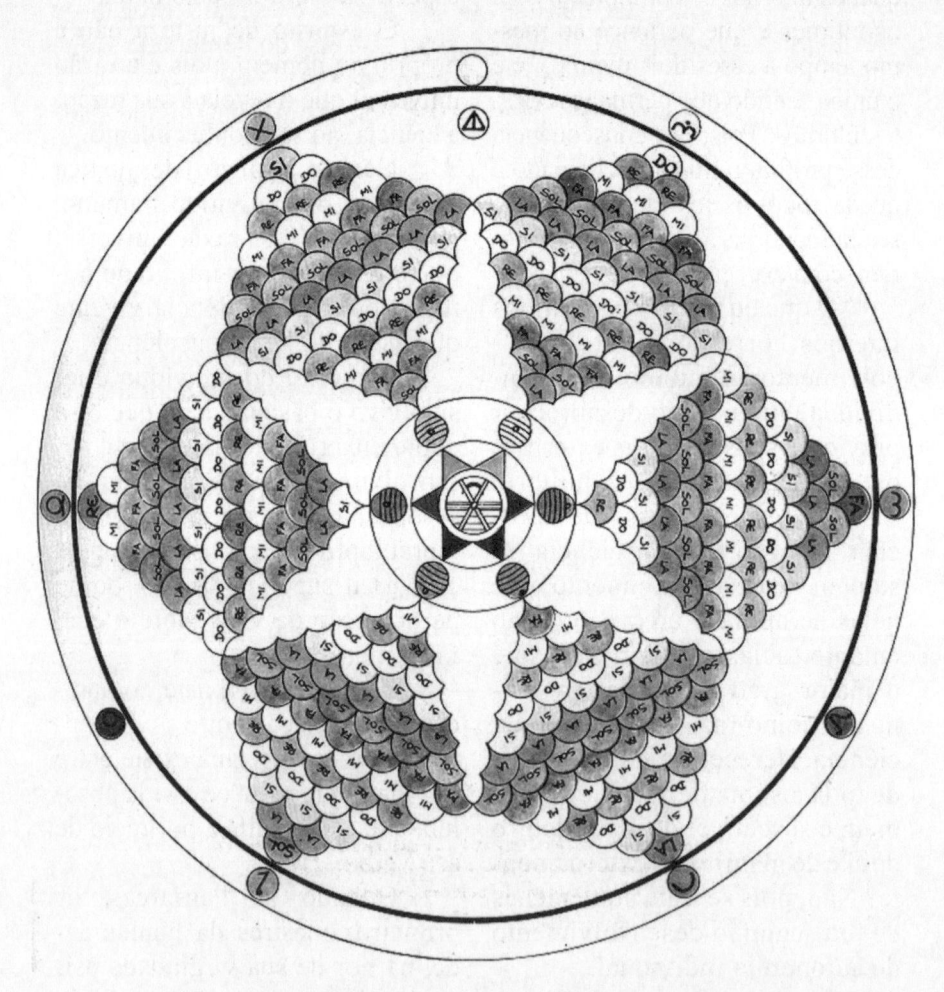

Copyright by Saint-Yves d'Alveydre, 1907 – Patente registrada.

Consultar o Arqueômetro, seu padrão, sua aritmologia e sua música.

mas que ela era dupla, compartilhada e de certa forma correspondida, com uma suavidade de atenção e de energia ao mesmo tempo humana e sobre-humana.

Uma vez que sua substância psíquica ainda não estava corrompida e que seus sentidos internos ainda não estavam atrofiados por uma longa sequência secular de sofisticações mentais, nem de degenerescências ontológicas, eles observaram piedosa e internamente a experiência dessa emoção extraordinária.

Os mais poderosos de coração e de pensamento, suspeitando, e depois tendo certeza de que o Verbo Criador estava não apenas vivo, mas presente, então oraram e o adoraram.

A reciprocidade do amor aumentou, e, quando o Verbo de vida os sentiu fortes o bastante para que a sentissem em sua plenitude absoluta e não se assustassem, ele os envolveu em sua essência e, por meio da abertura de sentidos internos, os íntimos se abriram penetrados de lado a lado.

Esse estado divino e essa suprema experiência que revelam ao homem o Universo invisível, seus fatos, suas leis, seus graus e seu ciclo, recebe um nome conhecido ainda que insuficiente: o êxtase. Insuficiente, pois aquilo de que se trata aqui merece muito mais o nome de instase, de integração, se não de reintegração na vida direta e em seus meios. Estes últimos são intraetéreos e supraetéreos, como o Universo invisível da vida.

Esse é o estado teologal, ou seja, a instase do homem no Verbo divino da vida.

Foi assim que foi lhe dada a Revelação esotérica do *Verbum Vitae*, a do Universo invisível. Foi assim que a palavra humana foi conduzida, como já dissemos, a uma perfeita concordância com esse Verbo de Deus, e a síntese suprema, aquela da vida eterna, a religião, foi revelada com a mesma exatidão que seu exoterismo, a ciência. Mas o que era ciência na Revelação externa é sapiência na revelação interna. O Verbo até então só tinha sido percebido em sua sombra, que é a luz exterior de suas leis. Ele foi conhecido em sua glória, na luz direta de sua vida.

Pois, se o Universo visível contém todos os signos da logia do Verbo, apenas o Universo invisível contém e dá sua significação viva, ou seja, a verbalidade direta. Somente o princípio revela o verdadeiro sentido das leis que são seus meios e a finalidade de seu ato eterno.

Sem ele, o homem prisioneiro das condicionalidades evolutivas verá apenas os indivíduos submetidos à formação e à deformação fisiológica. Cego às espécies biológicas que não pertencem ao mundo visível, será levado a concluir pela morte definitiva, suprema atração de todo centro astral, e, por meio da morte, pela irresponsabilidade individual e pela anarquia coletiva. Essa conclusão, no entanto, será falsa até mesmo do ponto de vista do critério externo que conduz por si mesmo pela universalidade à unidade, pelo ciclo completo das leis à afirmação dos legisladores.

Mas, para um espírito águia que irá até o limite do poder reflexivo de sua razão, sob a incidência externa da razão suprema, quantos espíritos corujas serão incapazes desse esforço vitorioso e negarão sua epifania, a visão desde o alto, porque jamais serão dignos dela.

CAPÍTULO SEGUNDO

A Verdade

I

Identidade do Cristianismo antes e depois da encarnação

Constituição da primeira Igreja. – Necessidade de um só pastor. – Apenas a religião do MeShI-aH pode dar a paz. – Adão, primeiro chefe eclesiástico terrestre. – Pitágoras e a Filo-ShOPh-Ya. – Sabedoria e filosofia. ShOPh-Ya e Minerva. – Definição de ShOPh-Ya. – A trindade: seus dez aspectos.– O nome do Pai; sua importância. – A chave da sapiência revelada por Daniel. – O SheMaM e o SheMa. – Manifestação de ShOPh-Ya pelo Verbo divino. – Os ALHIM patriarcais e Pitágoras. – Existem duas religiões; duas sabedorias? – Resposta evangélica. – Pitágoras e São Pedro. – AMaTh e BRAShITh. – O número 1440. – BRA e BaRaT no Bharata-Varsha. – A necessidade de proclamar a verdade. – Nosso acordo com a Ordem teológica. – Santo Agostinho. – Cavalo e cavaleiro na língua profética.

Foi seguindo a via que acabamos de percorrer, foi de ciência em ciência, de constatação em constatação, que a primeira universidade da Terra constituiu a primeira Igreja, ou seja, o primeiro Estado social terrestre, em correspondência com o celeste. Foi por etapas e graus sucessivos da hierarquia dos fatos e das leis que o espírito humano chegou ao Espírito divino: substância, ao Verbo divino: existência, e ao ser, à vida em si: essência de Deus.

Como já dissemos, e acrescentamos, a humanidade havia perdido sucessivamente, por sua própria falta, todo um conjunto de faculdades e só lhe restou uma: a consciência. Salvo por esta, a humanidade está hoje surda e cega em relação a tudo que lhe era experimentalmente inteligível, sensível, evidente. Jesus lhe devolveu tudo; o espírito pagão fez com que perdesse tudo mais uma vez.

Desde sua organização primordial relatada por São João, na medida em que lhe foi fiel, o gênero humano foi cristão. Cristão do Verbo Criador e salvador, que prometera aos seus aliados descer à Terra e aqui se encarnar para nele tudo reunir, quando tudo tivesse sido dividido por seus adversários. É por isso que, de ciclo em ciclo, seus representantes, pontífices, reis, Patriarcas bíblicos, Rashis dos Vedas, Tis dos Kings, chamavam-se, como menciona qualquer dicionário hebraico: MeShIaH-IM: cristãos. Da mesma forma, a partir do ano 590, os reis da França eram chamados assim; mas eles não são os verdadeiros sucessores dos Patriarcas MeShIaH-IM. Apenas nossos papas lhes dariam continuidade, se o neopaganismo não tivesse feito regredir a marcha normal da cristandade em direção à realização da promessa, na direção de um Estado social e de uma civilização universal, cujas chaves de ouro estão no Evangelho.

Um único pastor: a humanidade nunca teve nos ciclos antigos, e não terá jamais nos tempos futuros, outra possibilidade além dessa, e é por isso que, no nascimento de Jesus, os anjos distribuídos em dois coros cantam a estrofe e antístrofe: "glória a Deus nas Alturas. Paz na Terra aos homens de Boa Vontade!".

De fato, sem a religião do MeShIaH, sem seu duplo Estado universitário e social, não há, como veremos mais adiante, a possibilidade de paz entre as nações, nem em nenhuma delas, quando até mesmo imperadores e reis, no sentido moderno e pagão dessas palavras, dançariam a carmanhola com todos os discípulos de Juliano, o Apóstata. Portanto, para ter a paz de Deus na Terra, é necessário glorificar seu Verbo até nos mais altos dos Céus: SheMa dos SheMaIM: pois a paz é Ele mesmo na reflexão de seu Shema, e em organismo social vivo.

O Adão terrestre de Moisés foi o primeiro Patriarca a fazer passar o gênero humano da antropologia para a andrologia, do pó individual a um mesmo espírito, a uma mesma alma, a um mesmo corpo eclesiástico que tem como chefe, como o dos ALHIM e de sua MIHLA, o MeShIaH celeste representado sobre a Terra. É daí que data a unidade de todos os ensinamentos, a unidade da língua percebida na palavra divina, a unidade social de um extremo a outro da Terra, com exceção de toda política, de toda anarquia. Já dissemos como essa tradição se confirma pela etimologia sânscrita do nome AD-aM.

Como herdeiro da tradição patriarcal, foi Pitágoras que passou das línguas sagradas para o grego jônico a palavra Philo-SoPhYa, amor pela sabedoria de Deus. Ora, essa sabedoria da protossíntese do Verbo, ou de seus vestígios que ainda restavam no interior das universidades mais ou menos ortodoxas da Europa, da África e da Ásia, era apenas a filosofia humana que apontamos como o falso critério por excelência. Objetiva, experimentalmente demonstrável, ela formava o terceiro grau do ensino patriarcal; ela constituía por si só o ápice dos altos estudos: a sapiência. Ela era o objeto supremo da Revelação.

É essa sabedoria original que do alto oferece ao espírito humano e à sua vã filosofia uma aura de Paraíso perdido, uma glória de antes da queda, uma auréola de semideus caído que se recorda vagamente dos céus; um prestígio de anjo caído, fulminado e cego. Ela é a rainha do céu do pensamento, a estrela guia das inteligências, o refúgio sagrado das asas e dos impulsos, a musa dos verdadeiros poetas, a advogada dos

I	Pai	Filho	Espírito Santo	Um único Deus
II	Essência	Existência	Substância	Um único ser
III	Sujeito	Verbo	Objeto	Um único entendimento
IV	Pensamento	Palavra	Realização	Uma única vontade
V	Suporte	Princípio	Finalidade	Uma única dimensão
VI	Apoio	Potência	Radiância	Uma única energia
VII	Absoluto	Relação	Infinito	Um único movimento
VIII	Unidade	Relação	Universalidade	Uma única eternidade
IX	Centro	Diâmetro	Circunferência	Um único ciclo, ou Céu
X	Universo invisível	Humanidade anfíbia	Universo visível	Uma única revelação

verdadeiros filosóficos, ainda que perdidos. Mas ela é também a terrível acusadora que, em um abrir e fechar de olhos, conclama todos os anjos, aponta todas as suas espadas, lança todas as suas flechas contra os prevaricadores, os simoníacos, contra os maculadores, os pensadores, os letrados, os artistas, que espalham as trevas nas almas, que acumulam batalhões de Inferno entre o espírito humano e o divino.

Ela tem em Jesus nove raios; nove, o número do leão solar, nove maldições ensurdecedoras e tonitruantes contra os escribas e os fariseus da Igreja, do Estado e da universidade e, além disso, das ágoras, dos fóruns, dos empórios, das ruas e dos riachos de todas as Babilônias e de todos os tempos. E aqui eu peço ao leitor que preste atenção ao Siboleth-Shiboleth.[59]

ShOPh-Ya, a teogônica, não deve ser confundida com Minerva, a cosmogônica: a incidência divina com a reflexão não apenas humana, mas cósmica; nem o Ya do Pai e do Filho com o M de Adam e de Adamah. Esse mistério já foi revelado em outra parte, quando falamos da CaBa-LaH das XXII Potências do Verbo e de sua protossíntese, mas voltaremos a esse assunto.

ShOPh-Ya é a união de Ya, do Infinito psíquico SOPh e do Absoluto espiritual. Ya é também a união de IShO e de IHOH do Filho e do Pai, da palavra e do pensamento vivos, Golos e Logos, do Verbo por quem tudo existe, IPhO, e da adorável essência gênica que o gerou, IHOH, em quem nós somos e por Ele-Verbo. E essa união é feita na potência coessencial, a que governa a função da letra Ya, comum ao Pai e ao Filho. Enfim, é a união do Pai e do Filho com o Espírito Santo, o IO-Ga e o IO Va da divina essência e da divina existência com a substância igualmente divina e pelas virtudes luminosas da qual tudo subsiste: ROaH, Ha-OR. E essa união é feita na potência de conjunção divina que governa a letra O: IHOH; IPhO-IShO; ROaH. Essa terceira união é Ya-O no IO-Ga e o IO-Va evangélicos,[60] e as três – essência, existência e substância – são um único Deus e uma única vida, em

---

59. Exotericamente, não confundir Siboleth com Shiboleth, essas duas palavras de pronúncia tão próximas têm os sentidos diametralmente opostos de felicidade e de infelicidade. Esotericamente não confundir o Shin e o Samech; o S do centro dualístico, símbolo da filosofia humana: Sophia, com o Sh triunitário símbolo da Incidência verbal no Universo visível: ShOPh-Ya. (Nota dos Amigos de Saint-Yves.)

60. IO-Ga; Esplendor de IHOH; IO-Va: união, unidade em IHOH. Pedimos ao leitor que leia o Evangelho de São João, XVII e especialmente os versículos 5, 21, 22, 23. (Nota dos Amigos de Saint-Yves.)

três pessoas ou aspectos funcionais de um único ser. Um único, isto é, Único, Absoluto e Universal, Infinito.

Uma longa investigação feita nos livros sagrados conhecidos por toda a Terra nos levou a concluir que esse mistério era perfeitamente conhecido pelos patriarcas ortodoxos e, consequentemente, pelos dissidentes, sob um dos dez seguintes aspectos, ou sob vários desses aspectos, ou sob todos ao mesmo tempo.

O Pai é IHOH, Deus-Vida. Esse nome pode ser lido em caracteres vatans traçados com pedras preciosas sobre o frontão de ouro dos Bratmahs do Nepal, antigos sumos pontífices universais, cujos ancestrais antediluvianos são designados por Moisés pelo nome de Népalim ou Nefilim; e, nesse nome do Pai, como o comprovaremos em outra parte, está expressa sua essência que é a vida; sua existência que é seu Verbo vivo; sua substância que é o fogo criador vivo e vivificante. É por isso que Moisés, depois dos Vedas e do primeiro Zoroastro, diz: "Nosso Deus é um fogo devorador". E essa palavra é repetida no Evangelho. Esse fogo espiritual é, de fato, tão terrível para os maus como suave para os bons, e, quando sua cólera se levanta contra os primeiros em defesa dos segundos, ela desencadeia até o fogo central dos astros. Tomara! Que nenhuma Babilônia moderna seja engolida instantaneamente pelas entranhas incandescentes da Terra e sob os trovões do céu.

Quanto à ShOPh-Ya, ela reúne os dois nomes do Filho; sua chave de sapiência é o que Daniel designou secretamente a Esdras, sob o nome de "Nicod bilo ShOPh". Esdras reteve apenas a abstração SOPh, assim como todos os cabalistas judeus.

Estas três palavras, "Nicod bilo ShOPh", assim grafadas, significam: "o ponto no infinito". Mas o ponto Nicod designa também a letra I ou o Ya divino. No entanto, esse véu seria impenetrável e sua interpretação metafísica só aumentaria sua espessura, sem o Arqueômetro, no qual as letras se posicionam por si mesmas, e não pela vontade do homem, de forma objetiva e não subjetiva.

Ora, aquelas que fazem vibrar o primeiro triângulo, o da Trindade divina e de seu ângulo norte, definindo o círculo do infinito, são precisamente: Sh, O, Ph, Ya; as três do nome do Verbo: IPhO. As três do nome de Jesus: IShO. Não se trata mais de abstração, mas de um fato que traz em si mesmo sua lei, e o Nicod bilo ShOPh de Daniel torna-se então a ShOPh-Ya, por isso Sofia, pela união do Ya com SheMaM.

De fato, o SheMaM marca o ângulo do solstício norte (Capricórnio, Saturno) do Verbo criador e encarnado, o Natal da Terra e dos Céus, e seu número: Sh = 300 + Ph = 80 é igual a 380. Esse número equivale também a 300 = Sh, 40 + 40 = M + M e, portanto, SheMaM. Por isso que Daniel chamava essas duas letras, SheMaM, de o Sinal supremo, o do rei da glória, e, em hebraico, do Meshiah, do SheMa. E essa glória é a divina teogonia das letras sagradas, das arcangélicas potências da palavra.

Quanto ao SheMa, cujo número é 340, ele também tem por equivalente SPhR, SéPheR, círculo e livro; em sânscrito Céu em Svar-Ga, em eslavo antigo e dialeto russo, Svar-OG.

Essa é, por demonstração, a partir do Arqueômetro, a diferença entre a Quabbalah metafísica dos judeus e a CaBa-LaH matésica dos Patriarcas, de Moisés, dos profetas e dos apóstolos, isto é, do Cristianismo eterno. E além do mais, o Nicod bilo ShOPh de Daniel, demonstrado por esse instrumento de precisão, dá, ao mesmo tempo que a palavra ShOPh-YA, o arcano divino que a manifesta não só como essência em Ya, mas como existência em Ph e Sh, e enfim em O como substância dos seres existentes. Dessa forma, aquilo que a manifesta é o Verbo de Deus: I-PhO, o Filho de Deus: I-ShO, pois, em sânscrito, essa última palavra significa também I-SOu.

No Shema arqueométrico, no qual Moisés guardara e selara no próprio Deus seus párias negros e semitas, toda a vida esotérica de seus ALHIM egípcios e patriarcais fora lançada pelo Verbo Criador na direção de seu readvento como Verbo Encarnado.

Pitágoras não fazia parte dessa corrente terrível e afável do espírito e do fogo divinos; seus sentidos íntimos não estavam abertos, mas os internos estavam poderosamente guiados pela Tradição órfica na direção do Verbo Criador, do princípio da palavra perdida e não da finalidade reconquistada. O grau de vida é menor e, entretanto, eu qualifiquei sua conduta e sua influência como reais, de acordo com as leis da sapiência antiga.

Será que eu errei? Será que ele possuía duas sapiências, a patriarcal e a cristã? Haveria então duas religiões, duas sínteses da verdade objetiva? Se fosse assim, se as duas se opusessem entre si, por isso mesmo estariam erradas; elas cairiam na categoria dos sistemas humanos gerados pelo vento da decadência; desabariam do alto do trono da objetividade do verdadeiro.

Os santos oráculos da Barith Há-Kadosha nos deixarão tranquilos. Pilatos: "Então, você é rei?", Jesus responde: "Tu o disseste, eu sou rei. Nasci, vim para este mundo para prestar testemunho da verdade" (São João, Ev. XVIII, 37).

Ser rei é trazer a luz, a verdade, diziam os antigos sacerdotes do Verbo: "Sois a raça escolhida, a ordem dos sacerdotes-reis, a nação santa, o povo conquistado e conquistador, a fim de que publiqueis as sublimidades daquele que vos chamou desde as trevas para sua admirável luz" (São Pedro, I, 9).

Que alegria celeste para Pitágoras quando, do fundo do limbo, ouviu o éter trazer-lhe a palavra do Rei dos reis, e depois a de seus apóstolos, opondo assim a legitimidade do verdadeiro à legalidade do falso. Mas que ranger de dentes até nas profundezas do Inferno para todos os apóstatas do Verbo, quando as trombetas angelicais do primeiro Juízo os fazem cair de costas, entoando-lhes essas mesmas palavras.

Certamente, há uma grande diferença entre o renovador de Orfeu, não em relação a Jesus Cristo, o incomparável, mas a São Pedro, o humilde pescador da Galileia, divinamente transfigurado pelo senhor em verdadeiro pontífice e verdadeiro rei. O espírito de Pitágoras é feito de reflexo lunar, o do apóstolo é de irradiação solar. Um é interno, superiormente humano, individualizado para a vida imortal por sua razão e por sua consciência; o outro não é mais nem externo nem interno, já está reabsorvido no íntimo, reintegrado desde aqui embaixo na própria vida, não só da imortalidade individual, mas da eternidade divina. Esse Dwi-Ja de Jesus doou-se por inteiro – razão, consciência, existência – para receber essa vida suprema. Ele está no Espírito Santo, no divino turbilhão vivo da ascensão do Filho, por meio das hierarquias angélicas de onde ele desceu, até a direita do Pai, que ele deixara para nos devolver a existência e a substância celestes, até seu trono de rei de glória que ele abandonara para ser desprezado, caluniado, insultado, chicoteado, coroado com espinhos e pregado em uma cruz. Contudo, não existe uma relação espiritual entre os últimos fiéis do Verbo Criador e os adoradores do Encarnado? Será que não existe um pouco da coroa de espinhos sobre a fronte de mártir de Pitágoras, assim como também na de seu mestre Orfeu?

Se fosse de outra forma, haveria dois Verbos divinos, isto é, nenhum.

Mas há somente um Rei dos reis, um selo real de sua verdade, segundo nos diz São João com os ALHIM de Moisés, e eles mesmos depois das protogêneses arianas dos Vedas.

Já comentamos suficientemente sobre o que era esse selo do Deus vivo, que Moisés e seus companheiros egípcios e patriarcais transmitiam em segredo, que o profeta israelita Daniel, Grão-Mestre da universidade dos magos caldeus, havia repetido a Esdras, essa chave do selo, esse AMaTh da Matha ou Mathesis patriarcal. Mas a palavra a que se refere São João vai ainda mais longe do que isso; ela ainda une a religião à ciência. "BRA-ShITh é Ha-da--BRa, o dom verbal, a palavra, e DaBRa é o ATh dos ALHIM", segundo escreve São João no primeiro versículo de seu Evangelho. Mais adiante explicaremos o que são os ALHIM, mas já podemos compreender por que o Verbo Encarnado diz: "Eu sou o A e o Th", o raio e a circunferência, a alma divina do Universo divino AThMa.

Essa mesma palavra AThMa, na língua angélica primordial, aquela das correspondências da palavra do Verbo, é ao mesmo tempo um número: 1440. Esse mesmo número, na sonometria moderna, é o hierarca verbal do modo central cromático de "mi" e, em língua angélica, é a harpa arcangélica solar de nosso sistema zodiacal. Multiplicado por cem, é o hierarca do modo enarmônico da divina sabedoria. É a harpa de seu arcanjo: Herm-ès--Thoïth, Rafael-Trismegisto; mas isso no mundo da glória cujo Sol vivo é o *Lumem de lumine*, do credo de Santo Atanásio e do Gênesis de Moisés: Ha-OR. E, para não cometermos nenhum engano, São João (Apocalipse, VII, 4, 9, 10 e XIV, 1, 2, 3,6) o faz soar pelas 144 mil harpas e ser cantado pelos 144 mil eleitos. O padrão áureo do Arqueômetro dá sua verificação sonométrica, assim como o próprio Arqueômetro dá suas correspondências sagradas.

Passemos do selo real ao Rei da Glória, e retornemos a um ponto que já abordamos; vejamos se há dois Verbos divinos.

Podemos verificar historicamente em documentos bramânicos que a protossíntese de São João é a de ISh-Va-Ra, alterada foneticamente para ISOua-Ra. E essa síntese é a universal, a primordial. A seguinte, extraída da primeira, é étnica tanto no antigo império indiano como em suas colônias. Recebe o nome de BRA e de Bha-Ra-T; a palavra representada pontifical e realmente. É por essa razão que a Índia dessa época antediluviana era chamada de Barata-Varsha, o continente do Verbo Criador.

Para que não se possa duvidar de que Jesus – IShO, IShVa, OShI = 316 – tenha sido conhecido como o Verbo Criador desde a mais alta Antiguidade, podemos consultar os Vedas. Esses documentos, escritos na linguagem vatan, reescritos e abreviados pelo Vyasa de Krishna, 3.200 anos antes da encarnação, chamam o Verbo de ShVa-DHA, que em vatan equivale ao número 316. Em védico e em sânscrito, pronuncia-se SWA-DHa. Essa palavra, é composta de dois Datous, significa dom de si mesmo. É o Datou-Sho do primeiro Zoroastro, o doador de si mesmo.

Não há, portanto, dois Verbos divinos, assim como não há duas religiões desse Verbo, nem duas sapiências dessa religião, nem duas sabedorias de Deus.

Ainda que o Evangelho de São João nos tenha dito há mais de 20 séculos, é preciso reafirmar a verdade, o AMaTh do AThMA, e reaplicar definitivamente o selo do Deus vivo no topo dos altos estudos, apesar dos escribas e dos fariseus modernos, que entronizaram a agnosia e mais tarde a anarquia, e finalmente o anti-Deus e o Anticristo.

Verificamos que estamos completamente de acordo com a ordem teologal universal, aquela do Verbo e de seus inspirados de todos os tempos e de todos os templos.

Vejamos então se estamos na mesma harmonia com a ordem teológica pós-apostólica, aquela da Igreja instrutora, isto é, episcopal: papas, patriarcas, primados, metropolitas, arcebispos e bispos de todos os cultos unidos ou não a Roma. Incluo aqui o episcopado anglicano, pois é laico; mas, completamente fiel ao meu culto, desenvolvi minhas obras em terreno puramente laico dos altos estudos, para paz de Jesus entre todos os cultos da Terra, a começar pelos da religião diretamente cristã.

Santo Agostinho vai nos responder em relação ao Cristianismo e à cristandade pós-apostólica. Se o escolhemos, é porque ele chegou ao Senhor por sua Igreja, depois de haver completamente passado, como Pitágoras, por todas as iniciações conhecidas de seu tempo.

"Li todos os seus livros e neles encontrei todas essas grandes verdades: Que o Verbo estava em Deus e que o Verbo era Deus; que isso era Deus desde o princípio; que todas as coisas foram feitas pelo Verbo; que de tudo o que foi feito, não há nada que Ele não tenha feito; que n'Ele está a vida; que essa vida é a luz dos homens, mas que as trevas não compreenderam nada; que, ainda que a alma do homem renda testemunho à luz, ela não é a luz, mas o Verbo de Deus; que o Verbo de Deus é o próprio Deus e a verdadeira luz com a qual foram iluminados todos os homens que vêm ao mundo; que Ele estava no mundo, e que o mundo foi feito por Ele e que o mundo não O conheceu. Pois, ainda que essa doutrina não estivesse nesses mesmos termos nos livros, ela está presente com esse mesmo sentido e é confirmada por provas de todo tipo. Mas que esse Verbo tenha vindo em sua própria casa (a da palavra e de sua CaBa LaH), que os seus não quiseram recebê-lo, e que Ele tenha dado àqueles que o receberam, acreditaram n'Ele, e que invocam seu santo nome, o poder de tornarem-se filhos de Deus, é o que eu não encontrei.

Encontrei nos livros que o Filho nasceu na forma do Pai, e que nada usurpou quando disse ser igual a Deus, já que sua natureza é da mesma substância que Deus, e essa doutrina está expressa em seus livros de muitas formas diferentes. Mas que esse Filho de Deus tenha se aniquilado, tomando a forma de um servidor; que se tenha feito semelhante aos homens; que tenha tido a aparência de um homem do povo; que se tenha humilhado e tornado obediente até sua morte na cruz; e que, em recompensa, Deus o tenha ressuscitado dentre os mortos; que lhe tenha dado um nome que está acima de qualquer outro nome, de tal sorte que, ante o nome de Jesus, todos se ajoelhem no Céu, como na Terra e nos Infernos, e que toda língua publique que o Senhor Jesus Cristo está na glória de Seu Pai, isso eu não encontrei nesses livros.

Neles encontramos que Vosso Filho único está antes de todos os tempos, acima de todos os tempos, que é eterno, imutável como Vós, e que é de sua plenitude que nossas almas recebam o que pode torná-las felizes; que é participando dessa sabedoria eterna que habita nela mesma que elas se renovam e que se tornam sábias. Mas que esse Filho único tenha sido morto no tempo, pelos ímpios, que vós não o tenhais poupado, e que o tenhais entregado à morte por todos nós, é o que não se encontra neles."

Que energia! E que corrida em busca do que é verdadeiro! E com que precisão cavalo e cavaleiro chegam ao objetivo: a unidade do Verbo por meio de todos os ensinamentos, de todos os cultos, de todos os desmembramentos da religião eterna. *Religio vera*, ele diz em outra parte, a síntese verdadeira, o Amath do Athma, e o Athma do Amath e de sua Matha.

Digo cavalo e cavaleiro; essas duas palavras empregadas na língua profética merecem uma menção que não é estranha ao tema.

Entre os poetas, às vezes, mas sempre entre os profetas, os sentidos íntimos percebem vivas as correspondências, as relações da reflexão humana com a incidência divina do verdadeiro, e vice-versa: correspondências mortas, relações de geleiras e de avalanches no pensamento dos metafísicos que creem que são puramente subjetivos, como sua reflexão sem incidência vital.

A mais direta dessas correspondências, desses "caminhos caminhantes", como Rabelais diz, dessas Sefirots no sentido matésico da palavra, aparecem em certos casos às almas mais divinamente biologizadas, aos profetas, como cavalos celestiais de diferentes cores. Poderíamos dizer que um desses cavalos carrega Santo Agostinho.

Nenhum pintor jamais viu, nenhum poderá pintar a perfeita beleza de todos esses tipos, primeiros modelos não apenas dos indivíduos fisiológicos ou visíveis, mas também de sua espécie invisível.

Em sua Sefira correspondente, os profetas os veem, ouvem, montam ou os contemplam montados por uma das XXII potências da palavra, ou por um dos anjos de sua divina e cosmológica legião de arcanjos.

Essas teofanias objetivas se sucedem de forma não descontínua no Apocalipse de São João.

Santo Agostinho é um profeta? Ele não sai do paganismo greco-latino, ainda que esse paganismo gere legiões de santos. De todo modo, é um metafísico descongelado pelo sol que vem direto do Evangelho e que se aproximou de seu berço oriental. Nele, essa luz despertou a alma viva; e o transformou em um bardo, um vates, um aedo, um cavi sagrado, como diriam os Vedantas. Ele ainda não tem a visão divina direta, a íntima; não fala como inspirado teologal, como São João, São Paulo, São Pedro; expressa-se como teólogo, mas de forma tão poderosa que ninguém, mesmo hoje, pode ser comparado a ele.

Realmente, ninguém até agora pensou, sentiu assim, não somente com essa clareza, mas também com esse calor, a luz e o fogo, a universalidade e a unidade solar do Verbo, a autonomia de sua religião de onde tudo saiu, e para onde tudo deverá retornar.

Ele vê subjetivamente, racionalmente, mas com uma força surpreendente de influxo evangélico, essa gênese e essa síntese eternas dos dois mundos, invisível e visível, que, de ambos os lados, trazem a mesma marca, mas invertida, o mesmo selo do mesmo senhor. É a sabedoria de Deus que se inclina para essa sublime inteligência e que a beija na face. Esplêndido beijo de luz viva, auréola resplandecente que revela todo o ciclo do pensamento e da manifestação divina, e ilumina então seu espelho: o espírito humano.

Verbo Criador de um lado, Verbo Encarnado e Crucificado, do outro, tal é, na música das inteligências, o intervalo maior que ajusta e que modula em várias ocasiões o anjo da teologia cristã, o grande e santo filho de Santa Mônica. Mas, nessa fuga sagrada que sobe de tom em tom, se não de modo em modo, ele sofre demais as leis da harmonia eterna, para não resolver seus intervalos, suas oposições em ampliações sabáticas de raios, em setenários sinfônicos da universalidade realizada.

II
Cristianismo esotérico

Santo Agostinho e Moisés. – AReTs. – Origem da palavra cristão – MEShI-Ha e MeShIaH. – ShaNaH e NaHaSh. – O Bapte. – O IONaH. – A letra N – I.N.R.I – Função de N; suas relações com IONaH e NaHaSh – A queda e suas consequências. – Necessidade da encarnação do Verbo. – A geração. – Os dois cérebros da mulher.. – A concepção na mulher e na Santíssima Virgem. – Mistérios da mulher – O pecado de Eva. – O amor recíproco do homem e da mulher. – A necessidade de uma virgem na encarnação do Meshiah. – A religião única confirmada por Santo Agostinho. – Os neossabeus. – A razão divina e suas potências no Universo. – A ação de Jesus-Verbo shematizada na substância humana. – O mito solar. – Concordância dos livros sagrados.

O ensino anticristão; suas consequências. – O Bahou simbólico. – As Epístolas de São Pedro. – O Humanismo anticristão; suas consequências – O Gihen. – Citações de São Lucas. – A água: sua função, seu símbolo. –

As leis vivas. – O destino. – A ontologia humana; seu triplo hierograma – O SHIN. – Os SHeMAH-IM. – A energia é por si mesma seu suporte. – A função dos ALHIM. – O Verbo Criador é Jesus. – A chave de 5 – MAeTaTRON. – O Nome do Pai proclama o do Filho. –
IG e AG; IGnis e AGni; AGnus Dei.

Se compararmos Santo Agostinho a Moisés, poderemos imediatamente medir todo o espaço que separa o maior dos teólogos do Cristianismo pós-apostólico de um profeta teologal do Cristianismo patriarcal.

Quando o bispo de Hipona nos disse: "Todos os astros são diante de Deus como uma terra única", ele comentou com muita lucidez a palavra de Moisés: AReTs, a unidade e a universalidade gravitacional, a AsTeR-ité, a astralidade. Mas o Universo visível, o céu astral, não é nada além do caos shematizado. Não é shemático por si só, mas pelas potências de logia, de harmonia e de organia que o Universo invisível contém, o dos céus fluídicos ondulatórios: SheMa-IM, SheMa das ondas imensas, segundo Moisés, resumindo nisso, como em tudo, seus antecessores MeShIaH-IM, os cristãos patriarcais.

Pois, se nosso glorioso nome de cristãos vem do latim *Christiani*, e este do grego *Christos*, nem por isso deixa derivar de MeShIaH-IM, os realistas do rei dos Céus, e de seu reino sobreastral, cósmico, solar e zodiacal: ISh-Ra-EL, três palavras que em tibetano, em védico, assim como em sânscrito, significam: Senhor Rei-Terra-Celeste. Christos, com efeito, é a tradução em língua vulgar de um dos mais importantes hierogramas da palavra sagrada comum a todas as universalidades patriarcais até a divisão das línguas, e até muitos séculos depois. É essa língua que nos transmitiu, pelo intermédio do vatan e do védico, a palavra MEShI-Ha = 360. Sobre o selo do Verbo acima de seu brasão arqueométrico, 360 é o número musical que governa o duplo círculo dos graus. É um dos modos cromáticos do ano luminoso divino: a eternidade, e de sua correspondência com o ano litúrgico do HaOuR celeste, o tempo sem limites, e depois o ano astral e todos os seus ciclos solares.

O MEShI-Ha, 360, é então o Rei da Glória, o SheM-a dos SheMa-IM, do Céu dos céus fluidos, e do AReTs, a astralidade, e não apenas a Terra, como bem viu Santo Agostinho.

Pelas variações do sânscrito, do zenda, do caldeu, do egípcio e, por último, do hebraico, temos o MeShIa-H = 358. Sobre o selo do Verbo, esse número governa no diâmetro solsticial o eixo dos polos do duplo Universo, o ano lunar: ShaNaH, 358, é o número das encarnações e das desencarnações. Seu oposto é NaHaSh, a serpente das gerações, aquela sobre a qual Moisés profetiza que a mulher deve caminhar. Realmente, a Santíssima Virgem Maria Vitoriosa pisoteia a serpente sob o crescente lunar, brasão astral do anjo anunciador Gabriel, que a exalta na assunção pelo MEShI-Ha.

Depois do que precedeu, compreende-se por que os Patriarcas antigos dividiram as línguas em prácritas, selvagens ou naturais, e em devanagáricas, línguas de cidade divina, de civilização celeste, ou seja, assinaladas sobre a palavra cosmológica do Verbo.

Quanto a NaHaSh, a adversária do MEShI-aH, ela é a serpente do Éden, o dragão das águas vivas, celestes, o atrativo da biologia que conduz até a fisiologia evolutiva. É a besta mais sutil do campo da extensão substancializada pelo ROuaH-ALHIM.

No trabalho dos mistérios patriarcais que só era possível alcançar aos 30 anos, o Bapte, nas águas fluentes, as mãos juntas sobre o peito, e com os olhos fechados, recebia o Espírito Santo, o ROuaH dos ALHIM. Quando seus mais íntimos sentidos eram assim abertos, com a cabeça voltada para o Sol e os olhos fechados, eles viam apenas a luz espiritual e espirituosa. E nessa luz descia até ele o IONaH, sob a forma de uma pomba, e um NaHaSh, em formato de cruz patriarcal ou de bastão augural. São João Batista não recebeu à toa um nome arqueométrico que contém a pomba. Ele é o IOHaN do IONaH apenas porque o Verbo o havia marcado com seu Shema, cumprindo-se assim a Torá celeste de seu selo, antes de cumprir as que havia inspirado sobre a Terra.

Na é a letra central e, em Deus, a potência que preside todos os centros luminosos e solares. Ela é atribuída ao filho do homem como Filho de Deus. Por isso, para cumprir completamente sua palavra nas línguas sagradas que ela inspirou, Jesus terá, na placa da cruz, as quatro letras I.N.R.I. Em vatan, védico e sânscrito: I-NRI, Ele, a humanidade; I-NaRa, Ele, a Alma do Universo; I-Na-Ra-Ya, Ele, o NaRa-Deva, ou o homem Deus.

Encontramos, embora menos puros, os vestígios da tradição sagrada e dos outros profetas étnicos na mitologia indo-egípcia de Orfeu. Em Delfos e em Dodona, Apolo, a serpente Píton, as pombas proféticas, os carvalhos votivos, as águas fluentes dos mananciais e fontes consagradas indicam muitas correspondências com a Mathesis patriarcal.

O que é então NaHaSh? É uma criatura espiritual que executa seu papel e sua função de passar pela geração a alma de sua forma da espécie invisível para a encarnação visível.

As letra N, de IONaH e de NaHaSh é a focal, a arqueométrica central e, nas potências verbais do Verbo, a que homologa no centro, em raios brancos, todos os raios complementares do círculo radiante do infinito, 360, isto é, da substância luminosa biogerada, universalmente distribuída. Essa casa é o Sol nos SheMa-IM, nos céus fluidos ondulatórios, antes de ser na astralidade gravitacional. Por isso, essa última pode desaparecer em uma vibração fundamental do éter, que não permitiria subsistir nenhum corpo grave, mas os astros seriam então transfigurados em substâncias imponderáveis, radiantes, reguladas pela mesma Shema, e diversamente luminosas, como mostra sua espectroscopia.

A potência N naturaliza, portanto, as almas e suas formas tanto no Universo invisível como no visível. No primeiro caso, a luz é direta, no segundo ela é o reflexo através da série nos modos musicais que regulam o regime das forças e de seu desdobramento. No primeiro caso, seu único veículo é o éter das SheMa-IM; no segundo caso, o mesmo se mescla ao dinamismo que desce dos Céus ondulatórios até a astralidade e até seu metalismo, suporte das forças e oclusor dos gases, condensador e condutor de suas transações lógicas, harmônicas e orgânicas. Enfim, no primeiro caso ele é o IONaH que está em jogo; no segundo, é o NaHaSh.

Por isso, quando a naturalização psíquica só acontece em NaHaSh, o retorno da vida mortal não pode ultrapassar, no melhor dos casos, o ponto do trígono das águas vivas, de onde ela desceu sob o sopro do dragão das gerações. Isso é o que aconteceu depois da queda.

De acordo com as línguas, essa estadia das almas é chamada de limbo ou nirvana, seio de Abraão ou de Brama. E esse retorno às águas de sua embriogenia cósmica não tem como resultado senão as renovações anuais do tempo, e uma nova embriogenia matricial. É a Queda para fora do mundo do princípio eterno para aquele das origens temporais, para fora da porta divina do Arqueômetro, solstício norte em direção à porta lunar dos homens, no solstício sul.

Para que aconteça de outra forma, para que o homem possa ser reintegrado às suas origens evolutivas, no princípio da involução divina, é necessário que toda a trajetória da substância que o constitui seja novamente biologizada pelo próprio princípio, assumindo pela via descendente, pelo rebaixamento voluntário, pelo espírito vivo de sacrifício, os modos invisíveis da existência humana.

Por isso a encarnação do MeShIa-H, 358, após a descida do mesmo MEShI-Ha, 360, na pureza divina do ROuaH-ALHIM, subordinando de uma ordem angélica a outra, e até a de Gabriel, toda a potência de NaHaSh.

Uma vez mais, esse último, em si, não é pior do que qualquer criatura invisível ou visível. A luz polarizada e a dos raios calóricos e químicos, infravermelhos e ultravioletas tendendo para o azul não são piores em si mesmas, caso não rompam a onda luminosa em que paira a IONaH.

Quando o próprio Deus vivo disse às espécies invisíveis: "Crescei e multiplicai-vos sobre toda a astralidade", ele abençoou toda a Geração e toda geração, com a condição de que elas fossem realizadas entre os homens e no espírito santo dessa bênção. É por isso que o perigo de NaHaSh é o de fazer que a espécie celeste seja trocada pela individualidade terrestre; a involução pela evolução, a biologia pela fisiologia, a andrologia pela antropologia, a imortalidade pela mortalidade, o princípio pela origem. Seu perigo é o de apresentar a geração como uma fatalidade animal e não como uma cooperação da mulher com todas as potências constitutivas do duplo Universo, visível e invisível, com suas correspondências angélicas nos dois cérebros femininos e em sua dupla imaginação. Desses dois cérebros, um é nervoso, o outro é sanguíneo; um é ideal, o outro é plástico e imediatamente realizador; um é a víscera da cabeça, o outro, da procriação.

A mulher realiza o que concebe, não só fisicamente, mas, sobretudo, espiritualmente.

Alma dos templos até sua puberdade, a santa mãe de Jesus, designada por Ele como Verbo, com o nome das águas vivas celestes, oferecia o incenso aos ALHIM, e comia seu pão celeste no templo do Deus vivo. Ela concebeu plasticamente o Messias encarnado MeShIa-H, 358, porque havia concebido e visto idealmente o Messias, rei da glória, MEShI-Ha, 360. Como o viu e o concebeu idealmente? Eis:

Como dissemos e repetimos, o homem tem somente sentidos externos servidos por órgãos do mesmo nome. Esses sentidos são apenas pontos de apoio epigenéticos e evolutivos para uma dupla série de sentidos internos e íntimos; os primeiros são metade evolutivos e metade involutivos, os segundos que dependem apenas da involução, do Universo biológico e de suas potências.

Os desenvolvimentos possíveis da vida humana são ilimitados, já que poderão retornar à própria vida divina por meio de seu mediador, o Verbo, e suas potências espirituais: ROuaH-ALHIM.

A profanação da mulher pelo homem, e reciprocamente, representa, portanto, uma queda formidável dos mais altos modos da vida para os mais baixos, da pomba sob a serpente, do Espírito Santo sob a besta sutil, que, sem ser essencialmente impura por si mesma, assim nos torna por nosso entendimento, se só concebemos a ela e, por nossa vontade, só amamos a ela.

No primeiro caso, o homem e a mulher, estando no amor, estão no ROuaH-ALHIM; no segundo caso, estando no egoísmo, não a dois, mas individualmente, eles estão sob NaHaSh, em vez de estar acima.

Mas o mistério se estende ainda mais. A mulher pode estar diretamente no Um, que os egípcios chamavam o Mesmo, aquele que é sempre idêntico a si mesmo, o eterno, ou no outro, aquele cuja essência é a de mudar de acordo com o curso do tempo. NaHaSh é para o tempo em espiral o que o ROuaH em ciclos é para a eternidade. O pecado de Eva, a esposa do Patriarca, foi antes de tudo cosmogônico, e, quando nos lembramos de que a pitonisa de Delfos cooperava com o píton de Apolo, que o inflamava com seu delírio, ficaremos menos surpresos com o fato de NaHaSh expressar também o gênero de adivinhação que ele governa.

A esposa sacerdotal do primeiro Patriarca, ao regrar dessa maneira as iniciações do sacro colégio feminino, forçosamente produziu a queda de todos os modos de vida humana, e sua redução como sentido apenas à existência temporal.

Existe aí um mistério de substância e de transmissão de substância que de forma alguma luta contra o amor recíproco do homem e da mulher, com todas as suas consequências; pois, acreditarmos nisso, seria como blasfemar contra o Deus da vida e o próprio Espírito Santo. Pelo contrário, esse mistério luta contra o perigo de uma grande separação de suas faculdades iniciáticas. É por essa razão que São Paulo diz: "O homem não é sem a mulher em Nosso senhor, nem a mulher sem o homem".

A época do maior perigo desse movimento da substância humana no NaHaSh temporal foi solenizada desde a mais alta Antiguidade. Mas não era o Espírito Santo que estava presente nos mistérios orgíacos, era o outro, que não era dominado pelo Espírito Santo.

Então, somente o MEShI-Ha poderia refazer, como MeShIa-H, toda a trajetória divina que vai da substância espiritual do homem até a carnal, descendo do seio da divindade por meio de todos os graus de duplo Universo, angélico e astral. E para isso era necessário uma virgem, não só de corpo – a alma pode ser violada sem que o corpo deixe de ser virgem, apesar desse monstruoso atentado –, era necessário uma virgem de imaginação, de coração, de fato, que não visse, não imaginasse, que não concebesse o mal, mas somente a vida verdadeira: IHOH, e sua imagem: IShO- MEShI-Ha.

Essa conclusão sobre a necessidade da encarnação do único MEShI-Ha é o mesmo que dizer que não há e não pode haver senão uma única religião verdadeira nos Céus, sobre a Terra, sobre todas as terras; na eternidade, no tempo, de um extremo ao outro de todos os tempos; e o grande bispo africano não se exime de promulgá-la, aliás com essa clareza de inteligência e essa potência de consciência que o caracterizam. Por quê?

Porque, por causa de sua investigação prévia, de sua peregrinação a todos os centros de iniciação conhecidos, de seu contato, não somente com a racionalidade superficial e tanto mais presunçosa e brutal do mundo latino, da puerilidade sofisticada, confusa e exclusivamente dialética do mundo grego, mas com a mentalidade mais atavicamente profunda e mais reflexiva das outras comunidades humanas, elevou-se desde as planícies até as montanhas do espírito humano.

As relações universais que ele englobava correspondem exatamente ao ponto de observação e à orografia dos altos estudos de nossos dias. Da mesma forma, a jovem e anárquica mentalidade greco-latina responde aos nossos ensinamentos secundários e, infelizmente, superiores. Esses últimos, sem o duplo contrapeso científico e religioso, constituem o que foi bem observado por Molière, o humanismo mais elevado de M. Jourdain e de seu professor de filosofia. E temos, além do paganismo filosófico dos humanistas, o paganismo científico dos novos sabeus, bem piores que os antigos.

Ora, à luz radiante do novo critério científico e religioso, que eles ignoram ou desprezam, seria possível que eles não constatassem que todo o sistema zodiacal solar, por exemplo, é um modo vibratório da razão divina e de suas potências? Sua logia, sua harmonia e sua organia shematizam assim toda a ondulação dinâmica do éter, do som, da luz, do calor, da eletricidade, do magnetismo e depois de todas as substâncias dinamizadas: gases, líquidos e sólidos. Uma placa vibrante circular manifesta, sob o arco de violino, um shema solar-zodiacal, por meio de uma virtude objetiva e que de humano tem apenas sua observação, por meio de uma potência, que é ao mesmo tempo logia, harmonia e organia, regula as equivalências e as correspondências do número e da forma, como de todos os outros sinais da palavra cosmogônica.

Pela mesma razão sobre-humana, manifestada nos fatos, a gota d'água, vista por meio do microscópio, mostra-nos o Shema com o qual está marcado todo o Universo visível. Vibrando sob o número em sua forma, e sob o som inaudível que esse número comanda no grau zero, ou seja, no ponto de congelamento, esse círculo é definido primeiramente como um triângulo equilátero equivalente ao número 3, depois como estrela hexagonal equivalente ao número 6, depois como estrela dupla ou decagonal equivalente ao número 12, e assim é solarizado e zodiacalizado.

A gota d'água, como todo o céu etéreo de um sistema solar, é então verbalizada por uma aritmologia correspondente à sua morfologia. Por isso, quando, com uma arrogância e uma imprudência que se igualam somente à sua ignorância, nossos sabeus pseudocientistas lutam contra a religião, porque acreditam ter encontrado o engodo do mito solar, ele nos faria sorrir, se não fizesse chorar a Jesus por nossa humanidade governada por tal raça!

A Verdade 155

Bandeira Arqueométrica

Prancha crômica IV

Código Arqueométrico das Cores Simples.

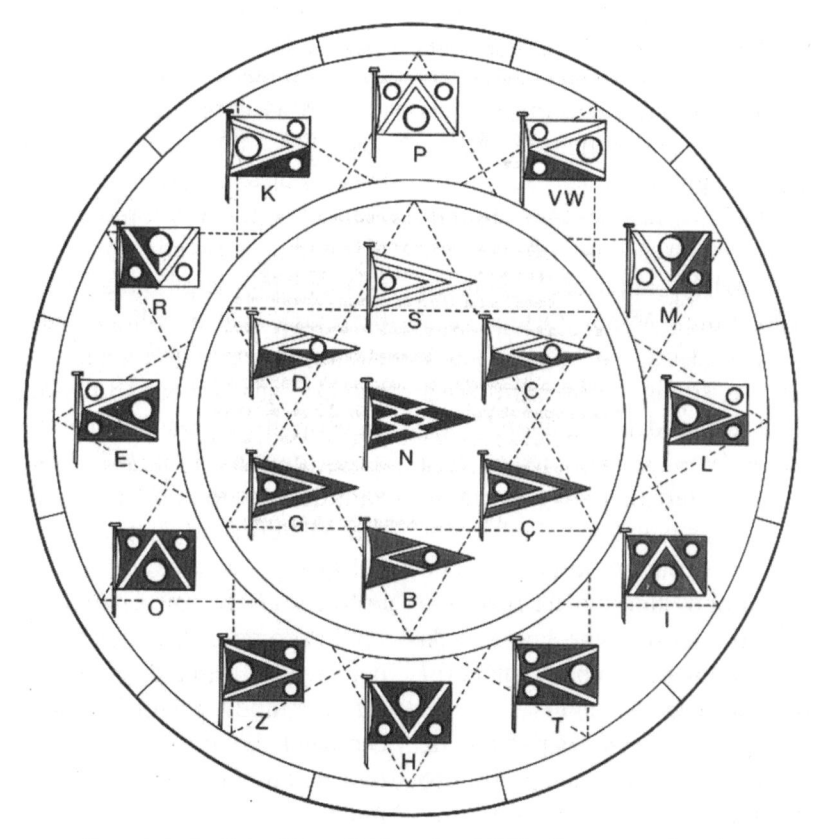

Copyright by Saint-Yves d'Alveydre, 1907 – Patente registrada.

SIM   NÃO   PERCEBIDO

Consultar o Arqueômetro, seu padrão, sua aritmologia e sua música.

Em resumo, se Jesus, o Verbo Encarnado, shematizou Sua ação na substância humana decaída, escolhendo 12 apóstolos e 72 discípulos e, mais tarde, 360 afiliados, Ele apenas cumpriu Sua própria lei lógica, harmônica e orgânica, como Verbo Criador. E não cabe à mentalidade da terceira casta do espírito humano nem compreender a razão da Razão suprema nem erigir sua própria tagarelice em ensinamento contra a palavra sagrada.

E se o mesmo selo arqueométrico marca as obras dos MeShIaHIM, anteriores à encarnação: Numa, Minos, Orfeu, Moisés, Zaratustra, Fo-Y, Krishna e Manu, e, se ainda hoje, apesar de sua decrepitude, a universidade-mãe do bramanismo carrega essa marca patriarcal, isso prova algo bem diferente do que a inepta conclusão dos párias voluntários do reino, reino supremo da razão de todas as coisas, como também da consciência que prepara sua compreensão delas.

Que um desses papagaios de Macróbio se eleve até a função operatória que recobre seu pretenso mito solar, até a unidade e a universalidade de ação central e cíclica sobre o ciclo humano.

Assim cai, e com o mesmo golpe, todo o sistema de interpretação neopagã dos livros sagrados de todos os tempos, o alegorismo panteístico e naturalista dos metafísicos, como Fabre d'Olivet. Longe de ser o resultado da vontade individual e da razão subjetiva de uma série de teósofos moderninhos, religiões e livros sagrados estão de acordo para aqueles que compreendem sua sabedoria e sua ciência. Mas a maestria dessa concordância pertence somente ao MEShI-Ha, porque somente ele é a religião das religiões.

Mas, infelizmente, em nossos dias, nossos ensinamentos universitários cegos e complementados por Macróbio e Dupuis formam a antirreligião e o anticristianismo da péssima instrução burguesa, que é política, suplantadora, antissocial e sectária. Ela cumpre sua função diluviana e reabsorvente, mas pestilenta, daquilo que os brâmanes chamavam de a Bahou do Caos, a Porca dos Mistérios, a Gastromante dos detritos e dos excrementos da erudição. Esse foi o símbolo reivindicado pelos troianos e, depois deles, pelos romanos, na *Gens Julia*, definindo assim nitidamente o caráter da civilização selvagem que ele opunha à dos templos; primeiro como loba devoradora, e a seguir como porca exegética.

E é essa raça que o profeta e São Pedro descrevem: Ep. 2, II, 22: "a porca lavada retornou ao chiqueiro, o cão voltou ao seu próprio vômito". Pode-se notar neste II, 22, em relação à oposição ao Verbo apostasiado e das

XXII potências da palavra divina, assim renegada e novamente perdida.

Mas o apóstolo vai mais adiante, na Ep. 1, IV, 17: "Eis o tempo em que Deus começa Seu julgamento começando por Sua própria casa". Trata-se aqui das divisões da Igreja em igrejas rivais, da religião em cultos hostis, da catolicidade em etnias cainitas; enfim, do Estado social cristão em nacionalidades fratricidas. E, se ele começa por nós, qual será o fim daqueles que não creem no Evangelho de Deus? Aqui é a instrução renegada que é visada depois do clero.

E o apóstolo acrescenta na Ep. 2, II, 17: "Fontes sem água, nuvens agitadas pela força do vento, para os quais a escuridão das trevas eternamente se reserva".

18: "Pois mantendo discursos cheios de insolência e de loucura, atraem com as concupiscências instintivas e as satisfações da matéria, aqueles que se estavam afastando dos que andam em erro".

19: "Prometendo-lhes a liberdade, sendo eles mesmos escravos, servos da concepção, uma vez que aquele que é vencido torna-se escravo daquele que o venceu".

Existe aqui a advertência que vem iluminar as negras e profundas trevas reservadas aos povos que se tornaram cegos e que se deixam conduzir por esses cegos da instrução.

21: "Com efeito, para eles teria sido melhor não conhecerem a via da justiça, do que caminhar para trás depois de tê-la conhecido e abandonar a lei santa que lhes fora dada. Da mesma forma, o senhor disse a Judas: ⊠Teria sido melhor para ele não ter nascidoẽ".

Desse mau humanismo para a humanidade, há toda uma diferença entre a regressão e o progresso; o instinto e a inteligência; a planta selvagem e a enxertada; o pior paganismo e o Cristianismo, a anarquia por agnosia e o princípio divino da razão e da consciência humanas.

Vejamos novamente o apóstolo sobre esse assunto: Ep. 2, II, 2: "Os anjos, sendo maiores em força e em potência, não se exilam uns aos outros, com palavras de execração e de maldição".

12: "Mas aqueles, semelhantes a animais sem razão, nasceram para ser presa dos homens que os fazem morrer (os conquistadores e as invasões militares). Atacam com suas blasfêmias aquilo que ignoram (agnosia), e morrerão assim nas revoluções vergonhosas nas quais mergulham (anarquia). Eles receberão a recompensa que merecem por sua iniquidade".

O humanista anticristão é realmente um desumanizado; é um descerebrado, está castrado do

Espírito Santo e sadio da vida e de seu critério verdadeiro: vida celeste, vida terrestre, vida social, vida individual, em todos os graus dessas hierarquias.

Foi esse humanista que em nome da filosofia lançou Pitágoras, novo Hércules, às chamas. Foi ele que lançou ao Rio Ebro a cabeça ensanguentada de Orfeu, novo Abel. Foi ele, enfim, que, depois de sacrificar os profetas sucessores dos ALHIM de Moisés, substituiu a lei social de Deus por sua própria lei política.

Entre nós, o gênero de humanismo do qual tratamos foi severamente qualificado por Voltaire como "Raça de macacos e de papagaios!". O que significava expressar de forma egípcia uma mentalidade de imitação. Pelas leis secretas da assimilação psíquica, ela pode chegar até a possessão infernal, crisíaca, e degenerar da suposta filosofia em filomania, da loucura racional individual em delírio racional coletivo, montado pelo espírito dos demônios antropófagos que os Vedas chamam de Rakshasas.

Os brâmanes, segundo os antigos Patriarcas, e isso por meio de observações e experiências, atribuem como morada desses demônios um determinado deserto tórrido, cujo lugar geográfico é dado e que corresponde ao estado psíquico. É a Gûhanna dos Vedas, o Gihen ou Gihenan da Bíblia, e complementam: "No deserto dos Shuman, ponto de partida das trombas, dos tufões e dos sopros mortais do meio-dia". O império destruído do Daomé havia estado sob essa influência.

Como todos os mistérios, esse é revelado no Barith-ha-Kadoshah: Ha-Basshorah, Ha Kadoshah, de São Lucas, VIII, 27. Observai estes números lunares e mensais: Lc: VIII, 27, 28, 29, 30, 31:

"E quando Jesus desceu para a terra, veio a Ele um homem que, há muito tempo, estava possuído pelo Demônio. Ele não usava roupas, e não morava em uma casa, mas nas cavernas sepulcrais".

28: "E, quando viu Jesus, prostrou-se diante d'Ele, exclamando e dizendo com alta voz: O que há entre Vós e mim, Jesus, Filho do Deus Altíssimo?" (O Helião de Melquisedec) "Não me atormente, eu vos esconjuro".

29: "Pois Jesus ordenava ao espírito impuro que saísse desse homem, que ele agitava com violência. Ele era mantido acorrentado, com ferros nos pés, mas rompia as correntes, e o Demônio o carregou para os desertos".

30: "E perguntou-lhe Jesus: Qual é o teu nome? E ele disse: Legião; porque tinham entrado nele muitos demônios".

31: "E esses demônios rogavam-Lhe que não fossem mandados para o abandono".

Aqui, como em todas as partes, resplandece a humanidade celeste de Jesus, a do divino modelo, da divina imagem de IHOH, de cujo tipo foi criado o homem no mundo divino, no Aïn-Shoph do Verbo: Aïn, o Anterior, como disse Moisés. O Verbo Criador e Encarnado ouve os demônios. Graças à Sua piedade, passarão da mais terrível prova, a do fogo, para uma mais suave, a da água.

32: "Ora, e como por ali passava um rebanho de porcos; os demônios rogaram-lhe que fosse permitido entrar nesses porcos e Ele lhes permitiu".

33: "E então eles saíram desse homem e entraram nos porcos. E logo o rebanho se lançou com fúria do alto dos rochedos no lago, onde todos se afogaram".

Quantas coisas poderíamos dizer sobre o que foi dito! Em toda a sapiência antiga, a água é o veículo do espírito, e o espírito que anima tem como correspondência zoomórfica uma pomba aérea e aquosa; e o espírito animal impuro, uma porca. Por isso, o nome do Batista é o da pomba que se pode ler no Arqueômetro na conjunção das letras do trígono da terra dos vivos, sob a linha de horizonte do triângulo das águas vivas.

Esse hierograma é IO unido à letra solar N. É o Ioni cosmogônico dos Vedas e o IO NaH de Moisés. IOaN, João.

Para que possam subir um grau na existência de um mundo que é invisível somente aos olhos semicegos da carne, esses demônios sabiam que precisavam da graça de Jesus, e a possibilidade de repelir, sobre corpos impuros, o fogo subetéreo que os consumia. Sabiam também que, depois desse sacrifício à divina substância, precisavam da água lustral que somente a divina presença do senhor vivificava.

E como eram almas de homens, de algum modo infernalizadas por seus crimes, elas sofriam: a piedade divina os atendeu porque eles a suplicaram. Ela atenderá da mesma forma o ladrão à direita da cruz.

Sei bem que os filósofos que fabricam Deus e o Universo segundo sua imagem pouco admitem, em geral, a graça, a piedade, tudo o que de perto ou de longe tem mais a ver com o coração do que com o cérebro. Seu ideal subjetivo é uma espécie de impassibilidade desdenhosa das paixões e até do sentimento, já que, passível, ele também é encontrado na psicologia chamada animal e, no fundo, analítica da humana. Eles se esquecem de que, atrás da passividade que a palavra paixão implica, há uma

	Teogonia		Androgonia		
Essência:	IHoH	NiShAMaH	hebreu	HaM(n)SHIN	vatan e védico
Existência:	IPHo-ISho	NePheSh	–	ShaPhaN	–
Substância:	ROuaH	ROuaH	–	HaOuR	–

energia-mãe, ativa, expressa pela palavra afeto, o fogo cujo pensamento é a claridade; mas não há surpresa quando se coloca a abstração em lugar da vida.

Eles teriam deixado morrer o possesso em um supremo ataque de epilepsia, de catalepsia ou de paralisia, porque seus sentidos internos, e uma vez que os íntimos estavam fechados, não teriam visto, entendido nem compreendido nada.

Seja o Verbo Criador, Encarnado ou Ressuscitado, é a existência da vida eterna e essa vida, em toda a sinergia da sabedoria divina, em toda a energia do divino; a existência da vida soberana com seu dom real da graça. Suas leis diretas não são abstratas, são vivas; são seres criados, existentes e subsistentes.

Elas afetam no Universo visível ou fisiológico muitos aspectos de equivalência. Um dos últimos é mecânico e de aparente fatalidade. Mas esses decretos vivos da divina liberdade não são mais que o antigo *Fatum*, que o Ananke, que o ateísmo, injustamente delegados pela escola jônica, por Hesíodo e por Homero, ao governo dos deuses que são nossos anjos (às vezes nossos demônios), e da ordem universal invisível aos nossos olhos terrestres.

Esse suposto *Fatum* é, no fundo, um dom do Verbo: PhaO, Fa-ri, um dom de graça real outorgado pela existência divina ao nada ou ao caos. É um *habeas corpus* universal, e a suposta Ananke é, de fato, a providência, a previdência, a provisão dessa mesma graça soberana. Além do mais, essa carta da existência divina é livre e eternamente aceita em sua própria substância, em um ato perpétuo de vida e de amor, como a melhor possível, por esses mesmos seres arcangélicos, e esses seres são, para a palavra viva do Verbo, como as letras de seu alfabeto psíquico: A-Th.

É por essa razão que São João, lido na língua das XXII letras, em siríaco, ou em hebraico, diz: "O princípio é o Verbo, e o Verbo é o ATh dos ALHIM"; o que significa que os ALHIM são para o Verbo como na ontologia andrônica das funções ou faculdades do ROuaH ao NePheSh, e as do NePheSh ao NiShema.

Tudo isso ainda pode ser lido com objetividade no Arqueômetro. Procuremos nele, por exemplo, os três hierogramas da ontologia humana. Veremos imediatamente todas as suas correspondências no duplo Universo, começando pela divina Trindade, sua héxade e seu centro solar, aquele do *Lumen de lumine*, ou de qualquer sol ou coração astral de qualquer coração solar que seja.

Nisso, como sempre, temos de descartar as letras de pronúncia vulgar. As que permanecem aqui são, como já visto, comuns à androgonia e à teogonia.

Nos dois primeiros hierogramas, elas se apoiam na central solar N. Esta pela luz invisível e visível tece o nó, opera a naturalização: NaT. – ☉ Ω

Temos de assinalar também que NiShAMaH, tal como está escrito, tem como equivalente o número 396. Ele reflete, portanto, ShOPh-Ya, na soma de seus números dados pelas letras de IPhO e de IShO. O controle do hebraico pelo vatan e o védico dá HaM-SHIN, pois não devemos considerar a transformação do M em N, de acordo com as regras da tabela eufônica do Ramayana; é apenas uma questão de pronúncia que, por outro lado, tem uma importância especial.

O duplo hierograma HAM e SHIN tem, por um lado, como número 45 e, do outro, 360. Sua soma é o número 405 = 45 x 9. Quarenta e cinco é o número de ADaM. Trezentos e sessenta é o número do espírito que preside à harmonia do tempo sem limites, o Ga-Na hebraico do Na-Ga védico. 360 = 45 x 8; 8 = H que governa Câncer, a porta do homem. É o H de Heva. 360 = 9 x 40 e 40 = M. Veremos, ao descrever a reforma de Krishna, a função dessa última letra.

Todos esses fatos que o Arqueômetro torna experimentais, ao revelá-los em suas leis, lançam uma luz celestial sobre o mistério que expressa o grau da vida supereterna que somente é dada pela divina sabedoria da Santíssima Trindade.

SHIN, em todas as línguas do Oriente central e do Extremo Oriente, tais como tibetano, japonês e chinês, expressa o espírito como ser vivendo e existindo na substância dos céus fluidos e não astrais. Esses céus fluidos são o Universo invisível. A atração universal vem por eles do ROuaH-ALHIM. Ela involui a gravidade evolutiva ou atração central de cada astro. Ela contém a tripla maestria lógica, harmônica e orgânica de suas relações entre eles, isto é, das leis que as regulam em conjunto.

Voltando agora à palavra hebraica que tem, por equivalente subordinante, o número da sabedoria divina 396, não é indiferente ver que os céus fluidos escritos assim: SheMAH-IM, dão também o número 396. E essa maneira de escrever esse nome corresponde ao Céu dos Céus, aquele do espírito puro, do ShIN de IShO, ou Céu divino supraetéreo. Esse Céu, por ser submetido ao ROuaH-HaOuR dos ALHIM, governa toda a enarmonia vista por São João, todo cromatismo, toda a diatonia das potências, das forças orgânicas que lhe estão submetidas e da astralidade, suporte ponderável dessas forças. Digo ponderável, pois existem outros suportes, quando se sobe do Céu astral ao Céu fluido.

A observação e a experiência munidas como estão hoje em dia não tardarão em descobrir que, em seus modos diretos, a energia é seu próprio suporte, de modo em modo, até o fundamental que os encerra em sua universalidade, isso quando remonta do particular ao universal, da astralidade ao éter e ainda mais para cima. De sorte que, nisso, como em tudo, é preciso retornar à essência absoluta, ou seja, o suporte, que constitui toda a existência relativa por sua potência de existência e de substância.

É isso precisamente o que, de acordo com São João, nos disse Moisés desde suas primeiras palavras:

"BRA-ShITh, o princípio hexadino, o suporte vivente da héxade, o criador dos seis, da sexta fenomênica, BRA criou os ALHIM, ATh-Ha-ShaMa-IM, alma dos céus fluidos e ATh-Ha A-ReTs, alma da unidade e da universalidade gravitante." Pois A = 1, e ReTs significa: gravitar, correr em círculo; em sânscrito: STaR: estrela, astro, astralidade.

Ora, qual é o princípio do hexágono inscrito, e depois do círculo, se não for o trígono? Resulta disso, e do que precede, que os ALHIM estão para a trindade como a reflexão está para a incidência; que eles são a alma lógica, harmônica e orgânica da duidade dos céus fluidos e do céu gravitante; que são enfim a realidade substancial dos primeiros e do último, ainda que a matéria que parece servir de apoio à substância recaísse no caos primordial, no Tohu, amorfia, e no Bohu, inanidade nebulosa, inorgania.

Não podemos nos esquecer de que os ALHIM operam de acordo com o ROuaH, o AH-Ou-Ra do primeiro Zoroastro.

Não há prova maior de que o Verbo designado pelo nome de princípio criador da divina héxade, o inspirador de Moisés, é o mesmo que Jesus. Como sempre, não nos contentaremos com a tradição de uma única universidade.

O nome dado pela rainha egípcia a Moisés engloba, como já vimos, o nome de Jesus M-OShI, IShO. Se os rabinos não puderam encontrá-lo na escrita habitual do nome de Moisés, MOShE, é porque ignoravam a ablação da chave de 5, feita por Daniel em várias palavras cujo significado precisava ser oculto.[61] No entanto, em hebraico, essa chave é restituída em outro hierograma: MOShI-Wo, o Libertador. Moisés foi realmente o libertador, menos dos judeus do que da ortodoxia patriarcal para a qual ele impôs o selo divino com o nome de Jesus.

O Talmude e a Qabbalah dão ao inspirador celeste de Moisés o nome de Metatron, mas isso não é mais do que um véu do verdadeiro nome. A pronúncia realmente o alterou, afetando entre os povos árabes e judeus no som do "e", em certas posições da letra "a", como em Alhim pronunciado Elohim; mas, escrito desta forma: MAeTATRON = 316 = IShO. Os rabinos procuraram em vão por toda parte a etimologia de Matatron; ela está no sânscrito MATA, Mathesis, TRON, trono, salvador e salvação.

A correspondência das palavras com os números sobreviveu à divisão das línguas. Por exemplo: M, 40, pronunciado Ma, significa a água em vatan, em védico e em muitas outras línguas orientais. No Extremo Ocidente, entre os incas, ATL, 40, raiz da palavra atlante, também significa água. Essa chave que explica somente uma das correspondências sagradas da palavra arqueométrica pode então ser aplicada a todos os livros sagrados, inclusive a todas as mitologias. Ela prova o que dissemos em nossas notas sobre a CaBaLaH dos Patriarcas e de Nosso Senhor Jesus Cristo, seu inspirador. Nisso, os judeus foram apenas intermediários, na maioria das vezes involuntários e inconscientes, com exceção dos profetas.

As dificuldades que deixam o sentido da palavra Matatron tão nebuloso aos que ignoram essas correspondências surgem diante de outro nome, que também cansou e tirou a paciência dos rabinos, esse nome é Shadaï; pois existem duas escritas desse nome que, lido

---

61. Esta Chave de 5 era baseada em um desdobramento que compreendia uma parte exotérica escrita, e uma parte esotérica oral, cada uma marcada pelo número 5, e cuja reunião constituía o número 10, correspondendo à letra i, Ligada à identidade no duplo Universo. A chave retirada de I tornava-se na língua dos profetas H = É = 5; e essa criptografia sagrada só era acessível ao iniciado possuidor da chave e dos nomes, aos quais ele deveria adaptá-la. Essa é a razão, mais uma vez, da divisão em cinco partes, de todos os livros sagrados que se referem à protossíntese. Ver Apêndice III. (Nota dos Amigos de Saint-Yves).

desse modo: ShADAI = 316 é o Verbo, o ShVa-DHA em vatan, o Swadha em védico, IShO, Jesus.[62]

Aliás, além dos Cabalim dos alfabetos, por mim chamados de lunares, os Koranitas esotéricos dizem, de acordo com o livro litúrgico chamado *Maksurâ*, na folha 40: "Chama-se Maetatron ao chefe que vê Deus cara a cara; é também chamado de IeShOua". A figura bíblica de IShO sob esse aspecto teóptico é Josué olhando para o Sol.

Espero que todas essas provas sejam conclusivas em relação à identidade do Verbo e de Jesus, por meio de todos os desmembramentos da protossíntese patriarcal. Estou longe de ter esgotado todas as provas que poderia apresentar, mas preciso encerrar e encerrarei por uma única que não será menos extraordinária.

O nome do Pai proclama o Filho, a divina essência e a divina existência. IHOH, que significa "Eu, a vida" e "Eu sou", tem o número 26. Quando os números são substituídos por letras, esse número misterioso dará CO em vatan e em védico. E em sânscrito, CV, CaVi, o Criador por seu Verbo, Deus Poeta. No primeiro trígono arqueométrico, o do Verbo e de Jesus, essa poesia divina é lida como PhOShYa.

E voltamos assim, pelo védico, pelo sânscrito e pelos grupos chamados semitas, mas anteriores a Moisés, à PhOSh-Ya sobre a qual já falamos, e que nessas antigas línguas tem o sentido de manifestação solar, da cosmofania do Ya, da suprema beleza criadora, e tem seu radiante esplendor nas mesmas letras, as de Nicod bilo ShO-Ph.

Será que é necessário prolongar essa verificação ascendente das evidências hierárquicas da divina verdade? A santa essência inacessível de IHOH vai ainda nos responder por meio da palavra de seu Verbo. Mas é bom interrogá-la de forma piedosa, porque a razão suprema não tem medo de nossa razão; pois o princípio divino exige nossa verificação como Verbo Criador, como quando, revestido de nossa carne, Ele dizia a São Tomé que verificasse as feridas de sua costela e de suas mãos.

O que há por trás dessa manifestação da existência divina, por trás dessa poesia de seu Verbo, por trás da própria sabedoria de que a cosmofania é o esplendor criador? Qual é seu fundamento, seu motivo, seu motor, no próprio centro da energia absoluta do Pai?

É o se curvar do pensamento sobre si mesmo? É o Me... da escola védica lunar, substituído

---

62. A outra escrita é ShaDaI, é o pequeno Shadaï, cujo número é 314 ou 3,14, e expressa a relação entre o diâmetro e a circunferência. (Nota dos Amigos de Saint-Yves.)

por Krishna pelo solar do Verbo, 3.100 ou 3.200 anos antes da encarnação de Nosso Senhor?

A resposta é a seguinte: 26, a soma dos números de IHOH, nos deu o Ca-Vi dos Vedas: Brahma Cavi, dizem os livros sagrados da época de Krishna. Ora, então, não há qualquer correspondência numérica de extração entre essas duas palavras justapostas, e a que existe inegavelmente entre CaVi e IHOH, 26, vem evidentemente da protossíntese patriarcal, que a escola ariana herdou sem conservar seu princípio original.

Avançando um pouco mais. O radical de 26, seu íntimo é 13. Ora, em etrusco, 13 é IG; em védico e em sânscrito decimal, esse mesmo número se lê AG, 1 e 3. Essa raiz deu origem a IGnis, AGni, AGioshi. A inversão dá GA e GI; GA é, em hebraico, o esplendor; em védico, a potência orgânica de AGni, e também sua penetração universal. "Nosso Deus é um fogo devorador."

Esse fogo da divina essência, que pode ser às vezes terrível, nem por isso deixa de ser a base da vida; seu coração é o amor criador, o amor conservador, o amor renovador e salvador, absoluto, eterno, infinito. É o ShVa-DHA vatan, o Swadha védico e sânscrito, o DatU-ShO do primeiro Zoroastro, 2.800 anos antes de Nosso Senhor. É, portanto, o sacrificador de si mesmo por todos; o Agni dos Vedas, nosso AGNUS DEI.

CAPÍTULO TERCEIRO

A Vida

I

O CÂNONE ORGÂNICO DE VIDA DA HUMANIDADE E SUA REVELAÇÃO

Os sudras. – Etimologia da palavra paganismo. – GO; Go-Y. – Kahal e Kahalah. – Triplo organismo do Kahal. – As paróquias ou Kahals em luta com o Estado Go-Y. – O imposto do jejum e seus recursos. – A necessidade da autonomia cristã. – O cânone social da tradição sagrada. – Legitimidade e legalidade. – O cânone social é positivo ou místico? – Por que o sacerdócio não procurou seu sentido positivo. – Tendências da Igreja do Ocidente para a organização social. – Por que os Estados gerais europeus não podem se estabelecer tendo como modelo os Estados Unidos da América. – Consequências do Congresso de Westfália. – A necessidade do restabelecimento dos três poderes sociais. – A Revolução europeia e o sumo pontífice. – A Revolução Francesa e suas consequências sociais. – Nossos esforços junto ao governo francês – As leis da história em ação nos fatos.

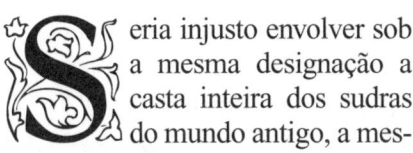

Seria injusto envolver sob a mesma designação a casta inteira dos sudras do mundo antigo, a mesma que nossas *Missões* chamam de econômica. Ela é, de fato, a base de todo o Estado social de acordo com a tradição sagrada, religiosa e ao mesmo tempo científica.

Quando comparada à vida divina, ela corresponde à substância na Trindade; em sua categoria, dentro da vida social, é a subsistência coletiva. Portanto, a palavra paganismo não foi aplicada primitivamente a toda a classe econômica; foi reservada aos letrados revolucionários e políticos do Terceiro Estado e aos seus seguidores, e essa característica verbal data da época conhecida com o nome de divisão das línguas, que significa também, e principalmente, divisão das doutrinas.

Em védico e em sânscrito, Pakkana quer dizer burgo de refúgio dos que não fazem parte de uma casta, burguesia revolucionária. Por isso, quando os jônios com os fenícios invadiram a Grécia e a Itália patriarcal, trouxeram também seu Pakkana, Pagos, Pagus, de onde a origem de Paganus, o homem do burgo, o intermediário entre o campo e a cidade, entre a economia provinciana e os outros dois poderes sociais. Mas, ao incentivar por meio de filosofismo, e de seu politicismo de substituição, os *burghmen* a derrubar os dois primeiros poderes e a escravizar toda a economia provinciana do terceiro poder, os letrados jônicos necessariamente renovaram entre os ortodoxos o pior sentido do Pakkana sânscrito.

É por essa razão que os cristãos primitivos usam a palavra paganismo para todo estado mental e governamental do Império greco-romano escravista.

Os apóstolos, em sua língua shemática, diziam a mesma coisa, mas de outra forma: Go, Go-y, Goïm. Essa palavra, traduzida por gentios, perde seu valor de hierograma não só pelo trocadilho que pode ser feito, mas também ao passar de uma língua shemática para as outras que não são. GO significa, em sânscrito, boi, vaca, rebanho. Em hebraico, é todo povo inorgânico ou privado de sua organização direta, em proveito de um estado político de letrados parasitários.

Krishna, o fundador do bramanismo atual, foi chamado de Go-Pata por ter feito, à custa da protossíntese, a de ISOua-Ra, um concordato com o protopaganismo dos sudras.

GO é o antinômio do tipo normal: Kahal, Kahalah, Kahalim. O cânone social da tradição sagrada está incluído nesse último hierograma. A raiz vatan, védica e sânscrita é Ka adicionada a AL. Ka significa a união do espírito, da alma e do corpo, tanto no indivíduo como na sociedade. AL expressa a forma perfeita da essência pura, seu conteúdo, seu organismo integral, a beleza do verdadeiro, etc. Kahal expressa então nessas línguas, mais claramente do que no hebraico, o cânone social dos Patriarcas, adotado por Moisés, assim como também foi por Manu.

Eclésia, Igreja, como estado social celeste e terrestre, como sociedade divina e humana, vem da palavra hebraica Ha-Kahalah; e essa palavra vem das línguas sagradas citadas anteriormente. Nós já tratamos dessas questões há algum tempo, mas é interessante, dado o momento atual, rever o assunto em nossas *Missões*. Munidos de provas, desde 1876, e mais tarde, em 1882, demos as chaves históricas dos problemas religiosos, universitários, sociais e, em consequência, políticos, que afligem a França e a Europa. Confiamos esses trabalhos à consciência de nossos contemporâneos, e, com maior confiança ainda, à comprovação dos acontecimentos pelo tempo. Essa comprovação já está bastante completa para que possamos voltar sobre nossos passos a propósito das palavras: Kahal e Igreja.

Kahal é a paróquia, a municipalidade-tipo dos fiéis presididos por seus sacerdotes presbiterianos. A pressão secular da razão mental em governamental Go-Y fez com que esse tipo de estado orgânico passasse ao estado místico, e é esse fato tão importante que novamente queremos destacar.

O organismo da paróquia ou do Kahal, quando ele está ao mesmo tempo tempo com o cânone científico e teologal, é triordinal. Kahal ou paróquia é o primeiro agrupamento, o das famílias, pais e mães, hierarquizadas em três ordens. Kahalah ou Igreja, em um sentido mais geral, é a federação provinciana das paróquias presididas pelo bispo.

A seguir, temos outro grau federal, o das províncias e dos bispados presididos pelo primaz. Finalmente, temos a universalidade terrestre, o grau mais elevado presidido pelo sumo pontífice.

A humanidade não precisaria de outra organização, se os homens fossem dignos dela: é o socialismo científico e religioso, e qualquer outra é um erro de ideólogos ou de uma política de letrados parasitas.

Voltemos à molécula orgânica, à paróquia. Nos termos do cânone patriarcal, da unidade e da universalidade indefectíveis da tradição sagrada, a paróquia tem então um triplo organismo.

Consideremos que esse organismo está em luta com um estado social e governamental Go-y, que tem uma razão instrutora e uma razão de Estado pagãs.

Entre as atribuições do primeiro poder social do qual fazem

parte os sacerdotes, bem como os pais e as mães de família, encontra-se o ensino, cujo caráter é o de combinar a educação e a instrução com predomínio da primeira, por razões que já expusemos suficientemente.

Nenhum estado Go-y pode impedir que os pais e as mães de família se dediquem a essa função e que escolham qual dos dois a exercerá. Veremos mais adiante com quais recursos inesgotáveis eles podem contar no fim do cânone social.

Entre as atribuições de segunda ordem está o conselho jurídico dos árbitros. Nenhum Estado Go-y pode impedir que a paróquia não leve em consideração a magistratura do governo político recorrendo ao Tribunal de Árbitros para resolver suas próprias diferenças. O resultado disso é uma enorme economia e nenhum escândalo político.

São Paulo não nos deixa nenhuma dúvida sobre o valor teologal de tudo o que foi dito; e esse valor só é teologal porque formula exatamente a verdade científica da sociologia.

Entre as prerrogativas da terceira ordem paroquial, a que representa a economia da paróquia, encontra-se o recurso ao imposto do jejum, assim como se praticava nos primeiros séculos. O ano eclesiástico conta em torno de 60 dias em que nos pedem a prática de um jejum insignificante. Hoje em dia, esse jejum é místico, interessa apenas ao indivíduo e não tem nenhum valor prático para o bem da comunidade. Mas voltemos ao tempo em que ele tinha uma utilidade social, e vejamos qual seria seu resultado hoje.

É evidente que o imposto do jejum, considerado como necessário pela terceira ordem, *puramente laica*, é obrigatório para as três ordens, com exceção dos indigentes.

Supondo que do mais rico ao mais pobre o alimento diário custe de 30 a três francos. A tradição fixa o dízimo em três francos para os primeiros e 30 centavos para o segundo, dando uma média de 1,65 franco.

Supondo que na França existam apenas 20 milhões de católicos que desejem ou possam observar os quase 60 dias de jejum que comporta o ano litúrgico, um cálculo simples nos fará verificar a colossal soma que esse imposto, que não custa nada a ninguém, uma vez que é tomado com base no supérfluo, pode render. E, depois de dez anos, essa soma, qual seria?

Portanto, a Igreja da França pode deixar de ser dependente do Estado Go-y e conquistar sua autonomia econômica, que não só asseguraria sua independência e sua dignidade, mas também permitiria que ela realizasse a organização cristã e a promessa do Nosso Senhor Jesus Cristo.

Estritamente laica quanto à sua ordem econômica, ela poderia se proteger da fiscalização dos pagãos.

Um décimo apenas do que renderia o imposto do jejum seria mais do que suficiente para garantir que os mendigos não procurem no lixo dos seminários, dos liceus e da cúria, cuja cupidez eterniza entre nós o Estado mental e governamental pagão.

E quando essa raça Go-y, depois de ter maculado tudo, tiver arruinado tudo, a Igreja sempre poderá reconstruir tudo sem ter de pedir nada ao governo dos parasitas, deixando-os tranquilos em seus cantos. Poderá até mesmo pagar o Exército, a Marinha, a delegacia e sua própria polícia para assegurar a tranquilidade em caso de necessidade.

Portanto, a autonomia cristã não precisa de ninguém, mas o Universo dela precisa. É em razão dessa autonomia mental e social que dissemos 20 anos atrás: "Não somos nem conservadores nem destruidores, mas aliados do Criador". Essa aliança é o próprio nome do Evangelho, em hebraico: Ha-Barith, Ha Kadoshah, o que significa a Santa Palavra dada, a Santa Aliança.

Depois de ter descrito o organismo cristão, ouçamos sobre esse ponto capital o apóstolo dos gentios, em sua língua shemática, para não perder nem uma vírgula de seu pensamento.

Pedimos ao leitor comparar o que vem a seguir com as traduções em línguas não shemáticas, e ele verá então por que, em caso de necessidade, recorro ao hebraico ou ao siríaco para as questões dessa importância. Sei que o Concílio de Trento deu à *Vulgata* uma preeminência que ela não tinha antes. Ele o fez para impedir que os católicos exercitassem o livre exame que, praticado sem princípios nem leis científicas, estava à mercê do filosofismo individual sob o nome de Protestantismo. Mas também não esqueço, e já evoquei isso mais acima, quando me referi aos anos anteriores, que o papa Nicolau I encorajou o fervoroso religioso e muito erudito Gionozzo Manetti a traduzir a Bíblia em três colunas, em três versões, sendo que uma é direto do hebraico; o mesmo encorajamento lhe foi dado em relação ao Novo Testamento. O papado praticou, portanto, a exegese antes do surgimento do Protestantismo, e só saiu desse caminho por medo das consequências anarquistas.

Mas os tempos mudaram e a liberdade não infunde medo a ninguém. Pelo contrário, ela é vista em toda parte como o escudo mental mais seguro contra a anarquia mental e governamental do Estado Go-y.

Aliás, como laico, nós sempre nos mantivemos no terreno livre dos altos estudos, tais como são se não compreendidos ou pelo menos praticados em nossos dias de um extremo a outro da Europa. Por isso, em todas as questões vitais, e particularmente em sociologia, eu comparo sempre a Igreja Cristã com a Mosaica, e esta com a Patriarcal. E comparo a tradução dos livros teologais em línguas não shemáticas com o hebraico ou com as outras línguas de XXII letras, e estas com o sânscrito, o védico e o vatan. As versões hebraicas que utilizo são datadas: Londres, 1828 e 1886.

Eis o cânone social da tradição sagrada que São Dionísio, o Areopagita, chamava de os santos oráculos teologais, ou seja, o Evangelho.

"Da mesma forma que o BWâL, o Sol, o senhor da casa, o marido, é o RASh, o chefe da AïShaH, a Lua, a senhora, a esposa, da mesma forma o MeShIaH é o chefe da Ha-Kahalah, o Estado social, e o MOShIWo, o Libertador, Ha-GO, dos gentios." Epístola aos Efésios, V, 23; em hebraico: AGaRTha AL APhSIM. – H.CG.

Assim, o Messias, além de ser o rei do Estado social, é o libertador, o salvador do Estado político. Ele o liberta de sua mentalidade pelo Espírito Santo; de sua governabilidade pelo Evangelho; de sua lei de morte por sua lei da vida; de sua *legalidade* mortal pela *legitimidade* eterna.

Destaco estas duas palavras: a legitimidade e a legalidade. A primeira pertence apenas ao Estado social, a segunda ao Estado político. A legalidade política é sempre ilegítima, quando não é legitimada pelo Estado social. Essa legalidade é a árvore selvagem suscetível ao enxerto, sob a condição de que o enxerto crie raízes, e de que a árvore não retorne à sua natureza selvagem. Nesse caso, vale tanto quanto uma madeira morta, boa para o fogo. A legalidade é o *eu* humano, apenas a vontade humana erigida como princípio metafísico para a posse e a manutenção do governo político pagão. A legitimidade é a verbalização do princípio vivo no Estado social, sua manifestação por meio de suas leis eternas plenas de logia, de harmonia e de organia.

Resta-nos saber se devemos entender o cânone social dos textos teologais no sentido místico ou no sentido positivo.

De um extremo ao outro da tradição sagrada, desde os primeiros Patriarcas até os apóstolos, o mesmo cânone tem como objetivo a tripla sociologia do Universo visível e do Universo invisível. Seu sentido é positivo em relação à organização do Estado social terrestre, em perfeita correspondência com a realidade dos outros dois: o divino e o intermediário celeste. Mas esse sentido é místico e ao mesmo tempo prático. É místico em relação aos mistérios ocultos; é prático em relação à ciência e à arte dos mesmos mistérios abertos.

É evidente que nesse mundo o Estado social, Ha-Kahalah, deve ser organicamente constituído para que o MEShIaH esteja em função de MOShIWo com relação a Ha-GO, o Estado político; se não for assim, Ha-GO, por sua natureza selvagem, escravizará toda a Kahalah mística não constituída e organizada praticamente. Por quê? Porque os pastores do MeShIaH, em vez de depender apenas de sua realeza, estarão à mercê de Ha-GO, à qual o apóstolo não confere um chefe direto: Go-y. E por que os pastores estariam à mercê do Estado mental e governamental dos Go-ïm? Pela falta de fiéis socialmente organizados. Esses últimos, *individualmente,* ainda que sejam Kahalim de direito, *politicamente* serão Go-ïm de fato. Mais ainda, eles serão Go-ïm mentalmente cegos à sociologia sagrada, surdos ao seu cânone, pagãos parasitários em competição pelo mesmo Estado político Go-Y.

Ouvimos São Paulo em seu oráculo teologal definindo o verdadeiro socialismo. Vamos agora ouvir os teólogos sacerdotais que redigiram o catecismo. Será que eles conservaram e registraram fielmente o cânone e a tradição sagrada? Leiamos:

"A Igreja é o Estado social dos fiéis sob a conduta dos pastores de Jesus Cristo." Eles não se podiam expressar melhor, uma vez que basta recorrer ao texto teologal para que o cânone social revele sua lei orgânica.

Quem então impediu o sacerdócio de procurar o sentido positivo de sua fórmula, de passar da palavra à ação, do princípio à finalidade, do espírito à vida, essa vida de cada dia que a oração do Meshiah chama de pão nosso de cada dia, não só dos indivíduos, mas das sociedades?

A essa pergunta só temos uma única resposta verdadeira. O obstáculo, o impedimento, não vem propriamente do sacerdócio. Ele provém, em primeiro lugar, do Estado mental e governamental Go-y, de uma série de ações do paganismo desde o concordato de Constantino I, depois o Renascimento do neopaganismo, de sua razão mental e governamental no humanismo moderno desde o século XIV e, principalmente, desde o concordato de Francisco I. Poderíamos apresentar muitas provas disso. As mais importantes são desenvolvidas em nossas *Missões* e principalmente na *Missão dos franceses*; mas, se não voltarmos ao ano 313, ponto de partida da junção e do amálgama dos Go-ïm pagãos e dos Kahalim cristãos evangélicos, é impossível dominar cientificamente a história do Cristianismo e da cristandade. Então o espírito de confusão faz com que os não crentes atribuam ao Cristianismo aquilo que pertence ao paganismo, e ao mesmo tempo faz com que os crentes defendam este último em vez do primeiro. Todo o possível renascimento do Cristianismo, que nos últimos 30 anos opomos ao do paganismo, tem como chave esse simples discernimento.

Porém, desde que foi liberada da pressão do Império bizantino, a Igreja do Ocidente, muitas vezes de acordo com a Igreja do Oriente, tendeu à organização direta dos governados e ao cumprimento de sua lei de vida: concílios em três Ordens; Franco-Maçonaria arquitetônica triordinal; Cavalaria de três graus; Estados comunais ou paroquiais. Estados provinciais, gerais e, mais tarde, continentais de três Ordens: Zollverein, ou melhor, economia europeia; união das Hansas desde Novorogod até Bordeaux; Consulado do mar, da Espanha até a Palestina, etc.

Esses fatos não deixam dúvidas de que o mistério do cânone social tenha sido o objeto de uma revelação teologal extraída diretamente do Evangelho, seja em hebraico, seja em língua siríaca, antes, durante e depois das Cruzadas. Estão de acordo com o período apostólico e dão continuidade ao mesmo tempo ao seu ensinamento iniciático e à realização positiva.

Nessa verdade, nessa via da vida, e se o humanismo não tivesse ao mesmo tempo desmentalizado e desumanizado toda a direção laica, se não sacerdotal, vejamos o que teria acontecido e o que deve ser feito como eficácia social do Evangelho.

A unidade continental tão admiravelmente esboçada teria se realizado por si mesma. A fórmula orgânica teria se encarnado nos Estados Gerais europeus. E é claro que esses Estados Gerais não são os Estados Unidos da América, que nos pregam go-ïsmo anticristão e antieuropeu.

Os Estados Unidos ainda se encontram apenas no grau econômico da Kahalah do Meshiah. Mas como ainda está longe de realizar-se esse grau! Toda a política desse grande país está à mercê e a soldo dos monopólios industriais e de outros, como já demonstramos na *Missão dos franceses*.

Se a Europa, o que lhe é impossível, mesmo ao preço de revoluções e guerras sem fim, começasse a imitar os Estados Unidos, como ela imita há séculos os sistemas políticos pagãos ou o sistema inglês, poderíamos escrever sobre o Cabo de Finisterra: continente à venda. Aos trustes americanos não faltariam aqui letrados parasitas em sua folha de pagamento, negociantes desonestos, camelôs políticos e miseráveis. Toda a economia continental e colonial passaria por eles. Atrelado a esses trustes, o conjunto de povos não pareceria mais do que um pequeno Bertrand atrás de um enorme

Robert Macaire. Não vemos nosso antigo continente, suas velhas raças, suas velhas nações sacerdotais e reais, ricas de uma história deslumbrante que se perde na noite dos séculos, abdicar em proveito desses novos atlantes de anteontem e de seu Moloch industrial.

Mas é chegada a hora de tomar uma atitude, e para isso temos de começar a refletir sobre os fatos e deles retirar as leis.

A Europa atual sofre as consequências de sua semiapostasia. Ela abandonou a lei social do Meshiah ao ignorar o alcance de seus Estados Gerais que sua própria vida, melhor ainda, que a reflexão havia inspirado. Esse abandono e sua atual constituição pagã são obras não dos militares, mas dos humanistas. Nós os mostramos redigindo, em 1648, no Congresso de Westfália, o que sua cegueira e sua vaidade chamaram de Código das Nações. Esse código é a diplomacia e a guerra permanente substituindo as antigas relações sociais entre os povos, o controle da Igreja instrutora e a arbitragem imperial sobre a política internacional dos Estados.

Nossos dois cardeais, Richelieu e Mazarino, o primeiro inspirou esta obra, o segundo a realizou, eram humanistas concordatários.

Por isso reconstituíram, estendendo-o para toda a Europa, o circo romano das nações. Reabriram o ciclo dos antagonismos universais, religiosos, políticos e econômicos que desmembrou 5 mil anos atrás o Estado social dos Patriarcas. Nessas arenas planetárias, Estados, nações, raças, continentes estão à mercê de animais selvagens e de seus domadores, de gladiadores e de suas vítimas. Mas, capturada entre a América e a Ásia, a direção europeia hoje em dia está sendo reconduzida por nós ao seu princípio de coesão. Sob pena de morte, ela precisa retificar seu sistema de antagonismos de acordo com a lei de Nosso Senhor Jesus Cristo. Como? Restabelecendo seus três poderes sociais e assegurando seu funcionamento de acordo com as bases que indicamos em nossas *Missões*.

Primeiro poder social: o *professor*: federação, aliança e não união das Igrejas; federação das universidades em nome da promessa evangélica. A representação legítima está na Assembleia de Arbitragem dos Primazes, dos grandes mestres universitários, dos ministros da instrução pública, presidida pelo sumo pontífice ou por um representante seu.

Segundo poder social: o *jurídico*: sua base é dada por todos os tratados políticos existentes. A representação mais indicada é a Assembleia de Arbitragem dos Soberanos ou chefes de Estados cristãos, assistidos por seus ministros da Justiça, das Relações Exteriores, da Guerra e da Marinha.

Terceiro poder social: o *econômico*: sua base é dada pelos tratados de comércio e de comunicações

Bandeira Arqueométrica

Prancha crômica V
Código Arqueométrico das Cores Simples.

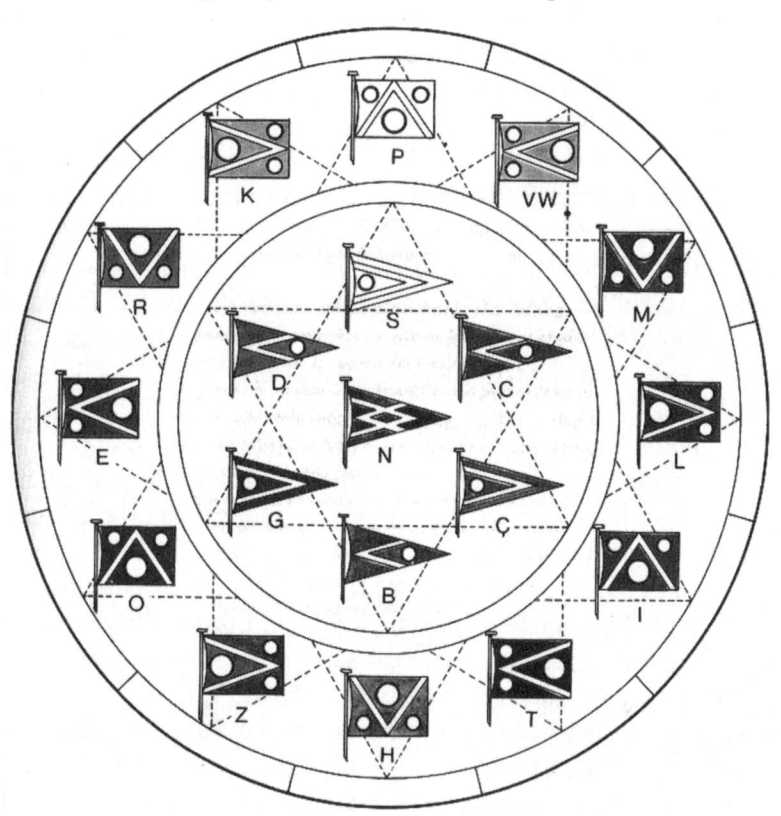

Copyright by Saint-Yves d'Alveydre, 1907 – Patente registrada.

SIM   NÃO   PERCEBIDO

Consultar o Arqueômetro, seu padrão, sua aritmologia e sua música.

marítimas e terrestres. Sua representação natural é a Assembleia de Arbitragem dos ministros das Finanças, da Indústria, do Comércio, da Agricultura, da Marinha Mercante e das colônias de cada país.

É dessa forma que, do Estado Go-Y, a Europa pode passar para o Estado social da Kahalah messiânica. E também o Meshiah será o Moshiwo, o libertador e o salvador dos Estados políticos europeus ao socializá-los nele.

Esse programa entrará mais cedo ou mais tarde no cérebro de um pontífice, depois na cabeça coroada digna de ser imperial, e então esse pontífice será o maior de todos, e esse imperador ultrapassará a fama de Constantino, Carlos Magno ou Napoleão.

A maior revolução que vitimou a Europa e depois toda a Terra foi a constituição antissocial para a qual acabamos de mostrar o remédio. O lugar que ela deixou ao chefe de todo o bispado cristão, ao sumo pontífice, que representa em Jesus a unidade europeia, foi revelada em detalhes por nós.[63]

Resumindo em uma palavra: presidência de honra do corpo diplomático, ou seja, enterro político de primeira classe. Todas as concepções políticas da França nessa época (1648) têm um caráter semipagão, ineficaz, também concordatário, e decorativamente mundano, mas já medíocre e centro-esquerda entre o papado, o Império e o Protestantismo. Não podia ser de outra forma, já que o humanismo conseguiu passar o gênio de nossa nação da vida para a morte, da criação para a imitação pagã, em filosofia, em arte, em política, em antissociologia, etc.

Os católicos franceses devem se recordar de sua própria história antes de reprovar o atual papado em sua inércia e mutismo perante seu governo pagão. Quem reduziu a cúria romana a esse papel de "bela adormecida" na floresta e de "Muda de Portici"? A política do humanismo concordatário e galicano, conduzida pelos dois cardeais. Que podia fazer diante disso o sumo pontífice? O que ele fez correndo o risco de não ser mais nada na Europa dirigente e de lhe serem retirados os únicos pontos de contato que lhe restavam com ela, isto é: essa presidência honorária do corpo diplomático e suas consequências. Nunciaturas junto aos governos, embaixadas perante a Santa Sé.[64]

Para que o papado possa fazer outra coisa para não desapa-

---

63. Ver *Missão dos Soberanos*. (Nota dos Amigos de Saint-Yves.)
64. Essa visão do futuro, essas palavras proféticas escritas por volta de 1903 acabaram se realizando, pelo menos na França, e pelas causas assinaladas aqui mesmo. (Nota dos Amigos de Saint-Yves.)

recer da direção europeia, assim como ocorreu com o Patriarca de Constantinopla sob os Osmanlis, é preciso que a constituição europeia seja modificada.

E para que essa modificação aconteça, e deve acontecer, nos próprios interesses dos Estados e de seus governos, é necessário primeiramente que o cânone social do Meshiah seja promulgado pelos sacerdotes em suas Igrejas e observado por seus fiéis.

A segunda revolução levantada pelo paganismo é obra dos humanistas, não somente dos anticoncordatários, mas dos renegados. É menos importante que a precedente, já que interessa apenas a uma nação continental, ainda que atinja as outras indiretamente. É a Revolução Francesa.

Examinamos da forma mais completa possível essa Revolução[65] e mostramos que ela é uma reação pagã antissocial. Tudo o que resultou de útil veio diretamente dos cadernos sociais redigidos pelos Estados Gerais, ou seja, pelo Estado social francês. O que resultou de funesto foi o fato de ter falseado, ao desprezar a tradição nacional, em primeiro lugar o funcionamento, e depois suprimido todo o organismo dos Estados Gerais, provinciais e comunais, em vez de retificá-los de acordo com as recomendações da sociologia.

Esse trabalho dos humanistas pagãos só poderia ser antissocial, de acordo assim com seus modelos. Ele quase matou toda a França matando a Igreja Francesa, bem como sua sociedade de fiéis, o Estado social francês e expropriando seus pastores para escravizá-los politicamente.

Mas todo atentado desse gênero tem suas consequências inelutáveis, e hoje em dia o Juízo Final faz ressoar suas trombetas nos fatos. Falta de socialismo verdadeiro, científico e teologal ao mesmo tempo; todo o trabalho da revolução pagã, regularizado imperialmente por Napoleão I e por ele tornado concordatário, está em liquidação legal, está falido. Essa inevitável bancarrota legisladora é o humanismo pagão, seja ele radical ou até mesmo concordatário, e de forma alguma o da ciência, e muito menos o da religião.

Relatamos na *Missão dos Franceses* todos os nossos esforços em face do governo republicano a partir da publicação de nossas primeiras *Missões*. Na medida do possível, nós o advertimos, esclarecemos. Pedimos, em nome de sua preservação, bem como a de todo o país, que concluísse sua própria lei sobre os sindicatos

---

65. Ver *Missão dos Soberanos*, *Missão dos Franceses* e apêndice II. (Nota dos Amigos de Saint-Yves.)

profissionais: a renovação dos Estados Gerais.

Falamos em primeiro lugar sobre a Ordem econômica profissional porque ela é a base, a substância das outras; porque sabíamos que a riqueza pública já está atingida em seus recursos, ameaçada de ruína, de liquidação por meio do socialismo antissocial.

Transformamos isso em nosso dever e com alegria, negligenciando os outros serviços que deveríamos dar à cristandade, e que nos ocupam hoje em dia com exclusividade.

A França está então destinada a morrer? Não queremos admitir isso. Contudo, as leis da história estão trabalhando sobre os fatos, e sua palavra é aterradora. Que esse país possa não ser aquela figueira estéril e maldita do Evangelho. A Judeia era em outros tempos como ela: fértil, e alimentava seu povo, que hoje ela não pode mais alimentar. Quem então secou a vida desse solo até em suas profundezas?

O Pai vingava o Filho! Do quê? Da apostasia dos letrados judeus que o haviam crucificado? Nada disso. Esses humanistas da Babilônia, esses Kahalim da teologia de Esdras, os pontífices, sacerdotes, fariseus, escribas, doutores da lei, saduceus ateus, o sanedrim inteiro, não eram apóstatas. Eram negadores tão cegos quanto ferozes, sim. Renegados, não! Eles não acreditavam que estavam crucificando o Deus vivo no Verbo de sua vida. Apesar do testamento profético dos Patriarcas, de Moisés, de Elias, de Eliseu, de todos os Nabim, apesar do comentário dos acontecimentos previstos por Daniel, apesar da humilhação sob todos os impérios em que o humanismo concordatário, desde o cativeiro, havia reduzido o pontificado e toda a direção política de sua nação, eles não entendiam, eles não sabiam.

O sumo pontífice chamado Jesus os retirara do cativeiro, e não viam que o Jesus que mandaram chicotear, flagelar e crucificar era o tipo eterno, a essência, a existência, a substância do soberano pontificado, o Meshiah e o Moshiwo de sua Kahalah tornada Go-y sob o go-ïsmo universal.

Se esse povo foi espalhado aos quatro ventos, se sua própria terra foi esterilizada pelo fogo central, se a tentativa de Juliano, o Apóstata, para lhe devolver sua cidade fez surgir fogo da terra, e se esse mesmo fogo agita ainda esse mesmo solo, para responder antecipadamente a qualquer tentativa desse gênero: qual é então o castigo reservado aos povos, não só negadores mas também apóstatas, à direção desses povos, à economia que os sustenta e ao próprio solo que os alimenta?

As sociedades da Terra não estão sozinhas, as sociedades do Céu as contemplam desde o seio do invisível; seu Rei dos reis, ainda que só quisesse usar seu direito da Graça, quando se atinge o Filho e o Espírito Santo, o Pai ouve apenas sua cólera, e seu coração é um fogo devorador: Ca-Vi, IGnis, o fogo do amor, o fogo divino que devora tudo o que lhe é contrário, tudo o que tende a manchar a essência, a existência e a substância da vida e de toda a vida, de um extremo ao outro do duplo Universo.

Será que dirão que judaizamos porque examinamos as Escrituras por meio de todas as línguas sagradas da Terra? Isso faria sorrir aqueles que pela primeira vez leram nossos escritos sem prestar muita atenção: eles se dariam o trabalho de nos reler.

Hoje em dia, os humanistas concordatários, ainda que advertidos por nós no devido tempo, lamentam-se, não sem razão, de terem sido dominados politicamente pelos kahals judeus e por sua aliança. Não poderia ser de outra forma, e já faz 20 anos que lhes dissemos o porquê. Esse mínimo de organização, já que o Kahal é a própria lei da caridade social em um meio nacional, ou em uma raça, bastou para que os judeus emergissem coesamente, à medida que a cristandade era engolida de forma universal pelo paganismo, por causa da falta desse mínimo.

Isso significa dizer que o cetro será retirado de Shilo para ser devolvido a Judá? Os judeus são livres para acreditar nisso, mas os profetas não mentem. Isso apenas significa que nesse caso especial, e aguardando que se torne cristã, a Graça divina permite à sociedade de Judá não o cetro que será para sempre Shilo, mas uma pequena compensação: o malhete da Franco-Maçonaria ou o martelo do leiloeiro.

II
A VIDA DIVINA E A REVELAÇÃO DOS MISTÉRIOS

A revelação dos mistérios da Trindade. – A citação de São Cirilo. – A seleção iniciática. – São Paulo e a legalidade. – As correspondências litúrgicas – Natal. – O Dia das Almas. – O Verbo Encarnado resumiu toda a Tradição. – O selo de Deus. – O modo de Mi. – MIHAeL e a MIHeLA. – Os mistérios do duplo Universo. – A ascensão; o Pentecostes. – A comunhão das almas. – A ação do Espírito Santo
O ARKA-METRA. –
Lembrando a protossíntese. – A obra de Krishna. – Seu maturalismo. – A Letra M. – As castas. – Prudência política da Inglaterra. – Fundação da universidade de Calcutá. – Leão XIII e as Igrejas do Oriente.
– Cristianização das Índias.
– Reunião do sistema de Krishna e da protossíntese –
Zoroastro e Moisés. – O estado do homem reintegrado.

Fora o cânone social, os outros mistérios podem ser igualmente o objeto de uma revelação teologal? E será que esta nunca aconteceu como a precedente? O Evangelho é igualmente formal nesse ponto. Depois dele, a história da Igreja pós-apostólica, a dos primeiros Pais, testemunha no mesmo sentido. Quase todos os evangelhos de São João, bem como os de São Paulo, podem ser consultados, assim como as epístolas de São Pedro. A Kahalah do Meshiah depois da ascensão para o céu desse Rei da Glória, SheMa dos SheMaIm, permaneceu marcada com sua ordenação triordinal para continuar, nele, a tripla revelação graduada dos mistérios do Pai, do Filho e do Espírito Santo; ou seja, da essência, da existência e da substância divina: um único Deus essencial, existencial e substancial.

Essa revelação triordinal dos mistérios ainda se mostra alguns anos depois do concordato de Constantino I em São Clemente de Alexandria, em São Cirilo e no continuador por excelência da obra de São Paulo, Santo Agostinho.

"Existem duas ordens de mistérios que não revelamos aos pagãos, nem mesmo aos catecúmenos. Se falamos sobre isso diante deles, só o fazemos com palavras veladas", disse São Cirilo. Realmente, a razão mental e governamental dos Go-ïm espreitava por meio de todos os filósofos, e não era conveniente dizer abertamente de que forma a cidade de Deus devia e poderia substituir a cidade do Diabo, como, por meio de sua Kahalah, o MeShIaH, agindo como MOShIWo, poderia libertar os escravos governados pelo Estado político greco-romano, convidando-os ao Estado social divino.

Além dessa razão de prudência, existem outras razões iniciáticas que se encontram de um extremo ao outro da tradição sagrada. Não devemos confundir, mas ao contrário selecionar, uma a uma, as três raças mentais da Igreja; sem isso, faremos apenas uma burguesia de Kahal que se inclina à demagogia. E as três raças têm como característica se diferenciar entre elas, não segundo o espírito de dominação, mas de acordo com o da vida, o espírito da devoção e de sacrifício à coletividade. "Aquele que for maior entre vocês será vosso servidor." (São Mateus, XXIII, 11.)

A razão da catequização ainda está atrelada à dos pagãos. Ela se movimenta por motivos externos, interesseiros, que podem ser resumidos em uma única palavra: legalidade.

As outras duas raças só se movimentam por motivos internos que também podem ser resumidos em uma única palavra: legitimidade. Existe um abismo entre esses tipos, e é preciso toda uma iniciação evangélica da vida para passar de uma à outra; do espírito de dever por temor ao espírito do sacrifício por amor.

São Paulo é brilhante quando revela esses mistérios da ontologia espiritual, e também quando se dirige aos Kahalim judeus, ou então quando inicia a Kahalah cristã.

Com sua fraqueza e sua sagacidade de águia, o apóstolo não teme dizer que até mesmo a lei religiosa, a Torá, que exige o dever, é no fundo feita apenas para malandros ou para os ignorantes que são tentados a infringi-la. Quanto à lei puramente civil, não só ela é feita para os malandros, mas frequentemente por eles mesmos.

Cada um dos três graus, então, respondia a um desenvolvimento normal da vida, de acordo com as idades que marcam suas fases iniciáticas no Deus vivo e no duplo Universo, do qual a humanidade é a ligação e o anfíbio.

A correlação do triplo Estado social desse duplo Universo está muito bem indicada, as correspondências da Kahalah terrestre com as outras estão muito bem observadas na liturgia e até em seu ano, para que não seja o testemunho de uma revelação teologal extraordinária.

Não existe uma festa principal ou secundária dentro do ano sagrado que não seja colocada no ponto justo em que a realidade positiva de seu mistério se realize nas três Kahalahs, ou Igrejas, de acordo com as leis eternas do Verbo. Tomaremos como exemplos apenas a primeira e a última das grandes festas do ano litúrgico: o Natal e o Dia das Almas.

O Natal marca a renovação universal. É o momento em que o Sol refaz seu caminho na eclíptica. Mas ele apenas cumpre uma lei conservadora, uma função orgânica, e esta é física apenas porque ela é, sobretudo, verbal na vida nele. E seu cumprimento diz respeito ao Estado social dos corpos terrestres e de sua Igreja humana militante apenas porque ele provém das potências divinas do Verbo, de seu Estado social divino e da Igreja triunfante. Essa última é indicada por Moisés como já relatado no livro *Missão dos judeus*, mas o próprio Moisés não fez mais que repetir a tradição dos Patriarcas, e estes a protossíntese da qual nos fala São João.

O Dia das Almas, última grande festa do ano sagrado, é igualmente uma realidade no Estado social psíquico intermediário e no divino. É a época em que as almas sobem da Terra em direção ao eixo magnético do Universo: Olimpo de Orfeu, Al-Borj do primeiro Zoroastro, Meru dos Vedas. O hierograma zenda e pehlvi indica por qual polo se realiza essa inefável subida à qual corresponde uma descida e uma recepção proporcionais dos Patriarcas e dos santos: Pitris bramânicos, Richis de Manu, Arquis dos Vedas, Shings e Tis das escolas patriarcais do Extremo Oriente. Naquelas escolas em que esses mistérios ainda são praticados pelas primeiras Ordens, os próprios animais, os psicomantes, sentem essa realidade, e em volta dos templos os cachorros uivam durante a noite dos Pitris.

O Verbo Encarnado resumiu, ao recolocá-la em seu ponto de pureza e de verdade, toda a tradição sagrada que ele havia revelado, como Verbo Criador, à consciência e à ciência dos Patriarcas. Cópia! Dizem os goïm. E nós respondemos, depois de verificar: fatos e leis eternos do duplo Universo, unidade e universalidade da religião do Verbo, Criador, Encarnado, ressuscitado e retornado ao trono de glória e à direita do Pai.

Os goïm dos altos estudos, mesmo tendo dito e feito, aquilo que chamam de ciência das religiões comparadas não passa de um inventário feito por um leiloeiro, de um vestiário de comerciante de roupas, de uma loja de antiguidade, de uma estatística de ossadas áridas do Vale de Josafá. Não é uma ciência no sentido sagrado, leal e objetivo dessa palavra. Para que exista uma ciência, é necessário que as leis estejam nos fatos e que o princípio fale nas leis por meio dos fatos.

Ora, como a mentalidade go-y poderia conhecer os fatos religiosos e principalmente suas leis e seu princípio? Para conhecer os fatos dos mistérios, é preciso tê-los experimentado, e a obra dos eruditos se parece com essa experiência, como o sepulcro caiado e o pó nele contido se parecem com a alma e o espírito que anteriormente vivificaram esse pó.

O Verbo Encarnado só cumpriu a Torá de Moisés e a dos Patriarcas anteriores porque ela vinha da sua, daquela por ele dada ao duplo Universo como Verbo Criador. É por esse motivo que o vemos na função central como Meshiah da Kahalah, com a finalidade de ser na função de Moshiwo, em relação ao Ha-Go. Como já dissemos, é por esse motivo que seu primeiro círculo orgânico, o de seus Malakim, anjos ou apóstolos, leva o número zodiacal 12. É por isso que seu segundo círculo, aquele de seus afiliados, que serão todos chamados ao bispado, leva o número decânico 72, que multiplicado pelo número extensivo 5 dará mais tarde 360.

Mito solar! Repetem os goïm, os apóstatas fetichistas do zoomorfismo e da célula autógena desde Haeckel. Duvidamos muito que esses filósofos neojônios atinjam um dia as honras do mito solar.

Seria preciso para isso que elevassem suas lamparinas até a função do Sol social do duplo Universo. E, então, seria a noite por excelência, a Erebe de Orfeu, a Horeb de Moisés, o Caos, o Tohu-Wa-Bohu completo, intelectual, moral e físico, político, social e econômico.

O Verbo Encarnado aplicou sobre sua organização o selo do Deus vivo, que, segundo os Vedas, é solar, "porque o Deus vivo ilumina o Universo" (Atharva-Veda, VI, 128,3). Os Quabbalim místicos, de acordo com Esdras, dizem que o selo do Deus vivo é AMaTH; mas sem que o Zohar possa explicar cientificamente a positividade, a realidade desse mistério nem o valor aritmológico (1.440) dessa palavra.

Ora, esse número, como já apontamos, é o hierarca sonométrico do modo musical de Mi. Os primeiros Patriarcas sob o reino celestial de Jesus-rei, ISOua-Ra, e depois deles sob a síntese cristã, atribuem esse número ao modo musical de Mi, aquele do arcanjo solar cujo nome é MIHAeL e resume sua função. Os Qabbalim procuram esse nome metafísica e misticamente pelo método que cada um conhece; a Cabalah evangélica o encontra de forma mais simples e exata no nome invertido das potências do Verbo, os ALHIM de Moisés. Essa inversão – MIHLA – diz: milícia celeste cuja função central é representada por MIHAeL.

Em sânscrito, MI expressa tudo que atravessa e abrange, irradia e circunda, penetra e compreende. LA é um hierograma de Indra, o céu fluido, o etéreo que Moisés opõe como continente ou céu continental ao conteúdo que gravita, astral: A-ReTs. Essa última palavra significa, como já dissemos, a unidade gravitante, a A-sTralidade, que foi traduzida como Terra. Como, de fato, A em sânscrito significa a unidade, o hebraico ReTs significa tudo o que tende a gravitar. A função orgânica central representada por MIHaeL atrai e impulsiona, dirige e equilibra todas as outras funções angélicas. Ela mantém a medida comum proporcional, a justiça e a justeza de seus homólogos e de todas as suas relações circunferenciais em todos os graus hierárquicos do duplo Universo.

Esse duplo Universo é claramente distinguido tanto por Moisés como por todos os Patriarcas anteriores. SheM é o céu divino, aquele do Verbo em sua glória, o da "palavra perdida", mas reencontrada n'Ele e por Ele. No céu da glória estão os céus fluidos: SheMaIM, aqueles das forças sujeitas às potências da palavra, aos ALHIM do Verbo e à sua MIHeLA. Enfim, a A-ReTs, a astralidade gravitante e sua evolução na dupla involução precedente.

Esses mistérios, ao mesmo tempo científicos e teologais, demonstram-se à observação e às experiências pela ciência arqueométrica dos primeiros Patriarcas; e essa ciência está contida no Evangelho. É necessário então que ela não seja somente conhecida, mas recolocada em seu verdadeiro ponto por Nosso Senhor Jesus Cristo. Ela teria sido comunicada por ele a São João, depois aos 12, mais tarde aos 72 e finalmente aos 360 depois da ressurreição, e sua perfeita compreensão teria sido após a ascensão. Tenho razões para acreditar, também, que a nova redação da Qabbalah judaica feita por Simeão-Ben-Jokaï teria recebido parte dessa revelação, mas não sua mathesis arqueométrica.

A ascensão nos leva ao Pentecostes e à revelação teologal de um dos maiores mistérios do Filho e do Espírito Santo.

A ascensão é a subida do Meshiah eterno até o ápice da tripla Kahalah ou Igreja, ao trono e sob a coroa da glória, SheMa dos SheMa-IM, dos quais Jesus é o SheMaM. Mas a substância específica, a espécie do homem caído da substância divina também sobe em forma humana com o corpo glorioso, luminoso e a alma de vida do Verbo Encarnado e Ressuscitado. Portanto, Jesus reintegrou em si a espécie no reino; a via, a verdade, a vida eterna são então reais e positivamente reabertas pela ascensão de Nosso Senhor Jesus Cristo, do baixo ao alto do duplo Universo. Antes da redenção, as vidas humanas não podiam ir além do céu dos limbos, céu das águas vivas, seios de Brahma e de Abraão. A porta inferior do Reino (aquela do anjo Gabriel), chamada pela tradição dos templos com outros nomes, estava de tal forma lotada de almas, que, mesmo as mais santas, não conseguiam ultrapassá-la. Por sua ascensão, Nosso Senhor veio esvaziá-la e reabriu biologicamente e de maneira inversa toda a trajetória da queda.

Em contrapartida, a ascensão produziu um movimento de redemoinho, na substância divina, de cima para baixo, desde a estase zenital, chamada Porta de Deus, até sua homóloga, o nadir, chamada Porta dos Homens, passando pelo centro radiante do duplo Universo e da Mihela dos Alhim.

É o envio zenital do Espírito Santo, pelo Pai e Filho homem e Deus, homem-Deus para sempre reunidos.

Esse redemoinho da substância divina que tem como veículo o éter, o *Omnia pervadens Ether*, biologizou definitivamente no Ha-OR do Deus vivo a alma de vida dos apóstolos, das santas mulheres, dos discípulos e de sua psicologia fisiológica.

Esse mesmo redemoinho, essa mesma descida do Espírito Santo, acompanha, mesmo que em menor grau, a subida de toda a vida santa, isto é, de toda alma boa e digna da divina humanidade de Nosso Senhor Jesus Cristo. Experimental em Nosso Senhor e em seus apóstolos, esse mistério também pode sê-lo para cada um de nós, nas condições desejadas de amor e de dor, isto é, a vida interna. Todo ser que ama com força suficiente, um ser que o ama com a mesma potência e se fortifica em Deus, movimenta por isso mesmo e por sua dor sem limites a essência, a existência, a substância da divindade, e todo o duplo Estado social celeste. Ele pode então sentir essa comunhão das almas em Deus, com a condição de que recorra a Ele, homem como nós, Verbo de nossa espécie e rei de nosso reino, apoiando-se no critério supremo da vida. *Vita erat lux hominum*, diz São João quando fala sobre a protossíntese dos Patriarcas. E também com a condição de que não duvide do Deus vivo, que não admita a morte, que recorra, derrubar por Satã, pelo anjo negro da morte, na memória, no passado, em vez de erguer-se em direção ao onipresente, exigindo-lhe sua presença real.

Nisso, como em tudo, o Verbo Encarnado não faz exceções para si mesmo. Ele cumpriu sua própria lei de amor, e essa lei é a vontade do Pai, e se chama a vida eterna.

O Cristianismo como um todo se sustenta na ressurreição, na ascensão e no Pentecostes. Foi assim que os apóstolos receberam a vivificação suprema de todo o seu ser afetivo e, mais ainda, reflexivo ou intelectual, do próprio Deus. O Espírito Santo é chamado tanto pelos árabes como por Moisés de ROuaH-ALHIM; sua ação reflexa se exerce de acordo com a inversão proporcional de seu nome: HaOuR, ou luz das luzes; Ha-OR diz Moisés; Ahoura diz o primeiro Zoroastro; Ahaur dizem os Vedas; e o sânscrito também responde em nome de toda a Tradição patriarcal: Ahar e As-OuRa, a Aurora eterna, e Aquele que possui e dá a vida celeste nessa luz.

Tudo o que precede não é mais que um pequeno trecho fragmentado de nosso trabalho, das aplicações de nosso Arqueômetro. As pessoas que o viram conhecem experimentalmente a inversão de ROua-H em Ha-OuR e a ondulação luminosa que resulta disso, dando razão às mais modernas descobertas científicas.

O Arqueômetro vem de duas palavras védica e sânscrita: ARKA-METRA.

ARKA significa o Sol, emblema central do selo divino. Para que ninguém erre e caia no antigo sabeísmo ou, pior ainda, no moderno, essas línguas patriarcais dizem ainda tudo o que seus guardiões possam ter esquecido. AR é o círculo armado com seus raios, a roda radiante da palavra divina. KA lembra a Mathesis primordial que une o espírito, a alma e o corpo da verdade, demonstrando assim, na observação pela experiência, a unidade de sua universalidade no duplo Universo e em seu triplo Estado social. ARK significa a potência da manifestação, da existência, sua celebração pela palavra, sua solenização. A inversão dessa palavra: KRA, KAR, KRI, significa criar, realizar uma obra, manifestar uma lei, governar, isto é, conservar uma criação por sua continuidade, render uma homenagem ilustrando-a, render glória adorando-a, caracteres estes que são funções da segunda pessoa da trindade em relação à primeira. Em latim se diz *creare*, no dialeto celto-irlandês se diz Kara-Im.

ARKA vai mais longe como revelação dos mistérios do Filho pela palavra, como Verbo Criador. É a própria palavra encantando com número e ritmo. É o Hino dos hinos, a poesia do Verbo.

MATRA é a medida-mãe por excelência, a do princípio; é o Barasheth dos templos do Egito, o Bérazet do primeiro Zoroastro, o BaRatA do Bharata divino.

MATRA, medida-mãe, está viva no Verbo Deus como todos os seus pensamentos criadores. É ela que manifesta em todas as coisas a unidade, pela universalidade de suas proporções internas, a substância em função de equivalências orgânicas distributivas em todos os graus. O que precede indica alguns atributos; mas a mesma palavra também os coloca aos pés da Mãe divina, da energia feminina de Deus que ela significa. MAeTRA é também o signo métrico do dom divino, o da substância em todos os graus proporcionais de suas equivalências. No grau psíquico universal, Athma, Amath e Matha, é o amor feminino, a bondade materna de Deus para com todos os seres e todas as coisas; em uma única palavra, a caridade universal em sua fonte, incendiando e abrangendo as três Kahalahs, as três Igrejas no IO-GA e no IHO--Va do Verbo.

Já provamos, com todo o rigor de uma demonstração matemática, que a função criadora, conservadora e salvadora do Verbo foi a suprema descoberta, a coroação de todas as hierarquias das ciências naturais, humanas, divinas, na protossíntese dos Patriarcas invocada por São João no início de seu Evangelho.

Já indicamos em nossas notas sobre a Cabala cristã e universal, e já repetimos aqui mesmo, com que ciência profunda da Tradição, as misteriosas litanias que o Santo nome de Jesus registraram esse mesmo fato: JeSU, Rei dos Patriarcas. O caráter histórico desse fato é atestado sobre toda a Terra, na Europa, na Ásia, na África, no Oriente, no Extremo Oriente, até mesmo entre os peles-vermelhas da América, entre aqueles que retornaram das ilhas e até entre os índios caraíbas. Temos disso mil provas, contra uma.

Limitando-nos aqui somente às universidades existentes, tomaremos como testemunha uma das mais notáveis de todas no que diz respeito à sua documentação; é a bramânica chamada Agharta.

Foi Krishna que, 32 séculos antes do Verbo Encarnado, ocultou, em sua deutossíntese concordatária, essa protossíntese do Verbo Criador evocada pelo Evangelho de São João; a do ciclo de IShVa-Ra e de OShI-RI.

Já demos outrora, nas notas de nossa obra *Joana d'Arc Vitoriosa*, a composição arqueométrica da universidade bramânica que reproduz em si mesma a universidade patriarcal antediluviana.

Lá, como em tudo o que se refere à mesma correspondência universal restabelecida por Nosso Senhor Jesus Cristo, também não se pode dizer: mito solar, uma vez que essa universidade ainda existe, mesmo que se dobrando sob o peso dos séculos e dos ciclos.

Krishna, na função de Brathma, foi, no comando do Sagrado Colégio, o Vyasa, o compilador, novamente o revelador, o abreviador; em uma palavra, o Esdras dos

Vedas, que eram cinco, de acordo com a seguinte fórmula: "Pantcha-Vedam Eka-sastra" – "Cinco Vedas dos quais somente um é arma". Para enfrentar a subversão que desmembrava tudo – doutrina, língua, sociedade –, Krishna teve de dar à sua obra um caráter concordatário com o naturalismo transcendente dos Palis prakritas. Por isso, no remanejamento dos Vedas, incluindo o quinto, ele fez tudo começar pela letra M e pelo Mar das águas vivas, do ponto virtual da embriogenia, da matriz cósmica, do óvulo metafísico, e nele da protocélula imaginativa, de onde em seguida procede a evolução, que não é somente terrestre, mas é a fisiologia do Universo dinâmico e astral. É o monismo transcendental que foi adotado pelas universidades caldeias e egípcias; ora, essa mônada não é outra coisa senão um fetiche filosófico; é o mesmo fetichismo ao qual retorna forçosamente toda cultura científica separada do divino.

Mas, se o naturalismo estava contido na obra de Krishna, ele estava em seu devido grau, com exceção de toda a metafísica, na Mathesis primordial que o Grão-Mestre hindu tinha sob os olhos. O Universo visível como teatro de uma fisiologia mostrava-se bastante submisso a um processo de revolução universal, comandado por espécies interastrais; mas essa submissão só era relativa às suas origens planetárias e não ao seu princípio. E esse mesmo Universo estava contido inteiramente no outro, o invisível.

Basta ler sob nossa luz evangélica o Sastra separado dos Vedas por Krishna, e que se tornou o Manava-Dharma-Sastra, para se convencer desse fato e para ver que a doutrina sagrada do antigo ciclo ali está resumida nos primeiros versículos, para deixar em seguida em cena apenas a segunda parte: base do concordato com o naturalismo.

Os homens da raça mental de Krishna, com efeito, são incapazes de destruir a tradição sagrada, mesmo quando a invertem sob a pressão de um concordato imposto por uma burguesia sectária e suplantadora. A essa tradição, eles permaneceram fiéis mesmo sob as aparências contrárias, às quais eles estão ou acreditavam estar forçados por uma razão de Estado ou de raça. É o caso de Krishna e de sua obra.

Temos de lhe fazer justiça, constatando que ele conservou até nossos dias, apesar de todas as invasões estrangeiras, apesar de todas as revoluções internas, o centro sacerdotal do antigo império universal dos Patriarcas e a hierarquia individual das raças.

No topo destas, seu sistema manteve, até agora, a nossa, a ariana bramânica pura e a ordenação suprema de sua ontologia correspondente à primeira ordem da Kahalah.

Não somos favoráveis ao regime das castas no que concerne à Europa. Vemos nelas um abuso da triordenação, da tripla eleição patriarcal e evangélica. Contudo, é anticientífico, como também antirreligioso e antissocial, fazer tábua rasa dos fatos. Se nunca o regime das castas foi justificado, foi em razão do problema das raças que em nenhum outro lugar mostrou-se tão complicado quanto na Índia, desde o Himalaia até o Ceilão.

Derrubar esse edifício seria como esmagar todas essas raças ao mesmo tempo, sem benefício para nenhuma; e auxiliando apenas uma invasão futura da massa mongólica, em luta com os árabes, depois de terem se aliado a eles por um breve momento e em um mesmo ódio sustentado pelo mercantilismo americano, em um mesmo massacre que rejeita a Europa antes de submergi-la.

A Inglaterra há mais de um século age com uma prudência política bem próxima da sabedoria, não alterando o antigo edifício de Krishna, contentando-se em nele se abrigar. O organismo inglês deve sua força mais intelectual do que física, mais psíquica do que material, a uma causa diferente daquela que acreditamos; ele está, ainda que em um grau muito débil, mais distante dos modelos pagãos greco-latinos que os Estados políticos continentais, e todo o grau de sua força reside nesse fato. Esse mesmo fato não depende de forma alguma do sistema representativo, mas de suas bases sociais, que foram as nossas e que organizaram a Inglaterra por meio de nossa invasão normanda. Essas bases sociais são quase um Kahalah, e o Estado político não é mais do que uma instrumentalidade desse Estado social. Na colonização, a terceira raça mental, a econômica, com predominância anglo-saxã, desfila na frente; a segunda, a da dedicação, o Estado-Maior militar com predominância celto-normanda, apenas segue, para proteger a obra de vida criada pela precedente, ainda que às expensas mais ou menos vultosas da vida dos colonizados. Mas a primeira raça, a espiritual e a intelectual, com predominância igualmente celto- normanda, a da religião unida à ciência, a da primeira dedicação à comunidade, também não está inativa.

Por isso vemos os universitários da Igreja Anglicana, que não se deve confundir com o Protestantismo, oferecer na colonização das Índias um exemplo para ser guardado. A fundação da Academia de Calcutá é esse exemplo; e se, depois de se ter aberto a essa nobre e elevada fraternidade dos espíritos, o bramanismo tornou-se a fechar, foi por causa da intervenção menos esclarecida das ordens protestantes. Hoje em dia, as mesmas ordens deixam o campo livre, ou com menos entulho, para a Companhia de Jesus. Sua grande prudência na China, desde suas primeiras missões, também teria levado uma fraternidade espiritual e intelectual das direções, se ela não tivesse sido atravessada por impulsos menos graduados.

No que concerne às Índias, não será feito nada útil para a Europa e a humanidade enquanto não se estabelecer uma fraternidade social seguida de uma aliança religiosa entre o ensino religioso e universitário europeu de um lado, e o do colégio sagrado bramânico do outro. Em suas relações com as Igrejas Orientais, Leão XIII mostrou do que é capaz diante das questões europeias, se tivesse tido na Europa o campo tão livre como no Oriente, em lugar do papel eclipsado que lhe impôs a Constituição diplomática em 1648.

Todas as instruções do sumo pontífice em relação às Igrejas do Oriente são dignas do período apostólico e daqueles dos primeiros Pais da Igreja. O respeito dos costumes, da lei e da fé de cada Igreja, até nas formas tradicionais de sua liturgia e de sua língua sagrada, está promulgada nelas de uma forma admirável, emocionante para toda inteligência que possui a fundo seu Cristianismo e a história da cristandade.

Essa direção pontifical se resume em duas palavras: substituir o espírito de caridade pelo espírito de dominação, ajudar os pastores, não lhes tomar seu rebanho, reconduzi-lo à unidade espiritual, sem atentar contra sua posição histórica e seus direitos étnicos na universalidade.

Em relação ao sagrado colégio bramânico, o mesmo espírito se impõe, se não no mesmo grau, ao menos no grau da preparação evangélica, por uma aliança universitária. Esse mesmo colégio bramânico foi uma das universidades do Verbo Criador, da protossíntese de Jesus, rei dos Patriarcas, e de seu Cristianismo primordial. Na base de todos os seus livros sagrados se encontra essa verdade, esse fato; e sua lealdade, longe de eclipsá-lo, deixou subsistir seus irredutíveis testemunhos.

Tente dizer o que precede aos brâmanes de alto grau – Bagwandas ou mesmo os Richis – e vocês verão, ó nossos queridos e veneráveis missionários, se abrirem seus lábios fechados para sempre para vocês.

Eles finalmente compreenderão que vocês não trazem a revolução em seu Estado social, a guerra de influências para sua direção, a morte de tudo o que foi sua vida, inclusive sua língua sagrada, língua europeia dos Patriarcas, mãe de todas as nossas e de suas inteligências. A cristianização das Índias é, portanto, fácil, começando pela cabeça, pelo corpo étnico instrutor. É desejável que se opere dessa forma, e isso pela caridade cristã, pois, caso contrário, cada conversão faz uma vítima ao transformá-la em um sem casta. O corpo de ensino só pode ser convencido ao ser reconduzido cientificamente, e por meio de seus próprios textos, ao princípio mesmo da tradição sagrada, e então se tornará fácil, fazendo-se ordenar pelas Igrejas Orientais, de se transformar em primeira ordem da Igreja Universal, em ordem de ensino ao mesmo tempo religiosa e universitária, cristã e católica, tendo sua própria liturgia, e, como língua litúrgica, o sânscrito.

Caberá a ele, reintegrado na unidade e na universalidade cristã, reformar o sistema de Krishna, renovando o de IShVa-Ra, a síntese do Verbo Criador, e depois Encarnado, de acordo com sua promessa patriarcal. Ressuscitado como Rei da Glória e, finalmente, reconstituindo de século em século o Estado social terrestre calcado no modelo do celeste do qual é o rei pontífice.

E assim serão consumadas a unidade e a universalidade cíclicas de toda a tradição sagrada, e o domínio ariano, a de Shilo de Moisés e dos Shelatas de Manu. Em relação aos tempos antediluvianos e sua continuação, esse domínio ariano foi revelado por Moisés com sua precisão habitual. Ele a registra sob o nome de Ghi-Bor, uma das Igrejas Arianas que mais tarde se tornou iraniana, e, com o nome de Nephal, o Sagrado Colégio ariano, que existe ainda hoje no Nepal. E é este que nos ocupa neste momento.

Voltemos à liga que une o sistema de Krishna com a protossíntese. Desde o início do Manava-Dharma-Sastra, desde os primeiros poemas ou versículos que representam a segunda pessoa da Trindade, o ser existente por si mesmo é interrogado no Universo divino por meio de Manu, o Noé de Moisés, pelos Rishis supracósmicos, aqueles do Polo Norte celeste. Manu lhes responde e lhes mostra esse ser existente por si mesmo, deixando o Universo divino para ser engolido pelo Mar das Águas Vivas, ali desaparecendo e realizando assim a criação do Universo visível, com o nome de Brah-Ma, ou Bra-Shith de Moisés.

É dessa transição que depende o retorno do bramanismo ao isvarismo, e, por uma consequência inelutável, sua chegada por convicção ao Cristianismo do Verbo integral. Krishna, de acordo com a ciência e a arte da palavra sagrada, usou cada palavra, cada letra sânscrita, de acordo com suas relações, com as XXII letras do vatan. A palavra que expressa o ser existente por si mesmo é:

SWa-Ya-M-Bouva, SWaYáMBû, Aquele que existe. As duas primeiras silabas invertidas e lidas em vatan dizem: I-ShVa, e 316 é o número dessa palavra que significa Jesus Verbo Criador.

Vimos em outro lugar a referência aos outros Vedas como ShVa-DHA, e, de acordo com nosso método evangélico (o das primeiras linhas de São João), ao testemunho dos arianos Nepalim, acrescentamos o de seus irmãos patriarcais, os iranianos Ghiborim. É por isso que, depois de ter arqueometrizado a obra de Krishna, verificamos com o mesmo instrumento de precisão, a obra do primeiro Zoroastro, e no Avesta reencontramos o ShWa DHA, em vatan, e em swâda, em védico, sob o nome de Datou-Sho, o doador de si mesmo. O nome também se encontra na previsão sobre o Salvador pelo mesmo profeta: Sous-IOSh. Por último, em Moisés, herdeiro dos Patriarcas, o ShWa-DHA torna-se ShADAI, significando literalmente: Deus Autodoador, e, como essa palavra não tem suas raízes na língua hebraica, repetimos que não é surpreendente que os Quabbalim e os rabinos talmudistas ainda discutam sobre esse tema desde Simeão-Ben-Joakaï até hoje.

Essas correspondências, que não podem ser obra do acaso, são uma das provas da protossíntese e de sua ação a partir das deutossínteses, que se iniciaram na época de Krishna, continuando sem interrupção por meio dos abrâmidas, Moisés, Orfeu e Pitágoras, até a encarnação do Verbo Redentor, Nosso Senhor Jesus Cristo.

"E o Verbo se fez carne e tem habitado entre nós; Ele nos deu a todos, a todos aqueles que acreditam em seu nome, em sua SheMa, o poder de se tornar filhos de Deus", em uma humanidade revertida à imagem do mundo da glória.

Essa é a informação, esse é o ponto de vista dos altos estudos que o Cristianismo confirma, dando a evidência do verdadeiro e recolocando todas as coisas em sua perspectiva real e não ilusória.

Esse pode ser o estado do homem reintegrado na biologia divina. É o estado teologal completo, sobrevivente na unidade enarmônica ou trina de Deus, vida eterna, em sua Mathesis viva e em todas as virtualidades vitais desconhecidas de quem ignora as potências e as possibilidades inerentes a esse triplo estado.

Tudo ali é vivificado e é por isso que a intelectualidade e a palavra dos livros teologais, e principalmente do Novo Testamento, estão seladas sete vezes ao intelecto natimorto, o dos filósofos, o dos metafísicos subjetivos e dialéticos, ao intelecto natimorto das inteligências que regrediram em seus sentidos externos físicos e fisiológicos.

Todos os sentidos têm seu grau de vida latente ou existente; os sentidos externos têm o menor: o animal antropoide do eu; os sentidos internos têm o animado humano: o androico do indivíduo sociável; os sentidos íntimos têm o animante, o pessoal objetivamente impessoalizado: o androteste de Nosso Senhor Jesus Cristo, o social da biologia do duplo Universo, e seu centro é a própria vida.

Ninguém nunca possuiu esse último sentido por completo, a não ser Deus em seu Verbo, a essência em seu princípio de existência ou de humanidade divina. É por essa razão que a qualidade que significa essa palavra é a espécie divina dos homens androicos biologizados em Deus, neles acoplando a pessoa humana à segunda pessoa divina: a imagem vivificada da vivificante imagem do Deus vivo: Jesus.

Conclusão

Reservas do Cristianismo opostas ao paganismo. – Ausência de direção na Europa atual. – Paganismo e democracia. – Os humanistas. – A soberania do povo é possível? – Lembrando as Missões. *– Nossas previsões. – A salvaguarda.*

Neste livro e naqueles que publicamos anteriormente, contrapomos ao paganismo algumas das reservas do Cristianismo.

1º – A lei social da qual é o único detentor e que somente ele pode realizar;

2º – A aplicação dessa lei, primeiro em uma única nação, como a França, em seguida na Europa inteira, com acesso dos representantes de todos os cultos, como havíamos indicado em nosso *Centenário* de 1889.

3º – O domínio universitário cristão, que poderá se estender a todas as universidades da Terra, seus três graus de ensino e de iniciação, sobre a base dos mistérios da Santíssima Trindade.

Somente essas reservas e sua entrada em vigor na mentalidade europeia são capazes de se opor aos desastrosos resultados que o paganismo, por meio dos gregos e dos romanos, impôs a toda a Terra.

Mostramos, com efeito, a mentalidade pagã presidindo todas as universidades europeias e triunfando sobre todas as cátedras dos estudos secundários e superiores sem contrapartida real, pelo fato de que a catequização, já julgada insuficiente pelos apóstolos e pelos primeiros Pais, o é muito mais ainda em nossos dias.

Por isso a Europa atual não tem mais em seu comando nem sacerdotes nem classes dirigentes que usem as identificações de sua ordem e da iniciação de seus graus. As três raças espirituais estão misturadas sem poder se destacar umas das outras desse caos pagão. Elas são substituídas pelas três outras raças não espirituais, mas humanistas.

Entre essas últimas, todas as doutrinas e todas as armas possíveis foram forjadas e depois utilizadas até a destruição, para atingir o mesmo objetivo pagão: possuir o Estado político sem renovar o Estado social. Mas a época atual apresenta algo notável: essas três direções estão esgotadas, no fim de suas forças, no fim de suas doutrinas, diante de suas consequências: a anarquia de baixo, filha da anarquia de cima: socialismo antissocial de todas as formas possíveis. Entre os romanos pagãos, o protótipo desse movimento foi chamado também de guerra social.

O paganismo, com efeito, em toda parte só deixa subsistir, além de seu escravismo, uma única distinção em sua mediocridade burguesa decorada com o nome de democracia. Essa distinção entre *riqueza* e *pobreza*. É a mais idiota de todas as classificações humanas.

Claro que estaríamos, e deliberadamente, com os pagãos pobres contra os pagãos ricos, se eles pudessem realizar a verdadeira democracia, a única que é possível, a do Evangelho; porém mais uma vez a questão não se coloca entre o sectarismo econômico e a mão de obra e os outros ramos solidários da mesma ordem a ser reconstituída. Se a pretensa classe operária se posicionasse assim, a mais elevada em meu espírito e coração, porque é a menos humanista e a mais humana, teria resolvido todas as questões pela via da arbitragem com as outras faculdades da economia pública. Ela o fez na Inglaterra porque tem diante dela uma terceira Ordem: uma burguesia; uma segunda Ordem: uma aristocracia; e uma primeira Ordem: a religiosa e universitária que são ainda regulares e quase conformes ao cânone social. Mas, no continente, o problema é inflamado pelos humanistas da subterceira Ordem de Estado, que também repete as palavras do abade Sièyes em nome do terceiro Estado: O que sou? Nada! O que devo ser? Tudo!

O subterceiro Estado não tem outro objetivo, e uma vez alçado ao poder por meio do trampolim da questão social, ele inevitavelmente responderá com balas de chumbo aos eleitores aos quais tinha prometido a Lua, quando estes, que não têm emprego, exigirem deles um mísero pão seco. No entanto, ele continuará a intitular-se democracia e a invocar a soberania do povo.

É possível esta última? Perfeitamente, quando se entende essa santa palavra, povo, como toda a França a entendia antes de ser aterrorizada pelos humanistas: não uma poeira atômica de sufrágio universal, mas uma aglomeração em corpo orgânico de todas as faculdades produtoras da nação.

O Estado político é soberano somente com a condição de ter seus três poderes definidos: o Deliberativo, o Judiciário e o Executivo.

Assim o povo é soberano apenas quando, aglomerado em Estado social, ele possui também seu organismo de soberania, seus três poderes – o de instrução, o jurídico e o econômico –, únicos que realmente o constituem sobre a Terra em sua vida harmônica e orgânica e o faz à imagem viva do Deus vivo.

Esse e todos os desenvolvimentos que esse tema comporta foram expostos em nossas obras chamadas *Missões*. Com elas, inauguramos a biologia e a terapêutica sociais baseadas na observação e na experiência clínicas da história, nas leis de série e de harmonia resultantes, não apenas da antropologia, ciência natural, mas da andrologia, ciência humana subordinada à cosmologia visível e invisível, física e hiperfísica, ciência e sabedoria divinas.

Foi assim que pudemos destacar sucessivamente o triplo ponto de vista do Estado mental, político e social da humanidade: *Missão dos Judeus*; da Europa: *Missão dos Soberanos*; da França: *Missão dos Franceses*; prever exatamente, pelo próprio curso dos fatos e de suas leis evolutivas, seu sentido fatal de realização; apontar, com uma precisão que até agora só era das ciências físicas, como essas leis de série podiam e podem ser livremente conjuradas para um retorno à lei da harmonia.

Nessas condições estranhas a todo processo subjetivo, a todo sistema pessoal, tivemos pouco trabalho e, claro, pouco mérito em anunciar:

1º – Aos judeus, com cerca de dez anos de antecipação, o antissemitismo na França. Mostrando-lhes as várias formas de sua salvação, não na perda de outras ligações com reações previsíveis, mas na lei social e universal, aquela do Verbo Criador, novamente enraizada para toda a humanidade pelo Nosso Senhor Jesus Cristo, Verbo Encarnado.

2º – Aos humanistas franceses, com 20 anos de antecipação, o domínio dos judeus sobre eles não como cristãos, mas, pelo contrário, como letrados pagãos, goïm, no Kahalim. Nós lhes mostramos a força terrível dessa pequena Companhia de Judá, graças a essa mesma lei observada em suas Kahals ou paróquias e na santa aliança destas. Imploramos não somente à Companhia de Jesus, mas aos clérigos e instrutores de todas as seitas, a levar em consideração mais do que nunca essa experiência histórica, esse mínimo organismo laico, sem o qual a Igreja, a sociedade dos fiéis, não passa de um nome, e o Estado social popular, de uma ficção.

Pois Moisés só relançou esse tipo através de todas as civilizações antissociais, ou que se tornaram assim, para lhes servir de She-Ma, de signo regulador, ao mesmo tempo andrológico e cosmológico.

3º – Na França também, à tripla raça de nossos letrados clássicos, irmãos átridas, do tipo de Marco Aurélio, de Constantino, de Julian, o Apóstata, nós mostramos a bancarrota de sua mesma razão instrutora pagã e de sua comum razão de Estado antissocial, os resultados passados, presentes e futuros de seu triplo paganismo mental e governamental: externamente, desde sua obra internacional mestra, o Tratado de Westfália, até sua consequência, o de Frankfurt; internamente: a Revolução chamada "Francesa" até sua continuação presente e futura, assim definida: suprema guerra civil dessas mesmas raças, sobre as ruínas dos três poderes sociais do Estado social escravizados pelo Estado político desde 17 de junho de 1789; a bancarrota econômica com repercussão mundial universal, e, para completar a sequência de negócios burgueses pagãos, as organizações latinas, guerra social sob o nome de socialismo e invasão do estrangeiro e depois dos bárbaros anticristãos.

4º – Às potências contratantes europeias, o destino de sua iniciadora pagã, a França, sua decomposição, sua decadência e sua ruína, graças ao mesmo espírito de imitação e de morte, o espírito pagão.

Nós lhes mostramos a anarquia que vem de cima, mãe daquela que existe embaixo; a todas elas juntas provamos fartamente que a constituição continental de suas relações naturais, tal como continua e se comporta há mais de dois séculos e meio, encarna o mesmo espírito de anarquia e de morte, e que a supremacia da Europa morrerá depois de ter envenenado, até o frenesi, os outros continentes que dela se vingarão, esmagando-a.

Por mais de 20 anos, auscultamos as sociedades asiáticas, africanas e americanas da mesma forma que as nossas, até o fundo de sua tripla vida, quando previmos, a partir de 1880, em nossas

Missões e até no prefácio de *Joana D'Arc*, a invasão das raças amarelas, e depois seu avanço, o despertar do Islã e a intrusão dos Estados Unidos. Acrescentamos ainda que a guerra industrial e comercial, em conjunto com a guerra, justiceira ou predatória, assinala a vitória aos continentes que possuem matérias-primas e massas humanas suscetíveis à fé e à disciplina.

É por isso que, por parte das potências europeias, representa um crime contra toda a Europa sustentar e atiçar o Japão, a China e a Turquia, enquanto se deveria ajudar a Rússia, que é nossa muralha continental, não apenas a se manter, mas a se expandir para a Ásia, e para toda a Eslávia dos Bálcãs, para opor aos turcos em escudo federal.

Essas previsões resultantes da observação dos fatos e de suas leis, esses flagelos em via de realização, não os teríamos desvendados se não fossem inelutáveis. Teríamos deixado a fatalidade seguir seu curso surdo e velado no inaudível e no invisível; pois, então, para que despertar de sua falsa segurança os condenados à morte que continuam sonhando!

Mas a ciência e a sabedoria divinas só esclarecem para salvar. Seu sol de dupla face, ao enfrentar o duplo Universo, só mostra a via e a verdade porque elas são também a vida.

A lei da vida da andrologia é a que nossas *Missões* chamaram de social. Estatuto dos governados, cânone orgânico da humanidade desde sua molécula paroquial ou comunal até seu organismo provincial, depois nacional, em seguida continental mundial.

Extraímos essa verdade de primeira ordem do duplo fosso dos fatos demonstrados pela história universal.

Na primeira, a pagã, não se encontra em nenhuma parte essa lei observada, nem formulada. Os ensinamentos do paganismo, que se tornou o grande mestre universitário e político daquilo que foi a cristandade, estão mudos sobre esse ponto tão importante. E isso é verdadeiro não só para o paganismo mediterrâneo, mas para toda a sua antecedência asiática que remonta a mais de 5 mil anos.

Além do mais, e como uma consequência rigorosa, em lugar da lei social, do estatuto dos governados, do cânone orgânico da humanidade, temos a escravidão não só militar, mas também a doméstica. Enfim, como a razão governamental é sempre o resultado da razão mental instrutora, à vontade de seu entendimento, a esse fato inegável corresponde este outro que não é menos: nenhum filósofo, nenhum poeta pagão jamais protestou contra a escravidão, contra o servilismo da economia popular ao sistema parasitário dos letrados governantes.

Mostramos todas as consequências dessa regressão da andrologia à antropologia, do espírito de vida ao espírito de morte, do homem pior que o animal, da aliança divina à infernal.

Por outro lado, na outra trincheira histórica que remonta não a 5 mil anos apenas, mas à primeira unidade andrológica, ao primeiro Estado social universal e ao primeiro dos pontífices Meshiah-im, fizemos ver essa lei social, esse estatuto e esse cânone revelados do seio da dupla cosmologia em nome do único e mesmo Verbo, razão suprema do Universo visível, palavra criadora do invisível, ciência do uno e sabedoria do outro:

Glória a ELE

Apêndice I

Os ciclos milenares

Os ciclos de mil anos são cromáticos e eles mesmos pontuam seu ritmo em períodos similares ou oitavas de 500 anos. Sua harmonia ou triplicidade se efetua durante três milênios divididos em períodos de 600 anos.

É assim que de Pitágoras a Hiérocles se estende um milênio, e o paganismo mediterrâneo viveu, arrastando em sua morte, depois de tê-las aniquilado, a maior parte das divisões étnicas do antigo Império patriarcal, ele mesmo em decadência um milênio antes de Pitágoras.

Esse milênio se divide em dois períodos de 500 anos. De Pitágoras a Júlio Cesar, 500 anos, a apoteose de Nemrod foi renovada. Todo o antigo paganismo oriental está completamente refletido e agravado no Ocidente. É então que o Verbo adorado pelos Patriarcas se encarna e nele se restabelece, acima de toda a humanidade, toda a sua tradição, toda a sua revelação passada ou futura.

Cinco séculos depois, continuando sua obra desde o topo de

seu trono do invisível, Ele tirou a apoteose dos Césares, devolveu a Deus o que pertence a Deus: o princípio, a lei, a razão instrutora e a razão social da humanidade. Desde então, a cabeça dos Césares está curvada por Ele, sob a potência espiritual dos apóstolos, representados pela ressurreição de um Patriarca universal e de tantos Patriarcas quanto de Igrejas étnicas.

Foi então que apareceu Hiérocles. Cinco séculos depois dele, todas as etnias aniquiladas pela Roma pagã são ressuscitadas sob a bênção dos Patriarcas de Jesus Cristo, e sua vivificação se encaminha para a realização de sua civilização, de seu Estado social, de sua promessa do reino de Deus sobre a Terra como no Céu. Sob o comando da França, as nações revivem o sopro evangélico.

Cinco séculos depois, o antiverbo, o grande adversário, faz surgir o espírito pagão de seu Inferno: é o Renascimento humanista pagão.

Cinco séculos ainda e a unidade social da Europa está a tal ponto aniquilada que todo esse continente já está à mercê da Ásia e da América.

Apêndice II

Influência do paganismo sobre a Revolução Francesa
Demonolatria de Charles de Sécondat

Quando Charles de Sécondat, barão de Breda e de Montesquieu, procurava o espírito das leis não no Evangelho, mas no Templo de Gnide, entregava-se como inconsciente, mas não como irresponsável, a uma verdadeira demonolatria.

Daí esses "diálogos" clássicos com as piores sociedades do outro mundo: solilóquio de Lisímaco, diálogo de Sila e de Eucrates, e depois todo o sabá reunido: grandeza e decadência dos romanos. Há mais espíritos gregos e latinos dos que o necessário para girar da direita para a esquerda a cabeça de um legista gascão ou sua escrivaninha. Mas os velhos demônios do sul tinham um médium de primeira ordem nesse majestoso bordelês pouco catequizado pelos reverendos padres. Além disso, foram esses mentores os responsáveis por esses deploráveis conhecimentos passados ao seu Telêmaco. Graças a essa demoniomania que nos chegava da Santa Sé e da Minerva, todos os chamuscados embaixo da terra coziam no fogo de enxofre alguma coisa que não cheirava bem. Esse cozido dos desprezíveis de coturnos e alpargatas poderia chamar-se "A Revanche dos Gentios", assim chamados porque são tudo o que existe de mais baixo, de mais vilão.

Um vapor de perdição saía das frestas do abismo, onde a neve e o gelo tutelares da Idade Média se fundiam até a ebulição. E isso considerado como primavera.

Assim como os pivetes dos Campos Elíseos se apoderam dos lucros dos buquês de violetas, pavorosos gnomos enfiavam rosas embaixo de todos os narizes. Mas elas eram artificiais, cheias de unguentos de ervas de feiticeiro, de beladona e de hiosciano. Elas enlouqueciam grandes e pequenos, mestres e alunos.

Como se fossem gralhas e papagaios que tivessem comido sobre seus poleiros muitos grãos de papoula, o clero e a instrução vaticinavam o passado de Atenas, profetizavam o rococó romano.

Os fantasmas de togas, os lêmures protegidos com suas armaduras de metal passeavam em plena luz do dia em todos os livros, e à meia-noite em todos os teatros também seus demônios. A corte e a cidade faziam deles suas coqueluches.

Hermes, o de pés ligeiros, redigia o Mercúrio galante. Vênus dançava o minueto com o rei Sol; ela punha a coroa sobre a cabeça de Luís XV, cutucando-o às escondidas com seu lindo pezinho. Cupido preparava seu poema para todas as Clóris com cestinha; Netuno ondulava os cabelos das mais bonitas para penteá-los como se fosse um chapéu de marinheiro; Flora flertava com todos os jovens abades; Pomona oferecia a forte maçã aos velhos cônegos, e nela eles deixavam seu último dente.

Os diabos colocavam pimenta na fonte de Castália. O Hipócrene provocava histeria às abelhas do Himeto, à tarântula. Todo tinteiro tinha seu Narciso ou seu sapo e frequentemente os dois juntos, como hoje em dia. A serpente Píton saía lentamente de seu negro esconderijo e soprava, em dátilos e espondeus, o *delirium tremens* das orgias dos espíritos à espera das orgias de sangue. Silene e Sancho cantavam juntos as fábulas de La Fontaine e as odes de Safo. Seus burros abriam a era da fraternidade universal. Faziam um barulho infernal no mundo; rivalizando em estrondos e incongruências.

Baco e dom Quixote, de braços dados, embarcavam em zigue-zague para a ilha da Utopia. Liam sobre a ponte do navio de Argos, Ciro e o abade Terrasson.

Pégaso e Rocinante davam coices nos cruzeiros das estradas, onde Panteu reinstalava Priapo, enquanto no canto do bosque a bacanal antropófaga esperava Panteu e os viajantes em carruagem tomavam a estrada para Varennes.

Diana, com seus cornos de prata, arco de ébano e aljava de cristal, iluminava com sua esbelta nudez as noites do Parque dos Cervos; as ninfas de pés ligeiros mandavam para longe seus cães de caça. Eco gritava! As flechas voavam e a deusa anunciava a derrota de todos os maridos. Assim ela prenunciava a ruptura do casamento, a união livre, o feminismo sem ovários.

A Hidra de Lerna, debochando de Hércules e Dejanira por serem de mármore, refazia em todos os lagos Le Nôtre as massas de horríveis progenitoras. Estas, sentindo a chegada de sua hora, corriam para todos os riachos de Paris. Por último, a velha loba dos bosques de Bondy da antiga Roma amamentava ninhadas sem fim de lobinhos, esperando apenas pelas licantropias próximas, rangendo os dentes pelo estalar dos ossos dos santos em todos os relicários, depois da Igreja da França e do Estado social francês.

Que um médium descobrisse sua fórmula política e o paganismo se instalaria sem Orfeu, os sete sábios e Pitágoras. Montesquieu foi São Tomás de Aquino com casacão, saiotes curtos e sapatos de fivela, jabô e punhos em ponto de Inglaterra, espada com ferrolho de um lado, escrivaninha em forma de cruz do outro. O santo tinha passado um concordato com a melhor filosofia dos gentios; o barão passou aos gentios sem concordato.

Por isso os demônios exultavam. Sua Companhia de Judas puxava os pés dos alunos da Companhia de Jesus, muitos jansenistas, alguns oratorianos, numerosos monges, todos os curas ciumentos das mitras, dos cardeais como Dubois, dos bispos como o de Autum, da juventude da nobreza tradicional, toda a fina flor do *Gradus ad Parnassum*, todo o Estado-Maior do *de Viris illustribus*, festejando a terça-feira gorda.

Enquanto os vaidosos vigiavam o Cristianismo, os simples capitães de aventuras embriagavam os homens honestos e os burgueses e os vestiam de carnaval romano.

Todos os professores de lógica faziam delirar seus Jourdain, senhor, senhora e a família, mesmo o interessante último filho. O senhor tornava-se Numitor, a senhora encarnava Lucrécia, flertando com os moços do armazém com uma faca de cozinha na mão. O interessante último filho não era batizado, falava latim, chamava-se Brutus e batia em seu tambor esperando o de Santerre.

Os dom-Juans arruinados brincavam de Catilina; os senhores Domingo tomavam sua última medida de pano para vestir-se como Menenius Agripa. A estátua do comendador esboçava, com sua perna de pedra, o passo fatal do Rubicão.

Tartufo expulso meditava a lei dos suspeitos. Soprava o fogo dos fogões para a confecção dos jacobinos e das tecedoras. O Misantropo sonhava com Brutus, Filinto Sêneca, Oronte Nero segurando a lira. Vadius ruminava "o Amigo dos Homens", Trissotin, "o Pai Duchêne". Todos os Diafoirus sem clientes se transformavam em Pompílio, com a seringa em riste. A corte e a cidade não queriam morrer por causa de suas pílulas, aguardavam o dia de glória equilibrando o bisturi sobre as mais altas papoulas de seu jardim farmacêutico.

Não demora e devia sair de suas fileiras o Esculápio do Humanismo, o grande "sangrador" da filantropia, o excelente dr. Guilhotin.

Dedicado aos pedantes com tabaqueira, as mulheres sábias ficavam bravas com as graças das duquesas e seu enxame de mequetrefes janotas. Tinham sua icterícia e, vestindo-se como musas, atemorizavam de dia os jovens clérigos, pois à noite todos os gatos são pardos no "jardim das raízes gregas".

Mas o que precede não era nada ao lado do advogado Pathelin. Ele declarava guerra a toda a sociedade francesa em nome dos *De Cujus* do fórum, da ágora e inclusive do parlamentarismo inglês, que ele tomava por um moinho de palavras.

O tricórnio em batalha, a cauda salpicada de enxofre, erguida horizontalmente, brandindo o *Espírito das Leis*. Seus olhos de lobo cintilavam, seus dentes batiam, sua voz urrava. Ele colocava o diabo no corpo da Basoche e da Sorbonne, das quais ele se estabelecia como a garganta secular. Recorria a Mascarille contra os hotéis, a Cartouche e a Mandrin contra os castelos, aos direitos do cidadão contra a cidade, do homem contra a humanidade, do *summum Jus* à *summa Injuria* contra todas as causas que sua bolsa vazia não carregava...

O Arqueômetro

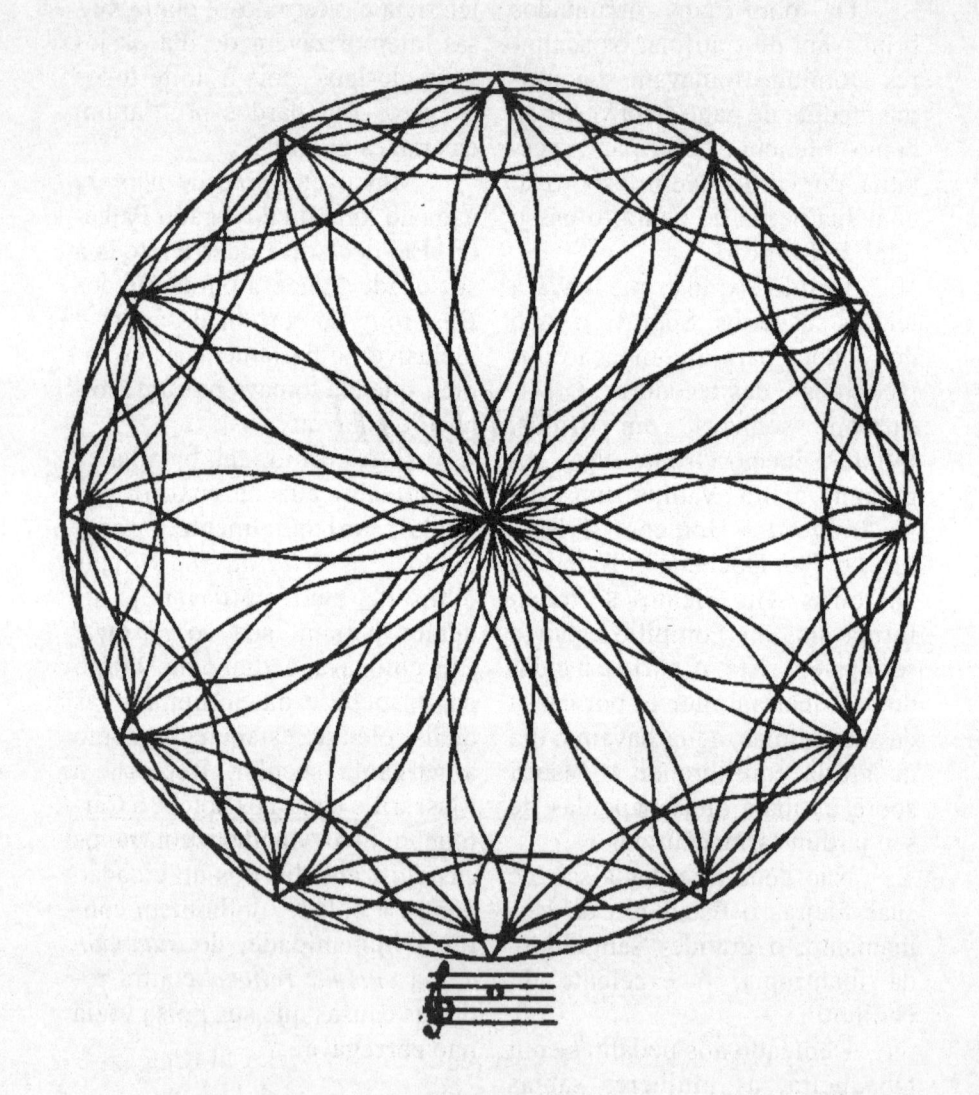

Apêndice III

Shema da chave dátilo de 5, $E = \dfrac{10,\ Y}{2,\ B}$

Os cinco livros sagrados

Oriente ariano		Extremo Oriente mongol
PANCHAVEDAM	ZENDA-AVESTA	REIS
1. Rig-Veda	1. Vendidad Sadé	1. Y-King
2. Yadjour-Veda	2. Izeshné	2. Chou-King
3. Sâma-Veda	3. Vispered	3. Chi-King
4. Atharva-Veda	4. Yeshté-Sadé	4. Li-King
5. Manava-Dharma	5. Siroz	5. Yo-King
(Krishna, século XXX a.C.)	(1º Zoroastro, século XXX a.C.)	(Fo-Hi, século XXX a.C.)

África semita

PENTATEUCO

1. Gênesis
2. Êxodo
3. Levítico
4. Números
5. Deuteronômio

(Moisés, século XVI a.C.)

Caldeia semita

Mesmo método de acordo com Joséphe depois do estudo do historiador Bérose

AS CINCO FACULDADES DIVINAS

Oriente ariano		Extremo Oriente
ADI-BUDA, BOUDDHESWARA	PRADJNA	SIOU-TO
Os cinco Dyanas	*Os cinco Bodisativas*	*Os cinco graus da sabedoria*
1. Vairotchana	1. Samantabhadra	1. Tsin
2. Akchobya	2. Vadjrapani	2. Gi
3. Ratnasambhava	3. Ratnapani	3. Ré
4. Armitabha	4. Padmapani	4. Tsi
5. Amoghasidda	5. Vishvapani	5. Sin

Os cinco graus sacerdotais

África

O SACERDÓCIO EGÍPCIO
Os cinco graus
SACERDOTES EGÍPCIOS

1. O Aede: Lira, Livros de Hermes (Thoith)
2. O Horóscopo: Relógio, Palma, Livros de Hermes
3. O Hierogramato: Penas, Livros de Hermes
4. O Estolista: Côvado, Vaso, Livros de Hermes
5. O Profeta: Selo Divino, Livros de Hermes

Europa: Ocidental, Norte e Nordeste

O SACERDÓCIO DRUIDA
Os cinco graus
DRUIDAS BRETÕES E GAULESES: DROTTS, ASES, VARAIGHES E ESLAVOS

1. Vacios	1. Análogos
2. Serônidas	2. –
3. Bardos	3. –
4. Eubagos	4. –
5. Causídicos	5. –

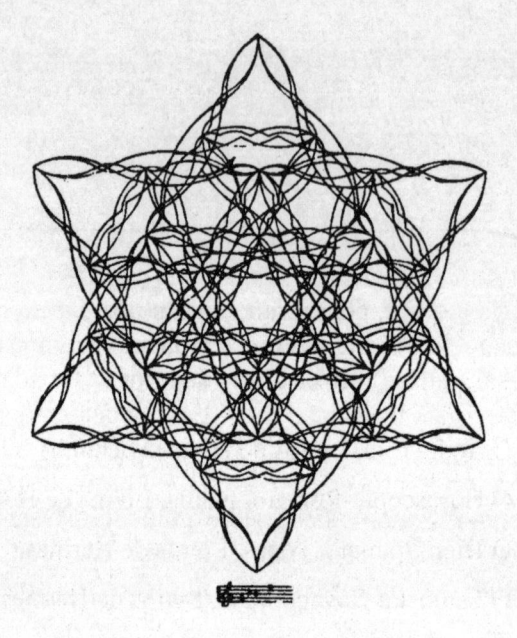

Notas sobre a Tradição Cabalística

Meu querido amigo,[66]

Tenho um grande prazer em responder a vossa excelente carta. Não tenho nada a acrescentar a vosso notável livro sobre a Cabala judaica. Ele está classificado em ótima posição pela eminente e merecida apreciação feita pelo saudoso sr. Frank, do Instituto, o homem mais capacitado a dar uma opinião sobre esse tema. Vossa obra completa a dele, não somente quanto à erudição, mas também quanto à bibliografia e à exegese dessa tradição especial, e, mais uma vez, creio que este belo livro é definitivo.

Mas, sabendo de meu respeito pela tradição e, ao mesmo tempo, de minha necessidade de universalidade e de verificação por meio de

---

66. Carta de Saint-Yves a Papus.

todos os procedimentos de métodos atuais, conhecendo, além do mais, o resultado de meus trabalhos, não temeis que eu amplie o tema, e, ao contrário, é o que quereis pedir a mim.

De fato, só aceitei reservando-me o direito de analisar os livros da Cabala judaica, por menos interessantes que eles sejam. Mas, uma vez essa análise terminada, minhas pesquisas pessoais me conduziram para a universalidade anterior de onde procedem esses documentos arqueológicos, e para o princípio assim como para as leis que puderam motivar esses feitos do espírito humano.

Para os judeus, a Cabala provinha dos caldeus, por meio de Daniel e Esdras.

Entre os israelitas anteriores à dispersão das dez tribos não judaicas, a Cabala provinha dos egípcios, por Moisés.

Tanto para os caldeus como para os egípcios, a Cabala fazia parte do que todas as universidades metropolitanas chamavam de a sabedoria, isto é, a síntese das ciências e das artes devolvidas ao seu princípio comum. Esse princípio era a palavra ou o Verbo.

Uma preciosa testemunha da Antiguidade patriarcal pré-mosaica confirma essa sabedoria perdida ou modificada aproximadamente 3 mil anos antes de Nosso Senhor Jesus Cristo. Essa testemunha é Jó, e a antiguidade desse livro é autologicamente confirmada pela posição das constelações que ele menciona: "O que se tornou a sabedoria, onde ela está então?", disse esse santo patriarca.

Em Moisés, a perda da unidade anterior e o desmembramento da sabedoria patriarcal são indicados com o nome de divisão das línguas e idade de Nimroud. Essa época caldeia corresponde à época de Jó.

Outro testemunho da Antiguidade patriarcal é o bramanismo. Ele conservou todas as tradições do passado sobrepostas como as diferentes camadas geológicas da Terra. Todos os que o estudaram do ponto de vista moderno também ficaram surpreendidos pelas riquezas de seus documentos e pela impossibilidade de uma classificação mais satisfatória, tanto do ponto de vista cronológico quanto do científico. Suas divisões em seitas bramânicas, vishnaístas, shivaístas, e citando apenas essas, contribuíram da mesma forma para essa confusão.

E não é menos verdade que os brâmanes do Nepal remontam ao começo da época do Kaliuga a ruptura da antiga universalidade e da unidade primordial dos ensinamentos.

Essa síntese primitiva trazia, bem antes de ter o nome de Brama, o nome de Isvha-Ra, Jesus-Rei:

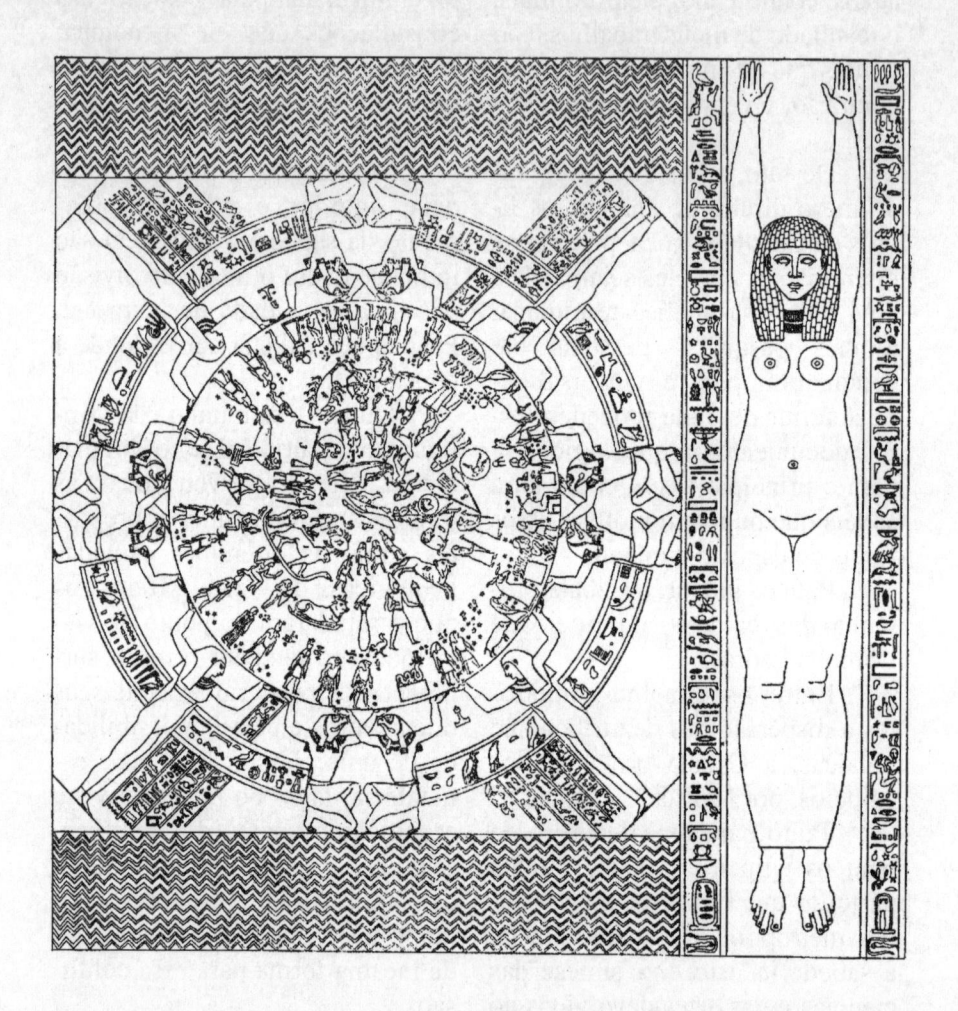

Zodíaco de DENDERAH

1. Leão
2. Virgem
3. Balança
4. Escorpião
5. Sagitário
6. Capricórnio
7. Aquário
8. Peixes
9. Áries
10. Touro
11. Gêmeos
12. Câncer

A figura à direita representa a Natureza.

Jesus Rex Patriarcum, como dizem nossas litanias.

É a essa síntese primordial que São João faz alusão no início de seu Evangelho; mas os brâmanes estão longe de perceber que seu Isoua Ra é nosso Jesus, rei do Universo, como Verbo Criador e princípio da palavra humana. Sem isso, seriam todos cristãos.

O esquecimento da sabedoria patriarcal de Isvha-Ra data da época de Krishna, o fundador do bramanismo e de sua Trimurti. Aqui também existe concordância entre os brâmanes, Jó e Moisés, tanto quanto aos fatos como à época.

Desde esse tempo babélico, qualquer povo, qualquer universidade, possuiu apenas restos fragmentados da antiga universidade dos conhecimentos divinos, humanos e naturais, reduzidos a seu princípio: o Verbo Jesus. Santo Agostinho designa sob o nome de *Religio Vera* essa síntese primordial do Verbo.

A Cabala dos rabinos, relativamente recente como redação, era inteiramente conhecida em suas fontes escritas ou orais pelos adeptos judeus do primeiro século de nossa era. Certamente ela não tinha segredos para um homem do valor e da ciência de Gamaliel. Mas também não os tinha para seu primeiro e proeminente discípulo, São Paulo, que se tornou o apóstolo do Cristo ressuscitado.

Vejamos agora o que diz São Paulo na sua primeira epístola aos Coríntios, II, 6, 7, 8:

"O que pregamos aos perfeitos é uma sabedoria, mas não a deste mundo nem a dos grandes deste mundo, que se destroem. Pregamos a Sabedoria de Deus, misteriosa e secreta, que Deus predeterminou antes de existir o tempo para nossa glória; sabedoria que nenhuma autoridade deste mundo conheceu, pois, se a tivessem conhecido, não teriam crucificado o Senhor da glória".

Todas essas palavras valem seu peso em ouro e em diamante, e não existe uma só dentre elas que não seja infinitamente precisa e preciosa. Elas proclamam a insuficiência da Cabala judaica.

Depois de ter esclarecido a universidade da questão que o interessa, concentremos essa luz sobre esse fragmento, todavia precioso, da sabedoria antiga, que é ou pode ser a Cabala judaica.

Primeiramente, vamos deixar claro o sentido da palavra Cabala.

Essa palavra tem dois sentidos, se for escrita, como fazem os judeus, com Q, isto é, com a 20ª letra do alfabeto assírio, a que traz o número 100, ou com a letra C, a 11ª letra do mesmo alfabeto, a que traz o número 20.

No primeiro caso, o nome significa transmissão, tradição, e dessa forma tudo permanece indeciso, pois tanto vale o transmissor, tanto

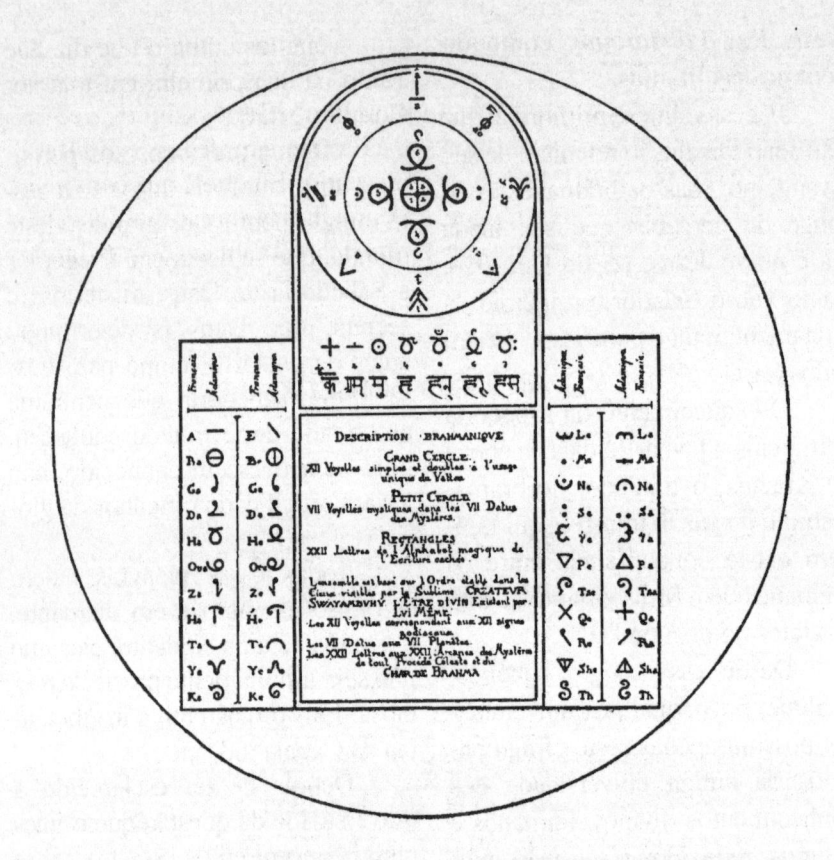

O alfabeto vatan ou adâmico.

vale a transmissão; tanto vale o traidor, tanto vale a tradição.

Acreditamos que os judeus transmitiram de forma bastante fiel o que receberam de seus sábios caldeus, com a escrita e a correção dos livros anteriores feitas por Esdras, guiado por Daniel, Grão-Mestre da universidade dos magos da Caldeia. Mas, do ponto de vista científico, isso não amplia muito a questão. Essa é apenas remetida a um inventário dos documentos assírios e assim sucessivamente até a fonte primordial. No segundo caso, Ca-Ba-La significa a potência, La, das XXII letras, CaBa, já que C = 20 e B = 2.

Mas, então, a questão está resolvida exatamente, pois se trata do caráter científico dado na Antiguidade patriarcal aos alfabetos de 22 letras numerais.

Será que é necessário fazer desses alfabetos um monopólio de raça, chamando-os simplesmente de semitas? Talvez, se for realmente um monopólio, e não no caso contrário.

Ora, segundo minhas pesquisas sobre os alfabetos antigos de Ca-ba-La, de XXII letras, o mais oculto, o mais secreto que muito provavelmente serviu de protótipo não apenas para todos os outros do mesmo gênero, mas também aos signos védicos e às letras sânscritas, é o alfabeto ariano. É aquele que com muita alegria lhe mostrei, e que obtive dos eminentes brâmanes, que jamais

O Alfabeto Sânscrito

pensaram em me pedir segredo sobre ele.

Ele se distingue dos outros alfabetos chamados semitas, pois suas letras são morfológicas, isto é, elas falam exatamente por suas formas, o que o transforma em um alfabeto absolutamente único. Mais ainda, um estudo cuidadoso me levou a descobrir que essas mesmas letras são os protótipos dos signos zodiacais e planetários, o que é também de máxima importância.

Os brâmanes chamam esse alfabeto de vatan; e ele parece remontar à primeira raça humana, pois, por suas cinco formas matrizes, rigorosamente geométricas, ele por si só se assina: Adão, Eva e Adamah.

Moisés parece apontá-lo no versículo 19 do capítulo II de seu *Sepher Barashit*. Além do mais, esse alfabeto se escreve de baixo para cima, e suas letras se agrupam de tal maneira que formam imagens morfológicas falantes. Os pandits apagam esses caracteres do quadro-negro, assim que a lição dos gurus termina. Escrevem-no também da esquerda para a direita, como o sânscrito, e, portanto, da forma europeia. Por todas essas razões, esse alfabeto protótipo de todos os Kaba-Lim pertence à raça ariana.

Não podemos, portanto, dar aos alfabetos desse gênero o nome de semíticos, pois não são o monopólio das raças que assim nomeamos, de maneira certa ou errada.

Mas podemos e devemos chamá-los esquemáticos. Ora, o esquema não significa somente signo da palavra, mas também glória. E é a essa dupla significação que é preciso prestar atenção, ao ler a passagem de São Paulo mencionada anteriormente.

Ela existe também em outras línguas, como o eslavo. Por exemplo, a etimologia da palavra eslava é slovo e slava, que significam palavra e glória.

Esses sentidos levam para o alto. O sânscrito vai corroborar essa altitude. Sama, que encontramos também nas línguas de origem celta, significa similitude, identidade, proporcionalidade, equivalência, etc.

Mais adiante, veremos a aplicação desses significados antigos. Por enquanto, vamos resumir o que já foi dito.

A palavra Cabala, assim como é compreendida, significa o Alfabeto das XXII Potências, ou a potência das XXII letras desse alfabeto. Esse tipo de alfabeto tem um protótipo ariano ou jafético. Ele pode ser designado, com todo direito, com o nome de alfabeto da palavra ou da glória.

Palavra e glória! Por que essas duas palavras são tão próximas em duas línguas antigas tão distantes uma da outra, como o eslavo e o caldeu? Isso se deve a uma constituição primordial do espírito humano em um princípio comum, ao mesmo tempo científico e religioso: o Verbo, a palavra cosmológica e seus equivalentes.

Jesus, em Sua última oração tão misteriosa, lança nisso, como em tudo, uma luz decisiva sobre o mistério histórico que nos ocupa agora:

"Oh, Pai! Coroa-me com a glória que tive antes que este mundo fosse!"

O Verbo Encarnado faz alusão, assim, à sua obra, à sua criação direta como Verbo Criador, criação designada com o nome de mundo divino e eterno da glória, protótipo do mundo astral e temporal, criado pelos Alahim sobre esse modelo incorruptível.

Que o princípio criador seja o Verbo, a Antiguidade sobre esse ponto tem apenas uma voz unânime. Falar e criar são aqui sinônimos em todas as línguas.

Entre os brâmanes, os documentos anteriores ao culto de Brahma representam ISOu-Ra, Jesus rei, como o Verbo Criador.

Entre os egípcios, os livros de Hermes Trismegisto dizem a mesma coisa, e OShI-Ri é Jesus-Rei, lido da direita para a esquerda.

Entre os trácios, Orfeu, iniciado nos mistérios do Egito na mesma época em que Moisés, escreveu um livro intitulado o *Verbo Divino*.

Quanto a Moisés, o princípio é a primeira palavra e o sujeito da primeira frase de seu *Sepher*. Não se trata de Deus em sua essência, IHOH, que é nomeado somente no sétimo dia, mas de seu Verbo, criador da héxade divina: BaRa-Shith. Bara significa falar e criar; Shith significa a héxade. Em sânscrito, temos os mesmos significados para BaRa-Shiah.

Esta palavra, BaRa-Shith, deu lugar a inúmeras discussões. São João, assim como Moisés, a exibe bem no início de seu Evangelho, e diz em siríaco, língua cabalística de XXII letras: "O princípio é o Verbo. Jesus tinha dito: 'Eu sou o Princípio'".

O sentido exato é fixado assim por Jesus mesmo corroborando toda a universalidade anterior, pré-mosaica.

O que precede explica por que as universidades verdadeiramente antigas consideraram o Verbo Criador como a incidência, da qual a palavra humana é a reflexão exata, quando o processo alfabético se encaixa perfeitamente no planisfério do Cosmos.

O processo alfabético, munido de todos os seus equivalentes, representa então o mundo eterno da glória: e o processo cósmico representa o mundo dos céus astrais.

É por isso que o rei Profeta, eco de toda a Antiguidade patriarcal, disse: *Coeli enarrant Dei Gloriam*, ou, em português: "O mundo astral narra o mundo da glória divina". O Universo invisível fala através do visível.

Restam então duas coisas que devem ser determinadas: primeiro, o processo cósmico das escolas antigas; segundo, o dos alfabetos correspondentes.

Para o primeiro ponto, III formas matrizes: o centro, o raio ou diâmetro e o círculo; XII signos involutivos; VII signos evolutivos.

Para o segundo ponto, com o qual os antigos concordavam ser o primeiro lugar, III letras construtivas; XII involutivas; VII evolutivas.

Em ambos os casos: III + XII + VII = XXII = CaBa, pronunciando-se: C = 20, B = 2, dando um total de 22, C, Q, F, D.

Os alfabetos de 22 letras correspondiam então a um zodíaco solar ou solar-lunar, munido de um septenário evoluído.

Eram os alfabetos esquemáticos.

Os outros, de acordo com o mesmo método, tornavam-se pelas

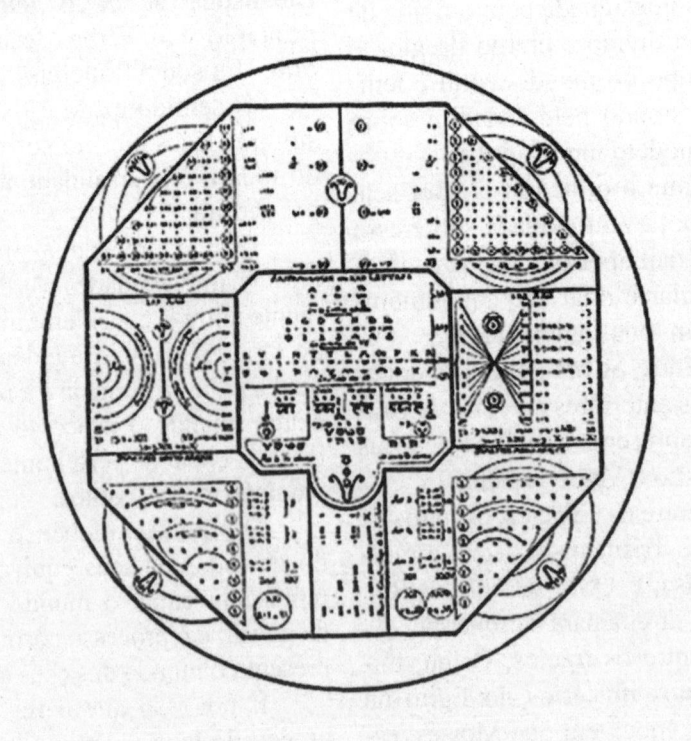

Alfabeto de XXII (*Ver Livro II*).

24 letras os horários dos precedentes; pelas 28 letras, seus lunares; pelas 30, seus mensais solar-lunares; pelas 36, seus decânicos, etc.

Sobre os alfabetos das 22 letras, a letra real, a emissiva da ida, a remissiva da volta, era a letra I, ou Y ou J, e, colocada sobre o primeiro triângulo equilátero inscrito, devia formar autologicamente, com as outras duas, o nome do Verbo e o de Jesus, IshVa-(Ra), OShI-(Ri).

Ao contrário, todos os povos que adotaram o cisma naturalista e lunar consideraram a letra M, que comanda o segundo trígono elementar, como real.

Todo o sistema védico, e depois bramânico, foi assim regulado posteriormente por Krishna, a partir do início do Kaliuga. Essa é a chave do *Livro das Guerras* de IEVE, guerras da letra real I ou Y contra a usurpadora M.

Como vós podeis observar, meu querido amigo, todas essas provas modernas, isto é, de simples observação e de experimentação científica, pelas quais a mais antiga tradição foi ao mesmo tempo restabelecida e verificada por mim. Portanto, aqui falarei apenas o estritamente necessário para o esclarecimento do fato histórico da Cabala.

Segundo os Patriarcas que os precederam, os brâmanes dividiram as línguas humanas em dois grandes grupos:

1º – Devanágaris: são as línguas da cidade celeste ou da civilização reconduzida ao seu princípio cosmológico divino;

2º – Prácritas: são as línguas das civilizações selvagens ou anárquicas. O sânscrito é uma língua devanágari de 49 letras; o védico, igualmente, com suas 80 letras ou signos derivados do ponto do AUM, ou seja, da letra M.

Essas duas línguas são cabalísticas em seu sistema particular, no qual a letra M é o ponto de partida e de retorno. Mas elas foram, desde sua origem, e permanecem, até nossos dias, articuladas sobre uma língua de templo de 22 letras, da qual a letra real primitiva era o I.

Todas as retificações se tornam possíveis e fáceis graças a essa chave, para o maior triunfo e glória de Jesus, Verbo de IEVE, ou seja, da síntese primordial dos primeiros Patriarcas.

Os atuais brâmanes conferem a seu alfabeto de 22 letras uma virtude mágica; mas, para nós, essa palavra significa apenas superstição e ignorância.

Superstição, decadência e sobreposição de elementos arqueológicos e de fórmulas mais ou menos alteradas, mas que um aprofundado estudo pode algumas vezes, como nesse caso, relacionar a um ensinamento anterior, científico e consciente, e não metafísico ou místico.

Ignorância maior ou menor dos fatos, das leis e do princípio que motivaram esse ensino primordial.

No mais, a escola lunar védico-bramânica não é a única em que a ciência e sua síntese solar, a religião do Verbo, encontram-se degeneradas em magia. Basta explorar um pouco a universalidade terrestre a partir da época babélica para ver que uma crescente decadência atribui cada vez mais aos alfabetos antigos um caráter supersticioso e mágico.

Da Caldeia até a Tessália, da Cítia até a Escandinávia, dos kouas de Fo-Hi e dos musnads da antiga Arábia às runas dos varegues, podemos observar a mesma degenerescência.

A verdade, nisso como em tudo, é infinitamente mais maravilhosa do que o erro, e vós conheceis, querido amigo, essa admirável verdade.

Por último, como nada se perde nem na humanidade terrestre nem no Cosmos inteiro, o que foi é ainda, e atesta a antiga universalidade sobre a qual nos fala Santo Agostinho, em suas *Retrações*.

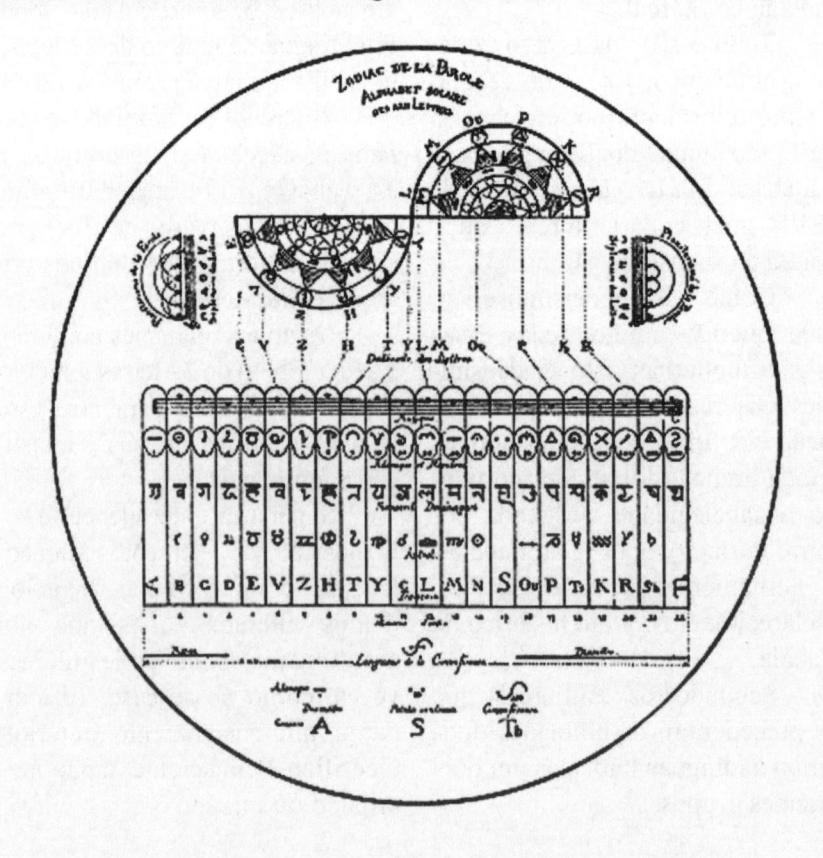

Os brâmanes praticam a Cabala com os 80 signos védicos, com as 49 letras do sânscrito devanagárico, com as 19 vogais, semivogais e ditongos, isto é, toda a massorá que Krishna acrescentou ao alfabeto vatan ou adâmico. Os árabes, os persas e os sabeus cabalizam com seus alfabetos lunares de 28 letras e os marroquinos com seu Koreish.

Os tártaros manchus cabalizam com seu alfabeto mensal de 30 letras. As mesmas observações podem ser feitas em relação aos tibetanos e aos chineses, etc.; as mesmas reservas quanto às alterações da ciência antiga dos equivalentes cosmológicos da palavra.

Resta saber em que ordem esses XXII equivalentes devem ser funcionalmente dispostos sobre o planisfério do Cosmos.

Querido amigo, tendes sob vossos olhos o modelo conforme aquele que foi legalmente patenteado sob o nome de Arqueômetro.

Sabeis que as chaves desse instrumento de precisão, para o uso dos altos estudos, foram-me dadas pelo Evangelho, por certas palavras muito precisas de Jesus, que podem ser comparadas com as de São Paulo e de São João.

Permiti-me agora resumir o que penso, no menor número possível de palavras.

Todas as universidades religiosas, asiáticas e africanas, munidas de alfabetos cosmológicos, solares, solar-lunares, horários lunares, mensais, etc., usam suas letras de forma cabalística.

Quer se trate de ciência pura, de poesia interpretando a ciência ou de inspiração divina, todos os livros antigos, escritos em línguas devanagáricas e não prácritas, só podem ser compreendidos graças à Cabala dessas línguas.

Mas estas devem ser reconduzidas aos XXII equivalentes esquemáticos, e estes, às suas posições cosmológicas exatas.

A Cabala dos judeus é, portanto, motivada por toda a constituição anterior do espírito humano; mas ela precisa ser arqueometrizada, isto é, medida por seu princípio regulador, controlada sobre o instrumento de precisão do Verbo e de sua síntese primordial.

Não sei, querido amigo, se estas páginas respondem à vossa afetuosa espera. Nelas, foi-me possível somente resumir capítulos inteiros em algumas linhas.

Rogo, então, desculpar suas imperfeições e ver, no que precede, não mais do que um testemunho de minha boa vontade e de minha velha amizade.

10 de janeiro de 1901.

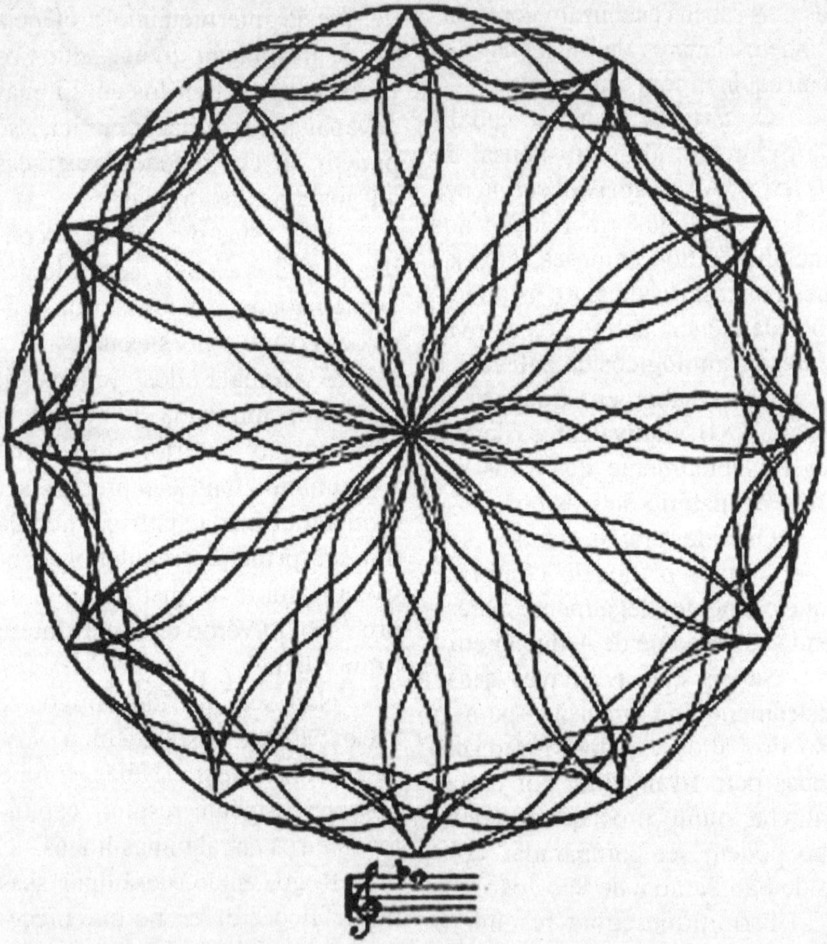

LIVRO II

Descrição e Estudo do Arqueômetro

CAPÍTULO PRIMEIRO

Os Amigos de Saint-Yves

A morte surpreendeu o marquês se Saint-Yves d'Alveydre bruscamente. Seu considerável trabalho estava em plena via de execução, mas não estava terminado; algumas partes já totalmente escritas e finalizadas, outras, pelo contrário, apenas esboçadas.

Uma massa de documentos e uma quantidade razoável de clichês fotográficos e tipográficos deveriam ser colocada em ordem. Seria possível perder tantos anos de trabalhos, parando o Arqueômetro em sua execução? Ou, ao contrário, revelar a obra do mestre, apesar de todas as dificuldades que poderiam surgir?

Esse foi o problema que se apresentou à família do marquês de Saint-Yves, e temos de dizer como ele foi resolvido e, em nossa opinião, resolvido de uma forma tão esclarecedora quanto justa.

A condessa Keller e o conde Alexandre Keller, herdeiros do marquês de Saint-Yves, encarregaram um amigo e discípulo do marquês, o dr. Gérard Encausse (Papus), de fazer o necessário para a publicação do Arqueômetro.

O dr. Encausse encontrava-se impossibilitado de realizar sozinho um trabalho de tamanha envergadura.

Então, recorreu a todos a quem Saint-Yves permitira estudar alguns pontos de sua obra. A Sociedade "Os amigos de Saint-Yves" foi legalmente criada como sociedade civil de publicação e conferências, junto com um dos amigos mais queridos do marquês, *Monsieur* Duvignau de Lanneau, e essa sociedade estabeleceu o grupo dos colaboradores destinados a finalizar e apresentar a obra do mestre.

Monsieur Lebreton, o dedicado secretário de Saint-Yves, fez uma classificação dos documentos e permanece o elo sensível entre o mestre morto e seus alunos vivos.

Monsieur Jemain, que havia sido um precioso colaborador do mestre em toda a sua adaptação musical, encarregou-se de tudo o que dizia respeito a essa adaptação.

Monsieur Gougy, arquiteto diplomado do governo, que tinha elaborado com o mestre todas as adaptações para a arquitetura, deu-nos um resumo brilhante dos seus trabalhos e colocou à nossa disposição todos os clichês necessários.

Nosso amigo, o dr. A. Chauvet, de Nantes (Saïr), que havia trabalhado particularmente com o mestre, foi de uma ajuda considerável na publicação deste trabalho. Dedicou vários meses de seu trabalho na finalização da *sabedoria verdadeira*; deve-se a ele ainda a finalização hermenêutica sânscrita e grande quantidade de documentos igualmente importantes.

Monsieur Batilliat, um escritor de grande talento, foi, na parte literária, o colaborador preferido do marquês de Saint-Yves e todos os amigos do mestre lhe dedicam um profundo reconhecimento.

Ao lado desse grupo, que constitui a falange em que cada individualidade desejou se tornar anônima, para se fundir no termo geral "os amigos de Saint-Yves", outros amigos pessoais do marquês conservaram dele uma elevada ideia e preservaram piedosamente o culto de sua memória. Mencionaremos em primeiro lugar o conde Léonce de Larmandie, depois nosso amigo Sédir, a seguir F. Ch. Barlet, que foi um dos primeiros e calorosos defensores do mestre e que escreveu sobre ele um notável opúsculo, contendo, no entanto, alguns erros relativos ao Arqueômetro, provenientes da falta de documentos positivos.

Como todos os mestres, o marquês de Saint-Yves teve alunos, primeiro admiradores, e que, logo depois, o insultaram ou traíram. A melhor coisa que podemos fazer é não mencionar nomes, o mestre esqueceu e perdoou. Sua obra permanece e ela basta para recolocar os invejosos em seu devido lugar.

Os amigos de Saint-Yves se esforçaram para trazer à luz não só o Arqueômetro, como também algumas adaptações feitas anteriormente. Assinalaremos principalmente a *Teogonia dos Patriarcas*, adaptação das chaves arqueométricas para uma nova tradução dos primeiros capítulos do Gênesis e do primeiro capítulo do Evangelho de São João. Essa edição de grande luxo foi depositada na casa editora Dorbon-Ainé, Boulevard Haussmann 19, Paris.

Devemos ainda agradecer, em nome de todos os admiradores do mestre, ao erudito e artista editor Dorbon-Ainé pela dedicação que apresentou ao assumir a publicação de *O Arqueômetro*.

Os amigos de Saint-Yves reeditam também os *Mistérios do Progresso* com os três capítulos sobre o nascimento, os sexos e o amor, e a morte; a *Missão da Índia*, obra que fala da Índia, seus mistérios e o Mahatma, revelações prodigiosas e totalmente desconhecidas na Europa.

Por último, eles estabeleceram uma tabela alfabética da *Missão dos Judeus*, que se tornara indispensável.

Tudo isso, os amigos de Saint-Yves o fizeram sem procurar qualquer interesse material, em memória primeiro do ilustre mestre desaparecido, e, depois, na de seus herdeiros, que dedicaram todos os seus esforços para ajudar os discípulos a trazer à luz *O Arqueômetro* e suas múltiplas adaptações.

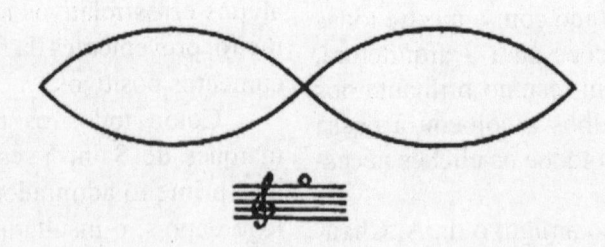

CAPÍTULO SEGUNDO
Explicações Preliminares

É importante, antes de abordar o estudo do Arqueômetro, estabelecer o caráter dessa descoberta. O Arqueômetro é uma ferramenta de construção, mas não uma casa já construída. Antes de construir uma casa, vemos cada equipe de profissionais trazer suas ferramentas de trabalho: o pedreiro leva sua colher; o arquiteto, sua régua e seu compasso, e assim sucessivamente para cada corpo da construção.

O Arqueômetro é uma ferramenta que tem a qualidade particular de ser o mesmo para todas as artes; é ao mesmo tempo a chave da escala sonométrica do músico, da gama das cores do pintor e a chave das formas do arquiteto.

É indispensável estabelecer bem essa distinção fundamental que faz com que esse instrumento sintético seja um instrumento e não uma adaptação definitiva. Ele não traz uma casa completamente construída, mas um meio de construir várias delas segundo regras novas. Não é, portanto, um prêmio para a preguiça, muito pelo contrário, é um convite ao trabalho, com meios novos. Ele deixa a cada artista toda a sua originalidade, dando-lhe uma base científica. É uma ferramenta que tem qualidades especiais que resumiremos da melhor forma possível:

1º – É o mesmo para todas as artes;

2º – Reconduz todas as artes a uma síntese comum e, ao mesmo tempo, dá a chave das adaptações religiosas e científicas da Antiguidade;

3º – Reconduz todas as medidas às unidades métricas atuais: o metro e o círculo; mil milímetros e 360º.

O Arqueômetro

I

Arqueômetro é uma ferramenta comum a todas as artes; nela o pintor vê as cores compostas, oriundas das três cores primárias: o amarelo, o vermelho e o azul, e colocadas em torno do círculo de 360°, de tal forma que a cor branca é sempre teoricamente reconstituída pelas duas cores opostas em 180°. É possível então determinar, graças ao Arqueômetro, pelo menos uma escala de 360 matizes de cores, tendo cada uma um número e não um nome de fantasia. Esse número permite determinar não só cada um desses matizes, mas também a composição de cada um deles em relação às cores primárias. O músico encontra no Arqueômetro as relações das notas com as cores, com as formas, com as letras e, mais ainda, as escalas sonométricas que reconduzem as duas séries: a série verbal e a série física inversamente proporcionais ao padrão corrente do metro, com a nota Ré bemol, igual a 100.000 ou a um metro; essa cifra de 100.000 representa a multiplicação de 625 por 160. (Para os detalhes e as adaptações, ver mais adiante o estudo do padrão arqueométrico.)

O arquiteto encontra no Arqueômetro a chave de um cânone universal, que permite a construção das formas, segundo um nome, uma ideia ou uma cor determinada; estabelecendo-se assim estreitas relações entre a altura e a largura de um edifício, de um lado, e entre sua adaptação industrial, religiosa ou estética, de outro.

Mas o que mais surpreenderá os artistas contemporâneos é a adaptação do Arqueômetro à literatura. As relações das letras e das cores, percebidas intuitivamente por Rimbaud e seus imitadores, são cientificamente determinadas pelo Arqueômetro; e ainda, esse instrumento determina as relações entre as palavras, as ideias, as cores e as formas.

Além de esse instrumento ser útil aos criadores das novas adaptações, ele se reveste de um caráter todo especial em relação ao estudo das ciências da Antiguidade. O pesquisador das coisas ocultas e o historiador estão em posse de uma ferramenta usada pelas antigas iniciações para todas as suas adaptações na arte e na revelação científicas. De agora em diante, são necessárias algumas palavras de esclarecimento.

De fato, os antigos tomaram como chave geral de adaptação o céu e sua constituição. Assim, ainda que todos os arquivos terrestres viessem a desaparecer, seria sempre possível reconstituir o instrumento que formava a base de todas as artes e de todas as ciências, traçando sobre um papiro ou sobre uma tábua de madeira a constituição do céu. É por isso que o conhecimento da astrologia antiga é indispensável aos verdadeiros pesquisadores, como também ao historiador digno desse nome. O céu era dividido pelos antigos em 12 grandes divisões que correspondem a cada um dos 12 signos do zodíaco. Essas divisões formavam casas astrológicas, nas quais se moviam os astros: estes tinham domicílios positivos ou negativos, isto é, diurnos ou noturnos, em cada uma dessas casas. Se lembrarmos de que, para o antigo, cada signo do zodíaco tinha uma letra, assim como cada planeta, de tal forma que o céu era constituído por um verdadeiro alfabeto em movimento em que as letras planetárias vinham se apresentar em frente a cada uma das letras fixas zodiacais; havia então, inscritos no céu, nomes que reencontraremos em todas as grandes religiões: Ichwa-ra ou Jesus-Rei, Mariah ou Mayah, Maha-Maia ou a virgem das grandes águas celestes, têm seus nomes escritos com letras de fogo no céu desde a constituição dos primeiros elementos terrestres. A mesma coisa acontece com os nomes de Pho, de Shiva, de Brahma, etc.

... É necessário insistir bem sobre esse duplo caráter do Arqueômetro. Por um lado, é uma ferramenta que deve renovar toda a arte moderna entre as mãos de artistas de gênio e, por outro, é também o testemunho e a chave de toda ciência da Antiguidade, das quais as ciências ocultas são um restante deformado. Os ocultistas geralmente consideram o Arqueômetro somente sob esse último ponto de vista, e os comentários geralmente infantis que foram feitos, até agora, sobre esse admirável instrumento de adaptação tratam quase que exclusivamente desse último aspecto. Ora, a astrologia certamente oferece a chave da ciência antiga e será um dos grandes méritos de Saint-Yves d'Alveydre ter restabelecido as relações das letras, das cores e dos planetas; mas esse instrumento permaneceria um evocador dos cemitérios intelectuais, se seu autor não tivesse feito dele o meio de síntese e de regeneração de toda a intelectualidade futura.

II

Essa ferramenta é a mesma para todas as artes; ela estabelece sua síntese, determina suas relações.

O mesmo círculo de 360° graus nos dá:

1º – Uma dupla escala de números;

2º – As relações entre as cores e as formas; as notas musicais; as letras dos antigos alfabetos sagrados. Como acabamos de ver anteriormente, ela sintetiza essas chaves artísticas com os dados da antiga astrologia, que é a chave verdadeira de todas as religiões e de todas as ciências sagradas da Antiguidade. Graças ao Arqueômetro, o céu deixa de ser mudo; ele fala, pronuncia nomes e esses nomes são os de toda a revelação religiosa de todos os tempos, assim como dissemos antes. Saint-Yves d'Alveydre consagrou grande parte de seu trabalho a esse estudo das adaptações religiosas, que aqui só podemos prever.

III

Assim como podemos perceber quando vemos a lâmina colorida do Arqueômetro, tudo está inscrito em um círculo de 360°, dividido em triângulos com 12 seções de 30° cada uma. Podemos observar as duas escalas de números: uma de 0° a 360°, e a outra de 360° a 0°. Encontraremos ao longo do livro vários modelos de adaptação; esses modelos forçosamente são incompletos, mesmo que organizem informações valiosas, pois, se um autor é competente em uma determinada arte, compreendemos que, apesar de um cérebro prodigioso, ele não pode ser tão competente em todas as artes e em todas as ciências conhecidas. Acrescentamos ainda que, quando a família herdeira do marquês de Saint-Yves, a condessa Keller e o conde Alexandre Keller, deu ao dr. Encausse a imensa honra de escolhê-lo para concretizar a publicação de *O Arqueômetro*, faltava muito para que o trabalho de Saint-Yves estivesse completo. Foram necessários muitos meses de pesquisas e de trabalhos delicados; foi necessário reunir um grupo de todos os colaboradores do brilhante autor para poder terminar esta obra. Poderemos constatar quanto Saint-Yves entendia especialmente de música, que era sua arte predileta. Poderemos constatar também quanto os dados relativos à arquitetura são interessantes. Cada uma dessas seções foi revisada por um dos colaboradores de Saint-Yves, cujo nome está na lista dos amigos de Saint-Yves.

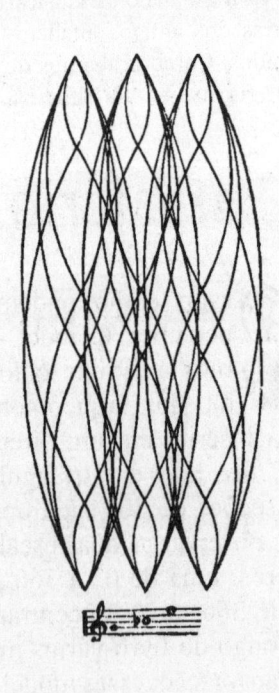

CAPÍTULO TERCEIRO

A Palavra e os Alfabetos –
O Planisfério Arqueométrico –
O Arqueômetro Cosmológico

1. A palavra e os alfabetos. – 2. A palavra teantropológica. – 3. A palavra andrológica e cosmológica. – 4. A palavra teandrológica. – 5. O selo do Verbo. – 6. Suas marcas na tripla Igreja Evangélica Mosaica, patriarcal. – 7. Consequência de sua ressurreição.

O Arqueômetro cosmológico

Regulador, mediador e compositor universal

Interessa a metrologia e a combinação exata das ideias cosmológicas e de seus meios de expressão, como: formas, números, cores, sons, e também suas relações correspondentes, e, em consequência, as artes e os ofícios que as empregam.

O planisfério arqueométrico

É um instrumento orgânico, harmônico e simétrico que se fundamenta na combinação de numerosas zonas de círculos, raios e polígonos concêntricos suscetíveis de evoluir em torno de um ponto central comum.

Essas zonas são:

1º – Um duplo círculo de 360°, sendo que cada um evolui em sentido inverso, de tal forma que, como cada grau dá dois números, seu total será sempre 360°, e sua inversão dextrogira ou levogira permitirá uma metrologia fácil nos dois sentidos;

2º – Uma zona dodecenal fixa chamada "zodíaco das letras modais". Ela está dividida em 12 partes iguais de 30° cada uma, subdivisíveis em minutos e segundos. Cada um doze avos dessa zona contém, em seu meio, sua letra morfológica e o número dessa letra aparece em um brasão, que possui como fundo uma cor especial que lhe corresponde exatamente;

Total: XII letras morfológicas, XII cifras aritmológicas, correspondentes a cada uma delas, XII cores;

3º – Uma zona móvel chamada planetário das letras.

Essa zona é formada por XII ângulos de IV triângulos equiláteros que se intersectam regularmente. Cada um dos XII ângulos é tangente a um dos brasões da zona anterior e traz uma letra morfológica, a cifra aritmológica própria a essa letra, a cor do brasão ao qual é tangente, um pentagrama musical e uma nota musical;

Total: XII ângulos, XII letras, XII números, XII cores, XII notas;

4º – Uma zona zodiacal astral fixa, com os XII signos derivados das XII letras zodiacais. Cada signo apresenta em seu brasão a cor de sua correspondência com as zonas citada;

5º – Uma zona planetária astral móvel, com seus VII signos diatônicos astrais e todas as suas correspondências, cada um em seus próprios domicílios tanto diurnos como noturnos e trazendo a cor da letra planetária de onde deriva sua morfologia.

Total: XII signos planetários, dos quais V são repetidos = VII e XII cores;

6º – Uma zona de XII ângulos de IV triângulos equiláteros, que se intersectam regularmente sob o triângulo gerador e metrológico, que correspondem, por seus ângulos, ao signo de Virgem, ao de Capricórnio e ao de Touro. Cada ângulo traz as cores do signo ao qual ele corresponde.

Total: XII cores, XII ângulos, IV triângulos, dos quais um gerador, dois hexágonos ou dois pares de triângulos equiláteros tangentes; um dos pares é solsticial por seus ângulos norte-sul, o outro é equinocial por seus ângulos leste-oeste; todos os ângulos de cada par se distanciam entre si pelo comprimento do raio de seu círculo tangente;

7º – Um círculo central que contém um pentagrama musical, uma nota no centro comum, uma letra morfológica sobre essa nota, XII raios brancos que formam VI diâmetros brancos que passam pelo centro, um norte-sul, o outro leste-oeste, e todos estão sobre o círculo a 30º um do outro.

O planisfério orgânico e harmônico tem seus polos e seu equador de correspondências, seu ano, suas estações, sua simetria esquerda-direita de organicidades e de harmonia diretas ou interferências. Ele é exatamente falante por todos os seus elementos concordantes e por todas as suas combinações.

A análise de sua síntese e as leis que presidiram sua composição serão dadas depois da exposição detalhada de sua descrição.

Descrição detalhada
Zênite Norte

1º) Graus 345
      15
      ───
      360

2º) Solstício de inverno, dezembro-janeiro.

3º) Início do tempo e do ano positivo.

4º) Brasão amarelo simples. 120.

5º) Letra que representa o triângulo equilátero.

6º) 80, número dessa letra.

7º) Ângulo amarelo do triângulo equilátero da Terra. 120.

8º) Letra que representa o triângulo equilátero com o prumo do eixo do mundo.

9º) 300, número dessa letra.

10º) A nota Si.

11º) Capricórnio e suas correspondências.

12º) Saturno e suas correspondências.

13º) O raio branco que aponta o ângulo amarelo. 120.

14º) A nota Mi e a letra do Sol.

Correspondências verticais descendentes

Nadir Sul

CORRESPONDÊNCIAS VERTICAIS ASCENDENTES

1º)   Graus $\dfrac{\begin{array}{c}165\\195\end{array}}{360}$

2º)   Solstício de verão, junho-julho.

3º)   Retorno do tempo e do ano negativo.

4º)   Brasão violeta: $\left\{\dfrac{\begin{array}{c}\text{Azul }60\\\text{Vermelho }60\end{array}}{120}\right.$

5º)   Letra: uma hélice sobre uma vertical.

6º)   8, número dessa letra.

7º)   Ângulo violeta do triângulo equilátero da Água: $\left\{\dfrac{\begin{array}{c}\text{Azul }60\\\text{Vermelho }60\end{array}}{120}\right.$

8º)   Letra: um círculo e seu diâmetro representando o duplo hemisfério.

9º)   2, número desse duplo hemiciclo.

10º) A nota Lá.

11º) Câncer e suas correspondências.

12º) A Lua e suas correspondências.

13º) O raio branco que aponta o ângulo violeta: $\left\{\dfrac{\begin{array}{c}\text{Azul }60\\\text{Vermelho }60\end{array}}{120}\right.$

14º) A nota Mi e a letra do Sol.

OESTE

CORRESPONDÊNCIAS HORIZONTAIS E EQUATORIAIS DE OESTE PARA LESTE

1º) Graus $\frac{75}{\frac{285}{360}}$

2º) Equinócio do outono, setembro-outubro.

3º) Tensão equatorial negativa.

4º) Brasão verde: $\left\{ \begin{array}{l} \text{Azul 90} \\ \text{Amarelo } \frac{30}{120} \end{array} \right.$

5º) Letra: flagelo de Balança.

6º) 30, número dessa letra.

7º) Ângulo verde: $\left\{ \begin{array}{l} \text{Azul 90} \\ \text{Amarelo } \frac{30}{120} \end{array} \right.$ do triângulo equilátero do Ar.

8º) A letra que representa o ponto inicial que gera uma curva.

9º) 2, número dessa letra.

10º) A nota Fá.

11º) Balança e suas correspondências.

12º) Vênus noturno e suas correspondências.

13º) O raio branco que aponta para o ângulo verde: $\left\{ \begin{array}{l} \text{Azul 90} \\ \text{Amarelo } \frac{30}{120} \end{array} \right.$

14º) A nota Mi e a letra do Sol.

LESTE

CORRESPONDÊNCIAS HORIZONTAIS E EQUATORIAIS DE LESTE PARA OESTE

1º) Graus $\dfrac{255}{\dfrac{105}{360}}$

2º) Equinócio da primavera, março-abril.

3º) Tensão equatorial positiva.

4º) Brasão alaranjado: $\begin{cases} \text{Vermelho } 90 \\ \dfrac{\text{Amarelo } 30}{120} \end{cases}$

5º) Letra: círculo interceptado por duas curvas em forma de chifres de Carneiro.

6º) 5, número dessa letra.

7º) Ângulo alaranjado: $\begin{cases} \text{Vermelho } 90 \\ \dfrac{\text{Amarelo } 30}{120} \end{cases}$ do triângulo equilátero do Fogo.

8º) A letra helicoidal com ângulo atravessado.

9º) 20, número dessa letra.

10º) A nota Ré.

11º) O Carneiro e suas correspondências.

12º) Marte noturno e suas correspondências.

13º) O raio branco que aponta para o ângulo alaranjado: $\begin{cases} \text{Vermelho } 90 \\ \dfrac{\text{Amarelo } 30}{120} \end{cases}$

14º) A nota Mi e a letra do Sol.

Norte-Leste
a 30° Norte

Correspondências Norte-Leste a 30° Norte

1º) Graus $\dfrac{\begin{array}{r}315\\45\end{array}}{360}$

2º) Inverno, janeiro-fevereiro.

3º) Brasão alaranjado: $\begin{cases} \text{Amarelo } 90 \\ \dfrac{\text{Vermelho } 30}{120} \end{cases}$

4º) Letra: duas linhas retas em cruz.

5º) 100, número dessa letra.

6º) Ângulo alaranjado: $\begin{cases} \text{Amarelo } 90 \\ \dfrac{\text{Vermelho } 30}{120} \end{cases}$ do triângulo do Ar.

7º) Letra: triângulo com prumo em vão de 30°.

8º) 300, número dessa letra.

9º) A nota Si.

10º) Aquário e suas correspondências.

11º) Saturno diurno e suas correspondências.

12º) Ângulo alaranjado: $\begin{cases} \text{Amarelo } 90 \\ \dfrac{\text{Vermelho } 30}{120} \end{cases}$

13º) O raio branco que aponta para esse ângulo.

14º) A nota Mi e a letra do Sol.

Sul-Oeste
a 30° Sul

1º) Graus $\dfrac{\begin{array}{c}135\\225\end{array}}{360}$

2º) Verão, julho-agosto.

3º) Brasão índigo: $\left\{\begin{array}{c}\text{Vermelho 30}\\\text{Azul 90}\\\overline{120}\end{array}\right\}$ do triângulo do Fogo.

4º) Letra: um arco de círculo de 180°.

5º) 9, o número dessa letra.

6º) Ângulo índigo: $\left\{\begin{array}{c}\text{Vermelho 30}\\\text{Azul 90}\\\overline{120}\end{array}\right.$

7º) Letra: um arco de círculo de 180° e seu ponto central.

8º) 50, o número dessa letra.

9º) A nota Lá.

10º) O signo de Leão e suas correspondências.

11º) O Sol e suas correspondências.

12º) Ângulo índigo: $\left\{\begin{array}{c}\text{Vermelho 30}\\\text{Azul 90}\\\overline{120}\end{array}\right.$

13º) O raio branco que aponta para esse ângulo.

14º) A nota central Mi e a letra do Sol.

Correspondências Sul-Oeste a 30° sul

Norte-Oeste
A 60° sobre o Equador

Correspondências oblíquas Norte-Oeste 60° sobre o Equador a 30° do Norte

1º) Graus $\dfrac{15}{\dfrac{345}{360}}$

2º) Outono, novembro-dezembro.

3º) Brasão verde: $\left\{\begin{array}{c}\text{Amarelo 90}\\ \dfrac{\text{Azul 30}}{120}\end{array}\right\}$ do triângulo de fogo.

4º) Letra: um arco e um ponto.

5º) 70, o número dessa letra.

6º) O ângulo verde: $\left\{\begin{array}{c}\text{Amarelo 90}\\ \dfrac{\text{Azul 30}}{120}\end{array}\right.$

7º) Letra: o ponto gerando uma curva angulada sobre uma linha reta horizontal.

8º) 4, número dessa letra e derivado dela.

9º) A nota Dó.

10º) Sagitário e suas correspondências (Flecha do arco acima).

11º) Júpiter diurno e suas correspondências. (signo derivado da sétima letra).

12º) Ângulo verde: $\left\{\begin{array}{c}\text{Amarelo 90}\\ \dfrac{\text{Azul 30}}{120}\end{array}\right.$

13º) O raio branco que aponta para o ângulo verde: $\left\{\begin{array}{c}\text{Amarelo 90}\\ \dfrac{\text{Azul 30}}{120}\end{array}\right.$

14º) A nota Mi e a letra do Sol.

Sul-Este
A 60° SOB O EQUADOR

CORRESPONDÊNCIAS SUL-LESTE A 60° SOB O EQUADOR

1º) Graus $\dfrac{195}{\dfrac{165}{360}}$

2º) Primavera, maio-junho.

3º) Brasão do infravermelho: $\begin{cases} \text{Vermelho } 90 \\ \dfrac{\text{Azul } 30}{120} \end{cases}$

4º) Letra: ponto circular que gera uma vertical angulada.

5º) 7, número dessa letra e derivado dela.

6º) Ângulo infravermelho: $\begin{cases} \text{Vermelho } 90 \\ \dfrac{\text{Azul } 30}{120} \end{cases}$ do triângulo do Ar.

7º) Letra helicoidal inclinada, de dardo longo.

8º) 90, número dessa letra.

9º) A nota Sol.

10º) Gêmeos e suas correspondências.

11º) Mercúrio noturno e suas correspondências.

12º) Ângulo infravermelho: $\begin{cases} \text{Vermelho } 90 \\ \dfrac{\text{Azul } 30}{120} \end{cases}$

13º) O raio branco que aponta para esse ângulo.

14º) A nota Mi e a letra do Sol.

Norte-Oeste
A 30° acima do Equador

1º) Graus $\frac{\begin{array}{r}45\\315\end{array}}{360}$

2º) Outono, outubro-novembro.

3º) Brasão verde: $\begin{cases} \text{Azul } 60 \\ \underline{\text{Amarelo } 60} \\ \phantom{\text{Amarelo }}120 \end{cases}$

4º) Letra: o ponto no centro da linha reta.

5º) 40, número dessa letra.

6º) Ângulo verde: $\begin{cases} \text{Azul } 60 \\ \underline{\text{Amarelo } 60} \\ \phantom{\text{Amarelo }}120 \end{cases}$ do triângulo da Água.

7º) Letra helicoidal com ângulo de dardo curto.

8º) 20, número dessa letra.

9º) A nota Ré.

10º) Escorpião e suas correspondências.

11º) Marte diurno e suas correspondências.

12º) O ângulo verde: $\begin{cases} 60 \\ \underline{60} \\ 120 \end{cases}$

13º) O raio branco aponta para o ângulo verde: $\begin{cases} \text{Azul } 60 \\ \underline{\text{Amarelo } 60} \\ \phantom{\text{Amarelo }}120 \end{cases}$

14º) A nota Mi e a letra do Sol.

Correspondências oblíquas Norte-Oeste 30° sobre o Equador a 60° do Norte

SUL-LESTE
A 30° ABAIXO DO EQUADOR

CORRESPONDÊNCIAS OBLÍQUAS SUL-LESTE 30° SOB O EQUADOR A 120° DO NORTE

1º) Graus $\dfrac{225}{\dfrac{135}{360}}$

2º) Primavera, abril-maio.

3º) Brasão vermelho, 120.

4º) Letra: círculo que gera uma curva.

5º) 6, número dessa letra e derivado de sua forma.

6º) Ângulo vermelho, 120, do triângulo da Terra.

7º) Letra: o ponto gerando uma curva..

8º) 3, número dessa letra.

9º) A nota Fá.

10º) Touro e suas correspondências.

11º) Vênus diurno e suas correspondências.

12º) O ângulo vermelho 120.

13º) O raio branco que aponta para o ângulo vermelho 120.

14º) A nota Mi e a letra do Sol.

Norte-Leste
a 60° Norte

Correspondências Norte-Leste a 60° Norte

1º) Graus $\dfrac{\begin{array}{r}285\\75\end{array}}{360}$

2º) Inverno, fevereiro-março.

3º) Brasão alaranjado: $\begin{cases}\text{Amarelo } 60\\ \dfrac{\text{Vermelho } 60}{120}\end{cases}$

4º) Letra: ponto circular que gera uma linha reta por sua sua circunferência.

5º) 200, número dessa letra.

6º) Ângulo alaranjado: $\begin{cases}\text{Amarelo } 60\\ \dfrac{\text{Vermelho } 60}{120}\end{cases}$

7º) Ponto circular que gera uma curva angulada sobre uma linha reta.

8º) 4, número dessa letra.

9º) A nota Dó.

10º) Peixes e suas correspondências.

11º) Júpiter noturno e suas correspondências.

12º) Ângulo alaranjado: $\begin{cases}\text{Amarelo } 60\\ \dfrac{\text{Vermelho } 60}{120}\end{cases}$

13º) O raio branco apontando para esse ângulo.

14º) A nota Mi e a letra solar.

Sul-Oeste
a 60° Sul

Correspondência Sul-Oeste a 60° Sul

1º) Graus $\dfrac{105}{\dfrac{255}{360}}$

2º) Verão, agosto-setembro.

3º) Brasão Azul, 120.

4º) Letra: dois pontos circulares que geram duas curvas articuladas sobre um semicírculo.

5º) 10, número dessa letra.

6º) Ângulo Azul 120 do triângulo da Terra.

7º) Letra helicoidal inclinada, de dardo longo.

8º) 90, número dessa letra.

9º) A nota Sol.

10º) Virgem e suas correspondências.

11º) Mercúrio diurno e suas correspondências.

12º) Ângulo azul 120.

13º) O raio branco que aponta para esse ângulo.

14º) A nota Mi e a letra do Sol.

O Arqueômetro Cosmológico

Revelador e Regulador dos Altos Estudos

Descrição Detalhada

O Arqueômetro e a arquitetura

O Arqueômetro é, portanto, o instrumento de precisão das altas ciências e das artes correspondentes, seu transferidor cosmométrico, seu padrão cosmológico, seu regulador e seu revelador homológico.

Ele as reconduz ao seu princípio único e universal, à sua concordância mútua e à sua síntese sinárquica.

Essa síntese, que não é mais do que a gênese do princípio, é o próprio Verbo, e ela autografa seu próprio nome sobre o primeiro triângulo do Arqueômetro: SO-PhYa, sabedoria de Deus.

Mas, para tornar compreensíveis todas as aplicações possíveis do Arqueômetro, como revelador e como regulador experimental dessa gênese e dessa síntese, seria necessário entrar em infinitas explicações.

Teríamos de inventariar toda a nomenclatura da quádrupla hierarquia das substâncias, dos fatos, e, em consequência, das ciências e das artes divinas, angelicais, humanas e naturais.

E, além do mais, seria necessário indicar, ao entrar na universalidade das consequências, todas as equivalências e todas as correspondências dessas hierarquias.

Chegaremos ao mesmo fim demonstrativo por uma via mais rápida, a do fato apenas, a da experiência em toda a sua verdade científica e, em consequência, em toda honestidade de consciência que se deve exigir de si mesmo em um assunto tão importante.

Esse fato é a arte; mas a arte considerada como palavra criadora e consciente da própria ciência, e não mais como manifestação individualista da anarquia, da fantasia, da moda ou da imitação.

É por essa razão que concentramos as aplicações do Arqueômetro na arte que é suscetível de se tornar a expressão mais direta da ciência reconduzida ao seu princípio, na arte que sintetiza todas as ciências em ação, todas as artes, todos os ofícios e indústrias, em uma palavra, toda a hierarquia do trabalho humano.

Essa arte é a Arquitetura.

Sendo o edifício religioso a obra mestra da arquitetura, resumo do princípio da lei e do fato social, aplicaremos o Arqueômetro à ciência das religiões.

Se for requisitado para erguer catedrais cristãs, pagodes de bramânicos, budistas ou chineses, templos guebros ou mesquitas muçulmanas, o arquiteto verá no regulador arqueométrico a posição exata de cada uma dessas religiões dentro da religião, sendo que essa palavra é empregada em sua acepção de síntese científica e de sabedoria no sentido antigo da palavra.

O Arqueômetro provará experimentalmente que é revelador e ao mesmo tempo regulador dos altos estudos, o revelador da Revelação prevista no início do século XIX pelo conde de Maître.

Uma vez que o princípio arqueométrico é a palavra, o arquiteto utilizará em primeiro lugar a dupla zona das letras, e esta então lhe dará todas as equivalências dos números sonométricos, das cores, das notas, dos modos musicais e, em consequência, morfológicos.

E a única coisa que precisará fazer será passar do mundo da glória ao mundo dos céus astrais para ter as concordâncias cosmológicas que resultam dos precedentes angélicos e divinos.

Coroas de 360 graus ou de 360 decanatos

A palavra 36, em letras decimais sânscritas, escreve-se GO. Ela significa, em védico, o próprio céu. A palavra 360, em letras numerais adâmicas, escreve-se *ShaS*, que significa a potência sexenal 6 x 6; aquela que, precisamente, corresponde à medida do círculo pelo hexágono.

Veremos, mais adiante, a importância dessa relação com o próprio princípio. Este tem, como característica, a trindade que determina sua instrumentalidade direta na sexenalidade: 3... 6; o trígono equilátero determinando a estrela hexagonal.

Esse duplo transferidor circular utilizado em sentido inverso, em relação aos graus, tem uma considerável função de controle prático, cujos fatos testemunharão mais tarde, principalmente quando se trata das cores, dos equivalentes luminosos da palavra: raios e cores.

A palavra

Apenas como informação, lembraremos aqui que o Evangelho de São João, quando lido em siríaco, aramaico, dizia: "O princípio é a palavra, o Verbo". Na Grécia patriarcal, ou melhor, na Eslávia dos Bálcãs, Orfeu, segundo as tradições coletadas pelos Pais da Igreja, havia deixado entre seus inúmeros livros canônicos uma obra intitulada *A Palavra ou o Verbo Sagrado*. Da mesma forma, na Itália patriarcal, a dos etruscos.

Basta somente explorar um pouco a Antiguidade em todas as partes do mundo para encontrar marcas concretas da importância da palavra humana, considerada reflexo do Verbo divino.

Sem dúvida, da Índia à China, da Eslávia e da Escandinávia para a antiga América, da Síria e da Caldeia ao Egito, a erudição pode alcançar apenas os vestígios supersticiosos e mágicos da antiga ciência dessa palavra primordial e de seus alfabetos.

Mas essas mesmas relíquias são as testemunhas dessa ciência perdida.

Aos seus antigos alfabetos de XXII letras, a Igreja Siríaca atribui um valor litúrgico, a cada letra uma funcionalidade divina, uma significação hierática.

Sob esse aspecto, essa universidade religiosa está mais próxima da verdadeira ciência antiga do que as interpretações mágicas da antiguidade decadente, acessíveis aos estudiosos.

Tablatura Cosmológica das XXII Letras

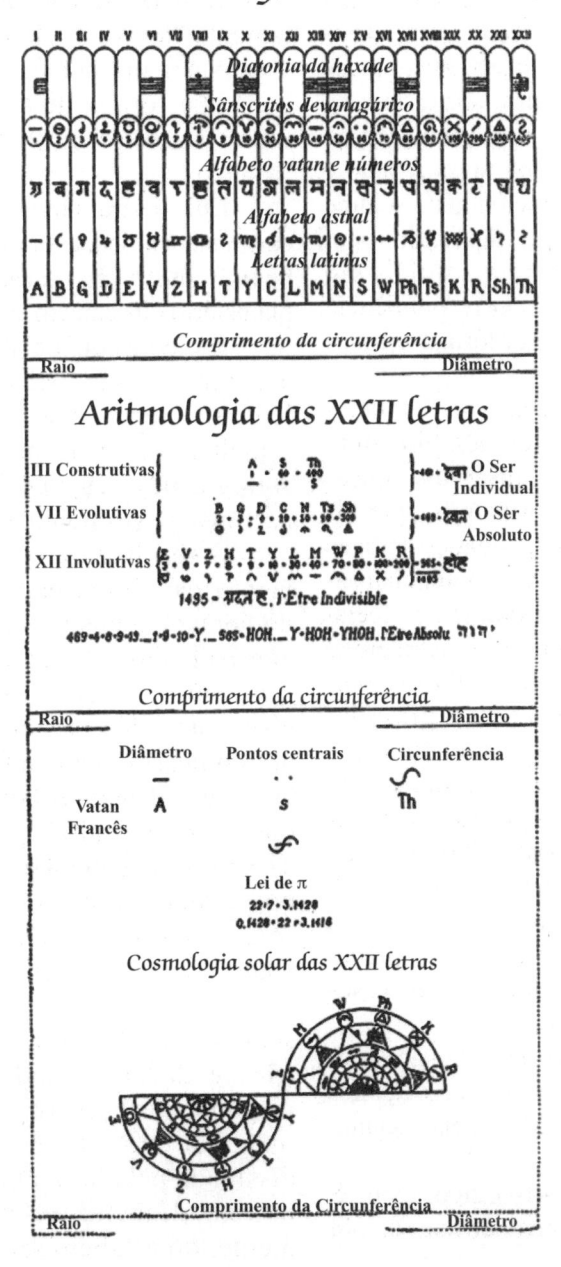

Diatonia da hexade
Sânscritos devanagúrico
Alfabeto vatan e números
Alfabeto astral
Letras latinas

| A | B | G | D | E | V | Z | H | T | Y | C | L | M | N | S | W | Ph | Ts | K | R | Sh | Th |

Comprimento da circunferência
Raio — Diâmetro

Aritmologia das XXII letras

III Construtivas
VII Evolutivas — O Ser Individual
XII Involutivas — O Ser Absoluto

1495 = גשא ה, l'Être Indivisible

469=4·8·9·13...1·9·10·Y...565·HOH...Y·HOH·YHOH, l'Être Absolu יהו׳

Comprimento da circunferência
Raio — Diâmetro

Diâmetro	Pontos centrais	Circunferência
Vatan Francês A	s	Th

Lei de π
22÷7=3,1428
0,1428×22=3,1416

Cosmologia solar das XXII letras

Comprimento da Circunferência
Raio — Diâmetro

Os alfabetos

Entre os antigos alfabetos anteriores às civilizações anarquistas greco-latinas, classificamos aqueles de 22 letras numerais como equivalentes típicos da palavra.

Nós os nomeamos de solares ou solar-lunares, deixando bem claro que esses nomes astrais são apenas signos de correspondência entre o mundo da glória e o mundo astral.

Foi em razão do esquecimento dessa diferença, tomando o efeito pela causa, as consequências pelo princípio, que algumas das universidades antigas caíram no culto das potências astrais, anjos e demônios; no sabeísmo, e até mesmo no fetichismo, e que, há um século, Dupuis se precipitou no mais baixo e grosseiro dos materialismos astronômicos.

Classificamos de lunares os alfabetos de 28 letras, de horários zodiacais os de 24 letras, de mensais zodiacais aqueles de 30 letras, de decânicos os de 36, etc., sempre com as ressalvas precedentes, e o padrão de todos esses números é XXII.

O alfabeto dos primeiros Patriarcas é aquele que empregamos sobre o Arqueômetro pelas seguintes razões:

Ele é morfológico, isto é, mais do que geométrico; e, por suas formas rígidas ou absolutamente flexíveis, ele desenha o objeto por ele nomeado, ou nomeia sua forma, de acordo com regras que seria inútil expor aqui.

Dele derivam os signos zodiacais e planetários, assim como também a construção da esfera ou do planisfério que contém esses signos.

Em consequência, a função e o lugar cosmológico de cada letra são determinados por sua semelhança de forma com os signos astrais, cuja posição é determinada astronomicamente.

O resultado é o posicionamento das letras não pela mão do homem, a posição delas, seus agrupamentos binários, ternários, etc., e todas as suas relações entre elas são, em resumo, autológicas e não antropológicas. Acrescentamos, sobre o Arqueômetro, os alfabetos siríaco, assírio, dito hebraico, samaritano e caldeu, todos eles solares, solar-lunares, de XXII equivalentes literais e numéricos.

De modo que, quando a semelhança da letra arqueométrica e do signo zodiacal correspondente provoca alguma indecisão ao olhar, esta será dissipada pela letra análoga dos outros alfabetos e, principalmente, do alfabeto samaritano.

Alfabeto morfológico
dos primeiros Patriarcas

Eis então o gráfico do alfabeto dos primeiros Patriarcas empregado sobre brasões circulares e sobre os ângulos dos trígonos do Arqueômetro.

A descrição que está encerrada nele é a dos brâmanes e não a nossa.

Os brâmanes fazem desse alfabeto um grande mistério, e este é certamente o protótipo ariano de todos os outros desse gênero, os chamados semíticos, e que poderiam ser chamados com mais propriedade de esquemáticos.

O que o faz excepcional é que ele é morfológico, protótipo das letras védicas e sânscritas, e que muito provavelmente ele une a universidade bramânica, tão antiga, às universidades primordiais dos primeiros Patriarcas.

O alfabeto deriva do ponto, da linha, da circunferência, do triângulo equilátero e do quadrado; e mesmo que os brâmanes o chamem de vatan, ele por si só acaba se designando: "Adão, Eva e Adama", por suas cinco formas, mães da morfologia:

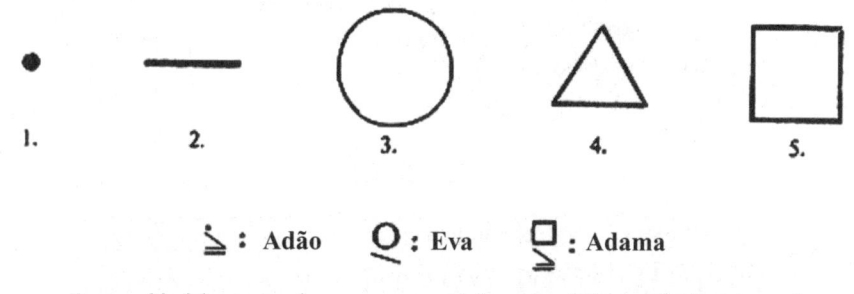

●   ―   ○   △   ▢

1.   2.   3.   4.   5.

≙ : Adão   ○ : Eva   ⊟ : Adama

Sem dúvida, os signos astrais, zodiacais e planetários derivam desse alfabeto, assim como a maior parte das letras e das cifras mais ou menos alteradas que chegaram até nós de uma fonte pura comum, por rios diferentes e mais ou menos impuros.

O resultado é que, e repetimos propositalmente, o lugar de cada letra sendo determinado pelo lugar do signo zodiacal ou planetário que dela se deriva, a palavra arqueométrica é autológica, bem como todos os seus equivalentes.

Esse alfabeto esquemático foi chancelado por Moisés no versículo 19, capítulo II, de seu *Sepher Berashith*.

As palavras magia e arcano, usadas pelos brâmanes em sua descrição anterior, despertam forçosamente no espírito científico cristão dois sinônimos:

Superstição e ignorância

Superstição: decadência e sobreposição de elementos arqueológicos e de fórmulas mais ou menos alteradas, mas que um estudo aprofundado pode às vezes, como é o caso agora, relacionar a um ensinamento anterior, científico e consciente, e não metafísico nem místico.

Ignorância maior ou menor dos fatos, das leis e do princípio que constituíram esse ensinamento primordial. Nunca a magia nem os arcanos atraíram tanto as inteligências à vertigem de todos os desconhecidos e de todos os abismos do que nas épocas de incredulidade, de anarquia e de decadência: Índia, Egito, Caldeia, Pérsia, Império grego, Império romano; e tudo isso pela própria necessidade de fé, de princípio e de elevação.

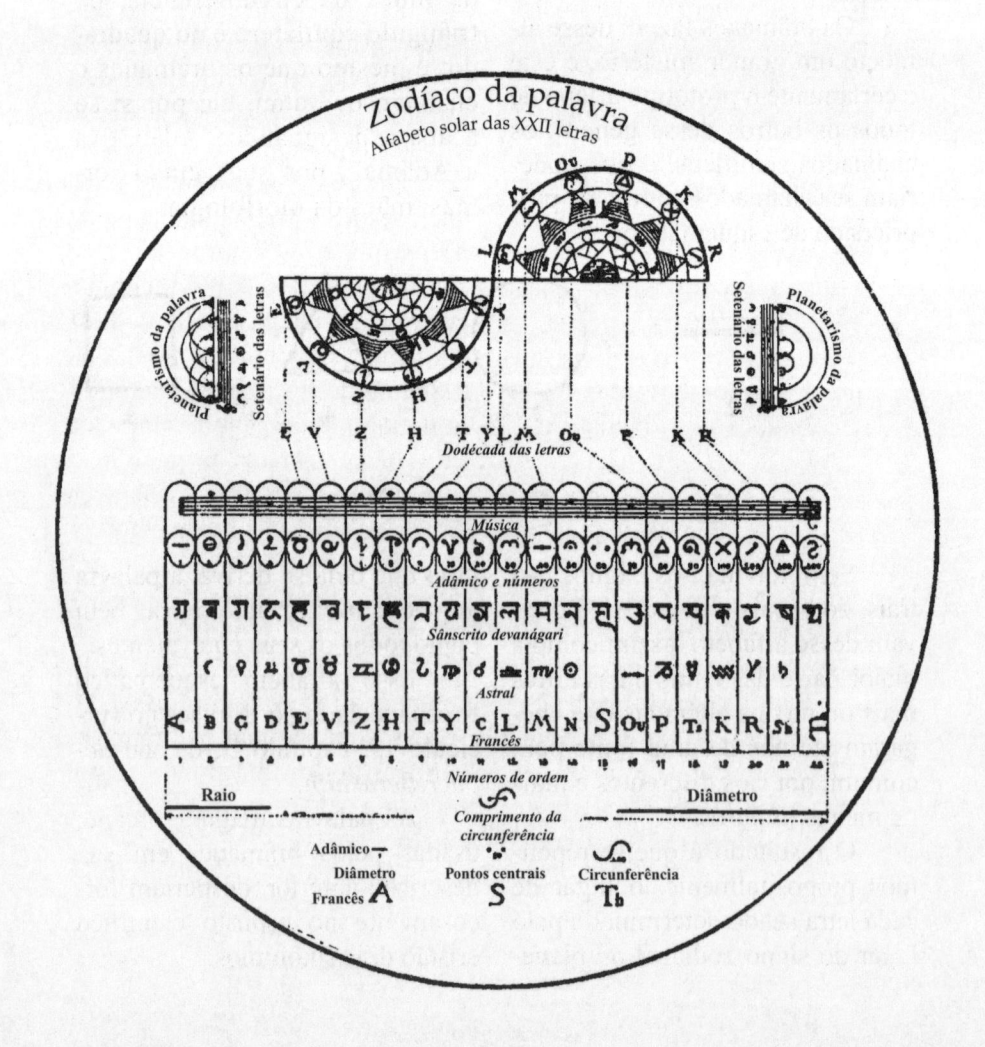

Mas o que salvará a cristandade europeia é a retidão, a lealdade que a ciência impõe à consciência e reciprocamente, quer se trate da religião, da arte ou da vida.

A descrição bramânica revela, portanto, um tempo de decadência: a do império universal dos Patriarcas, que começou com o Kaliuga, cerca de 4 mil anos antes da Era Cristã.

É por isso que pensamos ao contrário da indicação tão precisa, mas também tão inexata, contida nessa descrição.

Ela atribui às concordâncias zodiacais e planetárias as vogais acrescentadas, ou melhor, seu conjunto de vogais e de ditongos acrescentados ao que já existe.

Mas essa massorá, quase pré-histórica em sua origem, só tinha relação com o solfejo dos hinos. Ora, o alfabeto das 22 letras que colocamos no lugar desses signos de solfejo encerra nele todas as vogais que comportam sua série orgânica e sua numeração cosmológica-solar e lunar-solar.

O número XXII, em letras adâmicas, escreve-se Ka-Ba. Quando acrescentamos a esse nome a letra La, que significa potência, obtemos assim a potência das XXII letras.

Essa é a famosa Kabala antiga, da qual os judeus tiveram somente a superstição babilônica, a decadente, a estéril, a mágica, a Quabalah.

A ciência das XXII letras, pelo contrário, é uma verdadeira ciência, em todo o rigor e em toda lealdade dessa palavra. É a ciência da palavra cosmológica solar, criadora e fecunda até o infinito, como veremos mais adiante.

São Paulo faz uma clara alusão na *Primeira Epístola aos Coríntios*, I, 7, 8, 9.

São João fala sobre isso ainda de forma mais clara, no início de seu Evangelho, referindo-se à primeira palavra do Gênesis de Moisés: o princípio.[67]

Devemos acrescentar ainda que, desde o Yodhisthir, o ponto de partida e de retorno da série cosmológica das letras foi transposto pela universidade védico-bramânica da letra Y, primeira do triângulo de Jesus, para a letra M, primeira do triângulo de Maria, da substância chamada Terra de imanência para a substância chamada das águas vivas ou da emanação.

Essa transferência, que caracteriza o bramanismo, mostra-se completamente sistematizada no quadro ao lado dos signos védicos derivados do ponto do AUM, AVaM, sobre o qual os brâmanes também fazem um grande mistério (ver p. 257).

---

67. Ver: *La Théogonie des Patriarches*, de Saint-Yves. 1 belo volume, Gr. In-4º.

Alfabeto lunar: signos védicos derivados do ponto do AUM

Depois de ter estudado profundamente durante muitos anos os ensinamentos orais de seus mais sábios pontífices, também rejeitamos a transposição da letra Y para a letra M, baseando-nos para isso em nosso estudo pessoal de seus mistérios e em indicações muito precisas contidas nos Evangelhos e nas Epístolas.

Construção do Arqueômetro em forma de duplo transferidor semicircular, com todos os equivalentes da palavra, as letras sânscritas correspondendo às adâmicas.

Eis como utilizamos as XXII letras para a construção do Arqueômetro. Sobre essas XXII, III dão os centros de cada semicírculo, o diâmetro e a circunferência apresentada em duplo semicírculo.

No Evangelho encontramos esta chave: "Eu sou o Alefe e o Tau", que foi traduzido em grego: "O Alfa e o Ômega".

Essa tradução fez passar o mistério do real ao místico, uma vez que a língua grega é uma língua sudra, prácrita ou selvagem e não uma língua arqueométrica.

Em escrita assíria, chamada hebraica, a letra A se compõe de uma barra transversal e de dois pontos: ∴

Em escrita morfológica adâmica, a barra indica o raio ou o diâmetro, e, por si só, é a letra A; na mesma escrita, os dois pontos indicam um centro dividido e a letra S; a letra Th indica uma circunferência dividida em dois semicírculos invertidos, desta forma: ꝺ.

É por essa razão que considerando o *Alefe* como diâmetro duplicado, seus dois pontos como centros e o *Tau* como duplo semicírculo, atribuímos essas três letras morfológicas à construção da figura que recebe o nome de zodíaco da palavra, em forma de duplo transferidor

Eis essa forma: ꝺ.[68]

É a serpente de bronze de Moisés, à qual existem alusões no Evangelho. É o caduceu órfico.

Essas três letras adâmicas, A, S, Th; essas duas letras assírias, A, Th, significam então a tripla potência divina constitutiva o Universo Tipo; o círculo significa o infinito; o centro, o absoluto; o raio ou diâmetro, sua manifestação, a relação.

Assim, sobre as XXII letras, III se referem à potência constitutiva. As XIX restantes se referem às potências distributivas da harmonia e da organicidade universais.

Dessas XIX letras, XII são involutivas e VII são evolutivas, no mundo da glória ou do Verbo, e,

---

68 Ver figura p. 254.

consequentemente, no mundo dos céus astrais.

Ou seja, XII letras são zodiacais e VII são planetárias, ou melhor, VI planetárias evoluindo em torno de uma letra solar, o que os judeus e gregos ignoravam.

Resta saber qual é o ponto de partida e de retorno da involução e da evolução.

Para sabê-lo, basta somar XIX, que dará 1 + 9 = 10. Ora, 10 é o equivalente da letra Y, a primeira letra do nome *IEVE* e de Jesus Verbo: *IShO, YPhO*.

Eis agora o desenho de nossa construção do Arqueômetro em forma de duplo transferidor articulado.

Podemos observar, na parte inferior da figura, uma antiga relação de 7 a 22 = 3,1428571, que se aproxima ao número π, transmitido por Euclides, mas empírico e incerto.

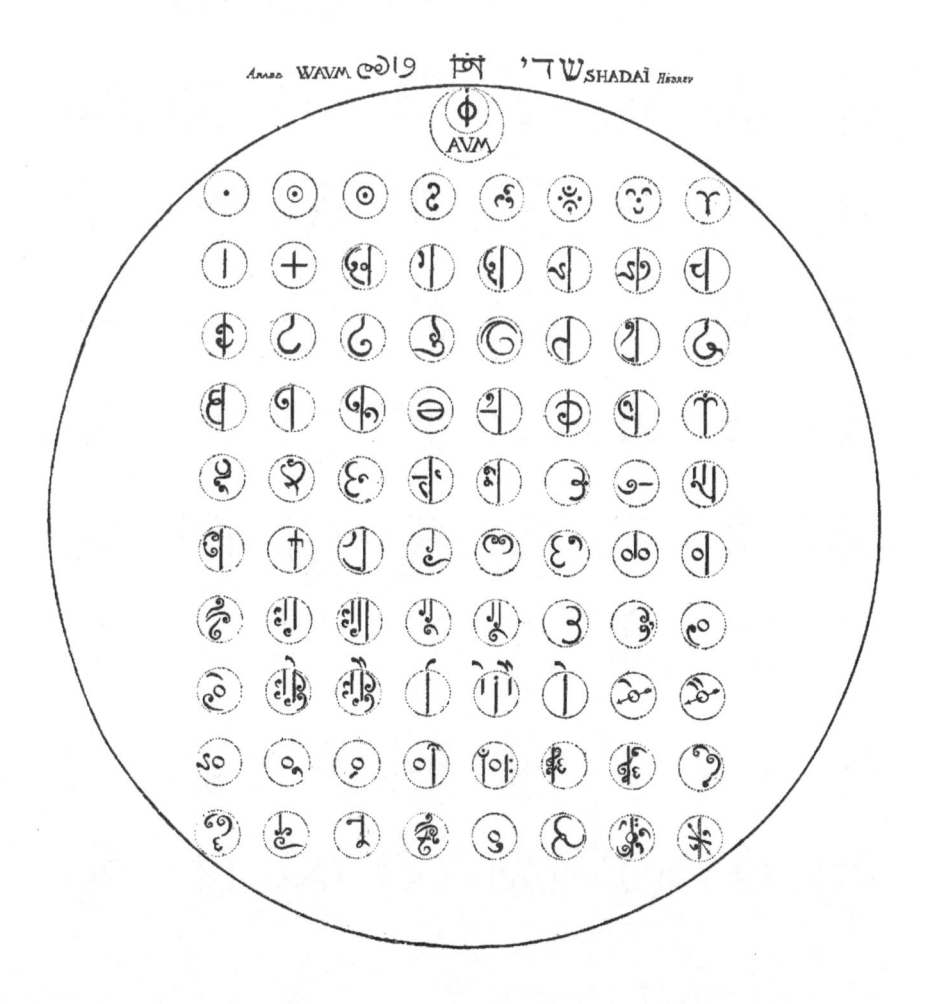

Coroa zodiacal da palavra

A partir da letra Y, I ou J, de 30° em 30°, a coroa zodiacal da palavra se compõe das letras: L, M, W, Ph, K, R, E, O, Z, È, T.

As homologias dessas letras, a 180° de distância, isto é, nas duas extremidades do diâmetro, são: YR, LHa ou LHe, MŌ, WZ, PhÈ, KT, e inversamente RY, EL, OM, ZWou, ÊPh, TaK.

O resultado disso são duas héxades de nomes autológicos,

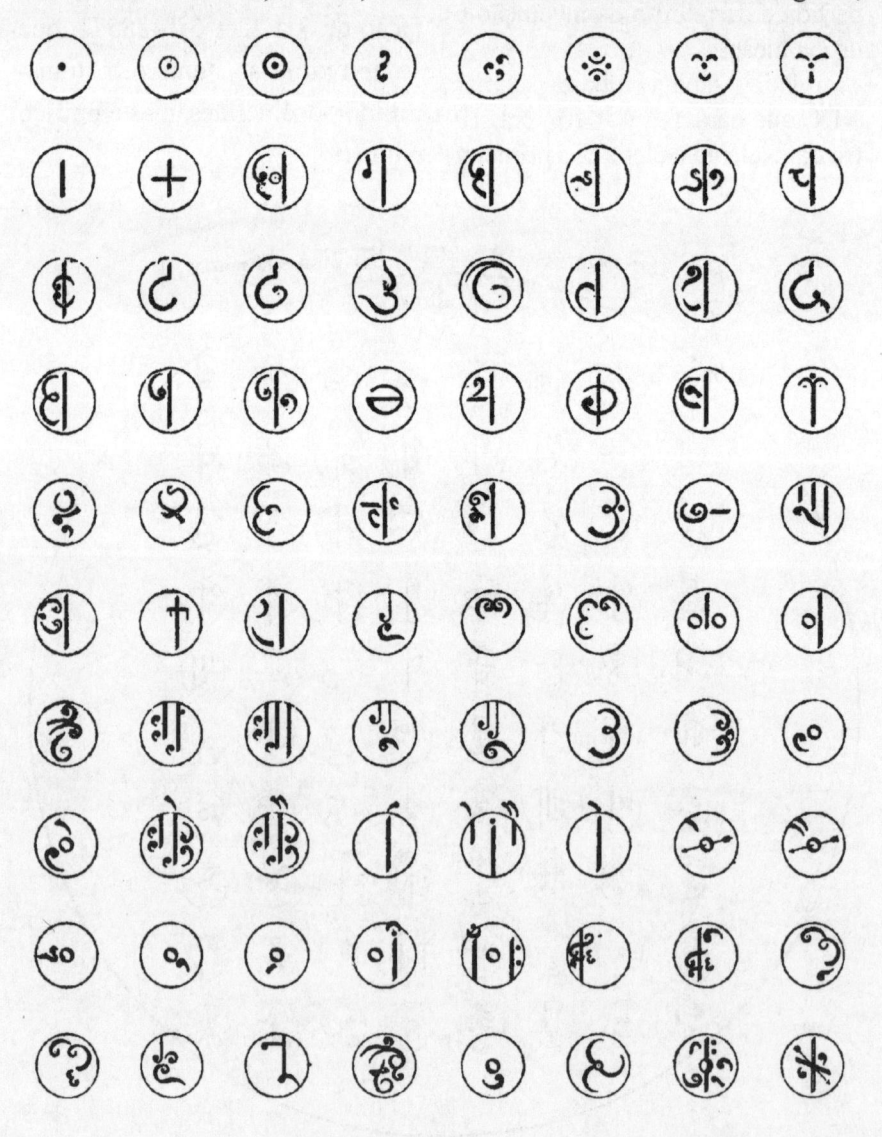

nomes radicais ou raízes monossilábicas.

IR, IRâ, significa em sânscrito palavra, a divindade da palavra.

La ou Le significa o rei dos céus, o mestre de Swarga ou Paraíso; Indra, um dos 12 Adityas, e também o mestre interior, a alma, a consciência.

MŌ, raiz de MŌX e de MŌXA, significa entrega, salvação, liberação das amarras do corpo e das misérias da vida.

WZ, ou então OUZ, encontra-se sob a forma US e significa, na linguagem védica, o ardor e o brilho luminoso.

PhÈ, Pa, significa a potência que governa.

KT. A letra K significa a alma; a letra Ta significa a ambrosia, a essência imortal.

Inversão

RY ou RâJ, ser rei, reinar.

EL, AL, conter (hebraico). Salvação, glorificação, exaltação.

ŌM, o AŪM.

ZWou, SWa, bens.

ÊPh (hebraico). Que cobre e protege, garantia, segurança.

TaK (hebreu), suportar, sustentar, (caldeu), sede, trono.

As 12 zodiacais

Para que o arquiteto se acostume pouco a pouco com a leitura desses signos e de seus equivalentes, tomaremos do zodíaco do Verbo as letras indicadas pelos ângulos dos dois primeiros trígonos, o de Jesus e o de Maria.

Limitamo-nos aqui às letras homólogas, àquelas cujas cores reconstituem o raio branco e que, em consequência, formam pares, combinações binárias, das quais cada elemento está a 180° de distância do outro.

A utilidade da coroa dos graus se verificará assim, ao mesmo tempo que a autologia da coroa zodiacal das letras.

Anteriormente demos o motivo de nossa escolha da letra I, Y ou J como ponto de partida e de retorno das séries harmônicas e orgânicas da palavra e de seus equivalentes.

Os equivalentes de I são: o raio azul emissivo e remissivo, o número 10, a sonometria e as formas harmônicas que resultam dela, o signo de Virgem, a sabedoria ou a Rainha dos Céus dos antigos Patriarcas, Mercúrio Trismegisto aos pés da virgem, o Rafael Trismegisto dos antigos Patriarcas, o Buda védico-bramânico, etc.

A homóloga dessa letra é R, cujas correspondências o próprio leitor encontrará sobre o Arqueômetro.

Essa combinação binária dá um nome arqueométrico radical, uma raiz monossilábica autológica.

Então temos apenas de abrir um dicionário de sânscrito; adotamos a língua devanagárica, língua de cidade ou de civilização divina, porque ela foi articulada sobre uma língua arqueométrica de templo, a adâmica, cujo alfabeto escolhemos.

O próprio Verbo vai ainda nos dizer se estávamos certos contra nossos amigos brâmanes, quando tomamos como ponto de partida da palavra criadora a letra I, e não a letra M.

IR, IRâ, significa em sânscrito "palavra, a divindade da palavra".

A resposta é divinamente conclusiva. Sem deixar a base do trígono de Jesus, nós nos reportaremos à letra O, cujos equivalentes são:

O vermelho, as línguas de fogo do Espírito Santo; a pomba vermelha; o número 6, gerador sonométrico do acorde perfeito menor que chamamos de orgânico interno, gerador igualmente das formas de beleza resultantes desse acorde, o signo de Touro, o sinal de Vênus celeste e da Ionah. A combinação binária é dada, a 180° de distância, sobre a base invertida do triângulo de Maria, pela letra M, primeira desse nome e desse triângulo.

Cabe ao leitor encontrar por si mesmo os equivalentes da letra M, e abrir o dicionário sânscrito.

ŌM, ou AÛM dos brâmanes, o AVAM dos coranistas esotéricos, o AM, a Ave Maria dos primeiros Patriarcas e dos cristãos de hoje em dia.

Ao meditar, com o Arqueômetro na mão, sobre a recombinação do raio branco pelas cores complementares, ou melhor, homólogas, O e M, e ao olhar as homologias dos outros equivalentes dessas duas letras, os orientais saberão cientificamente as origens de seu AÛM. Saberão por que esse nome, pronunciado de forma sagrada e exatamente na hora certa, arremessa sua vida na outra vida, a do triângulo das águas vivas, e em direção à fonte central, enarmônica, da luz.

Tomaremos agora a letra Ph ou P, a da porta de Deus e dos anjos. Seus equivalentes são: o raio fotogênico amarelo, o Natal da glória, dos céus astrais e do Verbo Encarnado, o número 80, sua sonometria musical, a morfologia de beleza gerada por essa sonometria, Capricórnio e seu anjo, Saturno e seu anjo, etc.

A homóloga de Ê ou H, o raio violeta, o número 8, a nota Lá, a sonometria musical e morfológica de 8, a porta inferior do Reino, a porta supraterrestre do homem, a descida e a subida das almas, na geração terrestre e na regeneração celeste, o trono do anjo Gabriel, o anjo da Anunciação e da Ave Maria, o anjo do signo de Câncer e da Lua.

Sobre a vertical dos solstícios do mundo da glória e do mundo astral, o raio branco se reconstitui no centro arqueométrico pela combinação norte-sul do amarelo e do violeta. Essa reunião dá o par das letras PhÊ e Pa-H.

Quando abrimos o dicionário de sânscrito vemos que: *Pa-H* significa "a potência que governa a vida orgânica". Vimos que essa potência se apodera desse governo universal, quando passa da letra triangular P, Δ, para a letra triangular armada de uma bissetriz que aparece no eixo do mundo: Δ, Sh.

Essas respostas diretas não deixam nada a desejar. Mas como a razão divina, longe de temer a razão humana, que quer possuí-la inteiramente na plenitude de sua admiração e de sua adoração, vamos retomar cada uma dessas palavras binárias e interrogar suas inversões.

YR dá TY; RY, em sânscrito, dá RâJ, que significa ser rei, reinar.

Juntando os dois sentidos, o direto e o invertido, obtemos então: o Verbo, o Deus da palavra, o rei do reino eterno.

ŌM dá MŌ em sânscrito, MŌx, MŌxa, que significa "a entrega, a libertação das amarras do corpo e das misérias da existência física".

O AÛM, quando se unem os dois sentidos, "a dilatação da alma de vida na adoração a impregna com as águas vivas da vida celeste e lhe dá o sabor antecipado da salvação, da entrega, da libertação das amarras do corpo e das misérias da existência física".

PaH ou PhÊ dá, em hebraico, ÊPh, a providência que garante, protege e abriga na segurança.

Unindo os dois sentidos, temos: a potência que governa a

vida, protege-a, abriga-a e a tranquiliza, quando essa vida nela se reintegra.

Depois de ter auxiliado o leitor a interrogar o Arqueômetro, sobre a estrela dos solstícios do Verbo, sobre essas letras homólogas, nós nos limitaremos, em relação à estrela equinocial dos anjos, a fazer a mesma experiência sobre a linha do horizonte.

Vamos nos posicionar então entre os dois ângulos I e M dos trígonos de Jesus e de Maria.

Nele encontraremos a letra L, sobre o trígono do éter divino. Seus equivalentes são o verde-azulado, o número 30, sua sonometria musical e morfológica, o arcanjo São Miguel, a porta horizontal e ocidental dos anjos, dos ALaHIM encarregados de dar a toda vida mental, amorosa ou corporal seus alimentos e seus elementos, o equinócio do outono, o signo de Balança e do julgamento, Vênus noturno, etc.

A homóloga, no ponto de partida do trígono de fogo, a letra E ou H, e tem por equivalente o cordeiro de Deus, *Agnus Dei*, o Agni dos védico-bramânicos, o cordeiro pascal dos judeus, o amor divino até o sacrifício absoluto de si, a Páscoa, a Crucificação do Verbo Encarnado e sua Ressurreição no terceiro dia, a cor vermelho-alaranjada do sangue, o equinócio da primavera, o número 5, sua sonometria musical e morfológica, o signo de Áries e do Cordeiro, Marte noturno ou o Centurião, o Sol sobre seu trono, etc.

A recombinação do raio branco, entre o verde-azulado e o alaranjado-vermelho, dá as letras LaH ou LH ou ainda Le.

O dicionário de sânscrito responde: o rei dos céus, o mestre de Swarga, o senhor do Paraíso, um dos 12 Adityas, e ele o nomeia Indra, que nós aceitamos como outro nome de Jesus, e não de outra forma.

Ele acrescenta, passando da teobiologia à ontobiologia do homem: o mestre interior da alma, a consciência.

Invertendo, o hebraico dá: EL, AL, significando: a salvação, a exaltação, a glorificação. Juntando os dois sentidos:

"O mestre interior da alma, o senhor da consciência humana, colocado na cruz para sua salvação, exaltado e glorificado de sua glória primeira como Verbo, é o Senhor e Rei do Paraíso".

Coroa planetária da palavra

A mesma prova experimental, feita à coroa planetária da palavra, daria outras respostas igualmente maravilhosas.

Nós nos limitaremos agora aos exemplos que precedem e que estão de acordo com a lei das homologias, com a regra de suas combinações binárias, para a leitura dos mantras arqueométricos dessa ordem.

Para dar ainda mais certeza sobre a exata autologia do Arqueômetro, tomaremos, sobre cada ângulo

Planetário e zodiacal

dos trígonos de Jesus e de Maria, a combinação binária da letra zodiacal e da planetária do ângulo, e depois sua inversão.

Utilizaremos apenas a língua sânscrita e os dicionários em uso para provar mais uma vez a referência ariana do Arqueômetro às antigas universidades patriarcais.

No ponto de partida do trígono de Jesus, as duas letras *Ya* e *Tsa* dão o termo *Ya Ça*.

Ya Ça: emissão da glória e do esplendor.

ÇI é a inversão da palavra anterior e significa remissão, repouso, sono.

Existe, então, para o ângulo do ponto de partida e de retorno das letras, uma perfeita concordância dessa combinação com aquela que caracterizamos como homológica.

Ph e *Sh*, as duas letras do ângulo norte que coincidem em Capricórnio e em Saturno, no ponto do Natal, em nosso dia 24 de dezembro, à meia-noite, momento em que o sol começa a subir sobre a eclíptica e a gerar o ano novo. Ora, em sânscrito:

PoeSha: os meses de dezembro-janeiro, confirmação absoluta de tudo o que dissemos sobre a autologia arqueométrica.

Pa: Potência; *Pâ* significa Salvador.

Sha: Paraíso.

SaP, inversão das letras anteriores e significa adorar.

Unindo o sentido do mundo astronômico ao do mundo da glória, obtemos:

No ponto de partida do primeiro mês astronômico, revela-se a adoração, a potência do salvador, o rei do Paraíso.

Depois de ter deixado falar as letras do ângulo correspondente ao Pai, as do ângulo correspondente ao Filho, interroguemos o ângulo que corresponde à terceira pessoa da trindade fundamental.

OG dá OGa, que significa a potência que une e reúne, a força que fecunda e multiplica. Em latim, *augere*, aumentar.

GO, inversão da palavra precedente, significa, em védico, tudo o que tende à união, tudo o que é bom. Mas, coisa não menos singular em relação ao sentido astronômico dos meses de dezembro-janeiro, a palavra *GO* também dá, em sânscrito, o sentido astronômico zodiacal do signo correspondente à letra O; touro, boi.

MaKa é uma palavra formada pelas duas letras zodíaco-planetárias do ângulo do trígono de partida de Maria, que significa sacrifício; MaGa, felicidade e sacrifício.

KaMa: o amor, o desejo, a vontade cujo princípio é o amor.

RD: situado no segundo ângulo do trígono de Maria, forma o nome RaD, que significa dar, concordar.

DR, DaRa: o que carrega, o que contém e possui. Mas, aqui também, um sentido astronômico é dado por DRu, que significa o que flui, que se liquefaz e se funde, ou corre rápido na água, e que concorda com o signo de Peixes.

HB, no ângulo sul do triângulo de Maria, temos a palavra HÊBÉ, que serve bebida aos deuses, na mitologia órfica derivada da védico-bramânica.

Em sânscrito, esse nome se decompõe em *Ka*, que significa Água etérea ou ar vaporoso, e *Ba*, que significa urna, o que concorda astronomicamente com Câncer, signo de água e com a correspondência da caminhada da lua e do estado de todos os fluidos e líquidos sublunares.

BH, inversão da palavra anterior, dá BaHu, o BoHu hebraico, mistura fluídica, por isso BaHuKa, que significa cisterna, que concorda também com o sentido astronômico do signo.

Letras morfológicas e aritmológicas

Eu chamo de zodíaco-solares os alfabetos orgânicos de XXII letras, tais como o siríaco litúrgico, o assírio dos judeus, o samaritano, etc. Escolhi esse gênero de alfabetos porque ele é cientificamente regular como *processo* de letras e de números correspondentes, ao qual podemos reduzir todo alfabeto empírico ou vulgar. E, nesse tipo alfabético, escolhi o mais antigo, o adâmico, desconhecido na Europa, mas conservado pelos brâmanes com o nome de vatan. Ele foi adotado porque é exato, não somente como *processo* de letras e de números, mas também como *processo* de formas. É um alfabeto morfológico, ou que fala exatamente por meio de suas formas que são geradas a partir do ponto, da linha, do ângulo, do círculo e do quadrado:

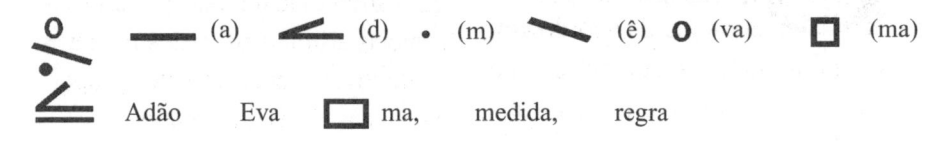

o̸ ⎯⎯ (a) ◢ (d) • (m) ◣ (ê) O (va) ☐ (ma)

⬲ Adão   Eva ☐ ma,   medida,   regra

As ciências e as artes relativas à aplicação das formas aos usos: arquitetura, estatuária, ornamentação de todo gênero, encontrarão nessas letras, recolocadas por mim em seu ponto exato de correspondência sobre o cosmômetro pantográfico, uma morfologia falante.

Somente na arquitetura, um novo gênero, o estilo falante, deriva-se da correspondência com as cores do pantógrafo.

Esse estilo consiste na utilização do ferro, ou de qualquer outro metal, e do vidro colorido; o ferro serve não apenas como armação, mas também para a incrustação falante das paredes de vidro colorido, assim como o ouro, a platina e a prata servem para a incrustação das pedras preciosas.

Veremos mais adiante por que, do alfabeto de XXII letras, eu extraí três letras: – A, como número 1, ••, S, como número 60, ဌ, Th, como número 400, quer dizer, o raio gerador, os pontos e o sinal de união das zonas.

Restam XIX letras, XII modais e VII diatônicas. Elaborei a seguinte tabela das correspondências morfológicas: 1º entre as XII modais e os XII signos zodiacais, entre as VII diatônicas e os VII signos planetários.

A comparação mostra que esses signos astrais são derivados dessas letras, e esse fato apenas as relaciona com uma época universitária dos Patriarcas anterior ao paganismo, ao sabeísmo, ao antropomorfismo e ao zoomorfismo. É por essa razão que chamo de zodíaco-solares esses alfabetos de XII letras e zodíaco-lunares os alfabetos de 28, 29 e 30 letras, como o musnad e o coreïsh.

Aritmologia dos alfabetos cosmológicos solares

Como as XXII letras são aritmológicas, tivemos de reconstituir sua aritmologia de acordo com seu ponto de partida e de retorno, com seu módulo emissivo que, sendo a letra Y, é o número 10, tendo o número 6 como módulo menor. Ao contrário, no sistema lunar védico-bramânico, sendo o ponto de partida e de retorno a letra M, é o número 40, com o número 8 como módulo menor.

É recomendável deixar claro para o arquiteto que essa aritmologia restitui todo um lado perdido das ciências aritméticas, a dos números qualitativos inversamente proporcionais às cifras quantitativas.

O maior desses números é a unidade e todos os outros são suas funcionalidades internas.

Além do mais, essa aritmologia qualitativa é fisicamente experimental, seja sobre a corda sonora, seja sobre as placas vibrantes, de acordo com os números e com as formas equivalentes das placas.

Ela revela com isso a qualidade musical dos números, enquanto as cifras revelam a quantidade das vibrações físicas.

Esse conhecimento, do qual deriva a música cosmológica das formas ou morfologia, é indispensável para a arquitetura e todas as artes a que ela preside, para fazer com que o artista passe do estado inconsciente ao estado de ciência e de consciência plena e completa, isto é, de cooperação direta com o princípio metrológico e morfológico.

A síntese religiosa ou a sabedoria é dessa forma uma aliança divina real e positiva, tanto na ciência e na arte e como na vida, cujos instrumentos são a ciência e a arte.

Enfim, como os números constituem também palavras, o arquiteto notará que aquelas que resultam das principais séries numéricas do alfabeto adâmico são lidas seguindo a numeração decimal sânscrita. E ele constatará a importância dessas palavras reveladoras.

E mais uma vez a vontade humana não tem nada a ver com essa autologia que nos dará o critério de certeza utilizado das mais antigas universidades patriarcais.

Critério de certeza

Nada se cria sem convicção, sem a potência de vida que no Verbo atrai uma irresistível certeza, uma luz que coloca no coração o calor sagrado.

Como o revelador dessa revelação, o Arqueômetro oferece essa certeza e atrai essa força de vida que conduzirá o arquiteto a uma aliança e a uma colaboração reais com o princípio de sua arte.

É por essa razão que chamo a atenção, com muita gravidade, sobre o que vem a seguir.

Quando se observa a tabela da aritmologia das XXII letras, podemos ver:

1º: Que esta que tem como chave o número 10, o da letra Y, I ou J.

2º: Que esse número 10 não resulta, como nos sistemas da Antiguidade decadente, da soma das interioridades do número 4 + 3 + 2 + 1 = 10, mas da unidade da trindade e da interioridade dessa trindade, assim: 3 + 2 + 1 = 6, isto é, sexenalidade.

O número 1 corresponde à incognoscível unidade de Deus, o número 3 corresponde à sua trindade constitutiva de toda a manifestação, a seu Verbo cognoscível. Jesus disse: "Quem me vê, vê ao Pai".

O número 6, que é do Espírito Santo, é a própria interioridade de 3 + 2 + 1 = 6.

A soma desses três números, 1, 3, 6, é igual a 10, sem ser necessário recorrer ao número 4 para obtê-la.

Tudo o que precede é verificável sobre a corda sonora. Com efeito, 1 representa a corda inteira, 2 sua oitava, mas sua oitava dos dois lados, direita e esquerda a partir do meio da corda. A duidade não é, portanto, uma potência de oposição, mas de simetria na própria unidade.

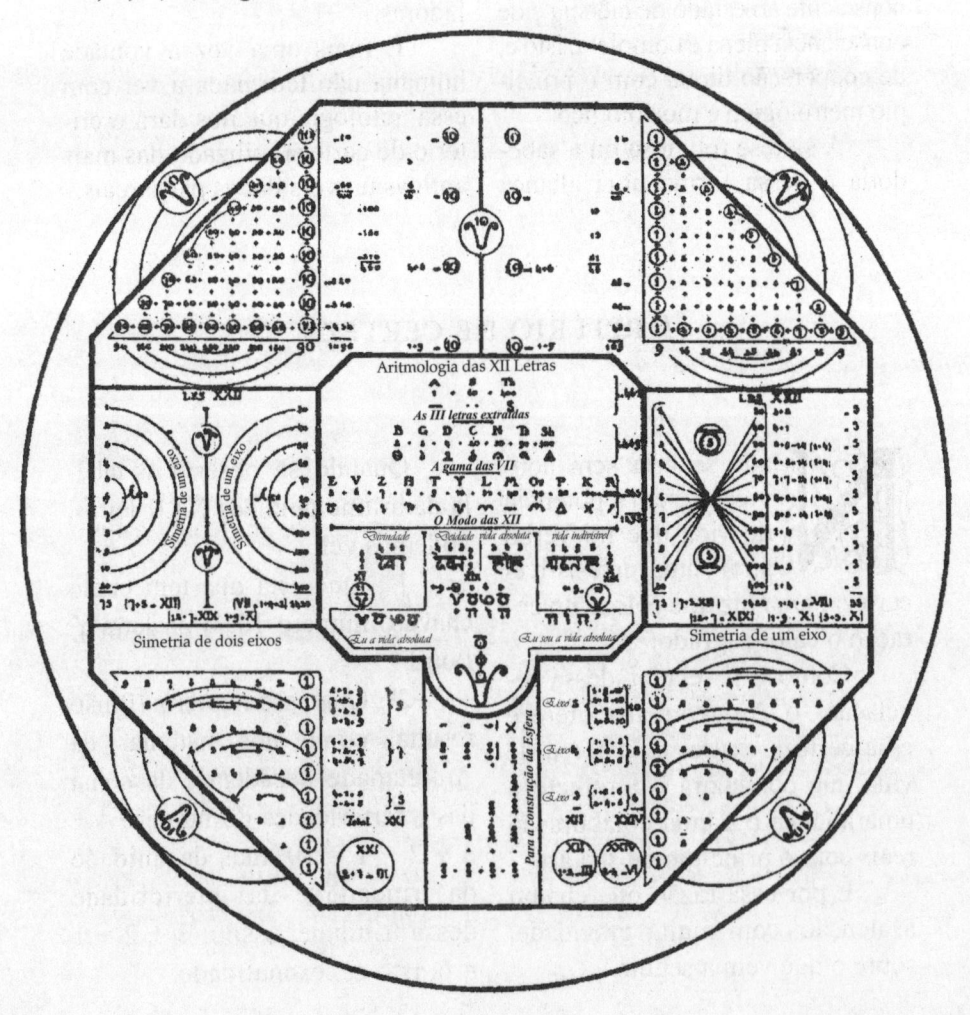

O número 3 sobre a corda sonora dá a quinta a 2/3, mas cada terço isolado dá também essa quinta da oitava; o número 3 é, portanto, autônomo em 1, como a palavra do número 1.

O número 4, ao contrário, é apenas a subsimetria de 2, que também é a potência simétrica de 1. O número 4 dá aos 3/4 o quarto, metade geométrica da oitava, mas cada quarto isolado reproduz a própria oitava na dupla oitava.

De forma que, sendo 2 a potência simétrica da unidade, 4 é sua potência subsimétrica, ou interferencial. Esse número não é, portanto, autônomo nem diretamente falante, nem em sonometria e muito menos em morfologia, como veremos mais adiante.

O número 6, interioridade de 3, o fortalece com sua potência simétrica, que então se torna 3, assim como 2 fortalece 1 com a simetria interna.

Em 6, tudo fala plenamente sobre a corda sonora; tudo ali é verbal e autônomo, como em 3, e essa palavra que corresponde, em morfologia, ao hexágono, dá à onda sonora seu acorde menor perfeito, que chamamos orgânico interno, com propulsão de 2/5 nos agudos, isto é, uma dupla promulgação da verbal 3.

Nas poucas palavras anteriores, todos os sistemas védico-bramânicos, egípcios, caldeus da decadente Antiguidade e, principalmente, dos lixos pitagóricos dessa Antiguidade, são colocados em seu lugar secundário no único sistema que é a expressão do princípio.

1, 3, 6, Pai, Filho e Espírito Santo.

Mas, como a ciência é una e indivisível, o que é cientificamente verdadeiro no mundo da glória não pode ser falso no mundo dos céus e dos fatos físicos, quaisquer que sejam esses fatos.

A sonometria acaba de comprová-lo, e as placas vibrantes dos laboratórios de física comprovarão uma vez mais, quando chegar o tempo de mostrar por outras experiências, a equivalência entre a morfologia e a aritmologia.

Limitando-nos à sonometria da palavra, devemos lembrar que:

Das XXII letras, três são constitutivas, sete evolutivas, 12 involutivas, sendo o total XXII.

Os números das três constitutivas são: 1 + 60 + 400 = 461.

No centro da tabela aritmológica, podemos verificar que, na numeração decimal sânscrita, 4, 6 e 1 dão a palavra *DeVA*: a Divindade.

As sete letras evolutivas dão o número 469 que, em sânscrito, 4, 6, 9, dão a palavra *DeVaTa*.

Em qualquer dicionário, DeVaTa é traduzida por condicionalidade divina, isto é, as leis dadas pela Divindade, leis harmônicas e orgânicas de evolução; e os mestres e guardiões funcionais dessas leis são os juízes, os anjos de luz, os ALaHIM, os Devas.

As 12 letras involutivas dão o número 565. Esse número dá o nome de ÉVÉ, a vida absoluta.

Quando somamos a evolução para reduzi-la ao seu ponto de partida e de retorno, temos: $4 + 6 + 9 = XIX$; $1 + 9 = 10$; $X = I, Y, J$.

Essa letra colocada diante da palavra da involução, que não deve ser somada, dá o nome IÉVÉ: *Eu, a vida absoluta. Eu sou a vida absoluta.* Esse é o critério da sarça ardente.

Ora, todas as revelações que precedem são autológicas tanto pelos números como pelas letras; não são, portanto, palavras de homem, mas palavras do Verbo, diretamente por meio de fatos experimentais.

Resumamos esses fatos verdadeiramente maravilhosos, para não dizer divinos, que seria a palavra mais apropriada.

Os números das três letras constitutivas dizem: *a divindade*.

Os números das 12 involutivas dizem: *a vida absoluta*.

Os números das sete evolutivas dizem: *a condicionalidade divina*, o dom da vida e das condições desse dom divino.

Enfim, uma vez produzidos no mundo da glória, modelo do mundo dos céus astrais, o Universo e a universalidade das existências e dos destinos, então todas as potências angélicas involutivas, por meio da criação, se unem no Criador e na letra I, número 10, letra do *Consubstantialem Patri* comum ao Pai e ao Filho, para pronunciar o nome do Pai da vida, manifestado por seu Verbo.

O que precede diz autologicamente que: a vida produz o organismo que a manifesta, e não o contrário. Ela é organizadora de acordo com as condicionalidades específicas dos seres e dos meios substanciais.

O nome YÉVÉ, que também pode ser pronunciado de várias maneiras, de acordo com os tempos da adoração, esse nome é portanto autológico: *Eu sou a vida absoluta*; como se pertencesse apenas a Deus pronunciá-lo no coração do homem que o reza.

O Verbo Encarnado diz:

"Eu sou o caminho, a verdade, a vida".

O caminho corresponde à letra Sh do nome de Jesus, no ponto do Natal eterno e temporal do início de Capricórnio, também chamado de a porta ou o caminho dos anjos, assim como o signo homólogo, o de Câncer, é chamado a porta ou o caminho dos homens, guardada pelo anjo da anunciação, Gabriel.

A verdade corresponde à letra Y, e ao signo de Virgem consagrado à sabedoria divina, considerada rainha do céu e identificada à Maria, que subiu aos céus.

A vida corresponde à terceira letra do nome de Jesus, a letra O, assimilada à casa diurna de Vênus-Urano, à Yonah dos Patriarcas, à pomba vermelha e às línguas de fogo do Espírito Santo.

A vida é, portanto, a última palavra, a suprema dessas três palavras de Jesus.

E, com efeito, no alto de todas as ciências, e em ciência como em todas as coisas, o homem não cria nada, ele apenas constata; no alto de todas as experiências fenomênicas, o espírito humano é convocado a verificar um fato universal, inegável, que é ao mesmo tempo um milagre universal inexplicável: a vida incessantemente renovada assim como o ano cósmico e o ano terrestre.

Esse fato tem como condições de evidência física a organicidade cósmica e sua permanência cíclica, cuja conservação é uma criação em constante continuidade.

Ora, não existe organicidade sem harmonia, e, se a primeira significa vida, a segunda significa: Verbo ou palavra.

A soma dos números literais da palavra, seguindo as séries orgânicas e harmônicas das letras cosmológicas, vem então nos dizer, autologicamente, a própria palavra de Jesus, Sua palavra suprema: "Eu sou a vida".

É o critério religioso dado aos mais antigos Patriarcas, no ponto culminante dos conhecimentos, o ponto arqueométrico em que a incidência divina se faz na reflexão humana e, consequentemente, em toda a vida social, baseando tudo, ciência, arte e organização, no Deus vivo e em seu princípio de ação e de manifestação: o Verbo.

Ora, a universidade bramânica tem como palavra sagrada o monograma de nossa Ave-Maria: AM; AVaM, AOuM.

Se a letra I do nome de Jesus corresponde à eterna sabedoria, a letra M corresponde apenas à receptividade dessa sabedoria no homem cósmico, o Adão arqueométrico.

Essa potência receptiva, virgem marcial no signo da Água, era chamada Minerva ou Palas entre os pagãos.

A letra M, nos ensinamentos secretos dos brâmanes, é uma vogal interna, improferível, mas que se ouve no interior do corpo, como o murmúrio do mar em uma concha, quando fechamos hermeticamente a boca, as narinas e os ouvidos, e exercemos, sem respirar, um impulso vital da glândula cerebral, chamada pineal, para as extremidades do corpo.

O critério bramânico não é mais, portanto, cardíaco e biológico, mas cerebral e fisiológico, e ele corresponde então ao triângulo lunar da água, o da emanação embriogênica e das origens orgânicas, ao passo que o triângulo da Terra viva, de realidade suprema, é o da imanação do princípio vital, cardíaco, direto e absoluto: amor-vida.

Existe entre as duas letras I e M a diferença entre o *eu* e o *mim*, do vital proferindo o verbal, ao mental mudo se curvando sobre si mesmo, nem que seja na contemplação mais santamente quietista.

Nem o nome de Jesus nem o de IÉVÉ são usados entre os brâmanes, e os de seus chefes que eu conheci certamente não previram que seu alfabeto morfológico mais secreto me serviria para glorificar, e provar assim, por meio de inegáveis experiências, a vida absoluta e seu Verbo Jesus.

Mas eu poderia lhes provar, mostrar-lhes mesmo sobre as pedras preciosas do racional de seu sumo pontífice, sobre o peito de seu Brama, que carrega a tiara com as sete coroas, que o nome IÉVÉ ali ainda está escrito, sem que o percebam. Esse fato remonta ao tempo do culto de IShVa-Ra, Jesus Rei, Verbo de IÉVÉ, e, consequentemente, bem antes do Kaliuga e do bramanismo.

Completarei o que precede explicando a palavra princípio, Barashith, palavra tão simples e tão pouco conhecida, apesar das inúmeras discussões que aconteceram há milhares de anos.

Moisés, quando condensou a Tradição dos antigos Patriarcas, disse: "Barashith, Bara, ALaHIM"; o princípio criou os anjos; ATh, ha, ShaMaIM, wa ATh, ha, AReTz, alfabeto vivo, harmonia e organismo dos céus da glória e do céu gravitacional.

Santo Agostinho diz: "Todos os céus são diante de Deus como uma única terra", e de fato A-Retz significa a unidade daquilo que corre ou gravita.

Barashith é uma única palavra, Bara, repetida em um verbo idêntico, como o faz Moisés quanto se trata de um mistério importante.

ShITh é um afixo numeral que significa hexaédrico, em sânscrito: Shath, seis; Shathkona, hexágono; Bara significa criador pela palavra.

Esse nome, na mitologia hindu, é o do primeiro legislador da Índia e lhe deu seu título de Baravarsha ou Baraversh, o contenedor do Verbo.

O nome de IÉVÉ = 10 + 5 + 6 + 5 = 26; esse número se sustenta em duas letras adâmicas KV. Ora, KaVi em sânscrito significa: o criador pela palavra, o poeta-Deus.

A palavra poeta é considerada aqui no sentido antigo e não no do compositor de versos e de animador público, o único que as civilizações selvagens possam compreender em sua profanação dos dons de Deus.

Esse mesmo número 26, reduzido a 13, que é sua raiz de simetria, traduz-se em duas letras adâmicas: IG e, segundo o sistema decimal, AG.

Em sânscrito é Agni, o fogo divino. Moisés diz: "Nosso Deus é um fogo devorador". O que precede já é muito esclarecedor sobre a palavra princípio. Jesus acaba iluminando completamente quando diz: "Eu sou o princípio, o Barashith".

São João, seu discípulo bemamado, começa seu Evangelho em siríaco aramaico: "O princípio é o Verbo e o Verbo é o ATh dos ALaHIM".

Dessa forma, ele confirma e comenta Moisés, e um pouco mais adiante ele evoca o critério de certeza dizendo: "A vida era a luz dos homens". Assim, a raiz numérica, ou melhor, o Filho único; o íntimo assimétrico do nome de IÉVÉ é KaVi, o Verbo Criador, Agni, o fogo divino, o da vida absoluta, em uma palavra: amor, o fogo do sacrifício de si, sacerdote e vítima universais, criador e conservador, redentor e salvador.

Esse é o Barashith, o mestre e o senhor da obra dos seis dias.

Essa obra também não é conduzida pelos ALaHIM, regime e não sujeito do verbo Bara. O nome do Pai só é pronunciado quando a organicidade e a harmonia vivas são manifestadas, no ato, no mundo eterno da glória e depois no mundo temporal dos Céus astrais, oriundos da nebulosa amorfa do caos.

No ser absoluto, o princípio é para o ato o que o raio é para a tempestade, o que o amor é para o dom de si.

Não há abstração em Deus, tudo n'Ele é vivo, presente e indivisível. Ele é o princípio e o ato.

Apenas alguns inconscientes, filósofos que renunciam ao critério da vida, o princípio gerador, por causa da castração mental do *Cogito ergo sum*, puderam fazer Deus à imagem de sua impotência, quando separam o princípio do ato, ou melhor, quando confundem o princípio divino e a origem pretensamente natural.

Se o princípio universal não era de forma alguma o realizador e a realidade primordial do mundo eterno da glória, se a realização estava submetida a uma potência secundária como o tempo, esse princípio estaria morto e não apenas nenhuma vida se renovaria, mas nenhuma jamais teria se manifestado.

Ora, o milagre da vida universal é o ato do princípio vivo, seu fato tão inegável quanto inexplicável sem Deus.

Podemos nos perguntar por que o nome de IÉVÉ é pronunciado no sétimo dia. O número 7 sobre a corda sonora é sempre um número de repouso.

O número 6 dá o acorde perfeito, chamado menor, e que eu nomeio orgânico interno, mais dois quintos às duas oitavas seguintes.

Indico aqui que apenas uma das inúmeras razões experimentais que mostram por que o ato do princípio criador, seja teogônico na glória, seja cosmogônico nos céus astrais, é regulado pela héxade.

O repouso desta está em seu centro ou no do hexágono. Deus colocou seu trono no Sol, diz o profeta falando do sol da glória, do centro de sua héxade e de sua dupla héxade.

Em resumo, tudo o que foi proferido foi a expressão de um fato arqueométrico experimental, o que é o caráter leal da ciência, e não de uma exagerada e vã metafísica.

A via da ciência que é a via da verdade é ao mesmo tempo a via da humildade do espírito humano que deixa a lei falar no fato, o princípio na lei.

É o *Lavabo inter justis manos*. "Lavarei minhas mãos entre os justos", e, para ser justo diante dos fatos universais que são os signos do Verbo, basta ser exato em sua constatação.

A ciência diz junto com Jesus: *Fiat voluntas tua*, diante do autor dos fatos submetidos às suas experimentações.

O filósofo, o inconsciente mental, sempre diz, como o pretenso mágico cabalista: *Fiat voluntas mea*, e o resultado é apenas o vazio.

Comparados a essas duas ciências, os resultados sociais da arte neste século são de uma pobreza lamentável, quando não são de uma perversidade e de uma perversão execráveis.

No topo de todas as artes, a arquitetura se arrasta na esterilidade, a reboque de todas as épocas fecundas, sem poder gerar nenhum estilo nem nenhum gênero.

A razão de sua impotência é a mesma em relação aos filósofos, aos metafísicos, aos legisladores e aos letrados, macacos e papagaios dos pagãos greco-latinos. É a inconsciência, a ausência de princípio científico, científica, experimental e honestamente demonstrável.

Em presença da anarquia que hoje reina em todas as coisas, graças a essa raça mental, acreditamos que seria possível dizer: "Bancarrota da ciência".

Não, a ciência nunca declara bancarrota, pois ela é a consciência, uma inflexão exata da incidência do Verbo.

Essa dupla luz é instrumental da vida como a instrução o é da educação, ou deveria sê-lo.

Mas a bancarrota de uma raça mental, sim; bancarrota da fantasia e da anarquia individual; bancarrota dos estudos secundários greco-latinos, neopagãos e de uma instrução sem educação.

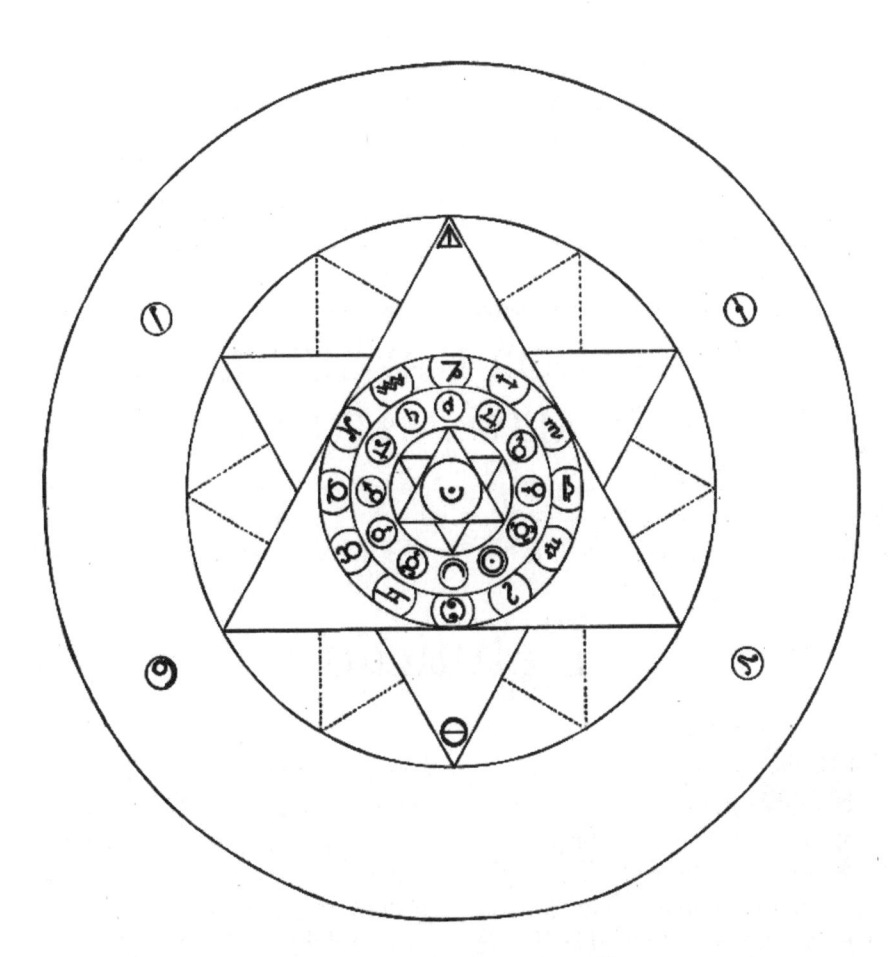

O Arqueômetro (Parte Central)

O Arqueômetro Cosmológico

Revelador e regulador dos altos estudos

Definição

Planisfério das harmonicidades e das organicidades universais, instrumento de precisão sintético e analítico de concordâncias gerais e específicas, para uso das altas ciências e das artes e ofícios que delas dependem.

É experimental em seu conjunto e em suas partes constitutivas. Estas são suscetíveis de evoluir mecanicamente em volta do centro comum.

Enfim, elas são homólogas entre elas, e formam os equivalentes da palavra que também é o princípio do qual o Arqueômetro é o fato demonstrativo.

Essa palavra arqueométrica consiste nos alfabetos antigos, que um atento estudo me levou a nomear: "Cosmológicas, solares e lunissolares".

Eles são compostos de 22 letras, cada uma tendo um número especial de 1 a 10, depois de 10 a 400: (10, 20, 30, 40, 50, 60, 70, 80, 90, 100, 200, 300, 400). Esses são os alfabetos lunares. E os reservo aqui como instrumentais dos solares, e somente em relação a estes é que os lunares têm valor.

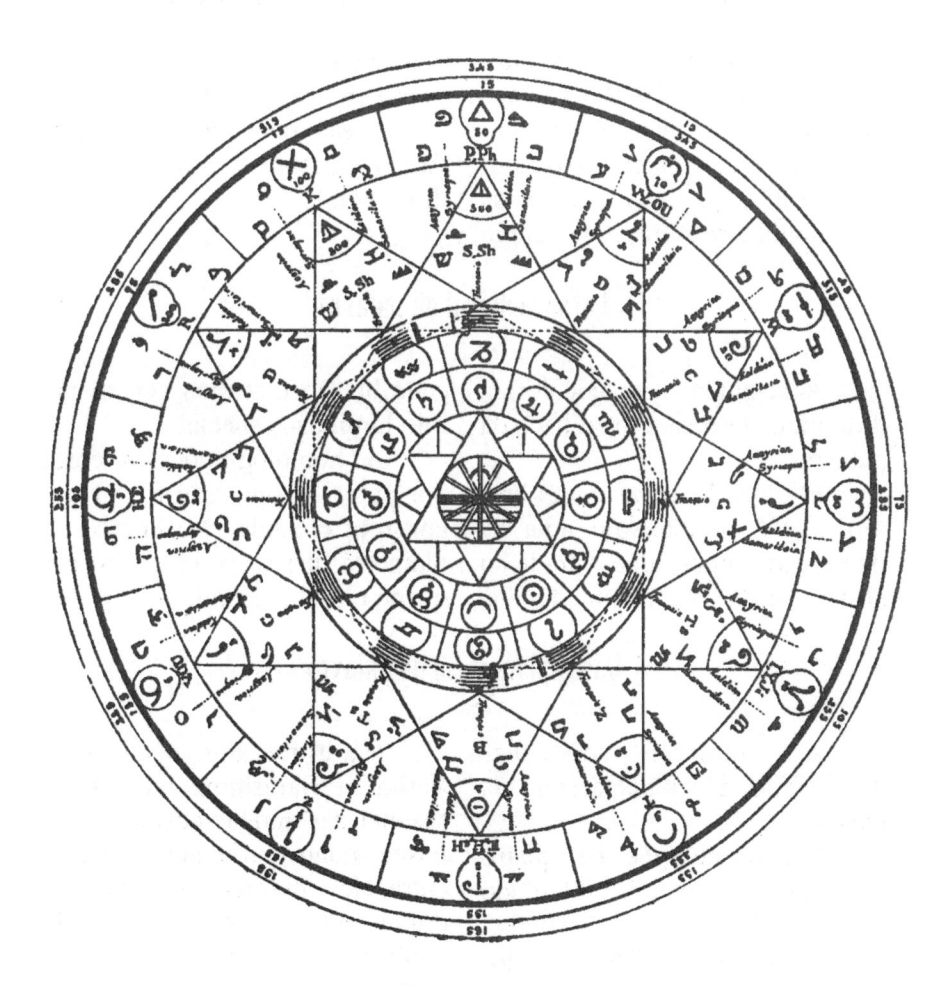

O Arqueômetro

Descrição sumária

Da circunferência ao centro:

Coroa de 360 graus – transferidor numérico diferencial

As duas primeiras circunferências divididas em 360 graus, e evoluindo pelo movimento contrário, quando somadas, dão o número 360 a qualquer grau. Essa homologia permite um duplo controle de todas as posições das outras partes constitutivas.

Essas duas circunferências foram um transferidor numérico diferencial.

Coroa zodiacal da palavra

A segunda zona é colorida de alaranjado-rosa. É o zodíaco da palavra.

Ela traz 12 letras como brasão, a 30° de intervalo uma da outra, e o número que a tradição atribui a cada letra. Além do mais, cada brasão traz uma cor ou um raio luminoso especial.

A homologia dessas cores por pares de oposição a 180° reconstitui o duplo raio branco ou diâmetro que se pode ver no pequeno círculo central.

Coroa planetária da palavra

A terceira zona, sobre fundo azulado, é o planetarismo da palavra.

Ela se compõe de quatro triângulos equilaterais, dividindo o planisfério em 12 partes iguais.

Dois desses triângulos, homólogos seguindo a vertical, por seus ângulos norte e sul, formam a estrela do hexágono, que a Antiguidade atribui à metrologia do círculo. O lado do hexágono sendo, de fato, igual ao raio.

É a estrela dos solstícios do Verbo, a Barashitha ou palavra sexenal das antigas cosmogonias. Esses quatro triângulos geram entre eles, por recorte, três quadrados interferenciais, cujo lado também é igual ao raio.

Os ângulos desses quatro trígonos estão equipados com letras, cada uma com seu número e uma cor específica e, também, com uma cor interferencial gerada pelo recobrimento do ângulo de cada quadrado.

Triângulo do Verbo Jesus

Terra dos vivos

O triângulo fundamental, equivalente morfológico do número 3, divide a circunferência em três partes iguais de 120° cada. Ele dá a vertical da figura e fixa seu norte ou o zênite em seu ápice.

Seu nome é escrito por si mesmo, pela identidade de suas três letras zodiacais com os signos astrais correspondentes, dos quais elas são os protótipos. Essa mesma identidade é ainda complementada pelos outros alfabetos solares sem brasões.

Esse nome é *Y-Pho*, Verbo de Deus, e a palavra PhO significa ao mesmo tempo: palavra, voz, som e luz.

Mas, tomando-se a regência dos círculos astrais, o mesmo trígono fundamental exibe, em seu ápice, a letra planetária que forma um pequeno triângulo equilátero, cuja bissetriz representa o eixo norte-sul dos polos celestes e que só ali tem sua vertical.

Seu nome é então *Y-Sho:* JeShU.

Triângulo de Maria

O mar das águas vivas

O trígono homólogo do precedente tem seu ápice no Sul. Lê-se: *MaRiaH*, de acordo com as réguas da tábua harmônica ou eufônica do Ramayana de Valmiki, em relação à letra R, descendente: Ri.

A estrela hexagonal que ele forma com o anterior divide a circunferência em seis partes iguais de 60° cada.

Estrela solsticial do Verbo

Esses dois primeiros triângulos em estrela hexagonal são: a Barashitha cosmogônica, a palavra criadora sexenal, o princípio hexagonal dos seis dias genésicos.

A tradição antiga nomeia o primeiro trígono: "Terra divina", e o segundo: "Água viva".

Triângulo do éter

O terceiro triângulo tem seu ápice no Ocidente. Lê-se: *"LaKaZa"*, o éter, a potência éter.

Triângulo do fogo divino

O quarto triângulo tem seu ápice no Oriente.
Lê-se: *HOuT*. O fogo divino.

Estrela dos equinócios do Verbo

De seus anjos ou ALaHIM

A estrela dos equinócios do Verbo é formada pela reunião dos trígonos terceiros e quarto. Ela deve ser lida em conjunto a partir do centro A, no Ocidente Lá, e depois no Oriente H, *AlaH*, pronome que significa: "Aquele".

Como os árabes dobram a letra L por causa de seu Lam-Alif, eles pronunciam esse pronome *ALLaH*. Essa mesma estrela hexagonal dos Equinócios do Verbo, em relação às duas primeiras letras da estrela solsticial, lê-se: *AlaH-IM* e, quando se inverte, *MI-HeLa*.

Ela é instrumental da Barashita, e com ela forma a estrela dodecagonal do Verbo, dividindo o círculo em 12 partes de 30° cada.

Coroa musical cosmológica

Às três zonas ou coroas anteriores, sucede uma coroa musical composta de uma dupla héxade diatônica, na qual cada nota corresponde à cor, ao número e à letra do mesmo grau ou decanato das zonas ou coroas citadas anteriormente.

Cada acorde, consoante ou dissonante, formado pelos pares homólogos dessas notas a 180° uma da outra, tem sempre como mediatriz, no centro solar do Arqueômetro, a nota central *Mi*.

Esse sistema musical se define como diatônico, como enarmônico, como cromático transferidor pelos números específicos das letras e, particularmente, aqueles do princípio, aqueles das três letras: *Y-Pho*, Verbo de Deus, nome zodiacal do triângulo fundamental.

Esses números são: 10, 80, 6.

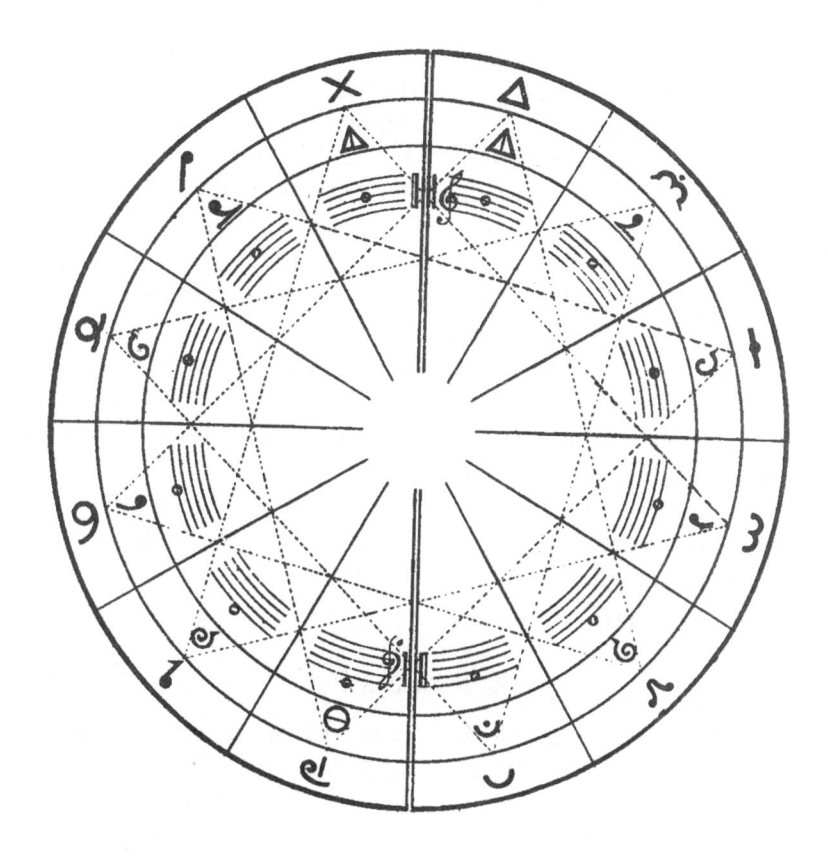

Pela soma: 10 + 80 + 6 = 96
Pela adição dos dois módulos: 10 + 6 = 16
Pela multiplicação dos dois módulos 10 x 6 = 60

A sonometria do Arqueômetro é, portanto, formada sobre esses números da trindade mãe. Os outros números, adicionados a esses, constituem uma aritmologia qualitativa que preside, ao mesmo tempo, os ciclos, ou revoluções harmônicas dos astros, e a sonometria propriamente dita.

O Arqueômetro apresenta sete modos diatônicos. A nota fundamental emissiva é Sol, que corresponde à letra Y e à cor azul.

Mas, uma vez que o círculo foi definido pelos quatro triângulos equiláteros, somente sua oitava fala planetariamente, e a nota mais grave torna-se então o "Si", terça maior do "Sol" original.

A Antiguidade histórica perdeu completamente a noção exata do "Sol" fundamental, da lira da virgem. Ela conservou mais ou menos claramente apenas a do "Si" fundamental que, do ápice até a base do Arqueômetro, dá o acorde da sétima "Si-Lá" dividido em duas quartas reunidas pela nota do centro solar da figura: Mi.

"Si-mi-la", lê-se sobre o Arqueômetro: *ShNaH*, O ANO e por oposição sul-norte: *NaHaSh*: a serpente.

Medido por terças conjuntas, e não por quartas, esse acorde: "Si-ré-fá-lá" é interferencial ou enarmônico direto do diatônico equivalente musical do eixo interferencial ou diametral Norte-Sul.

A sonometria dos números 10, 80, 6 dá sobre a corda fundamental de Sol a gama arqueométrica de 22 intervalos.

Assim como os números das letras formam uma aritmologia qualitativa, experimental pelo som, da mesma forma eles determinam uma morfologia qualitativa, identicamente experimental, pelos intervalos harmônicos sobre a corda em repouso ou em vibração.

Disso resulta um alfabeto arqueométrico morfológico de 22 formas.

Coroa zodiacal astral

A coroa zodiacal astral está sobre a zona colorida de alaranjado-rosa, com 12 brasões com os signos tradicionais do zodíaco. A palavra zodíaco vem do sânscrito invertido: Kya-Devas ou Kaya-Devas, a rota dos anjos.

Coroa planetária astral

É a zona azulada dos planetas diatônicos em dupla héxade, marcada com seus signos tradicionais, em suas posições diurnas e noturnas, com o Sol no centro, ilustrada pela nota Mi.

Esses signos, astrais, zodiacais, planetários e solar, são derivados das letras morfológicas empregadas sobre os brasões e sobre os ângulos dos quatro trígonos inscritos.

De forma que essas mesmas letras, que estão colocadas por si mesmas, e não arbitrariamente sobre o Arqueômetro, falam autologicamente, sem que a vontade humana possa introduzir nenhuma fantasia nessa palavra direta, caso respeite suas leis.

Esta pode ser traduzida nas línguas mais antigas, que em sânscrito são chamadas de "línguas de cidade ou de civilização divina: devanágari", em oposição às outras línguas não arqueométricas ou não arqueometradas, chamadas prácritas ou de civilização selvagem.

Coroa dodecagonal de raios crômicos circunsolares

Depois dessas seis zonas ou coroas, vem uma reprodução luminosa do mundo da glória, como dupla estrela hexagonal, onde domina o trígono luminoso, azul, amarelo e vermelho, correspondente à trindade-princípio e às três letras do nome dessa Trindade.

I-PhO, Verbo de Deus, *I-ShO*, JeShU.

Coroa dos raios brancos

Essa reprodução do mundo da glória envolve a última zona colorida de índigo, a pauta musical de cinco linhas, onde se entrecruzam os seis diâmetros ou 12 raios brancos da homologia das cores complementares.

Centro solar

E, por último, a nota *Mi* representando o Sol central e formando com o semicírculo, que está sobreposto a ela, a letra *Na*, assim como o raio branco horizontal forma a letra morfológica A.

Resumo da descrição sumária

Dupla coroa de 360 graus: o tempo sem limites, a eternidade

A zona dos graus, ou transferidor homológico diferencial, corresponde em hermenêutica à eternidade ou tempo sem limites. A reprodução homológica do número 360 pela adição a cada grau é a demonstração experimental da onipresença de Deus.

O número 3 representa o Verbo; 6, o Espírito Santo; o zero é o nada por si mesmo, mas, precedido dessas duas cifras, nada se torna tudo, isto é, o Universo definido: 360.

Mundo eterno da glória

Da zona ou coroa de graus à das notas musicais, há quatro intervalos hierárquicos que constituem o que a tradição chama "A glória", a criação incorruptível do Verbo, seu reino eterno e o de suas potências imortais.

Mundo temporal dos céus astrais

As duas zonas ou coroas seguintes representam o céu sideral, o temporal, em seu tipo de harmonia e de organismo determinado pelo protótipo ou arquétipo acima.

CAPÍTULO IV
Os Triângulos Celestes

A ASTRONOMIA DOS TEMPLOS INICIÁTICOS DA ANTIGUIDADE

Primeiros elementos necessários que se devem conhecer para compreender a construção e as relações do Arqueômetro

Quando o homem sai do estado de torpor intelectual provocado pela ignorância ou a escravidão, ele olha à sua volta e procura explicar o "porquê" e o "como" de tudo o que o cerca. A natureza e seus múltiplos aspectos, seu próprio ser interior e a origem de suas aspirações: o amor, o ódio, e depois os acidentes de todo ser humano sobre a Terra: a doença, a morte, os sofrimentos morais e as relações entre os seres humanos, tudo isso atinge o pensador e pede uma solução mais ou menos satisfatória.

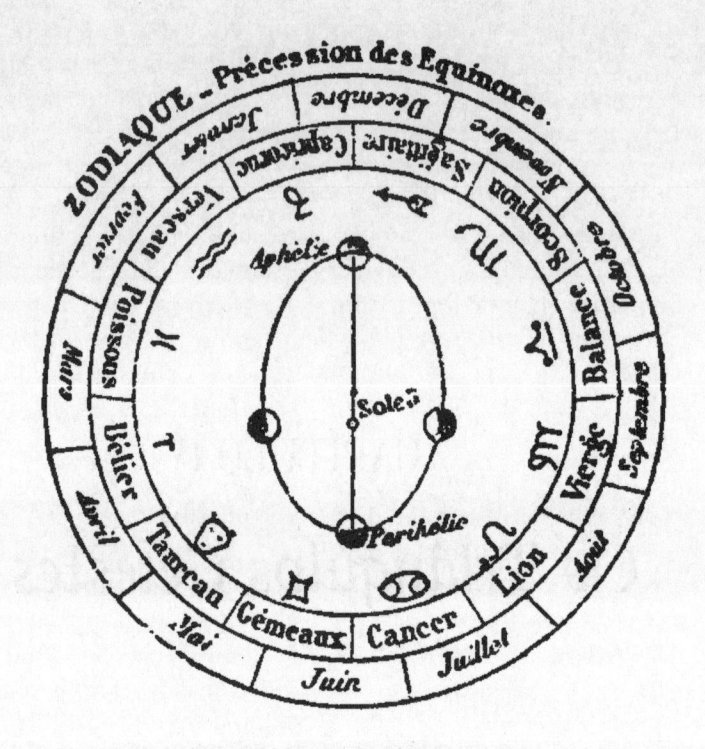

Todos os filósofos, todos os propagadores de sistemas religiosos e, agora, a maior parte das sociedades eruditas, deram soluções para esses diversos problemas.

No presente trabalho, prelúdio de todo estudo aprofundado do ocultismo, vamos rever as respostas dadas a alguns dos problemas citados pela ciência atual e examinaremos em seguida as soluções dadas nos antigos templos de iniciação. Enfim, buscaremos quais são as relações possíveis entre as duas fórmulas propostas.

A primeira coisa que toca o espírito humano é a natureza, em suas diversas manifestações: o levantar e o pôr do Sol e da Lua, as estrelas brilhando na noite, depois as estações, as tempestades, o arco-íris, o crescimento dos vegetais, a reprodução dos animais e sua utilização pelo homem, tudo isso exige longas e sérias meditações.

E deixemos logo claro que, ao contrário de alguns positivistas do mundo profano, pretendemos que toda a instrução dos primeiros pensadores terrestres foi feita não por raciocínios infantis, mas sob o impulso direto dos seres invisíveis de diversos planos. É a revelação direta que está no início de toda ciência, e a experiência só vem mais tarde para negar primeiro as afirmações dos seres superiores, ainda que mudem de ideia mais tarde, por isso o ditado: "Um pouco de ciência afasta de Deus, muita ciência traz de volta a Ele". Mas não vamos nos antecipar.

A ciência atual nos ensina que somos os habitantes de um planeta que se chama Terra. Esse planeta e alguns outros gravitam em torno de um astro chamado Sol, que envia o calor e a vida tanto para a Terra quanto para os outros planetas de seu sistema. A partir do Sol, esses planetas são: Mercúrio, Vênus, Terra, Marte, Júpiter, Saturno (todos conhecidos dos antigos), Urano, Netuno, adicionados ao sistema solar pelos acadêmicos modernos.

Cada um desses planetas pode ter, por sua vez, astros menores do que eles e que giram em volta. Esses astros são chamados de satélites. A Terra tem um satélite, a Lua; Marte tem vários, Júpiter também, e Saturno está cercado por uma verdadeira nuvem de satélites e, além do mais, por um verdadeiro anel. Podemos encontrar mais informações nos livros elementares de astronomia.

Cada uma das estrelas que percebemos no céu, e que é chamada de estrela fixa, é um sol com seu cortejo de planetas. Por outro lado, os astros móveis que aparecem acima do horizonte terrestre em determinadas épocas do ano, que circulam no céu de um grupo de estrelas a outro, que muitas vezes têm uma cor particular, são planetas.

Foi estudando essas circulações astrais, e depois a duração da rotação da Terra sobre si mesma, e então a duração da rotação da Terra em torno do Sol, e por fim o tempo de rotação em torno da Terra e as mudanças no aspecto exterior da Lua, que se pôde estabelecer a base da determinação do tempo e os diversos sistemas do calendário.

O Sol parece percorrer no céu uma determinada rota indicada pelo grupo de estrelas fixas. Essas estrelas são como sinalizadores celestes que envolvem a rota solar. Em um ano terrestre, 365 dias e uma fração, o Sol passa, segundo seu aspecto exterior, por todos esses grupos de estrelas que são em número de 12 grupos, chamados signos do zodíaco ou simplesmente de zodíaco. Assim, o Sol percorre um signo do zodíaco a cada três meses.

A Terra gira em torno de si mesma em 24 horas. Durante essas 24 horas, a metade do globo terrestre está iluminada, enquanto a outra metade está na sombra. Chamamos dia o tempo durante o qual a Terra está iluminada, e noite, o tempo de escuridão. A duração exata dos dias e das noites difere segundo os países terrestres e segundo as estações, porque a

Terra está inclinada sobre a eclíptica.

Por outro lado, a Lua gira em torno da Terra em quatro vezes sete dias e algumas frações; durante esses 28 dias ela muda quatro vezes de aspecto, e temos então: a Lua Nova, a Lua Crescente, a Lua Cheia e a Lua Minguante. Os sete dias necessários à Lua para passar de um aspecto ao outro marcam a semana.

O mês lunar é de 28 dias, o mês solar, de um pouco mais de 30 dias. A busca de concordância entre esses dois gêneros de meses deu origem aos diversos sistemas de calendários entre todos os povos terrestres, uns se atendo aos meses lunares (peles-vermelhas e negros), outros aos meses solares e outros ainda ao tempo verdadeiro que resulta da concordância dos diversos meses.

Nenhum espetáculo poderia espantar mais o cérebro humano do que a aparição das estrelas e dos planetas durante uma bela noite de verão. E, contudo, são poucos os contemporâneos capazes de se dar conta realmente das maravilhas que o céu lhes apresenta! A ciência atual nos mostra quanto nossa pequena Terra é algo negligenciável nessa imensidão de sóis tão coloridos (há estrelas vermelhas, verdes ou azuis), em torno das quais gravitam diversos planetas repletos de humanidades. Para todos esses detalhes, recomendamos os admiráveis escritos de Camille Flammarion que trata desses assuntos palpitantes.

Tudo isso é maravilhoso e, no entanto, a ciência contemporânea só descreve as efígies, os aspectos externos; ela faz a anatomia da natureza, ela negligencia sua fisiologia.

Imaginem que um erudito acabou de descobrir um manuscrito em uma língua desconhecida, ele o pesa, mede, analisa sua composição química e conta cuidadosamente o número de linhas e de caracteres que o compõem, e você terá uma ideia da maneira pela qual a ciência atual se ocupa da natureza.

O medo das hipóteses produziu um abuso das análises dos detalhes. Depois do Renascimento toda a porção filosófica, sintética, das ciências foi rejeitada com descrédito para longe dos estudos considerados sérios, e todas as altas especulações científicas se tornaram coisas ocultas, ocultadas e constituíram o que se chama hoje de ciências ocultas.

A seção anatômica do estudo dos astros tornou-se uma ciência sob o nome de Astronomia, ao passo que a seção fisiológica foi relegada ao desprezo sob o nome de Astrologia. A seção sintética ou astrosofia permaneceu quase desconhecida.

O mesmo ocorreu com a química e a alquimia, a física e a

magia, a teologia e a teurgia, as ciências naturais e a fisiogonia, os números e a matemática oculta.

Quando você vê pessoas passando na rua, o que lhes interessa não é tanto seu peso, sua roupa, a cor de sua pele e seu jeito de andar, mas sim sua vida moral, suas relações de amizade ou de ódio que elas podem ter entre elas, suas leis sociais e, enfim, sua vida intelectual.

No entanto, a ciência atual considera os astros como transeuntes cuja vida real deve ser ignorada; são imensas massas materiais regendo umas às outras segundo seu volume e sua distância.

Ao contrário, a astrologia ensina que os astros são seres vivos, tão vivos quanto os animais terrestres ou os vegetais, e que esses astros têm amizades e ódios e se influenciam uns aos outros por meio dos fluidos que circulam entre eles.

A astrologia povoa o céu de seres vivos e de forças inteligentes, enquanto a astronomia mostra acima de nossas cabeças apenas um imenso cemitério de massas inertes e de forças cegas. Enquanto esperamos a união oficial entre as duas ciências, a séria Astronomia e a oculta Astrologia, vamos indicar os elementos indispensáveis de se conhecer para compreender os livros dos astrólogos antigos e modernos.

É preciso estudar três ordens de objetos:

1º: Os planetas;

2º: Os signos do zodíaco e seu papel de casas planetárias;

3º: As relações desses astros e desses signos com a vida e o destino dos seres que vivem nos planetas.

OS PLANETAS

Como já vimos, os planetas giram em torno do Sol e, para a ciência, a ordem desses planetas é a seguinte:

Sol, Mercúrio, Vênus, Terra, Marte; asteroides resultantes da explosão de um planeta, Júpiter, Saturno, Urano, Netuno.

A astrologia, para facilitar seus cálculos, considera a Terra o centro do sistema planetário e organiza os astros da seguinte maneira: Netuno, Urano, Saturno, Júpiter, Marte, Sol, Vênus, Mercúrio, Lua.

Em relação à astrologia antiga, negligenciamos os dois planetas que religam nosso sistema ao seguinte: Netuno e Urano, e consideramos apenas os sete planetas da Antiguidade, cuja lista pedimos ao nosso leitor que decore: Saturno, Júpiter, Marte, Sol, Vênus, Mercúrio, Lua.

Creio que além dessa lista, que deve ser decorada, será útil desenhar várias vezes os signos provenientes da língua adâmica, o vatan, atribuídos a cada um dos planetas.

- ♄ Saturno
- ♃ Júpiter
- ♂ Marte
- ☉ Sol
- ♀ Vênus
- ☿ Mercúrio
- ☽ Lua

Para bem compreender a maneira como os antigos concebiam a fisiologia dos corpos celestes, é indispensável possuir algumas noções de astronomia. Por falta de conhecimentos astronômicos, os tratados de astrologia são muitas vezes um quebra-cabeça chinês.

Vamos supor então que às 11 horas você esteja em um campo nos arredores de Paris. O que você vê?

O céu acima de sua cabeça e um círculo horizontal que limita sua visão em torno. Esse círculo é o horizonte. O céu que está acima de sua cabeça representa muito bem uma calota invertida e, no momento, você vê apenas algumas nuvens e o Sol que sobe lentamente até o ponto mais culminante dessa calota celeste.

Quando o Sol estiver nesse ponto, será exatamente meio-dia no lugar em que você se encontra. Imagine um grande semicírculo que passa por esse ponto, onde o Sol se encontra ao meio-dia, cortando o horizonte à direita e à esquerda e você obtém assim o que chamamos de meridiano.

O horizonte, círculo horizontal, e o meridiano, círculo, ou melhor, semicírculo em plano vertical, se cortam, como indicado na figura ao lado.

Mas a Terra é mais ou menos uma massa redonda; enquanto uma de suas metades é iluminada pelo Sol no momento em que este indica meio-dia, a metade oposta da Terra está no cone de sombra e é noite, exatamente meia-noite no vértice de sombra quando é meio-dia no vértice do cone de luz.

Assim, é noite do outro lado da Terra quando o Sol do meio-dia brilha acima de sua cabeça.

A figura ao lado lhe dará uma ideia desse fato importante.

Vamos observar bem os chamados pontos cardeais. Quando o Sol está passando pelo meridiano e você olha na direção dele, este ponto é o sul; o norte está atrás de você ou mais exatamente sob seus pés; o leste está à sua esquerda e o oeste à sua direita. Observe então que essa direção é exatamente o oposto daquela adotada nos mapas geográficos que estabelecem que o norte está à sua frente, como

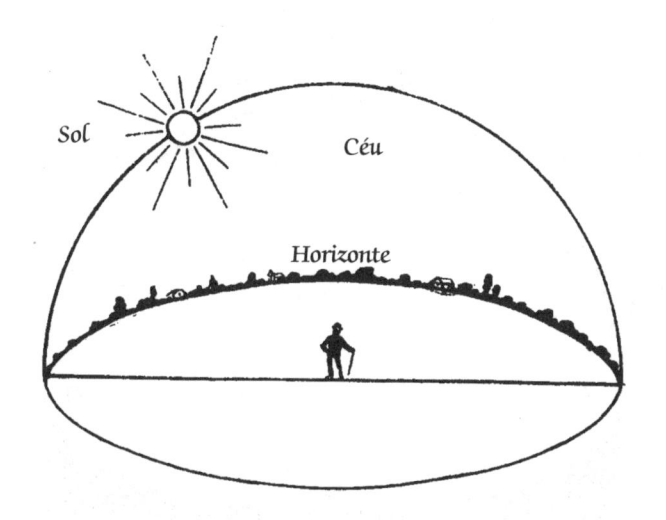

Os Triângulos Celestes   291

Sol   Céu

Horizonte

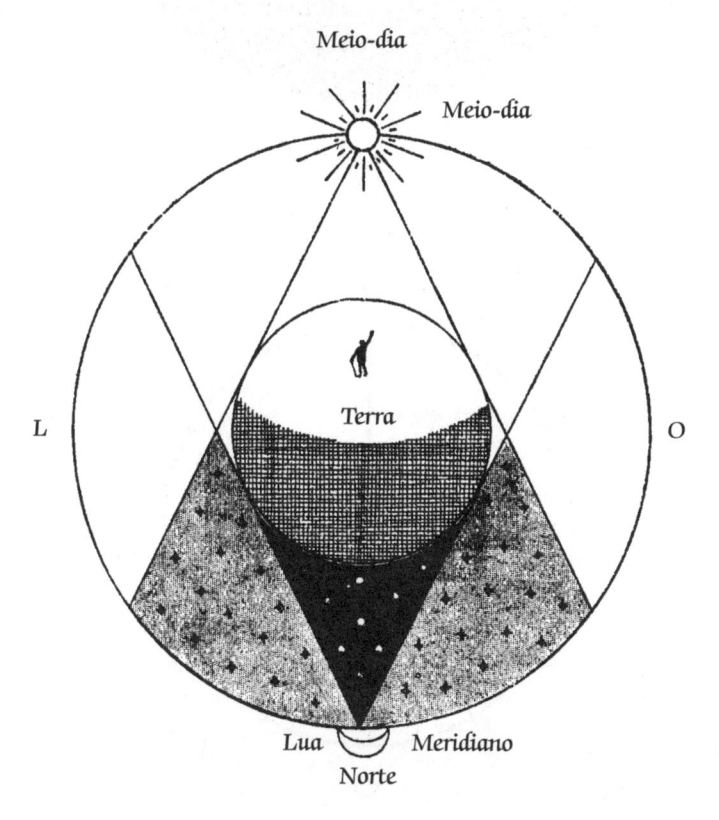

Meio-dia

Meio-dia

L   O

Terra

Lua   Meridiano
Norte

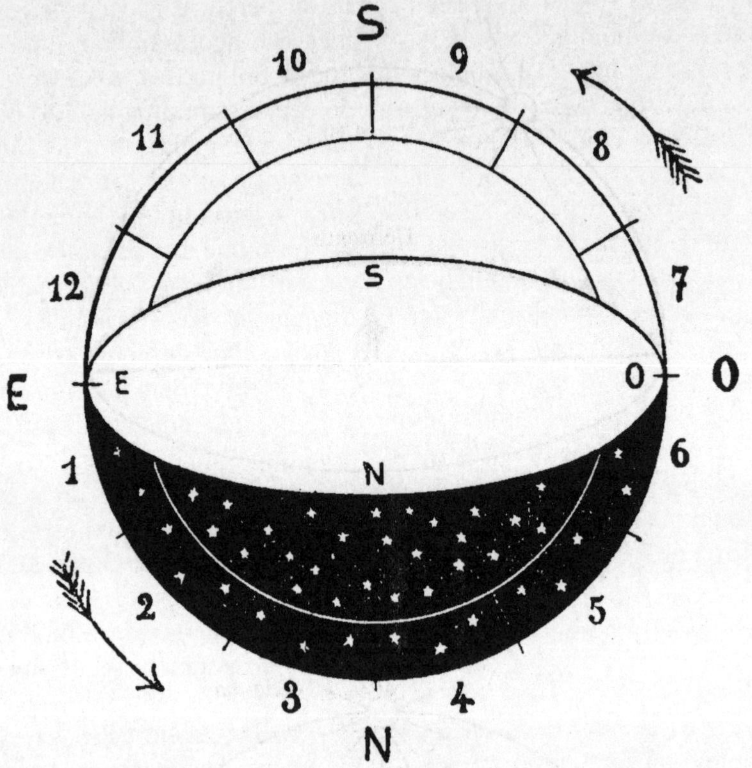
S
10
9
11
8
12
7
S
E
E
O
O
1
6
N
2
5
3
4
N

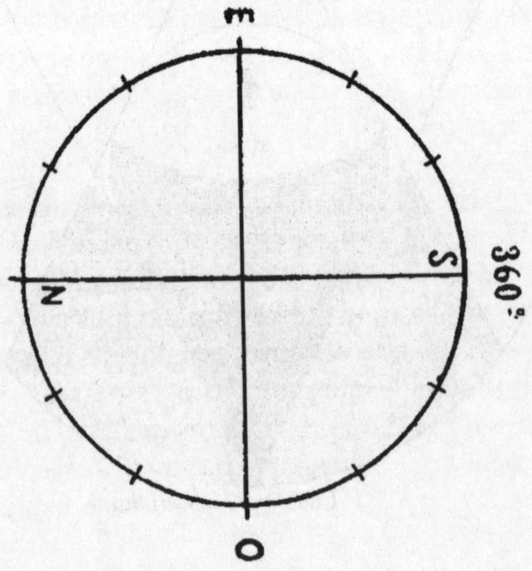
m
N
S
360°
O

isso acontece à meia-noite segundo nosso exemplo anterior.

Os astrólogos estabelecem todos os horóscopos com o sul na frente do observador. É muito importante guardar essa informação.

Para que possamos nos orientar nas estradas terrestres, foram colocadas placas que indicam as distâncias quilométricas. Como podemos nos orientar no espaço celeste?

De uma maneira muito simples. A abóbada celeste foi dividida em fatias chamadas graus. A metade da abóbada celeste visível compreende seis zonas de 30° cada uma, o que dá 180° para a metade visível e mais 180° para a outra metade. Isso dá 360° para a esfera completa.

Os vários astros vão percorrer essa estrada celeste com velocidades diferentes. É o mesmo que acontece na Terra com o automóvel e a carroça puxada por um asno que, mesmo partindo no mesmo momento da cidade, não passam pela primeira placa quilométrica no mesmo momento, uma vez que o carro vai bem mais rápido do que a carroça. O mesmo ocorre no céu, há astros rápidos e outros mais lentos. Assim a Terra faz a volta completa no céu em 24 horas, girando sobre si mesma. Como há 12 divisões de 30° cada uma na esfera celeste, a Terra percorre 2° por hora. Em contrapartida, segundo as aparências visíveis,

o Sol percorre cada grau em um mês e é necessário um ano para que o Sol faça a volta dos 360° do céu. Assim uma divisão de 30° representa meia hora de rotação terrestre e um mês de caminhada solar. Claro que o leitor sabe que é a Terra que gira em torno do Sol em um ano, mas conservamos a linguagem das aparências, útil para a compreensão da astrologia.

Observe bem a figura da página 295 que indica as divisões astronômicas do céu.

Cada uma dessas divisões de 30° constitui o que os astrólogos chamam uma casa. O céu está dividido pelos astrólogos em 12 casas, nas quais estão alojados os signos do zodíaco, sendo um por casa, e mais os planetas.

A divisão em casas astrológicas é estabelecida de acordo com a caminhada do Sol, isto é, cada casa de 30° representa um mês do ano. O ano dos astrólogos começa em março, no signo de Áries (20 de março a 20 de abril) e essa é a casa 1, depois vem a casa 2 com o signo de Touro, e assim por diante, de acordo com a figura da página seguinte:

Nota importante: Para a clareza deste estudo elementar, supomos que as casas e os signos coincidem exatamente, o que acontece apenas para as pessoas que nasceram no primeiro grau de Áries. Conservamos a confusão entre as casas e os signos para facilitar o estudo dos elementos estáticos da astrologia.

Mais adiante, faremos as observações úteis para explicar como a primeira casa muda de signo segundo a data de nascimento. Que os astrólogos que já conhecem bem esse assunto não protestem desde agora. Esta nota é para lhes explicar o motivo de nosso ensino atual.

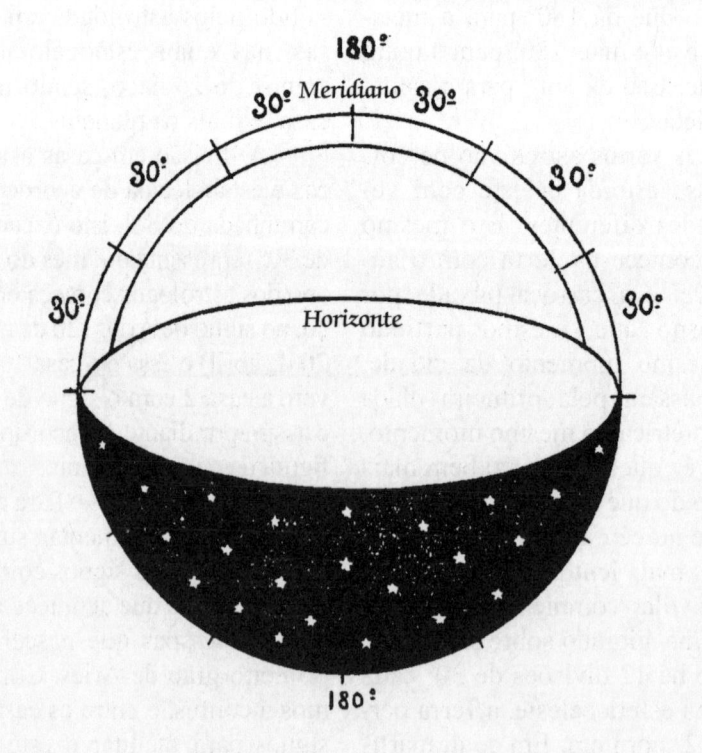

Três casas indicam uma estação. Assim, a primavera é indicada pelas casas 1, 2, 3, chamadas de Áries, Touro, Gêmeos, indo de 21 de março a 21 de junho. Nesse dia começa o verão, indicado pelas casas 4, 5, 6, chamadas Câncer, Leão, Virgem em relação aos signos do zodíaco, indo de 21 de junho a 21 de setembro. Nesse momento começa o outono, com as casas 7, 8, 9 e os signos de Balança, Escorpião, Sagitário, indo de 21 de setembro a 21 de dezembro. O inverno começa nessa data, com as casas 10, 11, 12, e os signos Capricórnio, Aquário, Peixes, indo de 21 de dezembro a 21 de março, momento em que recomeça a primavera com a entrada do Sol no signo de Áries.

(Observemos que o Sol não entra mais, nesse momento, no signo zodiacal de Áries em 21 de março. Ele entrava quando o zodíaco foi estabelecido por Ram há 12 mil anos aproximadamente. Por causa da precessão dos equinócios, o Sol entra em Áries de 15 de abril a 15 de maio, e retoma seu lugar primitivo a cada 26 mil anos. Isso é dito para evitar que nossos leitores cometam erros astronômicos, mas voltemos então à astrologia.)

É indispensável, para o pesquisador sério, saber de cor os nomes dos 12 signos do zodíaco e o número das casas que eles representam.

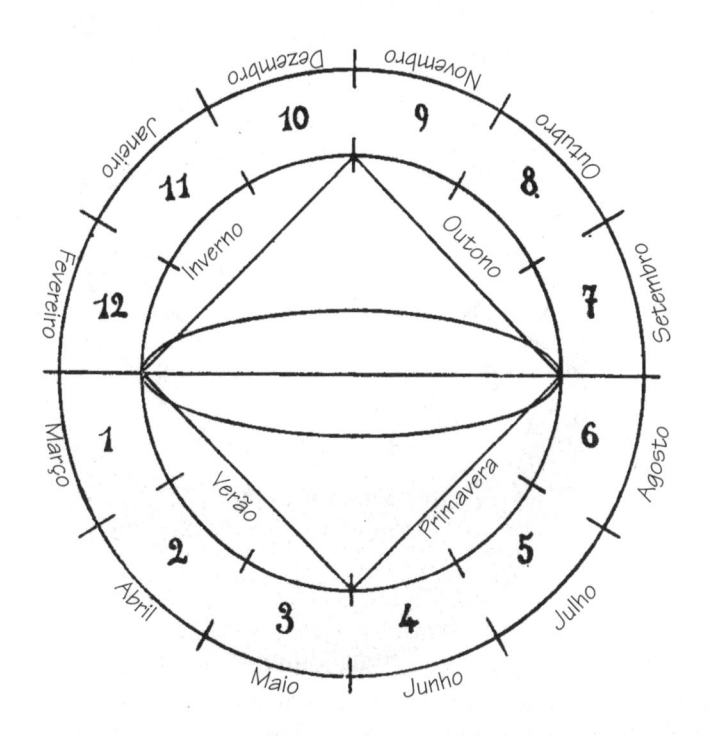

Casas ascendentes e descendentes

Como as casas começam no número 1 e vão até o número 12, metade delas se situa na metade norte ou setentrional da esfera celeste: são as casas setentrionais ou *ascendentes*. Elas vão depois do leste na casa 1 até o oeste na casa 6. As casas de 7 a 12 estão situadas na parte meridional da esfera. São as casas *descendentes*. Os signos do zodíaco estão divididos exatamente como as casas, em signos ascendentes ou setentrionais e em signos descendentes ou meridionais.

Os signos ascendentes vão do 1º ao 180º e os signos descendentes, do 180º ao 360º.

Os Ângulos

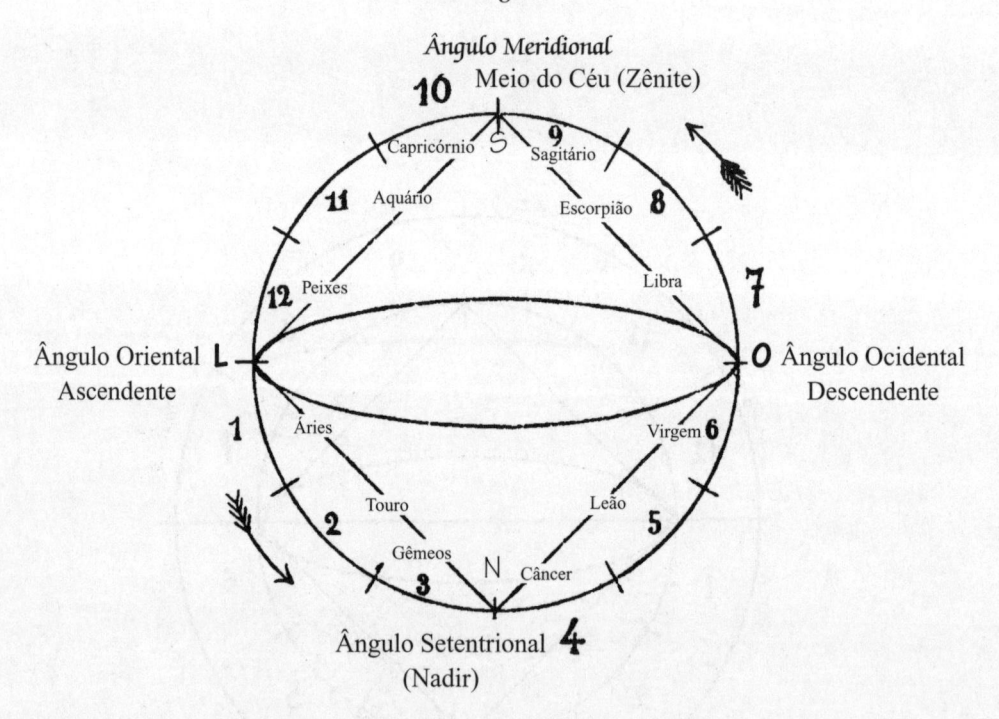

Ângulo Meridional
10 Meio do Céu (Zênite)

Capricórnio — 9 Sagitário
11 Aquário — Escorpião 8
12 Peixes — Libra 7

Ângulo Oriental L — O Ângulo Ocidental
Ascendente — Descendente

1 Áries — Virgem 6
2 Touro — Leão 5
3 Gêmeos — Câncer
N

Ângulo Setentrional 4
(Nadir)

Cada um dos pontos cardeais determina um ângulo, no qual está situada a casa correspondente. Assim, Áries e a casa 1 estão situados no Oriente. E dessa forma é determinado o ângulo oriental ou ascendente. Esse termo é extremamente importante de se guardar.

A casa 4 e o signo zodiacal de Câncer formam o ângulo setentrional (nadir).

A casa 7 e o signo de Balança formam o ângulo ocidental ou descendente.

A casa 10 e o signo zodiacal de Capricórnio formam o ângulo meridional, o meio do céu (zênite). Observe bem a figura seguinte.

As quatro casas que acabamos de descrever: as casas 1, 4, 7, 10 são as casas de ângulo ou casas angulares, indicando os quatro pontos cardeais.

A casa que vem depois de uma casa angular tem o nome de casa *sucessora* ou *fixa*. As casas fixas são então as 2, 5, 8, 11.

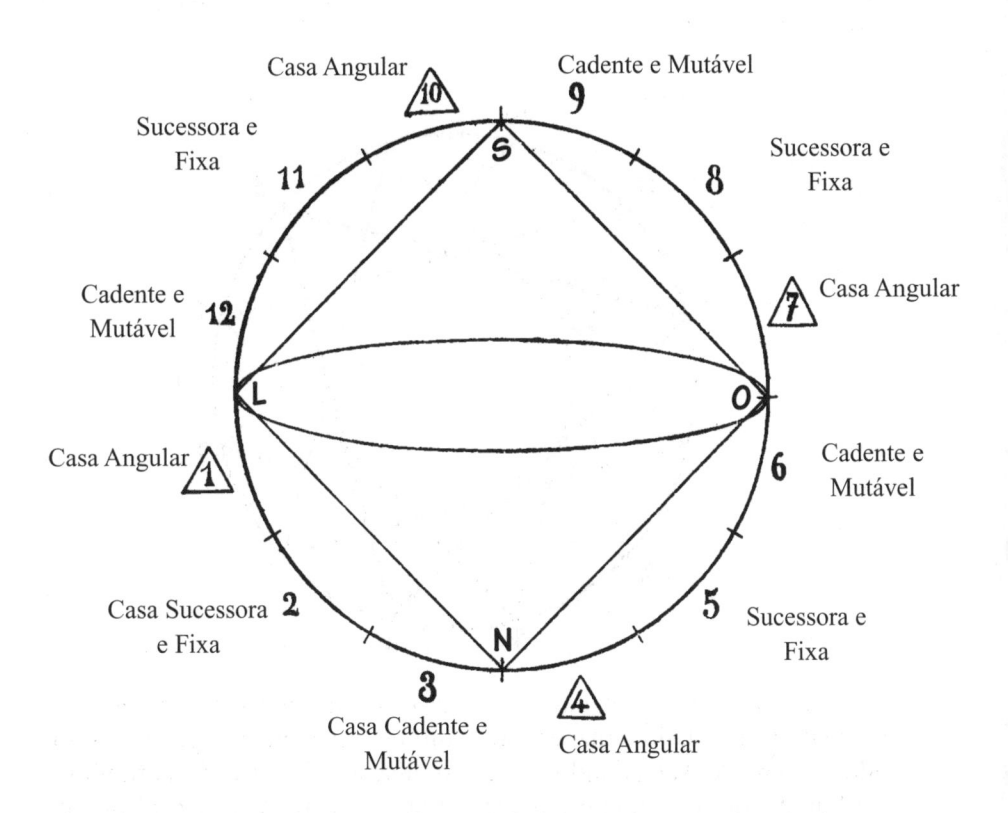

E, por último, a casa que segue uma casa fixa chama-se *cadente* ou *mutável*.

As casas mutáveis são então as 3, 6, 9, 12.

A figura seguinte indica bem essas divisões:

Os antigos ensinavam que o céu tinha uma ação dominante sobre as forças psíquicas, os seres vivos e os estados da matéria sobre a Terra.

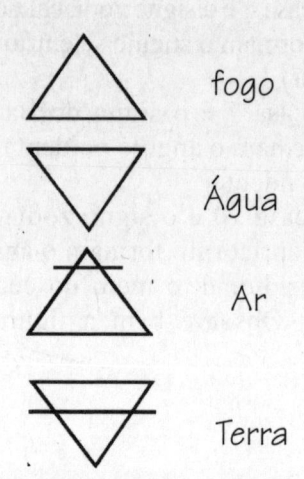

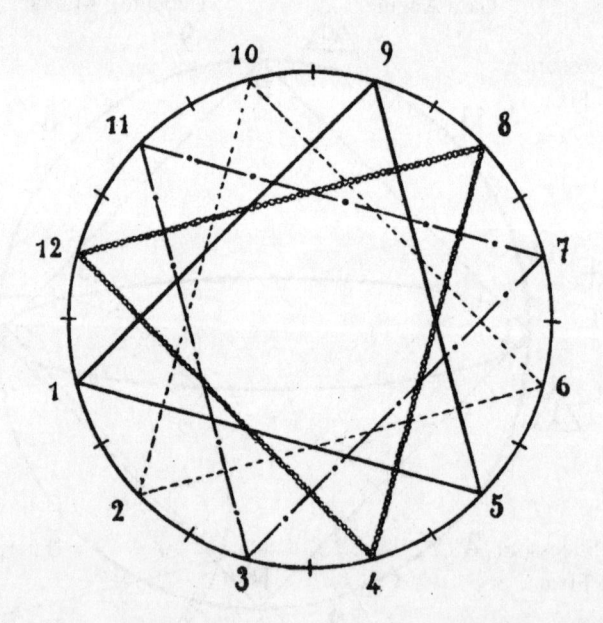

△ fogo

▽ Água

△ Ar

▽ Terra

Sendo assim, eles davam o nome de Terra a tudo o que era sólido, o nome de Água a tudo o que era líquido, de Ar a tudo o que era estado gasoso e o nome de Fogo a todas as manifestações da força. É um erro grosseiro acreditar que esses termos designavam a própria terra ou a água terrestre ou o ar atmosférico ou o fogo do forno; os termos de terra de antimônio: água de vida, ar (ou espírito) de vinho, fogo filosófico, etc., serviam conforme a necessidade para esclarecer os profanos.

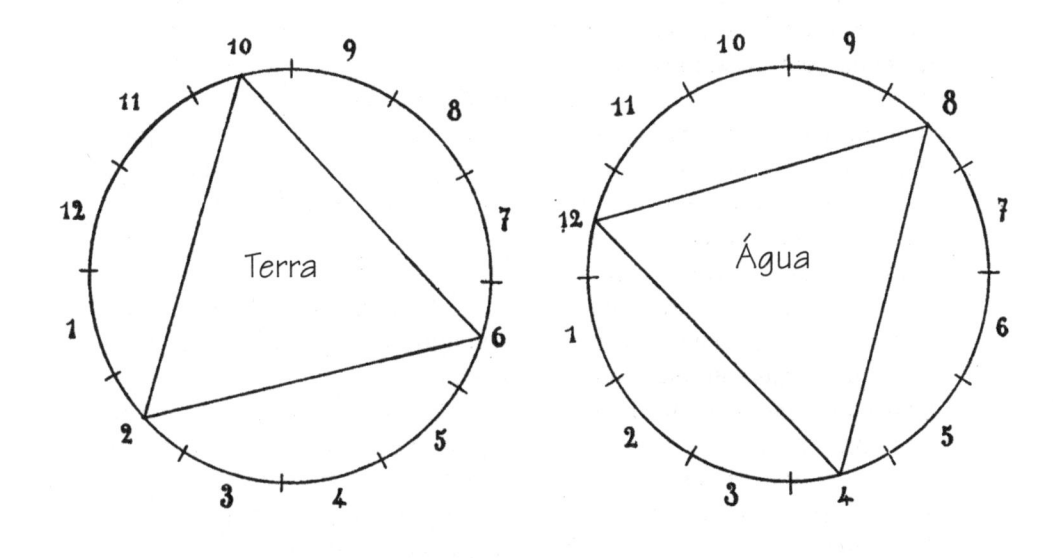

Os Triângulos Celestes

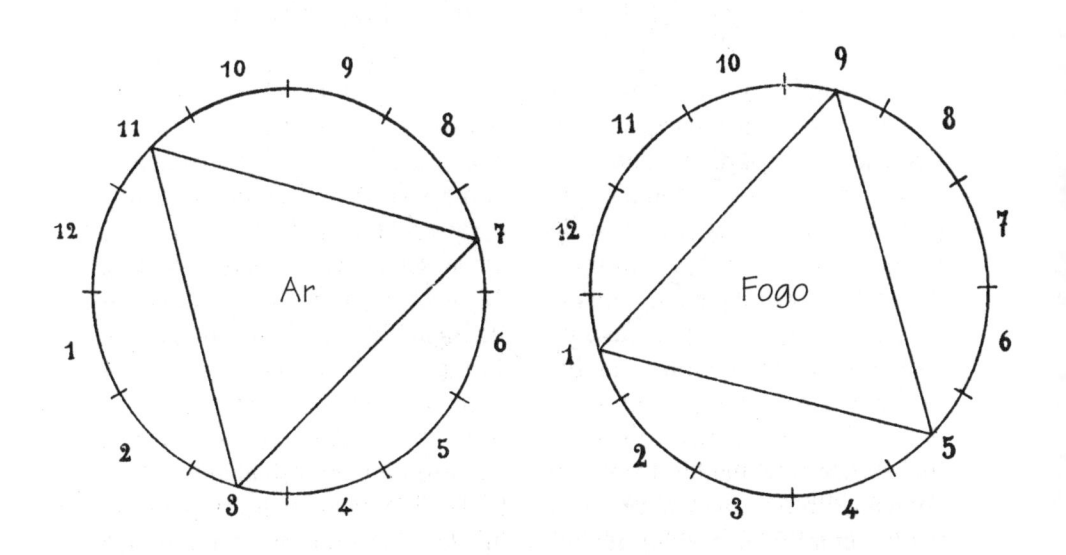

Terra — 10, 6, 2

Água — 8, 4, 12

Ar — 11, 7, 3

Fogo — 9, 5, 1

Esses diversos estados da matéria eram indicados simbolicamente por triângulos: o fogo por um triângulo com a ponta para cima, mas sem uma barra em seu vértice; o ar, por um triângulo com a ponta para cima e com uma barra em seu vértice; a água por um triângulo com a ponta para baixo e sem barra, e a terra; por um triângulo com a ponta para baixo e com uma barra em seu vértice. Veja os hieróglifos desses elementos na p. 298.

Cada uma das casas astrológicas corresponde a um dos quatro elementos.

As casas 1, 5, 9 são ígneas e correspondem ao elemento Fogo.

Quando se liga o meio de cada uma dessas casas por meio de uma linha reta, inscreve-se o triângulo de fogo no céu.

As casas 2, 6, 10 correspondem à Terra e formam no céu o triângulo da terra dos vivos.

As casas 3, 7, 11 formam o triângulo de Ar.

As casas 4, 8, 12 formam o triângulo de Água ou das grandes águas celestes.

Os triângulos de Terra e de Água se cortam formando um hexagrama ou estrela de Salomão. O mesmo acontece com os triângulos de Fogo e de Ar.

Procure estudar bem as figuras precedentes.

Influências planetárias, os asteroides, Urano e Netuno

Segundo os astrólogos, os planetas exercem uma grande influência uns sobre os outros. A Terra sofre essa influência por parte de seus vizinhos, e essa influência se manifesta segundo dois fatores principais: o tamanho e a aproximação dos planetas. Por isso a Lua, um simples satélite, mas um astro muito próximo, tem uma influência positiva e real sobre os acontecimentos terrestres, enquanto inúmeros asteroides situados entre Marte e Júpiter não são levados em conta nos cálculos astrológicos.

Na realidade, a influência planetária não pertence astrologicamente ao próprio planeta, mas sim à sua zona de influência, que é representada pela distância entre ele e seu vizinho mais próximo. Os asteroides recebem então a influência tanto de Marte quanto de Júpiter, e não devem ser levados especialmente em conta.

Peço então a permissão para dar uma opinião absolutamente pessoal e de minha inteira responsabilidade. Creio que foi por um erro lamentável que os astrólogos contemporâneos introduziram em seus cálculos a influência de Netuno e de

Urano, já que esses dois planetas estão situados muito além de Saturno. Eis minha explicação:

Júpiter é 1.300 vezes maior do que Terra e está distante 155 milhões de léguas da Terra. Sua influência é evidente. Urano é maior que a Terra apenas 75 vezes e está distante dela 673 milhões de léguas. Netuno, que é apenas 86 vezes maior que a Terra, está distante 1.073 milhões de léguas.

Em minha opinião, esses dois planetas, e outros que serão descobertos mais tarde, são intermediários entre nosso sistema solar e o sistema solar mais próximo. É o que indica o sentido de sua rotação para os que sabem observar.

Devemos então ligar a influência de Urano e de Netuno à influência de Saturno, que é 864 vezes maior do que a Terra e está a 268 milhões de léguas de distância.

De todo modo, se os astrólogos contemporâneos querem mostrar que levam em consideração as descobertas astronômicas, é preciso que considerem a existência dos asteroides que circulam entre Marte e Júpiter ou então que deixem de lado as longínquas influências de Netuno e de Urano, ligando-os aos cálculos da esfera de Saturno.

Eis por que não levaremos em conta esses dois planetas nesse abecedário astrológico.

Os planetas

Acabamos de ver as casas e os signos fixos do zodíaco. Cada uma dessas casas possui, para o astrólogo, um senhor, um governador representado por um dos sete planetas. Cada um dos planetas, exceto o Sol e a Lua, tem dois domicílios: um positivo ou diurno e um negativo ou noturno.

A Lua tem seu único domicílio na casa 4, em Câncer; o Sol tem seu único domicílio negativo ou noturno na casa 5, em Leão.

Mercúrio tem seu domicílio diurno ou positivo na casa 3, em Gêmeos, e seu domicílio negativo ou noturno na casa 6, em Virgem.

Vênus tem seu domicílio diurno na casa 2, em Touro; o domicílio noturno na casa 7, em Balança.

Marte tem seu domicílio diurno na casa 1, em Áries, e seu domicílio noturno na casa 8, em Escorpião.

Júpiter tem seu domicílio diurno na casa 12, em Peixes, e seu domicílio noturno na casa 9, em Sagitário.

Saturno tem seu domicílio diurno na casa 11, em Aquário, e seu domicílio noturno na casa 10, em Capricórnio.

(Um amigo de Saint-Yves.)

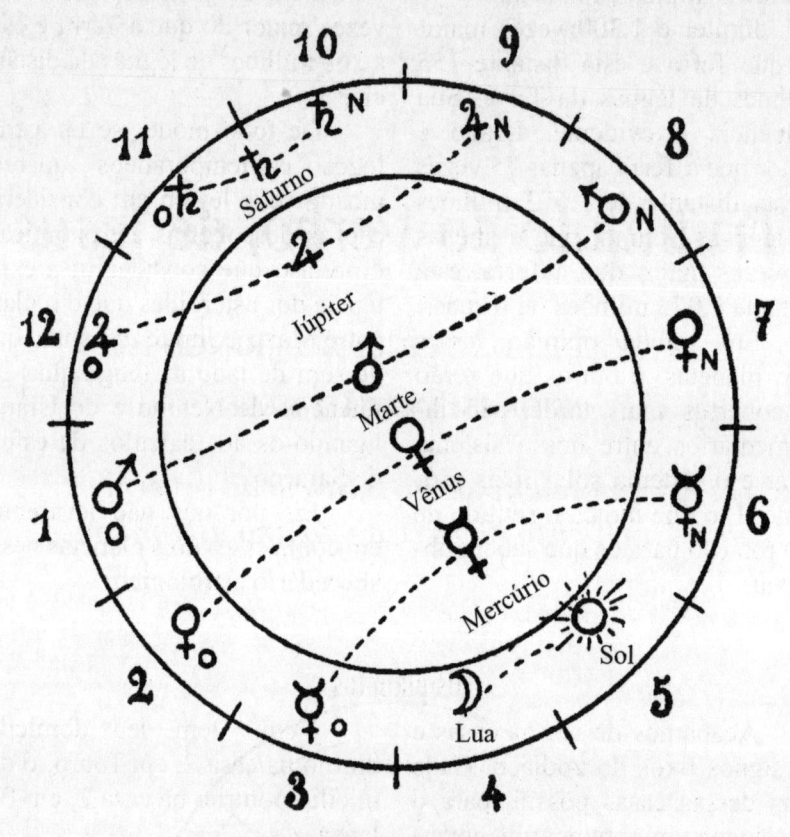

Domicílio dos planetas
O, *Diurno;* **N,** *Noturno*

Triângulo do Verbo, de Jesus

TRÍGONO DA TERRA DO PRINCÍPIO
E DA IMANAÇÃO NELE

*Ele tem seu ápice no solstício de inverno,
no Natal, ponto de partida do ano astronômico.*

O TRIÂNGULO DE JESUS OU DA TERRA DOS VIVOS

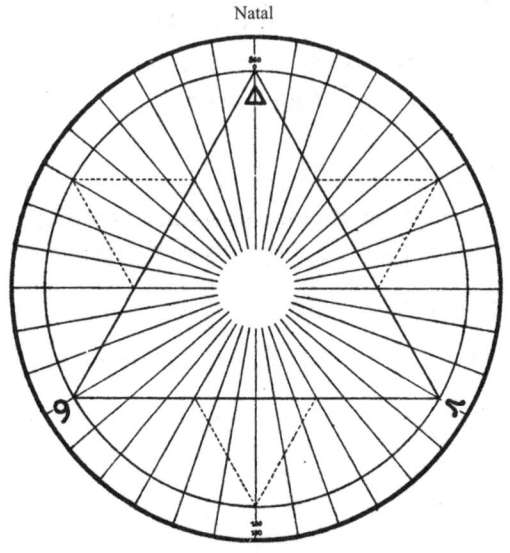

Os três caracteres da língua adâmica
I Sh O

Significação das letras
Y, I, J – 10

Essa letra é a primeira da terra dos vivos. Ela comanda o trígono solsticial norte, o do Verbo e da imanação dos vivos nele. É a regra real do sistema arqueométrico dos antigos Patriarcas e de seus alfabetos solares e solar-lunares. Ela chama o Verbo de Ia, Eu.

Ela corresponde à sabedoria de Deus, à rainha do céu dos antigos Patriarcas e das litanias da assunção de Maria.

É a primeira letra dos nomes do Pai e do Filho. Eles são substanciais nela. Sua nota é Sol fundamental, sobre o qual constituímos toda a sonometria e todo o sistema musical do Arqueômetro.

Seu número é 10; sua cor, azul; seu signo zodiacal, Virgem; seu planeta, Mercúrio; seu arcanjo, Rafael Trismegisto, também chamado Hamaliel pelos caldeus.

No ano litúrgico, ela corresponde à época da assunção, e vai de 15 a 21 de agosto.

As letras zodiacais uma a uma
Y, I, J – 10

Ya	–	Potência divina se manifestando. Deus em ação por seu Verbo.	Hebraico
	–	A afirmação divina.	Hebraico
	–	A potência de união, a doação, a glorificação, a emissiva da ida, a remissiva do retorno.	Sânscrito
I	–	O élan da prece e da adoração.	Sânscrito
Yaj	–	O santo sacrifício, a ação de se sacrificar.	Sânscrito
ijYa	–	O mestre espiritual.	Sânscrito

P, Ph – 80

Essa letra domina o ângulo do solstício norte da terra dos vivos imortais. Sua forma de triângulo equilátero indica que ela comanda o trígono do Verbo. Ela corresponde à potência de Deus em ato por meio de seu Verbo.

Seu número é 80, sua cor é o amarelo puro, seu arcanjo é Hamael, seu signo zodiacal é Capricórnio, a porta de Deus na cidade celeste; seu planeta é Saturno noturno; sua nota musical é Si natural, quando se divide a corda do Sol em 100; e Si bemol, quando se divide essa corda em 96, número total das letras zodiacais do primeiro trígono.

O Si bemol se refere ao amor divino. No ano litúrgico, essa letra corresponde ao Natal, 24 de dezembro, isto é, o ponto em que o Sol renova o ano ao refazer seu caminho na elíptica.

De uma vez por todas, é evidente que, sobre o Arqueômetro, o ano astral e os signos astrais são apenas uma consequência do ano típico e eterno do Verbo e do mundo da glória.

P, Ph – 80

Pa	–	A potência que reina e governa... Sânscrito
Pha	–	A manifestação do Verbo por meio de seus equivalentes, luz, som, etc.................................. Hebraico
aPa	–	O indivisível.............................. Sânscrito
aPh	–	A potência que envolve o turbilhão universal, que toma o espírito, apaixona a alma, encanta a vida dos seres. .... Hebraico e egípcio

O, V – 6

Essa letra é a terceira da terra dos vivos, do nome do Verbo e do nome de Jesus; assim como I, pertence à sabedoria do Pai, o Ph e o Sh pertencem ao Filho, o O se refere ao Espírito Santo.

É a terceira letra do nome de IHOH, também é a terceira dos nomes de Jesus Verbo, IShO, IPhO, e a segunda dos nomes do Espírito Santo, ROuaH-ALaHIM.

O fato precedente responde a um mistério do credo de Santo Atanásio. Mas nos limitamos a expor a autologia do Arqueômetro.

Essa letra é conjuntiva ou conjugal em todas as línguas solares; assim como seu número 6 que, nas escolas antigas, era chamado de casamenteiro, também sua cor vermelha é experimentalmente conjuntiva do azul e do amarelo.

Essas experiências serão tratadas nas páginas consagradas à cromologia arqueométrica.

É curioso observar que a simples inspiração sempre atribuiu a cor azul ao manto da Santa Virgem que subiu aos céus, o branco e o amarelo ao do Menino Jesus, e enfim o vermelho às sete línguas de fogo do Espírito Santo e à pomba jônica, a da união conjugal dos sexos no amor psíquico e no Deus vivo.

O Fá é a nota, a corda e o modo dessa letra. Seu signo zodiacal é Touro, cujo anjo é Asmodel; seu planeta, Vênus diurno, cujo anjo é Haniel, a inteligência é Hagiel, o espírito é Nogael. No ano litúrgico ela corresponderia ao período da assunção e do Pentecostes, se esse ano pudesse ser regrado pelas entradas do Sol em seus signos.

O, V – 6

O – A sensibilidade divina, a luz invisível aos olhos de carne, o som inaudível aos ouvidos do corpo, o úmido radical insensível ao tato carnal. A causa de toda sensibilidade, de toda visão, de toda audição e de todo paladar psíquicos e em consequência carnais.............. Hebraico e egípcio

Va – A potência conjuntiva e conjugal.......... Hebraico e egípcio

Va – O sopro, a potência animadora............... Sânscrito

A letra planetária de Jesus

Sh – 300

Essa letra é a planetária da zodiacal Ph. Ela é especial para o nome de Jesus como a primeira para o nome do Verbo. Ambas são um trígono, o que indica que elas se referem à Trindade e ao Triângulo fundamentais e que devem ocupar a posição em que autologicamente as deixei se organizar por si mesmas.

Mas, além de sua congênere zodiacal, a planetária traz uma bissetriz determinando a vertical e o eixo norte-sul do mundo. Ela representa, portanto, o ato definido, cuja zodiacal é a potência; seu número é 300.

Os números das letras arqueométricas encerram tantos mistérios importantes que só para elas seriam necessários vários volumes. Para que isso seja compreensível por meio de um exemplo e somente em relação à astronomia, tomaremos as duas letras do Verbo e de Jesus: Ph = 80, Sh = 300. Total: 380.

O ano físico da Terra atual tem atualmente um tempo médio 365 d. 5 h. 48 m. 47 seg. Trata-se aqui do ano sideral do Sol. O trópico mais curto é de 365 d. 5 h. 48 m. 47 seg.

O Arqueômetro vai nos provar que o ano de 365 d. 25/100 era perfeitamente conhecido pela universidade patriarcal adâmica e antediluviana, à qual atribuiremos nossas letras morfológicas.

Temos, por exemplo, um ciclo de 19 anos, muito empregado desde a mais alta Antiguidade. Nós o adotamos aqui porque ele concorda com as 19 letras que utilizamos: 12 como zodiacais e sete como planetárias.

Em 19 anos, o ano de 365, 25 d dá 6.939, 75 d. Ora, 14 anos harmônicos de 360 d., mais cinco de 380, dão:

$$360 \times 14 = 5.040$$
$$380 \times 5 = 1.900$$
$$\overline{19^{anos} \quad 6.940^{dias}}$$

A pequena diferença entre 6.939, 75 d. e 6.940 d. talvez acusasse a diminuição do ano solar antevista por Bailly. Ao mesmo tempo, ela permitiria aos astrônomos determinar a data do ano antediluviano sobre a qual o Arqueômetro foi constituído nas posições em que o apresentamos.

Arqueômetro: $\frac{6.940}{19}$ = 365 d. 6 h. 18 m. 51,34 seg.

O ano sideral atual 365 d. 6 h. 9 min. 10,7 seg., ou seja, nosso ano seria mais curto em 9 min. 41,27 seg. Mas o ano solar anomalístico, o tempo que o Sol leva, partindo do perigeu para depois retornar, é contado pelos astrônomos modernos em 365 d.

6 h. 13 min. 34,09 seg. Se nossos cálculos estiverem corretos, a diferença seria portanto de 4 min. 57,25 seg. Há muitas outras coisas que merecem reflexão sobre o número 380, isto é, Ph = 80 + Sh = 300.

Quando esses dois números são multiplicados um pelo outro, temos o ciclo harmônico de 24 mil anos de todas as antigas universidades asiáticas. Esse ciclo teria então como objetivo a precessão dos equinócios medida musicalmente, mas também uma relação de Saturno em conjunção com o Sol no 15º grau de Capricórnio, relação cósmica cujos vestígios não encontro na astronomia moderna.

Havia outros números além dos números harmônicos empregados na medição do grande ano. Por exemplo, 180, o van das antigas universidades tártaras; se o multiplicarmos pelo quadrado de 12,144, a operação dará 25.920, uma das cifras dos modernos; a outra é 26.000.

Falta-nos dizer a razão que nos levou a colocar o ponto de partida do ano no Natal e no solstício de inverno, e a colocar os planetas no 15º grau de suas casas diurnas e noturnas.

O mais antigo calendário dos gregos, que com certeza veio da Ásia trazido pelos fenícios, coloca os pontos cardeais do céu no 15º grau das constelações.

O solstício de inverno está no 15º grau de Capricórnio, o solstício de verão no 15º grau de Câncer, o equinócio da primavera no meio de Áries, o equinócio do outono no meio de Balança. (Achille Tatius, cap. XXIII. Eudóxio, Hiparco, etc.)

Os suecos antigos começavam seu ano solar no solstício de inverno, os chineses também. Entre os hindus, ele corresponde à festa de Krishna.

Ora, o Sol no 15º grau de Capricórnio só começou a corresponder ao começo do ano astronômico em 1353 antes de Nosso Senhor. Não é admissível que o Arqueômetro tenha sido inventado nessa época em que, ao contrário, toda a ciência e todos os dados arqueométricos se encontrem perturbados por todos os lados. Se esse instrumento mais que humano da síntese das organicidades e das harmonias universais ligadas ao Verbo Criador nunca foi revelado aos homens em sua integridade, é preciso girar a roda do grande ano pelo menos uma vez.

Se o fixarmos em 24.000 anos, é preciso contar 24.000 + 1353 = 25.353 a.C., ou 28.606 hoje.

Se o fixarmos em 25.920 anos, é preciso contar: 25.920 + 1353 = 27.273 a.C, ou 30.526 hoje.

Enfim, se o fixarmos em 26.000 anos, é preciso contar: 26.000 + 1353 = 27.353 a.C., ou 30.606 hoje.

Voltemos à letra Sh. Ela corresponde então à potência real do Filho. Sua cor é o raio fotogênico, o do *Fiat Lux*, o amarelo; seu signo noturno, Capricórnio; seu planeta, Saturno; seu anjo, Zaphkiel; sua inteligência, Agiel; seu espírito, Sabbathiel. Si bemol é sua nota, sua corda e seu modo.

No ano litúrgico, ela corresponde ao Natal e, no astronômico, ao 24-25 de dezembro.

Sh – 300

Sha	– O repouso eterno, o Paraíso.........	Sânscrito
aS	– O ser existente e presente............	–
aC	– A potência que atende e dá...........	–

As letras zodiacais duas a duas

IPh	– A manifestação perfeita da graça e da beleza..	Hebraico e árabe
PhI	– A palavra de Deus.................................	Hebraico
– –	A boca de Deus......................................	Árabe
PhO	– O sopro da boca e, logo, a voz e a palavra..	Sânscrito e Hebraico
– –	A luz, Phos; a voz, Phonê......................	Grego
PaVa	– A purificação das almas.......................	Sânscrito
OPh	– A manifestação gloriosa.......................	Árabe
– –	A visão divina...	Grego
VaPa	– O princípio especificando espécies e germes, a ação de semear e de engendrar...	Sânscrito
– –	Vapuna: Deus engendrado de Deus	–
VaJ	– A reintegração da vida divina, a reedição da homenagem da potência e da glória...	Védico
YO	– O movimento remissivo da luz vital.........	Hebraico
YaO	– A potência divina dessa remissão	–
VaYa	– O movimento do retorno......................	Sânscrito

A letra planetária com as zodiacais duas a duas

IÇa	–	O mestre supremo, o soberano sobrenatural.....	Sânscrito
YaÇ	–	A glória soberana...	–
ISh	–	O pensamento vivo em ato vivo.........................	Hebraico
Si	–	A terra dos vivos..	Védico
–	–	A substância pura, a da imantação e imanência em Deus..	–
ShO	–	O homem em.Etíope...	
–	–	A similitude do princípio.....................................	Hebraico
Su	–	O engendrado que reina, o bem, o bom, o belo vivos..	Sânscrito
OSh	–	O homem divino...	Egípcio
–	–	A difusão dos raios luminosos...........................	Árabe

As letras zodiacais três a três

Y-PhO	–	O Verbo de Deus, Deus-Verbo...................	Sânscrito
PhO-Y	–	–.......................................	
OPhI	–	A glória de Deus	–
YOuPa	–	O troféu divino, a cruz, o pilar sagrado no qual se amarra a vítima...............................	Sânscrito

A letra planetária com as zodiacais três a três

Y-ShO	–	O Deus-homem, o Deus-Salvador, o Deus da humanidade, Jesus...................	Hebraico
PaÇU	–	O bode expiatório, o bode da Açwameda, a vítima, a alma universal que se dá em sacrifício...	Védico e Sânscrito
IÇWa	–	O senhor....................................	Sânscrito
ShOu-Y	–	O homem-Deus...........................	Etíope
SWaJa	–	O Filho......................................	Sânscrito

Triângulo do Verbo, de Jesus 311

ÇIVa	– O bem-aventurado, o libertador final ......Sônscrito
OShI	– O homem-Deus.. Egípcio
VIÇ-Wa	– O Universo.. Sânscrito
SaVYa	– O norte, a orientação da adoração dos arianos: de frente para o Oriente, a esquerda ao norte.. –

A letra planetária com as zodiacais quatro a quatro

SOPhYA	– A sabedoria de Deus............................. Hebraico e grego
YOShePh	– A esfera luminosa de Deus; o livro da luz, o livro mostrado a Moisés sobre a montanha, o livro evidente de que fala Maomé, que declara não conhecer seus mistérios. O nome de José deriva-se desse hierograma .... Hebraico
UPâSê	– A rendição ao Deus da homenagem da adoração e do serviço divino.................. Sânscrito

Referências arqueométricas das festas católicas e das datas astronômicas

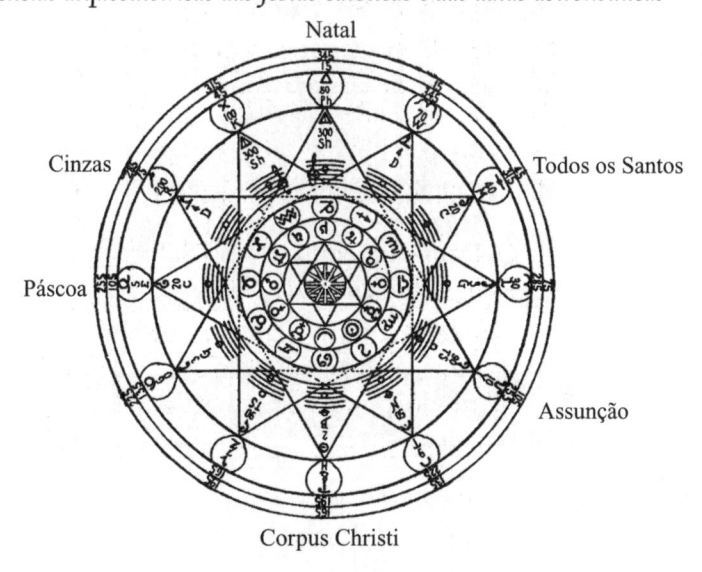

Os 12 Zodíacos do Alfabeto Adâmico

Lâmina 19

Triângulo de Maria

Trígono das águas vivas, da origem e da emanação temporal dos seres

Ele tem seu ápice no solstício de verão

Significação das letras

M, Ma, Me – 40

Essa letra, a primeira do trígono solsticial sul, o das águas vivas, é a real dos sistemas alfabéticos lunarizados e, consequentemente, desarqueometrados. Ela não corresponde mais ao Ya, ao Eu, que comanda o Verbo; mas ao Me, ao mim, que se fecha sobre si mesmo.

Ela também não corresponde ao princípio divino nem à biologia divina, onde toda vida emana eternamente; mas à origem natural e à fisiologia embriogênica do mundo, de onde toda existência emana temporalmente.

Os sistemas védico-bramânicos e todos que deles decorrem são regrados a partir dessa letra. Ela não corresponde mais à sabedoria de Deus, em quem todo pensamento é um ser vivo, mas à mentalidade humana, em quem toda concepção é abstrata. É a Palas do sistema órfico, a Minerva, o Manu feminino do sistema etrusco.

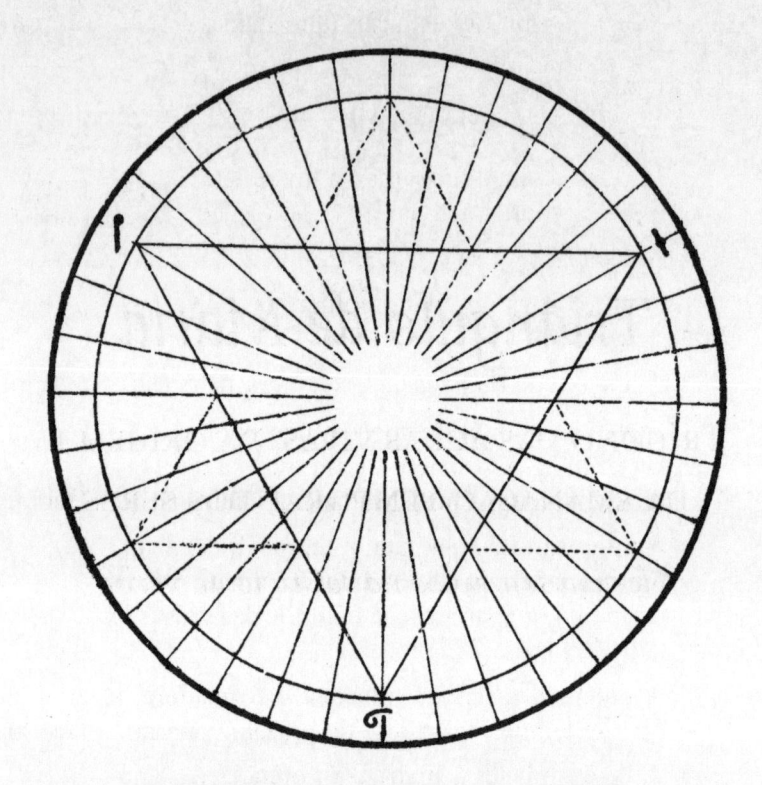

Os três caracteres da língua adâmica Ma Ri Hâ

Seu número é 40; sua cor, o verde do mar; seu signo zodiacal, Escorpião; sua constelação complementar, o dragão das águas celestes. Seu anjo é Zarakiel.

Seu planeta é Marte diurno, cujo anjo é duplo: Kamael, o amor físico da espécie que preside à geração, e Samael, que preside à mortalidade dela resultante. Grafiel é sua inteligência, Modiniel é seu espírito planetário.

(Nota: Registramos esses nomes emprestados pelos cabalistas judeus aos caldeus, e não nos responsabilizamos por sua exatidão arqueométrica.)

Sua nota é Ré.

No ano litúrgico, ela corresponde à época de Todos os Santos e da celebração das almas desencarnadas; no ano astral, a 21 de outubro.

As letras zodiacais uma a uma

M, Ma, Me – 40

Ma	–	O tempo, a medida, o mar, a luz refletida, a reflexão, a morte, a água.	Sânscrito
Mâ	–	A negação	–
–	–	Medir, distribuir, dar, moldar, produzir, ressoar, reter.	–
Ma	–	A água, tudo ou nada.	Árabe
–	–	A potência embriogênica, o desenvolvimento no tempo e no espaço – Essa mesma letra expressa também a possibilidade, a interrogação.	Hebraico
aM	–	Adorar, sair de si; amata, o tempo, a doença, a morte concebida como mutação; amati, o tempo, o ano, a aparência, o exterior das coisas, o lado de fora.	Sânscrito
–	–	A potência receptiva, plástica e formadora, a origem temporal, antítese do princípio eterno.	Hebraico
–	–	A maternidade, a matriz, a potência da emanação.	Árabe

R, Ra, Re – 200

Essa letra é a segunda do triângulo das águas vivas. Seu número é 200; sua cor, o alaranjado, composto de metade de amarelo e de metade de vermelho; seu signo zodiacal, Peixes; seu anjo, Borhiel; seu planeta, Júpiter noturno, cujo anjo é Zadykiel; a inteligência, Sofiel; o espírito planetário, Zadekiel, segundo os caldeus e os cabalistas judeus.

Sua nota é Ut.

No ano litúrgico, ela corresponde à purificação e às cinzas; no ano astral, a 21 de fevereiro.

Ra	–	O desejo, o movimento, a rapidez, o fogo, o calor, como fluídico e liquidificante..............	Sânscrito
–	–	O movimento próprio, a irradiação visível e visual...	Egípcio e hebraico
–	–	A visibilidade e a visão...	–
aRa	–	A rapidez, raio, rosa...	Sânscrito
aR	–	O movimento retilíneo, a força, o vigor, o impulso, o ardor gerador...	Árabe

H, Ha, He – 8

Essa letra é a terceira do trígono das *Águas Vivas*. Ela ocupa o fundo dessas águas, no solstício sul que encerra o ano quente e dá início ao ano frio das antigas cosmogonias. Seu número é 8; sua cor, violeta; seu signo zodiacal, Câncer; seu anjo, Mouziel; seu planeta é, no mundo da glória, a letra B; no mundo astral, a Lua, cujo anjo é Gabriel; a inteligência é Elimiel; o espírito planetário, Lemanael, segundo os caldeus e os cabalistas judeus.

O signo de Câncer nos mistérios antigos era chamado de a Porta dos Homens. Sua nota é Lá.

Corresponde, no ano litúrgico, ao dia de *Corpus Christi*, e, no ano astral, a 21 de junho.

Ha	–	A água viva, o céu, o paraíso, a morte que a ele conduz, a geração que encarna, ao contrário da morte que desencarna...	Sânscrito
–	–	A aspiração vital, o esforço humano e seu meio, a existência temporal..............................	Hebraico
aHi	–	A serpente, emblema do tempo........................	Sânscrito
–	–	As nuvens sublunares...	Védico
aH	–	A similitude da espécie, a identidade, a fraternidade, o parentesco, o lar........................	Hebraico

A letra planetária B sozinha e combinada com as zodiacais

B'â	– Luz refletida, bondade...............................	Sânscrito
B'a	– O mundo planetário e sua luz.........................	–
Ba	– O meio, o lugar, a locomoção, o temporal, a origem, a duração, a extensão..................	Hebraico
–	– O movimento reflexo......................................	Árabe
B'u	– A Terra, como meio e lugar de evolução temporal. Como Verbo: existir em um lugar e em uma condicionalidade................	Sânscrito
aB	– O ter como corolário do ser, a paternidade, a frutificação, a germinação, a vegetação.....	Hebraico
–	– A água, o mar..	Sânscrito
AaB	– A água como elemento orgânico...................	Persa
BaHu	– O fundo do depósito das águas, a multiplicidade..	Sânscrito
BaRH	– Redizer, criar pela palavra............................	–
B'RâMi	– Garantir a subsistência, sustentar, alimentar..	–

As zodiacais duas a duas

MâRa	– A morte, o amor.	Sânscrito

A palavra amor significa aqui atração cósmica, portanto fatal, dos sexos, na unidade banal da espécie. Esta não tem por objeto a felicidade dos indivíduos, mas a reprodução corporal e, consequentemente, a mortalidade dos reinos vegetal, animal e humano.

aMRa	–	A imortalidade, o amor............................ Sânscrito O amor significa aqui a atração divina, portanto providencial, das almas bissexuadas por meio dos corpos. Essas potências só têm em vista o amor dos indivíduos pela livre eleição mútua. Ela os liberta das fatalidades hereditárias da espécie. É por isso que Moisés disse: "Tu deixarás teu pai e tua mãe para seguir tua mulher e vocês dois serão apenas um ser orgânico". Trata-se aqui, portanto, da suprema individuação e da autonomia e também do homem e da mulher, e, consequentemente, de sua imortalidade no próprio Deus vivo.
MaRa	–	A mutação, o transporte fugitivo dos sentidos externos... Hebraico
RaMa	–	A graça, a volúpia, o encantamento constantes... Sânscrito
–	–	A exaltação, a efervescência, a sublimidade, toda criação divina, todo ato admirável gerado pelo amor............................. Sânscrito
RaHa	–	O mistério... Hebraico
–	–	A rarefação aérea.. Hebraico
HaRa	–	A potência que encanta............................. Sânscrito
HèRê	–	A encantadora aérea, Juno........................ Grego
MaHa	–	O sacrifício, a oblação, a grandeza do amor.. Sânscrito
–	–	A purificação... Hebraico
HaM	–	O ardor gerador carnal, a paixão, a cólera, o fogo, o calor e seu movimento transitório.. Hebraico

As letras zodiacais três a três

HaRMya	– O que encerra: órgão, víscera, casa, palácio, a cidade celeste..	Sânscrito
HaRMa	– A obra, o charme envolvido em seu efeito...........	Védico
HeRM-es	– Mesmo sentido. O condutor das almas que sobem e descem..	Grego
RaHaM	– Eletricidade em movimento, o trovão, a tempestade..	Hebraico
MaRH	– O mar...	Etrusco
MaRyâ-H	– A pureza, a virtude, a virgindade........................	Sânscrito

A letra planetária com as zodiacais quatro a quatro

BRâHMa	– Uma das três potências da Trimurti embriogênica dos brâmanes. O provedor, o sustentador....	Sânscrito
MaHaBaRa	– A grande criação pela palavra. Seu resultado, o ato, o poema divino...	–
aBRaHaM *iBRaHiM*	– A potência que preside ao segundo nascimento, o da graça: aB-RaMa, o Pai da graça; Ba-RaMa, na graça. Ibrahim é o mesmo nome, o do Pai dos Crentes, entre os orientais. Ele não se aplica apenas ao Abraão da Bíblia, mas a qualquer Patriarca ou fundador de um Estado social determinado por uma mesma fé. .... Assim como Brama, Abraão é o Patriarca dos limbos e do nirvana, isto é, do triângulo embriogênico das águas vivas. Os brâmanes dizem: esquecer-se em Brama, como os hebreus dizem: adormecer no seio de Abraão, isto é, retornar para o Limbo. Talvez seja bom acrescentar que, segundo o Evangelho, Abraão não morreu, o que confirma a significação arqueométrica e cosmológica desse patriarca androgônico.	Sânscrito, hebraico, persa, árabe, etc.

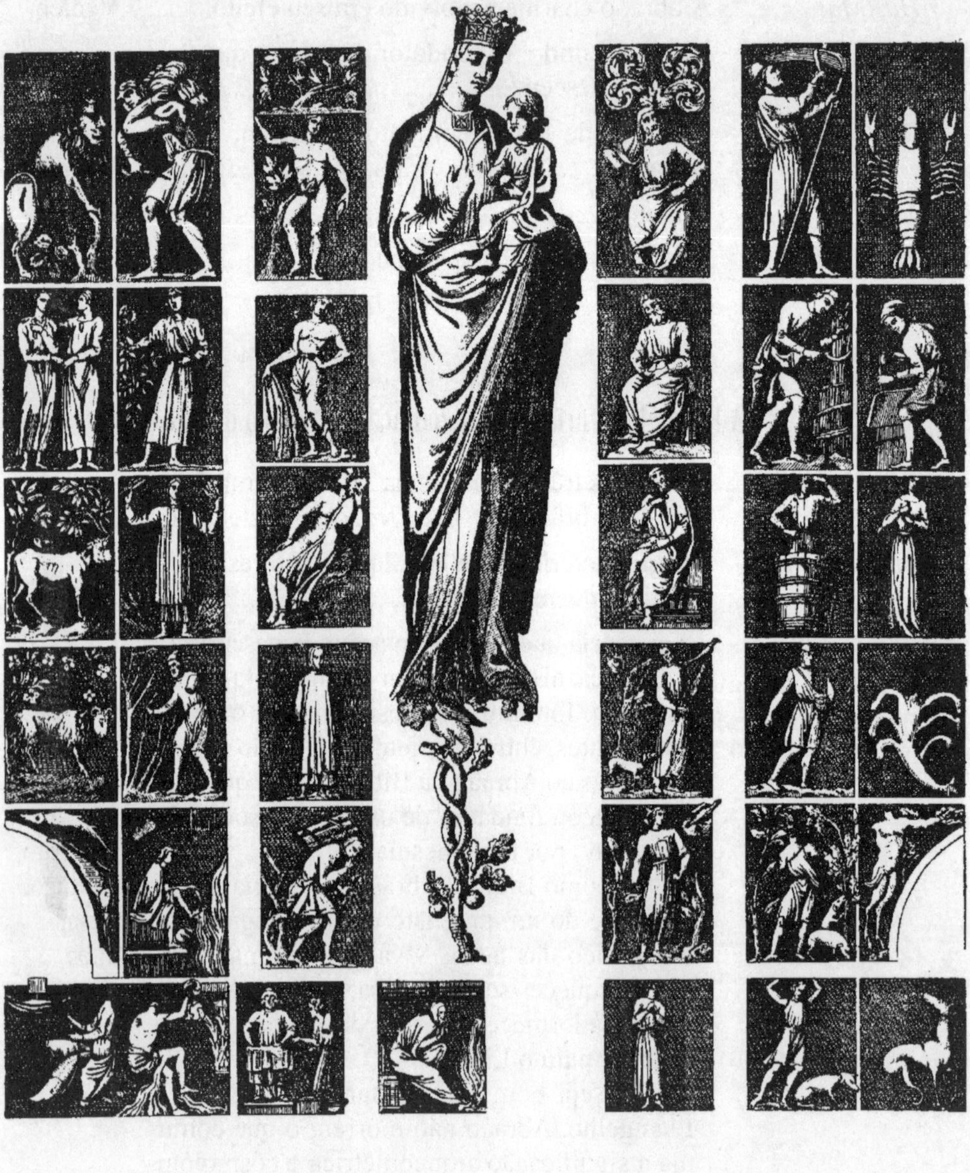

Triângulo dos Santos Anjos

Trígono do éter

Ele tem seu ápice no equinócio de outono e no signo de Balança

Significação das letras

L – 30

Essa letra, a primeira do trígono do equinócio oeste ou de outono – os dos anjos e do éter –, preside ao que os mistérios antigos dos Patriarcas chamavam o Conselho e o Tribunal dos Anjos.

Ela atravessa o meio do espaço compreendido entre o *M* e o *I*. Por isso, o nome que o primeiro Zoroastro dá à sua potência celeste: Mitra, sendo que Tra deriva do sânscrito *Tri*, atravessar. O sentido do nome dessa potência é então: a que atravessa o *M* e o *I*: *MI-Tra*.

Todos os cultos derivados dos vestígios mais ou menos alterados da antiga sabedoria contêm, entre seus arcanos, o do julgamento do Tribunal dos Anjos: Egito, Caldeia, etc.

Ressuscitando a tradição órfica, Ésquilo fez sobre esse julgamento uma tragédia intitulada *O Pensamento das Almas*.

O número dessa letra é 30; sua cor é o verde-esmeralda; seu signo zodiacal, Balança; seu planeta, Vênus noturno, a misericórdia velada; seu arcanjo, Miguel; sua nota, Fá sustenido.

No ano litúrgico, ela corresponde à época dos santos arcanjos e anjos.

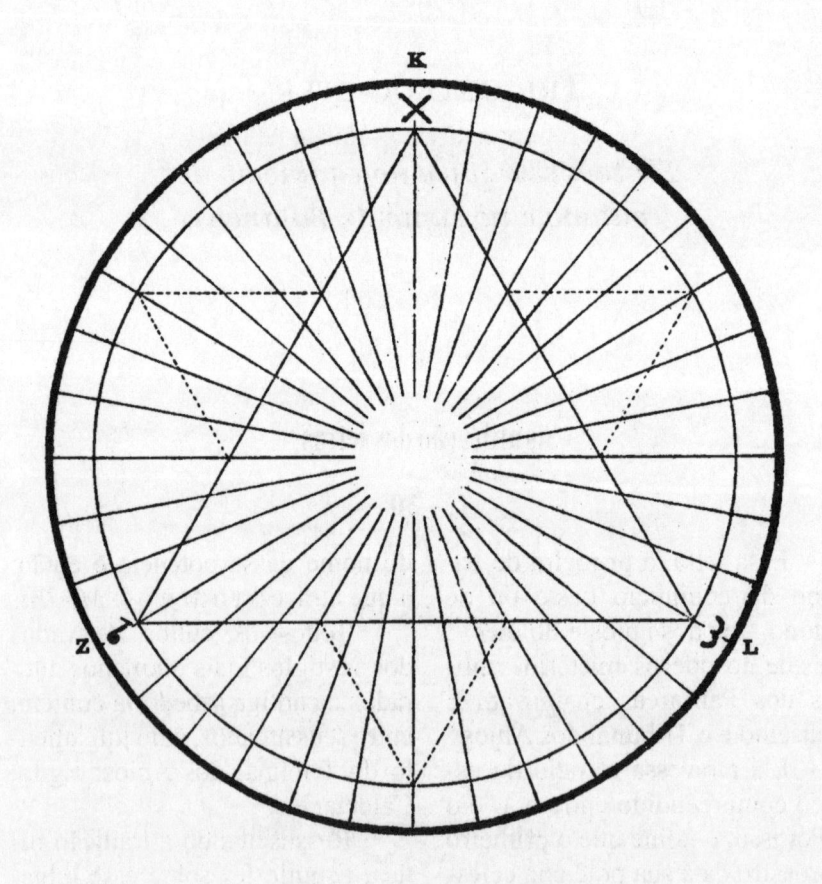

Triângulo dos Santos Anjos

As letras zodiacais uma a uma

L – 30

L	–	A potência executiva, a que decide, resolve, dissolve e liquida...	Sânscrito
Lâ	–	A potência que recompensa ou pune.	–
La	–	O ato sem fim e o fim do ato, a potência que remete ao ser ou ao vazio................................	Hebraico
aL	–	A potência que contém e retém, orna e despoja...	Sânscrito
aL	–	A potência que eleva na extensão, Ele, Aquele, o pronome divino tomado pelo Nome-Deus..	Árabe
âLa	–	A grandeza do espaço etéreo, sua potência angélica constitutiva...	Sânscrito

K – 100

K	–	Todo objeto móvel, material ou espiritual, corpo ou alma, sobre o qual o ar ou o éter agem..	Sânscrito
–	–	A potência repulsiva......................................	Hebraico
aK	–	O movimento em espiral................................	Sânscrito
–	–	A potência que arranca..................................	Hebraico

Za – 7

Ça	–	A felicidade..	Sânscrito
–	–	O raio luminoso..	Hebraico

As letras zodiacais uma a uma

aÇa	–	O elemento elementar	Sânscrito
aZZ	–	A ordenação.	Etíope
–	–	A iniciação.	Árabe

As letras zodiacais duas a duas

KâÇa	–	O translúcido, o cristal............................	Sânscrito
KaZ	–	A translação..	Hebraico
–	–	A transfiliação e a amarração ou tecelagem..	Árabe
ÇaK	–	Poder...	–
KaLa	–	O despojamento das aparências, a tábua rasa..	Sânscrito
KaL	–	A leveza, a impalpabilidade......................	Hebraico
LaX	–	A visibilidade, a sinalização, o signo dos seres..	Sânscrito
LaG	–	A imponderabilidade..................................	–
LaKa	–	A face, a testa que sinaliza a alma..................	–
ZaK	–	A difusão no tempo ou no espaço, a fluidez e o que flui.......................................	Hebraico

As letras zodiacais três a três

Koe ÇaLa	–	A prosperidade, a boa fortuna.........	Sânscrito
ÇaKaLa	–	A diálise, a desintegração do corpo físico e a transfluidez da forma orgânica..	Hebraico
L-âKâÇâ	–	A potência do éter............................	Sânscrito
La-KS	–	A primeira palavra significa trono; a segunda, delegação........................	Hebraico

Os sacerdotes antigos chamavam o éter: o carro ou o trono de Deus. A palavra delegação da soberania convém ao pronome, lugar-tenente do nome; ao éter, elo do mundo da glória e das forças do mundo astral; à potência viva do éter, cujo arcanjo, chefe dos anjos, São Miguel indica ainda uma delegação, a do Verbo: MIChaEL, reflexo de Deus.

Triângulo dos Santos Anjos

Lâmina 49

Triângulo do Cordeiro ou de Áries

Trígono do fogo civificante

Ele tem seu ápice no equinócio da primavera e no signo de Áries

Significado das letras

He – 5

Essa letra, a primeira do trígono oriental da primavera – o dos anjos como seu homólogo, mas dos anjos do fogo criador, é uma letra divina – como *I*, *Ph*, *Sh*, e *O*.

Ela é própria ao nome do Pai, e tem como análoga a letra que corresponde ao signo de Câncer; e também entra na composição do nome do Espírito Santo, ROuaH ALaHIM.

Esse signo, o H suave, é acrescentado à maioria dos hierogramas importantes, para torná-los efetivos ou correspondentes do mundo físico no mundo da glória.

Mas é inútil revelar muito mais sobre esse mistério.

Essa letra é uma animadora vital. Seu número é 5; sua cor, o alaranjado-vermelho; seu signo,

Áries ou Cordeiro Trono do Sol; seu planeta, Marte noturno ou Centurião. Seu anjo é Kamael. O Ré sustenido é sua nota, sua corda e seu modo. No ano litúrgico, ela corresponde à Páscoa.

As letras zodiacais uma a uma

He – 5

He – O sopro vital, expiração de Deus, aspiração do homem. O ser supremo. A união psíquica dos sexos. A volúpia divina. A agitação celeste. O fogo vital... Sânscrito

W, Ou – 70

W,Ou – A potência latente da profundidade e de toda interioridade não manifestada, como o som grave não definido, o fogo que incuba, etc....................... Védico

T – 9

Ta – O néctar ou a ambrosia, a matriz celeste da vida... Sânscrito e védico

TaT – A essência suprema, a realidade absoluta, a inteligência, o espírito em sua realidade imortal... Sânscrito

aT – O movimento perpétuo, o incansável............... –

TiTà – O fogo, o amor, o tempo................................... –

As letras zodiacais duas a duas

HOu – Oferecer o sacrifício divino........................... Sânscrito

HOuH – Revelar, manifestar o que está oculto............. Hebraico

As letras zodiacais três a três

HOT – O fogo, o calor... Céltico

HOuDOu – O carneiro, trono do Sol............................ Sânscrito

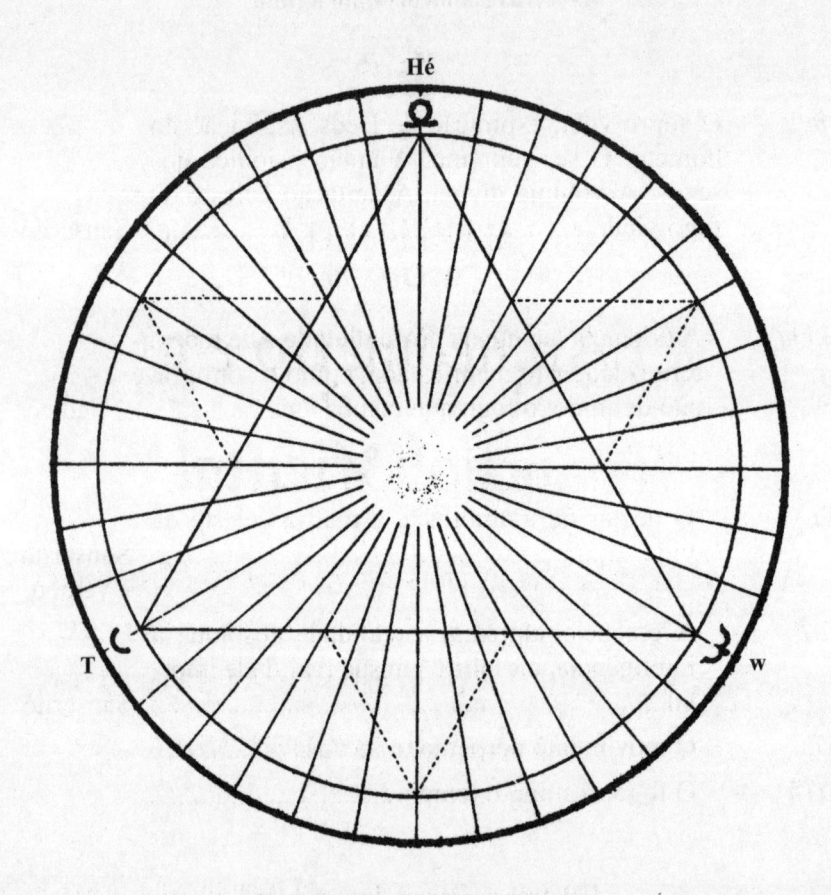

Triângulo do Cordeiro ou de Áries.

CAPÍTULO V

O Arqueômetro e a Tradição Oriental

ARQUEOMETRIA DAS LETRAS DO ALFABETO SÂNSCRITO, SUAS RELAÇÕES COM AS XXII LETRAS ADÂMICAS E SUA DISTRIBUIÇÃO EM: III. CONSTRUTIVAS; VI. EVOLUTIVAS; I. CENTRAIS; XII. INVOLUTIVAS

I. A: Expressa em védico e em sânscrito, tendência ativa, direção, objetivo definido.

Representa no Aum, Vishnu, o penetrador. Esse fato indica uma antiga referência arqueométrica, sendo o raio o valor morfológico do A adâmico, e implicando todas as ideias, todos os fatos relativos ao raio na hierarquia de todas as ciências. A aplicação dessa letra ao Aum é anterior, assim como o próprio hierograma, à Trimurti ou Trindade Brama-Shiva-Vishnu. É notável que o A atribuído a Vishnu lhe dê o primeiro lugar na tríade bramânica. Mas na pronúncia, A + U = O, o que remete o Aum ao terceiro ângulo do primeiro trígono do Arqueômetro, mesmo se apoiando no primeiro ângulo do segundo trígono, o de MaRiA. Mais adiante retornaremos a essa palavra tão importante que, em hermenêutica verbal, é o par, não digo o igual, do IHOH arqueométrico.

Alfabeto sânscrito (Caracteres Devanagáricos)

VOGAIS

1ª lettre ᅟ अ a, 2ª आ â, 3ª इ i, 4ª ई î, 5ª उ u, 6ª ऊ û, 7ª ऋ ri,
8ª ॠ rî, 9ª ऌ li, 10ª ॡ lî, 11ª ए é, 12ª ऐ æ, 13ª ओ ô, 14ª औ ɑ.

CONSOANTES

GUTURAIS 15ª क ka, 16ª ख k'a, 17ª ग ga, 18ª घ g'a, 19ª ङ ya.
PALATAIS 20ª च ĉa, 21ª छ ĉ'a, 22ª ज ja, 23ª झ ĵ'a, 24ª ञ ña.
CEREBRAIS 25ª ट ṭa, 26ª ठ ṭ'a, 27ª ड ḍa, 28ª ढ ḍ'a, 29ª ण ṇa.
DENTAIS 30ª त ta, 31ª थ t'a, 32ª द da, 33ª ध d'a, 34ª न na.
LABIAIS 35ª प pa, 36ª फ f'a, 37ª ब ba, 38ª भ b'a, 39ª म ma.
SEMIVOGAIS 40ª य ya, 41ª र ra, 42ª ल la, 43ª व va.
SIBILANTES 44ª श ça, 45ª ष ç'a, 46ª स sa, 47ª ह sa.
ASPIRADAS 47ª ह ha
LETRA VÉDICA ळ la

NÚMEROS

१ २ ३ ४ ५ ६ ७ ८ ९ ०
1 2 3 4 5 6 7 8 9 0

SINAIS DIVERSOS

ा a ि i ी î ु u ू û
ृ ri ॄ rî े ê ै æ ो ô ौ ɑ
• anuswâra • m   anunâsika ⌣ n
virâma ् visarga : s apostrophe ऽ

O Arqueômetro e a Tradição Oriental

(O Arqueômetro e sânscrito) Os quatro Elementos e o éter.

Assim como em grego, a letra A significa, em sânscrito e em védico, unidade e universalidade. É também aumentativo e privativo, magnificante e admirativo. Seu valor primordial se encontra em Axa, círculo giratório, roda radiante, carro. Por isso, Axara, o invisível e o absoluto. Unida ao I ou ao J, ela expressa em AIA o primeiro Ser, em AJA, o bode como chefe do rebanho. Em AY, movimento diretor, ir. Em AYA, a finalidade obtida, a do princípio em movimento, o sucesso, a boa fortuna.

Unida à letra solar Na, ela expressa a caminhada solar de um solstício ao outro.

Como privativa, em ADITI, significa a natureza indivisível.

Como aumentativa, em ADD, união estreita.

Como primeira abertura e primeira emissão direta do aparelho vocal, ela significa a irradiação da palavra: AH, ele disse. Pelas mesmas causas, como primeira abertura do equivalente luminoso da palavra, ela expressa em AHA, o dia. Â expressa em ADI principado e princípio, preeminência e primordialidade.

A ideia primitiva de irradiação também se encontra em AYU, rapidez, caminhada contida, movimento durável e duração.

II. Ba: Significa base, como termo de profundidade, vaso, receptividade localizável e circunscrita, lugar e meio condicionais de existência, lugar e meio de embriogenia, corpo, abrigo, posse, ter, como auxiliar orgânico do ser. Daí BA, estrela e constelação, BÛ, Terra. Esses nomes só se aplicam a esses objetos quando são considerados lugares e meios de existência embriogênica. É por isso que essa letra foi dedicada pelos sábios templários patriarcais a BAR-UN, o espírito das águas protoplasmáticas solarizadas. É por isso que ela continua sendo dedicada no védico e no sânscrito a Varuna, ainda que a mudança de B para V apague a correspondência.

Uma vez restabelecida, como acabo de fazê-lo, a referência arqueométrica é evidente e traz o sinal da síntese primordial do Verbo. De fato, sobre o Arqueômetro, a letra planetária Ba ocupa o fundo, o sul do trígono das águas vivas psíquicas, e não o norte, como no sistema lunar védico-bramânico.

III. Ga: Significa movimento agregador, orgânico, resultante não da matéria, mas do número que a transforma em substância específica e a regula. Ga expressa toda harmonia em movimento, desde a dos céus até a da voz, e até a das forças específicas e dos átomos constituídos como corpo ou como forma. A mesma letra raiz pinta todo corpo coletivo dotado de harmonia e de organia, uma sociedade hierarquizada por leis, um exército astral ou humano, etc.

Esses sentidos são encontrados em GA, GANA, GANI. GA é dedicada a GANEÇA, cuja ortografia adâmica é GAN-IShA. E foi por essa razão que os fundadores da língua védica e sânscrita fizeram de GANEÇA um denominação de ISh-VA, invertido mais tarde em ShIVA.

O fato que acabamos de revelar demonstra, portanto, uma referência muito antiga da letra Ga ao primeiro trígono, o do solstício norte, antes de sua inversão para o solstício sul pela universidade védico-bramânica, GAN-IShA significa o senhor da harmonia e do organismo universal, Ga, religados ao centro solar dos dois mundos, visível e invisível, pela letra central Na.

Podemos ver sobre o Arqueômetro que Ga é a planetária

divina da zodiacal O, último termo do primeiro trígono, o do Verbo Jesus, I-PhO, I-ShO.

Ga também é dedicada a GANDHARVA, denominação védica AG-NI. AG de AG-NI = 1 e 3 em 13, metade ou oitava de 26, sendo este último a soma das letras numerais do nome IHOH; 26 = 20, cujo equivalente é a letra Ka, mais 6, cujo equivalente é a letra O. Em adâmico KO, em védico e em sânscrito, KaVi, significam Deus Criador por sua palavra ou por seu Verbo. KaVi, o poeta divino, é uma das denominações de Brama. Esse último fato não tem referência arqueométrica possível em relação a Brama. De fato, Brama tem como equivalente aritmológico 248, cujo radical por oitavas é 31, mas o mesmo número 248 não encerra nem 26 nem 13 em nenhuma de suas progressões. E é o contrário o que ocorre nas relações de AG-ni e de Ka-Vi, de 13 e de 26 com IHOH, e somente com Ele. Nesse caso, a arqueometria do Verbo revela a origem das referências que o védico e o sânscrito não encerram mais no sistema bramânico.

A oitava, a simetria interna, a metade virtual de 26 é então 13, onde encontramos a orgânica Ga, ou seja, 1 e 3, 13 = AG, ou seja, em 10 + 3 = IG.

Os dois hierogramas AG, IG adicionados à letra solar N formam AG-NI, IGN-ISh. Nos dois casos, o sentido é:

1º: em védico, o fogo orgânico central de Deus;

2º: em etrusco, o fogo orgânico central do senhor. Esse fogo, natureza interna de Deus, agindo em seu Verbo, é o amor divino, o amor criador. Nosso Deus é um fogo devorador, dizia Moisés. Antes dele, o primeiro Zoroastro havia reivindicado esse fogo do primeiro trígono, ao contrário da água do segundo trígono reivindicada pela universidade védico-bramânica.

E nisso, como em tudo, o Arqueômetro do Verbo é, portanto, o revelador científico de seus mistérios. Ele projeta sua luz até nas trevas mais insondáveis de toda substância, inclusive o espírito humano. Ele acaba de nos mostrar o vínculo inegável do sistema védico-bramânico com a religião primordial e eterna do Verbo Criador e do Verbo Encarnado.

Na mitologia hindu, GADHARVA e os GANDHARVAS são os números harmônicos, os equivalentes aritmológicos das letras, das potências, dos anjos da palavra do Verbo. Eles presidem na GaNa celeste, no organismo universal dos céus fluidos ou divinos e dos céus astrais ou psíquicos, às harmonias essenciais e formais que regulam as substâncias, as forças e a constituição dos corpos fluídicos ou ponderáveis, subetéreos.

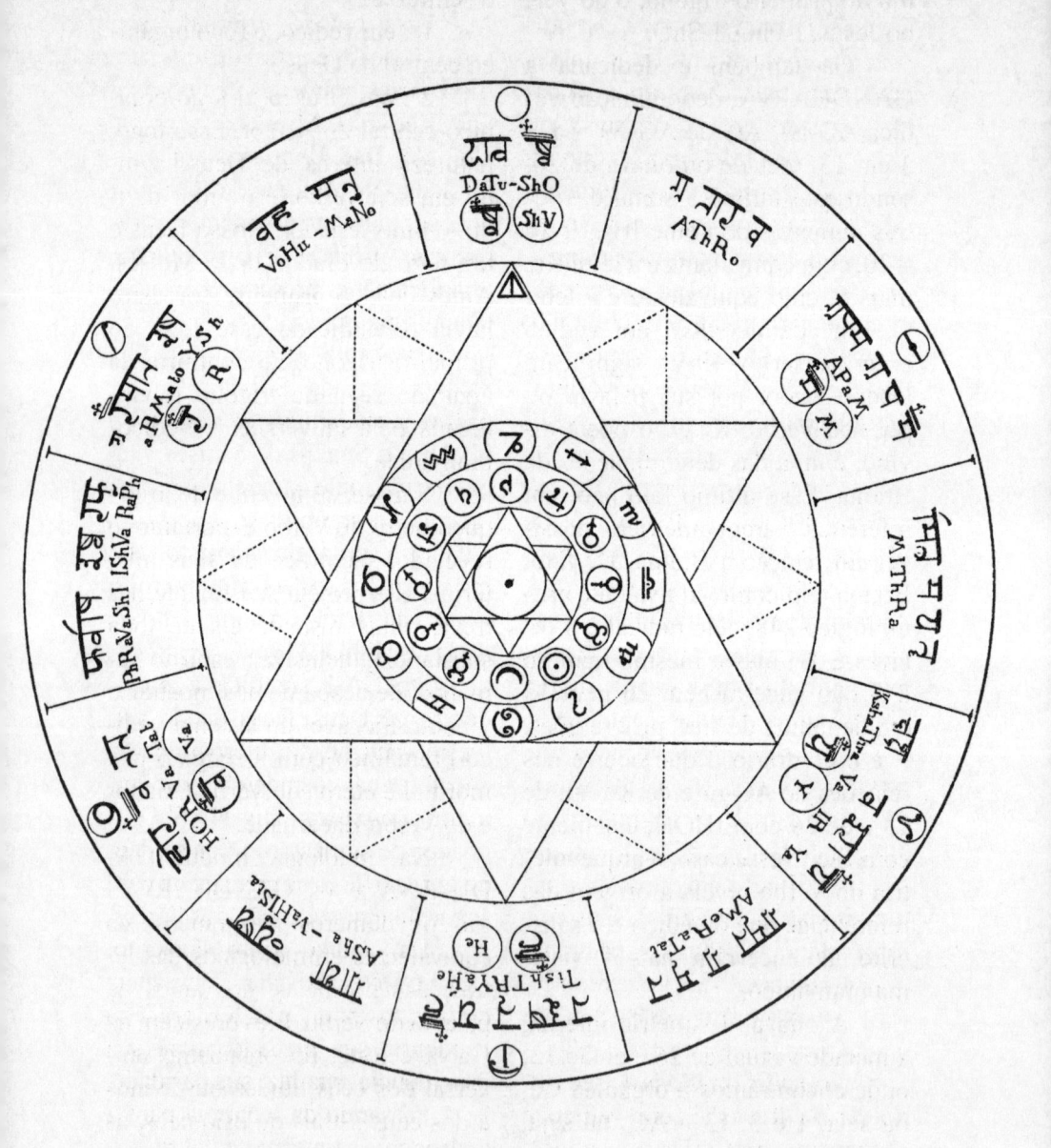

GAHANA, a inorgânica, a desarmônica, a anárquica cidade, a
infernal civilização dos maus espíritos, nesse mundo como no outro.

A música dos sons e dos perfumes é uma das correspondências atmosféricas desses equivalentes. Daí o emprego dessas duas línguas, dessas duas músicas, a acústica e a olfativa, em todos os cultos da religião universal do Verbo por meio de todas as suas formas ortodoxas e de todas as suas deformações pelos cismas. Ortodoxo significa em arqueometria: exato em ciência, em religião, conforme à sabedoria que une a ciência e a religião em uma síntese indissolúvel.

A Ga-Na celeste da universidade védico-bramânica vem dos antigos Patriarcas. É o GAN de Moisés, o GAN-BI HEDEN. Antes dele era a GANA-AYODANA dos arianos da protossíntese. Essa palavra expressa a Tsiôn celeste ou paradisíaca, a cidade divina dos tesouros divinos e humanos, o Estado social celeste com sua correspondência terrestre sobre todos os astros; é a Igreja triunfante e a Igreja militante unidas em uma Yoga e em uma Yova indissolúveis, por todas as suas correspondências com o princípio uno e universal do Arqueômetro. Esse princípio é o Verbo, seu ato é a palavra.

No nadir da GANA, seu antípoda de trevas é, em védico e em sânscrito, a GAHANA, a inorgânica, desarmônica, a anárquica cidade, a infernal civilização dos maus espíritos, nesse mundo como no outro.

Essa cidade infernal, cuja especificação é passada dos Patriarcas aos brâmanes védicos, é a GEHENNE de Moisés.

IV. Da: Expressa a divisibilidade distributiva, divisão e doação, compartilhamento e repartição, difusão e distribuição, providência e preservação substanciais dos seres.

Essa raiz é encontrada na palavra sagrada Sha-DA-Y, que passou do adâmico ao védico. O ShaDI e a ShaDÊ de Moisés vêm da mesma fonte e trazem a mesma raiz. Deve se observar que nessa palavra, escrita em adâmico, isto é, ShADAI, a soma dos números é igual à das letras do nome sagrado de Jesus, IShO, 316.

ShADA-I significa a providência de Deus, Deus dando a si mesmo. O mesmo hierograma se encontra na cosmogonia do primeiro Zoroastro: DA-TU-ShO, o doador de si mesmo, Deus se dando em sacrifício na criação, na conservação e na redenção dos Seres.

Em védico e em sânscrito, Dayê e Dê expressam a vigilância divina do amor, sua ternura clarividente, sua piedade ativa, sua providência, sua luz, sua caridade.

Passando da teogonia para a androgonia, a mesma palavra-raiz conserva esses sentidos transpostos. É por isso que DA expressa também a mulher e a dama sob o duplo ponto de vista da providência humana que constitui a família e a sociedade. Quanto aos dicionários hebraicos, eles estão longe de ter conservado a hierarquia dos sentidos divinos e humanos, como o védico e o sânscrito. Por isso é muito difícil seguir, por meio de suas interpretações, o pensamento sempre arqueométrico dos inspirados do Verbo, desde os Patriarcas pré-mosaicos, como Jó, até o fundador de Israel, desde Moisés, enfim, até os profetas e à Barith Há Kadoshah, ou seja, nosso santo Evangelho em hebraico.

É por isso que DA só tem um valor de pronome demonstrativo, e DAD, de mama ou de seio.

Entre os brâmanes védicos antigos, DA foi dedicada ao espírito cosmogônico que segura o arco de Sagitário. Aqui, o selo do arqueômetro do Verbo e da protossíntese dos Patriarcas manifesta-se ainda mais sobre a marca védico-sânscrita da letra Da do que sobre as três anteriores: A, Ba, Ga. Pudemos legitimamente vincular estas últimas à sua verdadeira posição arqueométrica: A ao raio; Ba ao ângulo solsticial sul do trígono das Águas Vivas; Ga ao ângulo de fogo do primeiro trígono, o da terra viva, a terra divina e não astral do Verbo Jesus. Da se posiciona por si mesma por meio de Da--Nu em seu lugar arqueométrico. Ela está, no planisfério da glória, a planetária, cuja zodiacal é o U adâmico, protótipo e potência angélica verbal do Sagitário astral. E esse arco é o U de Da-Nu. O parentesco desse hierograma com DaNa, o protograma ariano do Hé-den, prova uma vez mais com que fidelidade Moisés comparou a tradição da Igreja Patriarcal, por meio de todas as universidades templárias de seu tempo, para recolocá-la em seu ponto de ortodoxia sobre a esfera do princípio: SPhaR BRA-ShITh. É importante dizer aqui que SPhaR só significa livro no sentido de rolo, mas rolo como derivado de círculo. SWaR, em sânscrito, significa a esfera ou o planisfério celeste. Além do mais, SPhaR tem como equivalente aritmológico 340, que expressando letra por número, 300 + 40 = SheMa, significa ao mesmo tempo: signo arqueométrico, céu da palavra ou da glória e o próprio Deus em sua autofagia e em sua autologia.

V. È: E, È, Ê, HE. E simples é menos usado em védico e em sânscrito do que sob sua forma dupla Ê, em que ela é Dwi-Yoni de A + I. Esse fato prova uma elongação em relação à língua arqueométrica primordial

Ê significa apelo e vocação.

Ha oferece em védico e em sânscrito vários sentidos arqueométricos: causa, como potência geradora de efeito, e, dessa forma, Céu, Terra divina ou paraíso, o ser e a substância direta do ser.

A esses sentidos teogônicos acrescentam-se os seguintes sentidos androgônicos: o amor vital, essencial, a união sexual das vidas, sem o contato dos corpos, a criação sem procriação, a felicidade. Esses sentidos descem de grau em grau até o carnal, mas nele o psíquico e o biológico predominam sobre o fisiológico.

HaY empresta do Y o significado de movimento apaixonado, de efeito feliz, de honrarias oferecidas, de entusiasmo evidente.

HO em HoVa significa sacrifício e oblação de amor.

HI significa lançar-se para fora de si, em direção ao outro, emitir sua virtude, sua potência, e todos esses sentidos vêm ao mesmo tempo dos arqueométricos HE e Y.

HU expressa o amor extático e o sacrifício à divindade.

Ê adicionado ao sufixo Ka, em ÊKA, significa a imparidade, e, por causa disso, a unidade considerada sob um determinado aspecto, o uno, o mesmo, em relação ao outro, Auya. Podemos reconhecer aqui a fonte de uma das ideias fundamentais de Platão. Esse fato denota uma referência arqueométrica muito antiga. Os mestres das universidades bramânicas e budistas poderão facilmente se dar conta disso sobre o Arqueômetro, seguindo a seguinte demonstração:

A + D, 1 + 4 = 5 = E; Ka = 20; EKa = 25. Trata-se então aqui de 5, valor numérico da letra E, fazendo função de unidade, seja em si mesmo, seja em 25. Nas antigas universidades patriarcais, cuja síntese de PhO-HI ainda traz a marca arqueométrica, 5 e sua numeração significavam a potência extensiva da unidade, 5 era o extensor-tipo e correspondente ao calor irradiante.

O número 25 era o dilatador; o 50, o grande extensor; o 55; o grande dilatador interferencial. Esses significados que no antigo Oriente pós-diluviano permanecem sem bases científicas recobram todo o seu valor primordial quando controlados com a pedra de toque do segundo critério, isto é, da observação e da experimentação ocidentais. Em sonometria, de acordo com o duplo ponto de vista dos números falantes e das cifras inversamente proporcionais das vibrações que eles provocam nos corpos fluídicos ou ponderáveis, o significado de 25: $\frac{25}{24}$ para a aritmologia falante ou musical e $\frac{24}{25}$ para a aritmética funcional das vibrações. Todo o seu bequadrado marcado, seja simplesmente, seja por multiplicação harmônica do número 25, que faz a função de unidade sonora, dará seu sustenido sobre a corda de número 24. O mesmo vale para todo som bemol: ele dará seu bequadrado nas mesmas condições aritmológicas.

Como a música dos números regula a harmonia sucessiva ou simultânea do duplo Universo, desde o conjunto até os mínimos detalhes, será mais fácil compreender, de acordo com o que foi dito, por que os Patriarcas, Grão-Mestres da protossíntese do Verbo, conferiram a Ê + Ka ou a 25 um significado funcional especial a esse número, tomado em função da unidade.

Agora, se quisermos olhar sobre o Arqueômetro a posição da letra zodiacal Ê, no ponto do equinócio vernal, e sua planetária Ka, veremos que as duas reunidas têm como equivalentes a palavra ÊKa e o número 25. Dessa forma se encontra marcado e explicado pelo próprio Verbo o mistério do calor vital e irradiante no duplo Universo divino e físico. É por causa desse calor que o triângulo de fogo se encontra assinalado com as três letras zodiacais HOuT, que, em védico, significam o fogo Huta, e também HOuT e HOuD, o Áries e o Cordeiro. A letra D marcada com um ponto abaixo equivale a um T limítrofe entre o Th e o Z. Assim, esse triângulo da substância ígnea é autológico como todos os outros. No modo astral ÊKa, 25 é Marte em Áries; mas também é o YoGa ou o YoVa do Sol sobre seu trono.

Retornaremos a essa significação quando falarmos do senhor central, do Verbo solar, do *Lumen de lumine*, a propósito da Páscoa e da crucificação do cordeiro de Deus, do AG-NI de IHOH. Não deixaremos a letra Ê sem dizer que AÊ-La significa o Filho, o Enviado de ILâ, a palavra santa, a substância pura da terra santa de Deus.

ÊLa-Ka também expressa o Áries sob uma acepção diferente de HOuT e de HOuD.

Em zenda, ÊVa significa aquiescência completa à vontade de Deus; mesmo significado em sânscrito nas palavras AEVa e ÊVaM, que expressam a ideia de "Assim seja", bem como na palavra Aum, contraída em OM, cuja pronúncia secreta comporta duas vezes a letra que nos ocupa: HOMOH. Menciono as letras, mas não indico como devem ser articuladas para que esse amém dos Patriarcas dê ao religioso puro, no mais profundo de sua vida, a resposta biológica da alma universal. Digo a alma universal, a ATh HaADaM dependente do ROuaH ALHIM. Pois os nomes do Filho e do Pai têm outras correspondências arqueométricas relativas aos graus supremos dos ATH no ATh do Verbo. É esse grau teogônico a que Nosso Senhor Jesus Cristo visa quando diz: Eu sou o ATh, o Alefe e o Tau.

VI. AÔ: É a 14ª letra no alfabeto sânscrito e a quarta letra dupla, ditongo ou Dwi-Yôni: A + A + 6 = Â + U. Ela é o Gonna de Ô ou a vogal mais longa de U ou de Û.

A maioria das letras em que se encontra AÔ tem, portanto, U, Û na raiz, cuja etimologia conduz ao U simples ou duplo.

Va, a 43ª letra e a quarta semivogal do alfabeto sânscrito. É a vocalização da vocal ou vogal U, que se pronuncia Ou. É um trilo labial do sopro orbicular Ou. Muitas vezes, essa letra Va se converte em Ba. A razão arqueométrica para isso é que os equivalentes musicais das notas correspondentes a Ou e a Ba estão nas relações sonométricas de $\frac{10}{8}$ e de $\frac{8}{5}$, isto é, de modal externa ou terça maior, e de conjugal interna ou de sexta menor, em relação aos números falantes. As relações específicas dessas duas potências verbais no mundo teogônico da glória seguem a mesma correspondência em psicogonia e em psicologia, em todos os graus da hierarquia dos ATh. A mesma correspondência continua nas relações aritmológicas das forças e das substâncias físicas. No mundo astral, ela se encontra entre Vênus e a Lua.

Contrariamente aos astrônomos modernos, Vênus é uma Lua do Sol, e sua rotação em torno do astro central é análoga à da Lua em torno da Terra. Não faz muito tempo que foi finalmente demonstrado que o dia de Vênus é igual ao seu ano. Além do mais, esse planeta sofreu uma mudança, uma transposição com Mercúrio, mudando de cor, de tamanho, de aparência e de curso. O Arqueômetro manteve sua posição primordial, cuja alteração teria acontecido por volta do século XIX a.C.

Varron, sempre tão escrupuloso em suas investigações, fazia coincidir essa transposição e essa catástrofe de Vênus com o dilúvio marcado pelas letras arqueométricas que lhe correspondem: OGyges.

O que precede explica na razão e na palavra absolutas do Verbo os seguintes sentidos: Va se refere a O nas significações sânscritas de potência fluídica em movimento, turbilhonante ou cíclica, como uma espécie de corrente atmosférica, vento, sopro, que acompanham sempre a força, o poder, a ação e a manifestação do ROuaH.

Ao contrário, a palavra Va em Vas refere-se a Ba, quando ela significa habitação, e passa do elemento fluido ao elemento líquido do Ba. Assim, quando a palavra Varuna está escrita como Baruna, ela significa a água, o oceano, o que está de acordo com a posição arqueométrica de Ba e de sua zodiacal no triângulo da água.

Pelas mesmas razões, Vax é substitutivo, em védico, de Ox ou de Oux, boi ou touro, palavra que por si só é equivalente da potência que assopra e, consequentemente, de peito, Vaxas, que, em irlandês, é Ouch. A zodiacal Va, adicionada à sua planetária Ga, conserva em sânscrito, em Va-Gnu e em VaCh, seu sentido arqueométrico verbal, e significa o ser que fala.

Em védico, unida à vogal I ou à bucal J do primeiro trígono, VâJ significa a via aos deuses, ornar seu entorno sagrado, homenageá-los.

Ao gravitar em torno da central solar Na, a orbicular Va, expressa em VaN, a onda sonora, a repercussão do som constitutivo aritmológico de todas as coisas. É o número 6 que, multiplicado por 50, acaba evocando o número 300 de Sh. Como derivada de O, de OU, e de U, VaN significa em védico a oblação total de si, a adoração, o desejo, a prece apaixonada. Está na raiz do verbo latino venerar. Esse sentido absolutamente arqueométrico em relação à terceira letra do primeiro trígono e suas correspondências astrais não deixa dúvida sobre a absoluta pureza original dessas últimas, bem como as relações que elas expressam entre as faculdades semelhantes da alma humana e das almas universais em seus diferentes graus. Mas, quando VaN em Va-Na significa em védico e em sânscrito habitação, casa, água, como meios orgânicos, madeira, floresta, como abrigo, a letra Va não se refere mais à letra O, como anteriormente, mas à letra B.

Ao contrário, em Va-Ni, fogo, há conjunção dos movimentos específicos das duas vocais que formam a base do primeiro trígono e da central solar Na; o mesmo em Va-Nî, mulher, esposa, companheira venerada no espírito santo da vida, anjo do lar. Adicionada à zodiacal norte do primeiro trígono, Va, em Va-P, expressa a ideia de força gênica em todos os graus da potência geradora: paternidade, especificação, inseminação.

Adicionada à central solar Na, essa raiz significa a divindade, VaPu-Na, como doadora da vida e da substância especificadas segundo as espécies, o que é uma das características do Verbo, I-Pho.

VaPu-Na também significa conhecimento, como doação do Verbo e de sua ciência, por meio diretamente da fenomenologia universal e de sua sabedoria, ou da própria vida. A beleza dessas correspondências, a limpidez luminosa de sua profundidade, não deixam nada a desejar; elas procedem, no mais alto grau, dos nomes do Filho por intermédio do espírito santo da vida. Essas correspondências conjugam o modo da verdade ao de sua expressão verbal que é a beleza, fazendo soar a letra Sh do santo nome de I-Sho.

VaPuSh significa, de fato, o belo, esplendor do verdadeiro, a morfologia do verdadeiro, seu nome gráfico de forma, como equivalente lógico de essência ou de substância. Daí o sentido admirável de manifestação, de encarnação, de corporização, seja ela fluídica ou ponderável, de acordo com os meios. Adicionada à letra Y, a emissiva e a remissiva do primeiro trígono, Va a envolve de forma harmoniosa; VaY significa movimento rítmico, idade, época da vida e, em um sentido mais restrito, a juventude, a flor da idade. Vash em VaÇ e VaÇa significa vontade divina, reguladora do conjunto, por isso a graça que realiza, a autoridade suprema, o Va ÇI, um dos oito atributos de ShIVa, inversão de ISh-Va.

Apesar da inversão, a correspondência arqueométrica com o primeiro trígono permanece inalterada. Ela comenta sob todos os pontos de vista o método do Verbo Encarnado: *Fiat voluntas tua*. Esse método em todos os graus da vida, da ciência e da arte, é o único verdadeiro. E, quando o homem lhe opõe seu *Fiat voluntas mea*, ele mesmo engendra a morte, a mentira e a feiura. Pois o homem não é criador de nada, em qualquer ordem que seja, ele não tem valor de princípio nem na vida, nem na ciência, nem na arte. Da vida, ele só tem a existência por reprodução, e o princípio dessa existência, como sua própria finalidade, está apenas na vontade do produtor, único que vive por si mesmo. Da mesma forma, o espírito humano não é o princípio da ciência nem da arte; ele é apenas sua reflexão. A incidência dessa reflexão, ciência e arte, pertence apenas a Deus e à Sua vontade, como razão suprema de todas as coisas e como manifestação dessa razão, isto é, como Verbo e como palavra. Apenas Deus é o sábio, apenas Deus é o Artista, como ele é o único vivente.

O homem só tem poder de tomar conhecimento da ciência, da arte, da vida, e de assimilá-las por semelhança, isto é, por obediência à Vontade de Deus em todas as coisas, pela observância das leis de seu Verbo e de sua palavra, não importando o fato.

Será que o pretenso sábio cria as leis dos fatos que ele observa e experimenta? Leis e fatos existem antes de qualquer constatação humana.

Será que o pretenso artista cria as leis de harmonia que, segundo seus equivalentes, são constitutivas de toda arte? O artista, por uma faculdade psicológica de sua vida em correspondência com uma potência psicogônica do Verbo, sente essas leis como um sonâmbulo inconsciente. Ele não é capaz de explicar nenhuma delas em especial, nem *a fortiori*, de seus encadeamentos harmônicos na única divina razão que as constitui.

Em um grau ainda menor, é preciso colocar o filósofo na categoria dos cogitantes inconscientes. Eu digo cogitantes porque o artista é mais vital do que mental e, dessa forma, ele está mais próximo do

Verbo e é essencialmente menos mentiroso do que o mental individual que se considera como critério de certeza. O filósofo alardeia razões pessoais abstratas, sem fatos nem leis! O artista remexe inconscientemente em fatos e leis cujas razões ele desconhece. Essas duas raças mentais e psíquicas são, portanto, profanas e profanadoras por essência, enquanto durar o sabá de sua inconsciência, e as raças políticas por elas engendradas serão as piores entre aquelas que podem revolucionar e governar as sociedades humanas. E o que sua anarquia diz em todas as coisas é: que minha vontade seja feita.

Vaçiu: que tem vontade, poder, império.

Vas: morar, permanecer, revestir-se, fixar-se; deriva de Bas.

Vas: amar, aceitar; deriva de OS.

Vasishtha, derivando de Vasi, é um epíteto do fogo e de Agni. É também uma das sete estrelas da Ursa Maior.

Vasu: bem, riqueza, ouro. Agni, o fogo, o Sol, raio de luz.

Shiva, Kuvêra, expressam também Vasus, classe de divindades védicas. Essa palavra, Vasu, que significa ao mesmo tempo água e fogo, só oferece essas contradições pela transposição da letra O para a letra B e reciprocamente. Ela significa também árvore em geral. Esse sentido é notável, na medida em que se vincula ao mesmo tempo à planetária B do triângulo da Água, e à zodiacal O do triângulo de Terra.

A potência vegetal tem como força especial o Fogo elétrico polarizado, agindo ao mesmo tempo no Ar e na Terra úmidas. Quando olhamos e fotografamos uma centelha elétrica, podemos ver que ela mostra a forma de uma arborescência típica, referindo-se tanto ao mundo vegetal quanto à árvore circulatória sanguínea e pulmonar dos animais superiores.

Também deve ser observado que, no chinês antigo, os signos que se referem às letras arqueométricas que têm como correspondências o Câncer e a Lua contêm, por suas significações, as da arborescência e da árvore.

Vasudâ: significa Terra.

Vasuprâna: significa Agni, o fogo, como princípio dos oito Vasus.

Vasula: um Deus em geral.

Vasusthali: a cidade de Kuvêra.

VaS-Ta: bode.

VaS-Tu: em védico, cidade, bens, riquezas, posses, propriedades, natureza, caracteres.

Vah: trazer, levar, transportar, encantar.

VaHa: tudo o que leva e traz; os veículos. Wog, escandinavo; Way, inglês; Vehia, etrusco; Via, latim.

Vahui: Agni.

Vâ: soprar como o vento.

Vâc: falar, cantar; palavra, linguagem, discurso; a palavra santa; védico: o hino. Sarawastî, latim: vox.

Vâja: prece final do sacrifício: o que concorda com o sentido segundo o qual nós lemos o primeiro triângulo arqueométrico, saindo de I e subindo até o ângulo do solstício norte e com retorno a I, passando pelo O. Apoiando-se na letra solar central, Vâ-Na expressa evaporação do elemento úmido no aéreo flogístico, quer este seja o mar, a vegetação ou os perfumes.

Vâyavi: a região do vento que vai do oeste ao norte e do norte ao oeste, o que está de acordo com o movimento arqueométrico das letras O e Y.

VâYu: o vento, o ar dinâmico, o ar vitalizado, o ar vital.

VâShPa: vapor quente.

VâSava: Indra.

VâSu: Vishnu, a alma do mundo.

Vâha: Touro.

VI: pássaro, a região do vento, a atmosfera, o olho.

Vijaya: vitória, sucesso obtido, carruagem dos deuses retornando ao seu ponto de partida; Yama, Arjuna.

Vijâyê: nascer, tirar sua origem de, engendrar.

Vigêvaîni: ressuscitar, reviver.

Com a letra solar N, Vinaya, obediência, disciplina.

Viniyôga: cargo, função, ofício, participação em alguma coisa.

Vipavya: purificação.

Vipaçiu: um santo.

Vibava: poder, potência, poder sobrenatural, entrega final.

Vibâ: luz, brilho, raio, beleza.

Vibî: isento de crença.

Vibu: excelente, eminente, todo-poderoso, mestre, senhor: Brama, Vishnu, Shiva.

Viya: o ar que se move, e aquilo que se move no Ar.

Vivâha: casamento.

Viç: ir à direção de, começar, um homem em geral. Entrada.

Viçipa: palácio, templo.

Viêçsha: distinção, excelência.

Viçwa: o Universo, o Todo, nome de algumas divindades nomeadas Viçwa-Dêvas, lituano Wisas, Viwça, Psau, o fogo devorador, Agni, o Sol, a Lua.

Viçwa-Nâtha, Shiva, o protetor do mundo.

Viçwa-Râj: o mestre universal.

Viçwa-Madâ: uma das sete línguas de Agni.

Viçwa-Sahâ: uma das sete línguas de Agni.

Viçwa-Arhman: Vishnu Brama, a alma do mundo.

Viçwa-Vasu: védico, a Gandharva desse nome, ou Agni.

Viçw-Êça e Viçw-Êçwara: Shiva, o senhor de todas as coisas.

ViçuÂ-Sa: a fé, a confiança, a consolação.

Vish: realizar.

Visha: a mirra.

Vishaya: a sensibilidade, todo objeto da percepção proporcional ao meio natural e à espécie dos seres.

Vishâ: a inteligência em ação na sensibilidade.

Vi-Shêvê: honrar, servir.

Vish-Nu: o penetrador, Agni, Surya, um dos Vasus, Vishnu, o Deus que encarna.

Vih: védico, viajante.

Vihâ: no Céu.

Vî: movimento, progressão, ir, obter, desejar, conceber, engendrar.

Vija: origem, causa, verdade, álgebra, semente.

Vîjasû: a terra fecunda, a terra viva.

Vînâ: espécie de alaúde com duas caixas e comumente com sete cordas.

Vînâsya-Nârada: inventor da Vînâ.

Vrisha: o signo do Touro de Shiva, Vishnu, como princípio reprodutor.

Vê, para Oûy: cobrir, envolver, atar com um nó.

Vêga: movimento rápido do espírito e do sentimento.

Vên: conhecer, envolver, tomar, compreender, desejar, amar, favorecer, adorar, louvar. Quase todas essas palavras são védicas.

Veça: entrada, casa, roupa, ornamento, paramento.

Viac: abraçar por sua extensão.

Vyâna: um dos cinco sopros vitais, aquele que se espalha por todo o corpo; os outros são: Apâna, Udâma, Prâna, Samâna.

Vyûha: ordem de batalha, disposição, estrutura.

Vyê: cobrir, envolver.

Vyôman: o céu, a atmosfera, templo ou lugar consagrado ao Sol.

VII. Za: Não existe em sânscrito, mas pertence ao védico, o que prova uma proximidade entre o védico e o vatan, ou adâmico, e uma elongação entre este último e o sânscrito.

A letra Za equivale, em eslavo antigo, ao Sz lituano. Ela expressa o que fende o ar em linha reta, como uma zagaia, em ziguezague como o raio, correndo como o cervo, o cavalo, o cavaleiro. Essa letra é dedicada aos Azwins, em sânscrito Acwins, os dois centauros ou cavaleiros védicos, protótipos de Castor e Pólux órficos. Há nesse fato uma marca de correspondência entre Za e Gêmeos.

As letras correspondentes em sânscrito são: Cha, Chha, Ça, Sa, ou melhor, Cha, 20ª letra e primeira palatal sânscrita: indica nos chacras, círculo, roda, disco, órbita, movimento circular que reúne; mas nós dizemos sob reserva que essa letra procede mais do Ka do que do Za.

Chax: falar, dizer, revelar.

Chaxas: mestre espiritual, denominação de Vrihaspati.

Chaxushya: belo, agradável de ver.

Chaxus: olho.

Chan: cantar, fazer um som, ressoar.

Chal: mover-se.

Chakra: Aède, bardo cantando no Châkrika.

Chây: olhar, observar, honrar, cultuar.

Châraka: viajante, companheiro de estrada, cavaleiro. Em Châla e em Châsta, existe alusão à cor azul, o Geai azul, o martim pescador.

Chi: reunir.

Chir: falar.

Chôxa: cantar, belo, agradável.

Chha: 21ª letra e segunda palatal.

Chha: claro, nítido, movente, vacilante.

Chhêka: urbano, civil, polido.

Ça: 44ª letra e primeira sibilante do alfabeto sânscrito, fica no meio entre Ka e Sha.

Ça, Civa: felicidade, bom augúrio.

Çak: poder.

Çakti: poder, energia ativa, energia feminina.

Çak-Ra: potente, é um epíteto védico dos Açwins.

Çachî: eloquência, esposa de Indra.

Çapa: juramento.

Çani: para Shani, Saturno e seu regente.

Çal: cobrir rápido, vacilar, louvar.

Çala: Dard.

Çalya: javali, flecha, pilar, limite, fronteira.

Câs: ordenar, reger.

Câsa: prece, rogar, hino, védico.

Çila: flecha, barba de milho, espiga, estrutura de porta-arquitrave.

Çiva: feliz, favorável, o falo, o Veda, a entrega final, a prata viva.

Çîk: brilhar, falar.

Çil: fazer, adorar, honrar, meditar, visitar, percorrer, possuir, ter talento para, conhecedor de, hábil, apto, natural, caráter, disposição, virtude, moralidade, beleza.

Çuxi: vento.

Çûuya: sonoridade, corpo oco e sonoro, o espaço celeste, o vazio.

Çôna: o escarlate intenso, o vermelho concentrado, o fogo.

Cyân-Anga: o planeta Mercúrio e seu regente.

Çlêsha: união, abraço, associação.

Çwan: cachorro (dedicado a Mercúrio e a Sírius), em lituano, Szu.

Çwas: soprar, vento, respiração.

Çwâsa: sopro, vento, repiração.

Çwi: inchar, engordar, crescer.

Çwitra: ar, o éter.

Sa: 46ª letra e terceira sibilante: vento, serpente, conhecimento.

Sakarna: que tem os órgãos do entendimento, que tem consigo Karna.

Sap: seguir, honrar, adorar, servir.

Salila: gracioso.

Sas: dormir.

Sah: poder, ser capaz.

Em geral, Sa significa: conjunto, o que une e associa.

Sâkam: com.

Si: unir, atar.

Sî: védico, a terra viva.

Swap: dormir.

Surêcwara: o Senhor dos deuses, Ishva-Ra.

Skanda: o corpo, o conteúdo, a margem de um rio, o príncipe, o rei.

Skandha: ordem de batalha, rei, príncipe, homem velho e sábio. No plural, os cinco objetos ou ramos do conhecimento. Os cinco atributos imateriais da existência, distinto do mim e que se reúnem na hora do nascimento. Rûpa, a forma; Vêdanâ, a sensação; Sanjnâ, a ideia; Sanskâra, os conceitos, a concepção; Vijnâna, o conhecimento analítico, Budismo.

Stri: estrela, em védico.

Spaç: fazer, realizar, juntar, arranjar, dispor, abraçar.

Syôna: irradiação da luz, Sol radiante, felicidade.

Swa: seu, sua, dele, ter, bem. Em lituano, Saw.

Swaj: abraçar.

Swaája: nascido de si, tirar de si, filho

Swaj: em lituano, Zwanu, reter, arrazoar, ornar harmoniosamente.

Swayam: eu mesmo, tu mesmo, ele mesmo, si mesmo.

Swayambû: aquele que existe por si mesmo, Shiva, onde encontramos Svay; Vishnu, onde não o encontramos diretamente; Brama, onde não o encontramos de forma alguma.

Swar: o céu, o éter, o paraíso, a beleza, o brilho.

Swara: o som musical, Sapatswarâs, as sete notas da oitava. Swara também significa vogal, vocal.

Swavishaya: pátria.

Swârâj: Indra.

VIII. É: É uma letra aspirada rude, ocupando o meio entre E e Ch; o som vocal pode ser fechado ou aberto, agudo ou grave. Essa oitava letra do alfabeto adâmico pode então corresponder à 11ª, 12ª, 15ª, 16ª e à 47ª letra do alfabeto sânscrito, com a condição de que ela conserve seu caráter predominante de vocal ou vogal. Ela, portanto, não é apenas Dwi-Yôni de A + I, como a quinta letra adâmica, mas também Dwi-Yôni das guturais que nela se vocalizam. Ela representa, em sua espécie, o mesmo papel que O na sua, na relação aritmológica e sonométrica de 8 a 6, como se pode ler sobre o Arqueômetro. É difícil encontrar em sânscrito a distinção nítida dos sentidos dessas duas vogais, mas ela é um pouco mais clara ao védico, e isso comprova mais uma vez que, quanto mais remontamos ao passado, mais nos aproximamos da síntese do Verbo.

Todos os sentidos de unidade específica que se vinculam à quinta letra adâmica e ao seu número devem ser descartados para a oitava, cujos equivalentes aritmológico e morfológico são o ogdoada e o octógono.

A letra que aqui nos interessa significa ao mesmo tempo a água e a Lua, o que bastaria para fixar suas antigas referências arqueométricas na língua dos Vedas. Mas com a ressalva de que, quando a zodiacal Ha marca o fundo do trígono das águas, é apenas a planetária Ba que tem como correspondência a Lua. Adicionada à solar central Na, ela significa ao mesmo tempo movimento transitivo e morte. Adicionada à primeira do trígono do Verbo, ela significa ao mesmo tempo movimento, som e também cansaço.

Em Hayana é o ano lunar.

Em Ham, é ainda a expressão de movimento.

Em Hara, é a ação de perceber, de encantar pela separação e pela divisão, é a própria divisão na aritmética, e o conhecimento pela análise, sentido bastante notável em relação à posição arqueométrica dessa letra, suas correspondências e o mistério da porta dos homens, da porta das almas, da encarnação astral, da passagem do mundo do princípio divino ao das origens naturais.

Hari, significando Yavana e a Lua, vem mais uma vez corroborar esse sentido, assim como nas relações complementares do raio amarelo-esverdeado ao raio violeta.

Haridwâra, a porta de Vishnu é mais uma confirmação do que precede, Vishnu, inversão de Ishva-NOu, sendo a potência divina que se encarna.

Mesma observação em relação a Haripriya, significando a Terra e o 12º dia da quinzena lunar.

Haribiy: a serpente Hariman, o tempo.

Hamya: palácio, Harman, abertura.

Ha: deixar, abandonar, estar perdido, privado de, pena, dor, mágoa, luto.

Hâsas: a Lua.

Hima: a Lua, o frio, a neve, o gelo.

Huta: a oferenda, a vítima (relacionar com o triângulo de fogo).

Hum: a lembrança, o assentimento, a interrogação.

Héra: a ilusão produzida por uma potência de baixo.

Hêli: o Sol (relacionar com a linha equinocial).

Haema: o frio, a neve.

Hôrâ, a subida de um signo do zodíaco: a hora, 1/24 do dia.

Hwê: chamar, convocar, invocar, todos esses sentidos são védicos. O amarelo e o verde de Hari, citados anteriormente, mostram a inversão das correspondências e a mudança da estrela dos equinócios do Verbo, sem que se tenha tido, ao mesmo tempo, a lógica ou a ciência de inverter os raios equivalentes.

Essa ruptura das correspondências arqueométricas remonta, portanto, tão longe quanto o sistema bramânico, e todas as outras universidades antigas do Oriente e do Extremo Oriente acompanharam mais ou menos o védico-bramânico nessa via.

IX. Ta: Ta expressa em védico e em sânscrito o alimento direto, ambrosíaco dos seres infraetéricos e supraetéreos, o Amri Ta, protótipo da ambrosia órfica.

Ela é para os seres acima o que o soma-lunar é para os seres subetéreos. O soma-lunar não é apenas o Asclepias Acida, como se crê, mas uma água lustral que se torna receptiva de uma substância celeste à meia-noite do Natal. Em seguida, essa água é enterrada de acordo com alguns rituais, durante um número determinado de lunações que estão em relação com os números musicais do magnetismo terrestre.

Para nós, há uma relação, uma correspondência entre o soma e o hierograma ÔM. A letra Ta, ao contrário, visa a uma substância solar que serve ao mesmo tempo de alimento e de elemento aos seres que habitam o céu fluido. O mistério dessa letra se refere ao estado do homem antes da queda e ao seu modo divino de assimilação direta.

Mais adiante veremos as mais antigas tradições tibetanas e kalmoukes desenvolverem, de uma maneira singularmente clara, o que Moisés disse quase de forma hieroglífica a esse respeito.

A letra Ta em sânscrito significa também árvore da vida como essência. Quando olhamos sobre o Arqueômetro, a letra Ta, a nona, e a letra H, a oitava, observamos que Ta, designando a árvore da vida, está situada ao lado de Ha, que designa a árvore da ciência. Uma significação sânscrita atribui a Ta o sentido da medula espinhal e consequentemente uma correspondência mais ou menos direta.

A cauda do Leão tem como símbolo a letra Ta; seu semicírculo articulado acaba formando uma sinuosidade.

A síntese antiga dividia o círculo dinâmico do ano em duas partes; uma, partindo do Natal para chegar em Câncer, chamava-se o ano progressivo calórico; a outra, indo de Câncer até Capricórnio, chamava-se o ano regressivo. Mas um período temporário de 30° marcava cada um desses pontos extremos, de Capricórnio até Aquário, e, nos pontos homológicos de oposição, de Câncer até Leão. A cauda do Leão foi vista como o signo articular do ano desdobrado e de seus dois movimentos cosmo-dinâmicos.

Podemos encontrar nos livros sagrados dos chineses as marcas positivas do que precede.

Ta: significa força, conservação, proteção, ação de passar, de transpassar, de falecer, o que não significa morrer, mas renascer. Libertação, virtude, santidade.

TaT: ser elevado, estar no alto, sofrer a atração celeste em vez da terrestre.

Tata: o além, além do tempo, em seguida, depois.

Tattwa: a essência suprema, a realidade absoluta, a inteligência, o espírito, a alma em correspondência direta com a natureza divina dos seres e das coisas, por seus sentidos internos e não pelos externos ilusórios.

Tathâ: em conformidade universal, em assentimento, em similitude harmônica; daí o sentido restrito de sim, assim seja, é assim.

Com a letra central Tan: revelar sua potência, realizar, executar, no sentido de uma extensão e de um aumento da vida.

Tan: crer, ter a fé, dar o som do diapasão central.

Tanu: a sutileza orgânica, o corpo, a morfologia imponderável.

Tay: sair de um meio, a lançar-se e outro, proteger, salvar.

Tara: atravessar.

Taras: rapidez, ubiquidade ou movimento instantâneo.

Tal: fundar, estabelecer.

Tala: o fundamento das coisas, a essencialidade, a natureza íntima, a posse, a pressão das cordas de um alaúde.

Tavisha: o paraíso, o céu. Em védico, Tavishi: a força.

Tâna: o tom, a tensão, a extensão, a sensibilidade tocando seu objeto.

Târa: a penetração dos perfumes, dos sons, de tudo o que é bom, belo e elevado. O estado radiante, a ação de atravessar. Estrela. Em zenda, Çtâre.

Târaca: que faz atravessar, que ajuda, que protege, que preserva, piloto.

Târana: barca.

Tarîsha: o céu, o paraíso, o oceano celeste atravessado pelos seres libertados da gravidade astral.

Tishya: feliz, de bom augúrio; aplica-se ao mês de Poesha, dezembro-janeiro, o do ápice do primeiro trígono, e, por aspecto homológico, ao oitavo asterismo lunar que compreende o delta de Câncer.

Tut-Tha: fogo. É em parte o nome do triângulo de fogo.

Turîya: quarto, um quarto, a alma universal.

Tulâ: a balança.

Tush: estar satisfeito, contente, regozijar-se.

Tôsha: satisfação, alegria.

Traya: tríade.

Tri: três.

Trika: reunião de três.

Tridiva: o triplo céu, o paraíso.

Trinçat: trinta.

Twam: ti, tu.

Twâyu: unido a ti.

Twith: orar, ilustrar; luz, brilho, beleza, esplendor, palavra, discurso.

X. I: Essa letra expressa o impulso inicial; adicionada à letra A em IA, essa vogal significa o ir e o voltar universais.

I significa também: começar, ir, retornar, levantar-se, deitar-se, ao falar de um astro. Ser o sujeito e o objeto, orar e ser convocado. Em eslavo I, Ti. I é a raiz do artigo demonstrativo em escandinavo e em latim IS.

IK: ir, mover-se. ISH: desejar. Ijya: mestre espiritual, oferenda, sacrifício, culto.

Iti: expressa o assentimento, fazer uma citação: assim, eis aqui.

Ityêva: assim.

Idda: particípio passado de Ind; claro, evidente, lúcido, sutil; brilho, luz, esplendor.

Ina: mestre, senhor, Sol.

Indu: em védico, o Sôma, a Lua.

Indra: de Ind, o rei dos céus, o mestre do Swarga ou paraíso, o regente do Oriente, um dos 12 Aditiyas, uma das divisões ou Yôgas do plano eclíptico, o mestre interior, a alma, a consciência.

Indriya: os cinco sentidos da alma e os órgãos físicos desses sentidos.

Indriyagrâna: o conjunto das sensações, sua sede comum, o *Sensorium commun*.

Indriyâgni: o fogo dos sentidos no trabalho dos mistérios, a energia e a sinergia dos modos sensitivos contidos pelo modo central afetivo, no *sensorium commun*.

Ind: acender.

Inv ou Iv: compreender, perceber, envolver, védico.

Iba: elefante.

Ibya: opulência, riqueza, o olíbano.

Iyâna: a quem se pede, em védico.

Irâ: a água dinamizada pelo calor, todo licor espirituoso. A Terra vivificada. A palavra, a divindade da palavra.

Irâ-Isha: em Irêça, Vishnu.

Il: ir, lançar, projetar, dormir; antigo escandinavo Illu.

Ilâ, védico: a oferenda sagrada. Terra santa. Terra da muralha sagrada. A vaca mística que representa essa terra, a palavra santa, o hino, a filha de Manu.

Illala: pássaro.

Iva: como, da mesma forma.

Ish: ir, penetrar, ocupar, levar, fazer sair, amar, escolher, preferir, estabelecer uma doutrina; em francês: issir.

Ish: védico, a oferenda.

Isha: o mês Açwina, setembro-outubro.

Ishu: flecha.

Ishya: primavera.

Oshwa: O mestre espiritual.
Ipsâmî: de Ap, desejar.
Ipsîta: o desejado.
Ir: pronunciar, emitir, exortar, promulgar, lançar.
Iç, Ish: dominar, comandar, reinar, poder, concordar.
Iça, Isha: mestre, Senhor, Çiva no feminino, o bastão do arado.
Içwara: Soberano, Mestre, Senhor, o Senhor Supremo, Deus, Çiva, Kâma.
Içwarija: o poder, a potência, a soberania.
Ish: colher espigas.
Ishma: desejo espiritual, psíquico, Kâma no sentido mais elevado, a regra do desejo.
Ih: esforçar-se para, tender a, desejar, pedir.
Iha: esforço, tendência, desejo, busca.
Ya: 40ª letra, primeira semivogal, união, celebridade, brilho, esplendor; ar, vento.
Yama, no feminino: marcha, biga, meditação piedosa, órgão sexual feminino.
Yaj: sacrificar, oferecer o santo sacrifício, oferecer e se oferecer em sacrifício, inaugurar por um sacrifício, oferecer, dar, fornecer.
Yaji: aquele que oferece ou que retribui um sacrifício.
Yajush: em védico, a prece, o hino, o terceiro Veda.

Yama: sagrado, santo, puro, venerável; em grego, Agios; em zenda, o santo sacrifício.
Yajniya: destinado ao sacrifício.
Yati: asceta, penitente; união, junção, paixão, sentimento.
Yathâ: conformemente.
Yam: conter, dirigir com um freio, com rédeas, manter, conservar, fornecer, sustentar, fazer viver, ir, vir; todos esses sentidos são védicos.
Yama: gêmeo, Gêmeos, par, casal, repressão. Deus dos mortos, regente do sul, filho de Sûrya e irmão de Manu; em zenda, Yima. O planeta Saturno. Expressa também a ideia de manter, de conter, de fazer justiça.
Yava: a substância alimentar, os cereais, a cevada, o trigo; em lituano, Jawa; em grego, Zéa. A mesma palavra indica a correspondência da substância alimentar da vida com o azoto.
Yavaja: o nitrato.
Yvapala: a cebola, como algo rico em amoníaco.
Yavasa: a alimentação, védico.
Yaças, Yashas: glória, brilho, esplendor.
Yacascêsha, para Yashasha Isha: a morte ressuscitadora, o enlevamento na glória.
Yâ: ir até o fim.
Yâja: a oferenda sagrada dos cereais.
Yâtrâ: a via, a marcha, a procissão sagrada, o exército em

marcha, o assalto, a maneira de viver, os meios de subsistência.

Yâthâtathya: conformidade, realidade.

Yâthâtmya: natural, conforme à alma, característica específica ou individual.

Yâna: ação de ir; marcha centralizada por uma direção; ataque, veículo universal ou particular, meio de escapar à transmigração.

Yâmagôsha: o galo, no feminino, o jugo, o bater das horas.

Yami: a noite, a véspera, a região de Yama.

Yâvayê: desprezar.

Yu: encontrar, honrar.

Yuga: acoplamento, idade do mundo. Houve quatro: Krita, Trêta. Dwâpara, Kali.

Yuj: encontrar, atrelar, prover, munir, unir pelo yoga, meditar, refletir.

Yuj: o sábio que realizou a união divina do yoga, casal, par, os Açwins.

Yud: combater, guerrear, guerra.

Yuvan: jovem, rapaz, moça; em lituano, Jaunas; em latim, juvenis; em inglês, young.

Yûba: o pilar sagrado sobre o qual se amarra a vítima, a cruz; védico, o troféu.

Yûsh: ferir, matar.

Yoga: união, junção, combinação. Ligação das coisas ou de ideias entre elas, aquisição de um bem, de uma qualidade. Revestimento, meio. Um yoga astronômico, 1/27 ou 1/28 do grande círculo, correspondente a um Naxatra ou asterismo lunar e que serve para calcular a longitude do Sol ou da Lua. A união mística da alma com Deus, o êxtase, a identificação com o ser absoluto, Brama. O sujeito do yoga atribuído a Pat-Anjali, poder sobrenatural adquirido por meios mágicos ou místicos.

Yôgavâhi: prata viva.

Yôgin: homem dotado de poder sobrenatural.

Yôni: matriz, vulva. Lugar de origem ou de produção. Origem, mina, água.

XX. Ca: Expressa, em védico e em sânscrito, capacidade psíquica ou dinâmica, com duplo movimento de contração e de dilatação: a inteligência na alma, a alma no coração, o coração no corpo e, em consequência, o próprio corpo. A água na atmosfera, o vento no ar, o fogo na luz, o tempo no espaço, o espaço na potência inteligente que o constitui.

Ca é o potencial verbal psicogônico e, por correspondência, psicológico, que encadeia as infinidades entre elas. Ele as percebe para centralizá-las e aumentá-las depois de tê-las combinado, daí os sentimentos assimiladores de apropriação mútua, de posse recíproca e de felicidade. Essa letra é dedicada a Brama, a Vishnu, a Agni, a Kama, a Eros e o Cupido védico. Dessas correspondências, retemos as duas últimas puramente védicas.

Agni é o amor teogônico que passa ao estado psicogônico nas almas universais especificantes, e psicológico nas almas especificadas. A escola védica o assimila ao fogo solar, mas essa confusão está longe de ser exata. O fogo solar é uma concentração do fogo cósmico, e este é apenas uma força física submetida à potência de Agni. A essência de Agni é Ihoh em sua contração de KO, 26, em AG, 13, isto é, de seu Verbo Criador à essência desse Verbo que é o amor eterno onisciente, pois AG é o fogo espiritual desse amor divino e eterno, e GNI é sua gnose, a potência conceptiva diretamente criadora.

Kama é a correspondência de Agni refletida do primeiro trígono no segundo. Mas, enquanto Agni não sofre nenhuma mistura e devora por todos os fogos, mesmo o do Inferno, tudo o que não é sua própria pureza, Kama, cuja sede está na alma universal cósmica, reside no segundo trígono do qual ele ocupa o primeiro ângulo, e encadeia, em uma mistura metade divina e metade astral, o mundo das origens que evoluem em todos os meios das águas plásticas.

AGNI pertence, portanto, à teogonia, à alma universal, do mundo da glória, à Santíssima Trindade constitutiva desse mundo divino, pelo Verbo Jesus e nele.

Kama pertence à cosmogonia, à alma dos céus astrais, ao segundo trígono instrumental do primeiro, à palavra executiva do Verbo e dependente diretamente do Roah-Alhim, ou do Espírito Santo.

Ka: o ar, o vento, a água, o fogo, a luz, a cabeça, o som, o corpo, a alma, a inteligência, o tempo, o rei, o príncipe; propriedade, riqueza, felicidade, prazer.

Kaxa: cerca, barreira, corda, cinto, objeção, alimentação, emulação, oposição, paridade, similitude, bosque, floresta, qualquer planta trepadeira.

Kak: rir, brincar.

Kag: fazer, ir, cobrir

Kac: ligar, nó, ligadura, nuvem.

Kacâ: brilho, beleza.

Kacca: à beira da água, a margem.

Kaj: estar agitado por todo excesso de alegria, de dor ou de exaltação da alma.

Kan: ligar, brilhar.

Kat: ir, cercar, envolver, cobrir, chover.

Kata: o que está em ação, em união, o que une segundo uma curva, um buraco, anca, ancas do cavalo, estação, lugar de sepultura, cerveja, carro funerário, quantidade, multidão.

Kati: anca, anca de cavalo, cintura, cota, armadura que protege os rins e as ancas.

Katu: violento, impetuoso, invejoso, sabor forte, desagradável.

Kata: nota, som musical.

Kad: experimentar um sentimento violento.

Kana: pequeno, frágil, leve, parcela, átomo.

Kati: quanto.

Kath: dizer, contar, conversar, citar.

Kathâ: narrativa, narração, história, conservação, exposição, menção, comemoração.

Kad: chamar, chorar, gemer.

Kada: dom da água, nuvem.

Kadâ: quando? Lituano, Kadà; eslavo, Kogda.

Kan: brilhar, ver, ir, dirigir-se para, amar, desejar, regozijar-se: todos esse sentidos são védicos.

Kanyâ: Virgem, signo do zodíaco, o brilho, o amor do Ya.

Kati: o incenso.

Kapha: a espuma da água, a linfa do sangue.

Kab: em védico, colorir, pintar, celebrar.

Kam: água, ar, etc.

Kam: amar, desejar, querer.

Kara: a mão, o raio, desastres, a tromba do elefante, o rendimento real, o imposto.

Karana: órgão da ação, causa, razão, modo, função.

Karna: a orelha, o leme.

Karma: o ser ativo e a ação, operário.

Karman: o ato, a obra.

Kal: soar, ressoar, medir, contar, enumerar.

Kalâ: divisão do tempo, porção, parte, interesse do capital, fluxo menstrual, arte, ofício.

Kali: dissensão, discórdia, guerra, o demônio desses males.

Kalpa: forma, corpo, período cosmológico, árvore simbólica do Swarga ou do Paraíso de Indra.

Kalya: disposto a tudo, que tem todas as suas faculdades espirituais e corporais, de bom augúrio, favorável, feliz, a aurora, etc.

Kall: tornar um som confuso e surdo.

Kavi: sábio, instruído, poeta. O Sol decorador do mundo, Çukra, instrutor das Dactyas, Brama, o poeta supremo.

Kash: experimentar a virtude de uma coisa.

Kasha: pedra de toque.

Kashâya: amarelo.

Kâma: amor, desejo.

Kâya: constituição natural de um objeto animado ou inanimado, conjunto, corpos e também os corpos de oferenda.

Kâyastha: alma suprema, como residente no corpo. Escritor. A casta dos escribas.

Kâra: a coisa feita, a personalidade, o ato, a obra, o aprisionamento, a amarra, a prisão, etc.

Kârttika: o mês em que a luz está cheia nas Plêiades, outubro-novembro.

Kârttikêya: Deus da guerra, filho de Shiva.

Kârya: causa final, finalidade, objetivo.
Kârshaka: lavrador.
Kâla: o tempo, o destino, a morte, Çiva como destruidor.
Kâla: negro, ação de enegrecer, a víscera negra, o fígado.
Kâlânala, Kâlâgni: o fogo do fim do mundo.
Kâlya: aurora, discurso agradável.
Kâvâri: a cabeça, o chapéu.
Kâvya, Çukra: significa também no feminino a ciência prática; no masculino, um poema conforme a essa ciência.
Kâvya, Uçanas: filho de Kavi, Richi védico, KOuSh dos tempos primitivos. Em zenda, Kava-Uc; em persa, Kâus.
Kâç: brilhar, aparecer, parecer.
Kâçi: a cidade santa de Benares.
Kâçinâtha: o patrono dessa cidade, Shiva.
Kâs: resplandecer.
Ki: védico, conhecer, ver.
Kinwa: fermento vegetal que determina a fermentação alcoólica, corrupção, vício, pecado.
Kit: ver, saber.
Kinnara: gênios, músicos ligados ao serviço de Kuvêra.
Kim: quem, o quê, por quê.
Kiyat: quanto.
Kil: tornar-se branco, frio.
Kila: certamente, provavelmente.
Kîla: duro, sólido.
Kika: pobre, miserável.

Kira: substância alimentar, carne.
Kîraka: árvore.
Kîl: ligar, costurar.
Kîla: magro, chama, pilar, lance, agulha, arpão.
Kiça: nu, sol, pássaro.
Ku: cantar, celebrar.
Ku: a Terra.
Kuk: tomar, receber.
Kuc: tocar, desenhar, polir, unir, dar um som agudo.
Kuça: seio.
Kut: ser curvado, ou curvado.
Kuti: árvore, montanha.
Kudi: o corpo como envelope da alma.
Kun: falar com alguém, ajudar, dar um conselho.
Kutapa: fogo, Sol.
Kup: estar tomado de um sentimento violento.
Kubja: convexo.
Kumâra: rapaz, príncipe herdeiro, cavaleiro.
Kumba: cântaro, Aquário.
Kur: soar.
Kura: som.
Kul: movimento contido, contar, conseguir, ser parente ou aliado.
Kula: artista, artesão, rebanho da mesma espécie, família, casa, solo, país habitado, o corpo morada da alma.
Kulêçwara, Kula-Ishwara: Jesus Rei, chefe da família universal.
Kuva: lótus.
Kuç: abraçar; Kuça: inebriar, desregrar.

Kusuma: flor, fruto, fluxo.

Kush: extrair a essência das coisas.

Kushavu: o fogo, O sol.

Kuh: admirar.

Kuhu: Lua Nova, védico.

Kuj: canto dos pássaros, murmúrio do vento e das árvores.

Kût: queimar, aconselhar.

Kûta: casa, teto, cume, relha do arado.

Kûd: fazer engordar um animal.

Kûn: contrair-se, curvar-se.

Kûpa: cavidade, mastro, árvore ou rocha no meio de um rio.

Kûl: correr, defender.

Kri: fazer, acreditar, ornar, honrar, manifestar; irlandês, Caraïm.

Krika: garganta, gogó, laringe, passagem, entrada.

Krish: atrair, adquirir.

Krishna: azul-escuro, índigo.

Krri: conhecer, aprender.

Krit: contar, louvar, celebrar, nomear, chamar, dizer.

Klip: estar em determinado estado, capaz de se tornar, produzir-se, chegar a, participar de, obter, distribuir, compartilhar, raiz Kalp, Kêt, chamar, convidar.

Kêta: casa, habitação.

Ketas: védico, forma, aparência, signo, símbolo, estrela cadente, cometa, o Nó descendente, a cauda do dragão, o oposto de Râhu.

Kêp: mover-se, ir.

Kel: mover-se, vacilar.

Kerali: astronomia.

Kêli: Terra.

Kêv: honrar, servir.

Kêç: a cabeça, cabelo, cabeleira.

Koka: lobo (Kuk), água (Ka--Oka, denominação de Vishnu).

Kêta: curvatura, cabana, outro.

Koti: extremidade, ponta, cume.

Kôna: ângulo, canto, arco, ponta, bastão, os planetas Marte e Saturno.

Koça (Kuç): ovos, ouro.

Kôsha: qualquer coisa que contém, que encerra alguma coisa, qualquer coisa encerrada em um recipiente, tesouro, ganho, matriz, testículo, ovo, cálice.

Koela (Kula): de boa família.

Knu: emitir um som inarticulado.

Kmar: curvado, abóbada.

Kratu: a potência de agir, a obra realizada.

Krad: gritar.

Krap: ter piedade.

Kram: avançar, para tomar, para pegar.

Krama: ordem, método, meio.

Kwa: onde? Em que lugar? Em que grau, em que estado.

Ksa: destruição lenta, fim do mundo, raio, campo, camponês.

Ksana: divisão do tempo, 8/10 de segundo, momento favorável.

Ksattra: homem da casta de estado-maior, em zenda; Ksathora.
Ksap: lançar.
Ksapâ: a noite.
Xain: sofrer, suportar, a Terra; Xama, paixão, forte, tolerante.
Xaya: destruição lenta, ruínas, fim, morte, prejuízo, perda. Habitação, morada, casa, palácio dos deuses, estadia divina; irlandês, Kai, casa.
Xar: escorrer, expandir, perder-se.
Xal: reunir, acumular.
Xâ: védico, Terra.
Xara: essência, suco, que derrete, sal, vidro, cristal.
Xi: habitar, habitação, destruição lenta (relações curiosas que se encontram entre Domus e dano).
Xêtra: campo, lugar sagrado, figura geométrica, o corpo, a matéria, país conquistado.
Xétrin: a alma, o espírito.
Xéma: bom, feliz, a entrega final, a salvação.
XXX. La: O sânscrito coloca as letras L, R, V entre as semivogais, L como trilo etéreo, R como trilo ígneo, V como trilo aéreo.
La expressa o elemento imponderável e o ser que nele se move. Ele expressa em védico e em sânscrito o fluido radical, a leveza, a sutileza, a translação. Expressa a asa e o élan, a elevação e a aspiração ardente, a sublimidade e a elegância. Mas o signo adâmico dessa consoante mostra que ela oscila sobre um eixo de simetria e equilibra as funções inversamente proporcionais, liberação e liberdade de um lado, relegação, vacuidade do outro. Ela une por solução e desune por dissolução. A universidade védico-bramânica vincula La a Indra, e isso é correto, quando entendemos por Indra a potência verbal La, aquela que preside o éter universal. O verdadeiro nome místico dessa potência, ligado à letra do Espírito Santo, da qual ela depende, é, em adâmico, Houva-La, Houva-AEL. A carruagem sagrada do Rouah-Alhim. Seu nome direto é aquele de seu triângulo, o equinocial oeste, LâKaZa, Kaza-Ael. Mas os grandes mestres universitários védico-bramânicos não se inserem na arqueometria, quando vinculam a Indra a regência do Oriente, pois então a correspondência com La cessa, ou pelo menos é transferida para a zodiacal He a 180 graus de distância, isto é, no ponto de homologia ou complementar.

Indra, um dos 12 Adityas, é o rei dos Céus, o mestre do Swarga ou Paraíso. Nessa mitologia, trata-se de força natural personificada. Aditi, a natureza indivisa em seu conjunto, é a mãe, e os 12 Adityas são os filhos. Essa natureza harmonizada, considerada sob qualquer ponto de vista transcendental, sempre é um produto temporal e físico de uma potência divina, eterna, que é a palavra do

Verbo. É a reflexão cosmogônica do Verbo teogônico e o domínio é a incidência, e não a reflexão. Essa incidência tem como potência coletiva, criadora e conservadora o Rouah-Alhim. Mas os Alhim, assim como o ser vivo da palavra do Verbo, pertencem ao mesmo tempo ao mundo eterno da glória e de suas substâncias incorruptíveis, ao mundo temporal dos céus astrais e de substâncias corruptíveis.

Basta então que Indra seja um Aditya para não ser mais do que uma força, a força etérica submetida à sua potência correspondente, ao seu Alhim, ao seu arcanjo específico. Existe então uma confusão na mistagogia védico--bramânica e consequente substituição da ordem física pela ordem divina, do aparente ao real, do fisiológico ao biológico.

Essa confusão que sempre acarreta essa substituição é a característica própria do panteísmo que se inclina ao politeísmo, ao sabeísmo, à demonologia astral, à idolatria, e então ao materialismo puro. Quanto à atribuição da regência do Oriente a Indra, ela se deve ao retorno do primeiro trígono do zênite ao nadir, e à exaltação contrária do segundo trígono.

Que esse retorno tenha sido operado sobre o próprio Arqueômetro de maneira consciente, ou que ele tenha se realizado inconscientemente e por inspiração de baixo para cima, o resultado é o mesmo.

Essa alteração remonta ao início do Kaliuga, quando a dinastia solar Ishva-ra foi suprimida em proveito do naturalismo transcendente, o do segundo trígono Mariah.

A essa época correspondem o cisma feminista das Mahra-tas, o matriarcado substituído pelo patriarcado, e então pela anarquia dos letrados sudras do mundo todo, desde essas eras distantes até nossos dias. Foi Krishna que regularizou pontificalmente essa revolução e lhe impôs um concordato. Mas, como todo concordato é uma espécie de acordo malfeito entre a autoridade e a opinião reinante, este foi aquilo que na linguagem dos Patriarcas e dos profetas é chamado de uma maneira bem justa de um adultério sacerdotal. Esses adultérios deslegitimam a verdade eterna no espírito público, e, como mortais das raças puras, eles só engendram raças mentais e governamentais bastardas. No entanto, Krishna fez pontificalmente o melhor, o que lhe permitiam as circunstâncias e os costumes com os quais ele compactuava. Será que ele errou ao levar em conta a opinião? Creio que sim; o homem religioso não deve transigir com essa jovem; e não convertê-la significa se perverter junto com ela. Seja como for, Brama foi afixado sobre o trígono de Maria, no lugar de Ishvara. E, no entanto, não podemos dizer que o bramanismo e o abraanismo, que é uma consequência daquele, sejam um erro: eles são uma transposição de verdade. Ambos guardaram a marca arqueométrica da protossíntese patriarcal; ambos receberam essa marca e por meio dela um potente influxo da palavra primordial, e não poderíamos ser mais agradecidos por isso.

Mas cada ano tem sua própria obra sintética, e aquela em que estamos abre a era da promessa, da verdade integral e da glorificação do Verbo por todo o Universo. Quando se observa o que precede, é fácil compreender, olhando o Arqueômetro, como Indra associado a Lá, letra ou potência verbal do Ocidente, pôde ser atribuído à regência do Oriente, como yoga sobre o plano da eclíptica verbal, como anel da cadeia zodiacal e dodecimal dos arcanjos ou letras da palavra.

Sobre a linha dos equinócios do Verbo, as adâmicas H e L posicionam-se por si mesmas, a primeira no Oriente, a segunda no Ocidente, pois de um lado temos

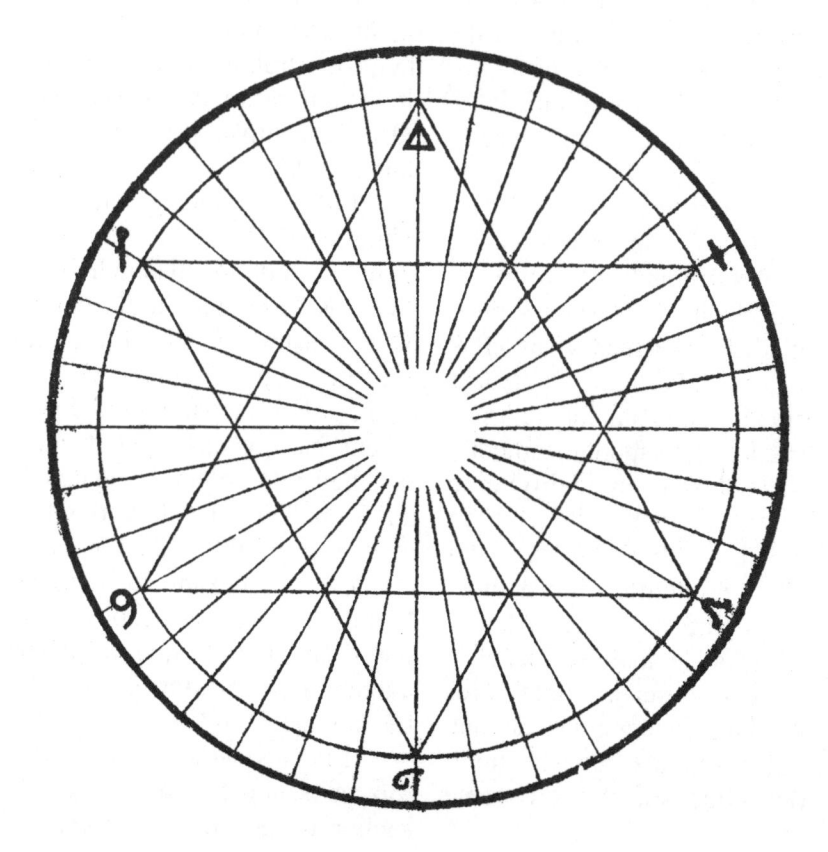

H e Áries e, de outro, L e Balança, que são caracteres idênticos. Lidas de acordo com o raio ou o diâmetro que as une e que tem como valor verbal a letra A, H e L, expressam ALAH. Dois trígonos, os dois equinociais do éter e do calórico, estão, portanto, ligados por essa palavra sagrada: ALAH. Mas esses dois trígonos equinociais não passam de uma projeção horizontal, instrumental passiva dos dois trígonos solsticiais que constituem a héxade teogônica e cosmogônica.

Para religar a estrela hexagonal dos equinócios do Verbo à de seus solstícios, os Patriarcas antigos fizeram soar a primeira letra do trígono de Jesus, a consubstancial do Pai e do Filho, a da sabedoria eterna, a real universal I. E depois, isto é, em subordinação direta, eles fizeram soar a primeira letra do trígono de Maria, a senhora refletiva das águas vivas eternas, a letra M. Portanto, a potência da estrela equinocial foi, seja por inspiração, seja espontaneamente, evocada sob seu verdadeiro nome divino ou efetivo, Alhim. Esse nome não é um nome, mas um substituto do nome, um pronome. ALAH significa aquele. Alahim significa aquele, aqueles, ele, eles.

Vocês desejam uma prova absoluta, matemática, de que esse hierograma é um substituto do Verbo que, sozinho, é o nome ShêMa, e mais ainda ShêMaM, o Nome dos nomes?

Aqui está:

O Verbo é Y-PhO; Y é a consubstancial do Pai e do Filho e seu equivalente numeral é 10. PhO significa a boca, o sopro, o órgão do pensamento vivo do Verbo Criador, e seu equivalente aritmológico é 86.

Alahim tem exatamente como equivalente aritmológico o número 86:

$A = 1, L = 30, H = 5, I = 10, M = 40; 1 + 30 + 5 + 10 + 40 = 86$.

Alhim está, portanto, no horizonte eterno do duplo Universo divino e astral, na função de substituto, em razão da instrumentalidade executiva, pronominal do nome de PhO.

Lido à maneira europeia, Alhim é MI-He-LA, a milícia e o meio, o Estado social angélico que dos céus do mundo da glória rege os céus astrais e tudo o que eles encerram: seres e coisas. O príncipe desse principado dividido em ordens harmônicas, o chefe desses chefes de ordem do qual cada um é uma letra viva do Verbo, tem como hierograma Alah, mas é preciso ligá-lo à héxade solsticial do Verbo, e então ele se pronuncia por si só MIHEL, que os judeus alteraram ao transformarem a letra da vida H em Ka.

Mas nem Alah nem MIHEL são os senhores do Swarga. O senhor do Swarga é Sw-ra, em

Ishwa-Ra: é Jesus Rei; Alah, que é MIHEL, é apenas o substituto equinocial do Verbo, o príncipe arcangélico do principado dos anjos e de todas as suas ordens celestes, o chefe dos juízes que segura no Oriente a espada do fogo vivo H, e no Ocidente o Balança La.

Em todos os templos oriundos da tradição patriarcal, era na direção do Ocidente que os sacerdotes se viravam para clamar a justiça divina, suas letras vivas, suas potências legais presentes de um extremo ao outro do éter. Esse Ocidente é o celeste; e o terrestre sentirá cada vez mais o julgamento terrível que a fidelidade do primeiro traz sobre a apostasia do segundo.

Tudo o que precede mostra-nos que há uma grande distância entre o Indra mitológico e Alah e o MIHEL real, vivo e imortal. Um é um reflexo panteísta através da imaginação dos poetas, o outro é a luz desse reflexo no pensamento criador do Verbo.

La: Indra, ação de cortar, de fatiar.
Lâ: dom ofertado ou recebido.
Li: solução, liquefação.
Laka: fronte.
Lax: vigiar, anotar, marcar com um sinal.
Laxmi: beleza, esplendor, prosperidade.
Lag: aderir, ligar-se a.
Lagu: leve, imponderável.
Laj: aparecer.
Lad: mostrar, fazer saber, agitar com rapidez.
Lap: falar.
Lab: adquirir, obter.
Lar: ir.
Laya: união, estadia, tempo justo, medida igual, fusão, solução, dissolução.
Lam: desejar, estar exaltado pela alegria.
Lava: coletar.
Las: jorrar, brilhar, abarcar.
Lâ: dar, pegar, tomar.
Lâpa: palavra, linguagem.
Lâb: aquisição, obtenção, ganho, lucro.
Lâsa: dança.
Li: igualdade, identidade, dissolução.
Lik: gravar, incisar, desenhar, escrever.
Lika: ação de escrever, escrita.
Ligu: coração, espírito.
Lip: untar, pintar, escrever.
Liç: ir.
Lî: liquefazer, dissolver, ligar a si, obter, aderir.
Lîlâ: passatempo, volúpia.
Luk: que corta, rejeita.
Lut: rolar.
Lud: perturbar, cobrir, ligar-se a, abraçar.
Lup: eliminar.
Lub: desejar de amor; eslavo, Lûb; lituano, Lubju.
Lul: agitar, ligar-se a, prender-se a.
Luh: desejar.

Lû: destruir.
Lûth: ornar.
Lêka: traço, linha, letra, caráter, Deus, deidade, desenho, missiva.
Lêp: ir, honrar.
Lêpa: função.
Lêha: alimento.
Lêhija: o alimento divino.
Lôk: ver.
Lôka: a vista, a visão, o mundo visível, o Universo, uma divisão do mundo, os homens, a humanidade, o mundo e os mundanos em oposição ao mundo divino.
Lôkapâla: rei, soberano; os oito guardiões do mundo com sede nos oito cantos principais do horizonte: Sûrya, Agni, Sôma, Roudra, Indra, Yama, Varûna, Kuvêra.
Lôc: ver.
Lôta: presa, signo, lamentos.
Lôpa: supressão, desaparecimento.
Loba: cupidez.
Loma: pelo; Lômaça, bode, carneiro, cordeiro.
Lôla: trêmulo, vibrante.
Lôha: ferro, aço, metal, arma, sangue.

XL. Ma: Na doutrina dos Patriarcas reconstituída e resumida de forma muito sucinta por Moisés, usando um alfabeto arqueométrico egípcio, aquele que os judeus perderam, a letra I ou Y é a letra real das XXII, o ponto de partida e de retorno sobre o círculo do infinito.

Na escola védico-bramânica que fundou a universidade caldeia tanto quanto a do Irã, a letra real I ou Y foi suplantada pelo M. Dessa forma, no ponto de partida sobre o primeiro trígono, a consubstancial do Pai e do Filho, a primeira letra do Verbo Jesus IPhO-OShO, foi substituída pela primeira do segundo trígono, o M de MaRiA. Mesmo nos templos onde essa substituição ocorreu, essa concessão naturalista, a antiga ortodoxia só cedeu e se afastou pouco a pouco.

Os nomes dos dois primeiros trígonos eram perfeitamente conhecidos pelos sacerdotes egípcios, bem como por todos os seus colegas de toda a Terra, na aurora do bramanismo, de onde saiu o abraanismo. O primeiro triângulo se lia IPhO, IShO, e de forma abreviada ISh, ou redobrada IShISh, e aí estava a concessão feita à agressiva intolerância dos letrados sudras.

O segundo triângulo lia-se MER. Moisés subordinou a letra M à Y, a progressão aritmológica de 40 para a de 10. No entanto, ele muitas vezes associa essas duas letras para que não se leve isso muito em conta, quando se quer aprofundar o sentido científico de seus livros.

Graças à ignorância, já que os judeus perderam totalmente a tradição de Moisés, depois de ter violado sua constituição social e massacrado sucessivamente as duas primeiras castas que ele tinha instituído, o restabelecimento dessa tradição tornou-se impossível sem o auxílio de uma verdadeira universidade metropolitana. Esse auxílio foi dado a Esdras durante o cativeiro da Babilônia pelo Grão-Mestre dos magos da Caldeia, Daniel.

Esdras recebeu regularmente o grau do escriba, o que era para o sacerdócio caldeu, assim como para o egípcio, o equivalente de um diploma em uma ótima universidade atual. A essa posição, Daniel juntava a de profeta ou de epopta, isto é, Grão-Mestre, não apenas técnico, mas prático dos mistérios.

Para compreender o que acontece depois, torna-se necessário mostrar a filiação do bramanismo e do caldeísmo: essas duas palavras de forma alguma significam um povo, mas um corpo sacerdotal erudito.

Os Kashi-Dim eram uma ordem de sacerdotes eruditos, especialmente conhecedores da astronomia e essa ordem viera da cidade de Benares, da qual usavam o nome místico e secreto: Kashi na língua de 22 letras e Kaçy, em sânscrito.

É inútil narrar aqui que essa cidade santa era umas das principais metrópoles eruditas, para onde todos os governadores patriarcais do Oriente e do Extremo Oriente enviavam os filhos de família pertencentes às duas primeiras castas. O Patriarca dos chineses, que tomou o nome de Pho-Y, o renovador do Irã, que foi o primeiro a tomar o nome de Zoroastro, formou-se nessa escola de estado-maior, sem deixar de protestar contra o concordato que dera origem ao bramanismo e ao culto dos Devas. Da mesma forma, o grupo de Kashi-Dim oriundo dessas cidades santas se separou de uma certa maneira do bramanismo; esta é, por um lado, a filiação, e por outro, a diferença entre a doutrina de Brama e aquela designada sob o nome de A-Braham, ele próprio mais tarde irá se separar dos Kashi-Dim engolidos pela heterodoxia dos letrados sudras.

Portanto, Daniel ajudou Esdras a reconstituir, não a religião, nem o Estado social universal de Moisés, mas um culto e um Estado político judaicos que se apoiam de uma maneira mais ou menos legítima em uma transcrição dos cinco Vedas mosaicos. Esdras não pode ser um fiador dessa transcrição, pois um escriba, ainda que tendo valor teológico, não tem valor teologal, e um político nacional ainda menos. Mas Daniel tem valor teologal como um inspirado pelo Espírito Santo, isto é, como tendo verificado no Deus vivo as coisas sagradas sobre as quais fala. É por isso que a transcrição do Pantcha-Vedam ou do Pentateuco de Moisés pode ser vista como exata, ainda que a escrita e a própria língua não sejam as mesmas, e que o Grão-Mestre dos magos da Caldeia tenha ocultado alguma chave, sem no entanto deixar de oferecer muito. A Sagrada Escritura é um dos inúmeros alfabetos caldeus de XXII letras, e nisso a tradição patriarcal foi mantida. Mas esse alfabeto quadrado, muito próximo dos cuneiformes, não tem morfologia científica, mesmo que exato em sua progressão de letras e de números correspondentes.

Da mesma forma, a língua egípcia de Moisés passa de uma letra e de duas letras para raízes que são consideradas como de três letras, o que é como um véu retirado do pensamento de Moisés que, à maneira egípcia, se ocultava de forma exagerada.

Em todas as escolas patriarcais, as raízes eram de uma letra, isto é, simples, ou de duas letras, isto é, gêmeas, mas nunca de três letras. Como raízes, entendemos as consoantes pronunciadas ou vocalizadas, principalmente a consoante por si mesma, pois a pronúncia vocal muda de acordo com o discurso humano, ao passo que a consoante muda conserva a marca do Verbo divino. No entanto, as vogais eram vistas de forma justa como tendo isoladamente valor de raiz e até mesmo de palavras. Mas sem uma universidade erudita, e de acordo como eram pronunciadas pelas pessoas comuns, elas ofereciam o perigo de alterar o sentido sagrado. Por isso, quanto mais os Patriarcas tiveram de lidar com os povos bárbaros, mais eles focaram o manuseio da palavra escrita na consoante e em seu signo.

Pho-Yen, ao se limitar ao signo, só foi compreendido por mais alguns séculos; e seus cinco Vedas, seus cinco livros canônicos ou Kings permanecem ininteligíveis em relação à sua real profundidade: o primeiro King principalmente, o de Ya, dito o Y-King. O mesmo ocorreu com Moisés, ainda que em um grau menor. É a mesma situação dos cinco Vedas consultados por Moisés, dos primeiros cinco livros do primeiro Zoroastro e dos cinco Kings chineses. A tradução ou a transcrição feita sob os auspícios e sob a inspiração de Daniel foi conforme ao que precede. Ela apagou as vogais para preservar o sentido do jargão bárbaro dos judeus. Mas, como era necessário vocalizar o texto dos versículos que deviam ser cantados ou recitados em forma de salmos, ele deu a Esdras os pontos-vogais que eram os Neumas da universidade sacerdotal caldeia. Esses mesmos Neumas eram empregados sem consoante nos cantos dos hinos na celebração dos mistérios teúrgicos no Egito e na Assíria. E o próprio colégio sacerdotal caldeu tinha seus Neumas oriundos da universidade védico-bramânica. Enfim, esta última os recebera dos templos patriarcais antigos citados por Moisés, como antediluvianos, sob o nome de NePhaL-IM e GhI-BOR-IM. Para que tudo seja recitado como no passado, no presente e no futuro, na unidade do Verbo e de sua palavra primordial, é necessário saber se os Neumas pertencem diretamente à língua sânscrita e ao seu alfabeto de 49 letras, ou a uma língua patriarcal anterior ou a um alfabeto de XXII letras. Basta olhar o quadro das Letras vatans para ver, acima das XXII letras, um zodíaco de Neumas e, na descrição deste quadro, o papel desse zodíaco.

Portanto, é preciso remontar aos patriarcas antediluvianos da raça branca do Polo Norte o uso dos pontos-vogais e dos

Arqueômetro e chinês

Trigramas de Fo-Hi (Relações com o sânscrito)

Neumas empregados no solfejo dos hinos teúrgicos. Mas não assumo a responsabilidade pelas correspondências exatas dessas vogais e ditongos, assim como são apresentadas na transcrição bastante correta do quadro do alfabeto vatan. Muitas das posições ali estão alteradas, graça ao cisma lunar que presidiu à confecção das 80 linhas védicas, cujo quadro também pode ser visto aqui; e a chave dessas alterações é simplesmente a transposição da realeza verbal da letra I para a letra M, do triângulo de Jesus para o de Maria.

A frase, ou melhor, a sequência de Datus sânscritos que sublinham o círculo zodiacal das vogais é seu próprio hino, o hino teúrgico que os védicos-brâmanes do mais alto grau iniciático pronunciam sozinhos quando cantam, no mistério mais profundo, e no trabalho desses mistérios. Mas, ainda que não esteja ligado a eles por nenhum juramento, não dou a tradução desse hino, limitando-me ao que pode verificar o fundamento da religião e da ciência do Verbo Eterno, isto é, da sabedoria do Verbo Criador e do Verbo Encarnado.

Se finalmente eu fui guiado diretamente do seio do próprio Deus e em seu Espírito, quanto à verificação sagrada ou religiosa, isso não altera em nada, ao contrário, o valor científico dos fatos obtidos ao tomar essa palavra, científica, na acepção mais vulgar, mais pé no chão, mais positiva e mais moderna.

De tudo o que foi dito, o fato é que nisso, como em tudo, em relação aos pontos-vogais, assim como em relação aos cinco Vedas de Moisés e à tradição patriarcal que eles encerram, excessivamente condensada, o povo judeu, como povo, nunca compreendeu de forma clara nem a natureza, nem a origem, nem o significado das relíquias que lhe foram colocadas sobre os ombros. Claro, quando digo o povo judeu, não falo das duas primeiras castas que ele matou, as dos sacerdotes dignos desse nome, a dos Alhim, dos juízes, dos profetas e dos santos que viveram nesse povo, e apesar dele.

Resta saber se, apesar da autoridade de Daniel, a perda da língua sagrada de Moisés atenta contra o crédito que se pode dar aos cinco livros canônicos transcritos sob seu nome.

Esses livros, de fato, trazem marcas de redações múltiplas e de línguas diversas, ainda que irmãs. Nós esclareceremos logo mais esse importante ponto. A crítica moderna, que não se deve de forma alguma confundir com a ciência moderna, a crítica filosófica ou literária trabalhou exaustivamente sobre os cinco livros do Pentateuco. Com os procedimentos que distinguem a banal instrução sudra, que é desprovida de qualquer educação, bem como de qualquer mentalidade religiosa, os anarquistas intelectuais fizeram desses livros sagrados, e de sua exegese, um caos vulgar para o uso do entendimento neopagão que conduz os estudos secundários desde o Renascimento.

Nesse caos, Moisés desaparece e não é nada mais do que um mito nebuloso sem nenhuma realidade concreta. Quanto às obras que lhe são atribuídas, não resta mais nada ou muito pouco que mereça a consideração dos Sganarelle, dos Homais, dos Diafoirus, dos Joseph Prud'homme ou do sr. Jourdain e de seu professor de lógica greco-latina.

Ninguém, nem os próprios judeus, acreditou nesse sabá do clericalismo laico, nessa revanche da instrução contra o domínio do clero. O correto é dizer que essa mentalidade especial só pensa com a barriga, mesmo quando parece pensar com o cérebro. Sua incongruência é um meio de explorar a anarquia, a vulgaridade e a ignorância dos semiletrados que formam a média da opinião. E essa exploração é muito frutífera, uma vez que conduz às prebendas que suplantaram as da Igreja, às honras, aos ofícios, às cátedras acadêmicas e ao orçamento que as rega. Mas podemos nos perguntar em nome de que princípio honestamente demonstrável esses sudras, que inviabilizaram qualquer diálogo, se permitem medir o pensamento e as obras dos sacerdotes antigos.

Para julgar tais homens e tais obras, seria necessário pertencer à casta mental e psíquica dos primeiros e conhecer os princípios, as leis, os métodos, a maneira de pensar e a maneira de escrever que guiaram os segundos.

Sancho Pança pretendia medir o Sinai, o Monte Tabor e o Calvário com o bastão com o qual batia em seu asno. O metro de nossos modernos mercadores literários e filosóficos se assemelha a seus guarda-chuvas.

Entre as descobertas dos profundos pensadores, e ainda mais profundamente pançudos, há uma muito especial que me satisfaz neste momento.

Na Babilônia, teriam reacomodado, e atribuído a Moisés, duas rapsódias, duas tradições sem nome de autor e sem origem definida. E eis por que, como uma dupla capa de arlequim, se encavalaram, no Pentateuco, o jeovismo e o alhemismo travestidos de elohismo.

Há apenas um único inconveniente nessa suposição, o do discurso humano em plena anarquia e dando as costas à ciência do Verbo e da palavra sagrada.

Os Alhim aos quais Moisés teve o cuidado de subordinar a letra

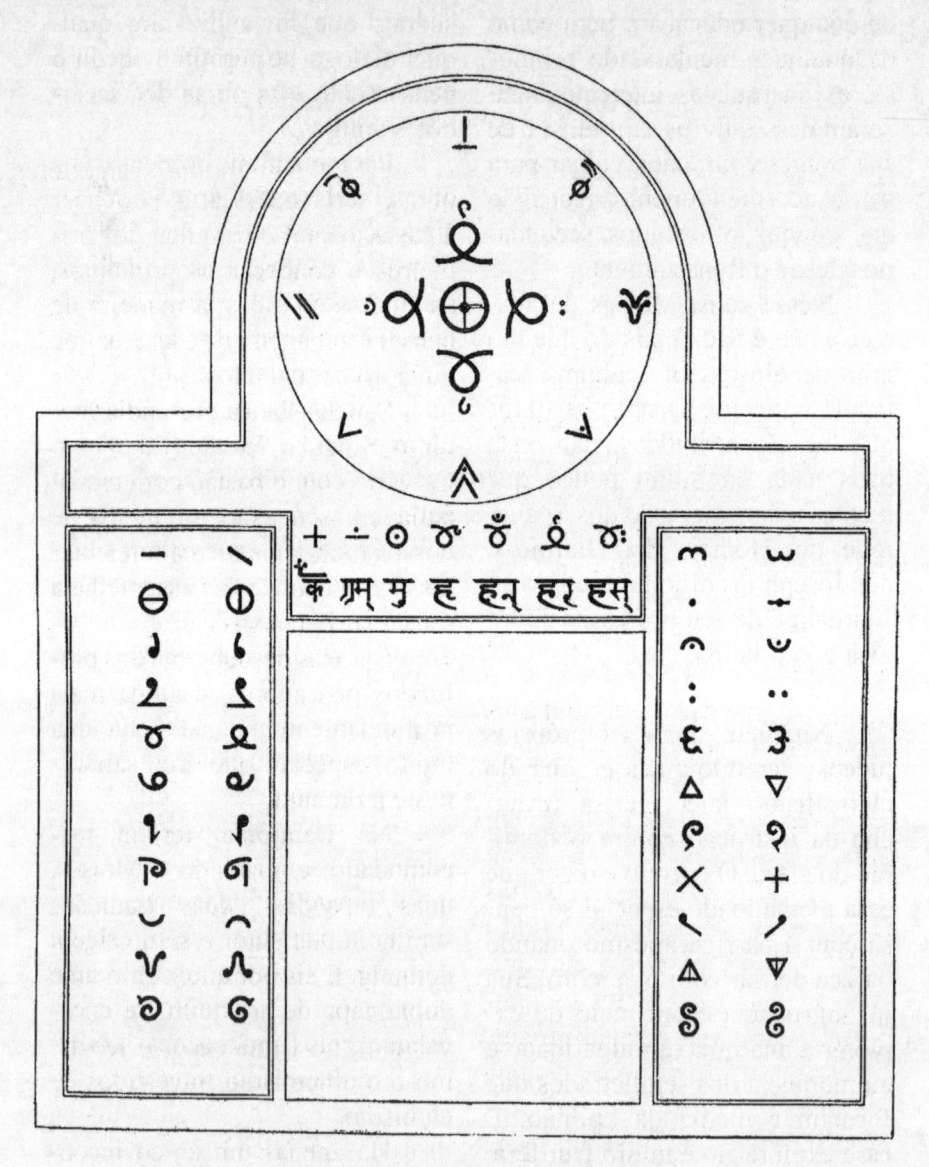

O alfabeto vatan e a dupla transcrição.

M à letra I são Anjos do Verbo, as letras funcionais do princípio da palavra, os equivalentes harmônicos e orgânicos de sua potência criadora. Daniel não se enganou, não mais do que os ortodoxos egípcios, seus mestres, e do que o supremo colégio assírio que trabalhou sob suas ordens na nova edição do *Pentateuco*.

Nesse trabalho, uma variedade de frases e de palavras hierogramáticas eram ininteligíveis à compreensão do sacerdote judeu da época. É por isso que a transcrição apresenta muitas vezes palavras, efeitos de frases, frases inteiras que trazem não mais a marca antiga de Moisés, mas a dos Kashi-dim da Babilônia.

Isso é evidente em inúmeros lugares e em particular no primeiro verso e do primeiro livro.

Mas esse fato não altera em nada a validade da obra.

Os alfabetos de 22 letras herdados dos Patriarcas de raça branca eram uma tábua de equivalentes comuns a todos os templos universitários de suas igrejas. E como esta permanece idêntica em sua dupla progressão de letras e de números qualquer que seja a forma das letras, pouco importa a variação dos dialetos falados ou escritos, se o esquematismo é o mesmo.

Ora, ele é sempre o mesmo, entre todos os homens da casta sacerdotal antiga, e Daniel era um desses homens.

Vou me limitar apenas a uma prova entre mil, já que se trata aqui da letra M.

Entre esses diferentes sentidos, Ma oferece o de água essencial, supra-astral, e não apenas de astral. Esse sentido é ritual ao mesmo tempo no Egito, na Caldeia, na Índia, na Ásia, no Irã, etc.

Vamos deixar de lado o continente africano, asiático, europeu, e vamos para um escombro da antiga terra antediluviana, a América antiga.

Na língua vatan, que é o votan em todos os dialetos oriundos dessa língua sagrada, ao longo de todas as dinastias votânidas, a água se diz ATL, raiz da palavra atlante.

Que relação existe entre ATL e Ma? Eis aqui: Ma = 40. A = 1 + T = 9 + L = 30, total: 40. Esse pequeno exemplo, que poderá ser multiplicado infinitamente, mostra que a palavra, como ciência e como arte, foi muito mais desenvolvida pelos sacerdotes antigos do que pelos professores modernos, e que estes, por mais que façam parte da elite da anarquia da instrução pública moderna, não têm qualidade de julgamento, mas apenas de irreverência quando se permitem falar e escrever a torto e a direito sobre os sábios inspirados e sobre os livros santos da Antiguidade.

Para alcançar semelhantes picos em que o discurso empírico e selvagem se esquiva para dar lugar ao Verbo, em que a vã cogitação do homem desaparece para dar lugar a uma reflexão erudita, consciente e respeitosa do pensamento divino, é preciso outra mentalidade além da filosofia literária dos anarquistas burgueses, pagãos, de Atenas, de Roma, do Renascimento e de sua sequência de negócios conhecida sob o nome de Enciclopédia.

Mesmo os judeus já estavam distantes do pensamento religioso de seu mestre, e deram muitas provas disso: mas essa distância é ainda maior para os modernos discípulos de Juliano, o Apóstata, ou de Marco Aurélio, os simoníacos renegados do Verbo Criador e do Verbo Encarnado.

Estes são os falsos pastores que conduzem ao abismo e à carnificina, à ruína e à destruição tudo o que foi a cristandade; e os resultados da predominância governamental que eles se arrogaram, à custa da antiga ordem social, os destinará cada vez mais à cólera divina e à execração de todos os homens de boa vontade, de todos os homens de sacrifício e de disciplina, padres, soldados, trabalhadores, em todos os níveis da hierarquia do trabalho.

Não apenas os livros santos, *Pentateuco* e *Evangelho*, que comandam a fé na Igreja do Verbo Encarnado, sairão das mãos desses maculadores, mais resplandecentes ainda, graças aos humildes métodos da ciência pura, mas os livros santos de todos os povos anteriores a Moisés também virão corroborar a unidade primordial do espírito humano no espírito divino, a glorificação profética do Verbo Criador e redentor por meio de todos os patriarcas pré-mosaicos.

Entre as inúmeras chaves dadas por Daniel a Esdras e à sinagoga que substituiu os Alhim, os juízes, os profetas instituídos por Moisés ao lado do sacerdócio, é preciso citar a Kaba-la; em sânscrito, Lâ, o dom divino, KaBa dos 22 equivalentes da palavra sagrada do Verbo, Kavi.

Mas também aqui as trevas do entendimento judaico encontraram o meio de tornar obscuramente mítico o que era claramente científico no ensino superior das universidades metropolitanas. O simples exemplo, citado a propósito da letra M e da palavra ATL, prova que a Ka-BaLa não era tão judaica assim, e que essa ciência da palavra reduzida ao Schéma do Verbo era praticada de um extremo ao outro do globo, antes que algum judeu ou algum hebreu existisse.

Mas é bem diferente com a Quabalah dos judeus. Esta lhes pertence. Ela é uma mistura impura de verdades e de erros amalga-

O Arqueômetro e a Tradição Oriental 371

LETT. HEB.	NOMBRES	HIEROGLIFES	CORRESP. HEBRAÏQUE	ÉCRITURE HIÉRATIQUE	INSCRIPTION D'ESHMOUNAZAR	PHÉNICIEN ARCHAÏQUE
א	1	𓅓	Alef	𐤀	✗	✗
ב	2		Beth	𐤁	9	9
ג	3	𓎡	Ghimel		∧	∧
ד	4	→	Daleth		△	△
ה	5	𓉐	Hé	𐤄	ʒ	∃
ו	6		Vau		ꓬ	Y
ז	7		Zain		~	I Z
ח	8		Heth	○	⋈	日
ט	9		Teth	⊖	⊖	⊖
י	10		iod	4	~	ʎ
כ	20		Kaf	9	y	y
ל	30		Samal	ん	ʎ	ʎ
מ	40		Mem	ϱ	y	ɰ
נ	50		Nun	7	ʃ	ʋ
ס	60		Samech	⇁	ʞ	ǂ
ע	70		aïn	.	○	○
פ	80		Phé		ʃ	ʃ
צ	90		Çade		ʇ	ʇ
ק	100		Quof		ϙ	φ
ר	200		Resch	9	ʎ	9
ש	300	||||| Schin	⋈	w	w
ת	400	●	Tau	6	ʄ	†ẋ

Alfabetos de XXII. Hieroglífico – Hierático – Fenício – Hebraico, por Papus.

mados sem ciência e sem método, fundada sobre um único princípio honestamente demonstrável.

A Babilônia era o cruzamento de todas as intelectualidades que emanavam das universidades inferiores do Egito, da Etiópia, da Arábia, da Índia, da Pérsia, do Cáucaso e também da Síria.

Uma massa informe de superstições politeístas e demoníacas, um abuso, em todos os sentidos, de todas as correspondências arqueométricas invertidas, uma mistura fétida de concepções e de práticas muitas vezes monstruosas misturaram-se à pura KaBa-Là primitiva. No entanto, podemos sentir através da confusão da Quabalah judaica e, o Arqueômetro em mãos, podemos traçar exatamente tudo o que vem da KaBa-Là pura e simples.

Como aqui se trata da letra M, com a qual as universidades lunares e concordatárias, com os sudras anarquistas, fizeram sua real alfabética à custa da letra I ou Y, vamos examinar aqui uma das chaves kabalísticas dadas por Daniel a Esdras.

Essa chave jamais foi compreendida pelos judeus e São Paulo lhes deu o suficiente para compreender.

Ela se chama o Nicol bilo-soph, o Oétant, o Shemah Hibor, ou seja, o Signo conjuntor. O sentido externo ou filosófico é este: Nicod, o ponto; bilo, dentro; soph, o infinito; o que, como qualquer definição metafísica, não significa nada ou tudo o que quisermos desejar.

Voltaire dizia: a metafísica começa quando aquele que fala não sabe o que diz e quando aquele que ouve não compreende mais nada.

Existe alguma verdade na definição desse arremedo de filósofo e desse papagaio do paganismo. Mas Daniel era diferente de um filósofo. Ele profetizou, com a data exata, a encarnação do Verbo, seu martírio, sua crucificação, o que os judeus não lhe perdoam. Além do mais, ele deu aos fundadores de sua sinagoga, em seu ensinamento secreto, o meio científico de reconhecer, e de não se enganar, o Verbo Criador no Verbo Encarnado: Ipho no Isho. Nicod significa não o ponto, mas o Iod, o Ya-Soph que deve ser escrito ShOPh.

Não se trata, portanto, do ponto no infinito, isto é, no indefinido, mas da posição arqueométrica das letras Y, Sh, Ph e O, ou seja, daquelas do trígono fundamental, o do Verbo. Além do mais, O não é o ShemaH Hibor de Sh e de Ph apenas. Ele é o signo conjuntor universal, a letra comum ao Pai IhOh, ao Filho IphO, IshO e ao Espírito Santo ROah-Alhim.

A indicação de Daniel verificada sobre o Arqueômetro pronuncia então exatamente o nome do primeiro triângulo: Ipho, Verbo, Isho, Jesus.

Não acabou: SheMa = 340 e significa ao mesmo tempo signo, céu, glória, em uma palavra, o mundo teogônico criado diretamente pelo Verbo.

Um de seus equivalentes é SPhR: 60 + 80 + 200 = 340 = ShM.

SPhR significa círculo dos signos, planisférios do SheMa, livro direto do Verbo, seu selo na palavra sagrada, pois a palavra livro em SPhR só significa rolo, no sentido vulgar, porque ele expressa a função do círculo no sentido específico. Ora, o Nicod não é de forma alguma o ponto central, já que a letra I é a rainha virgem zodiacal. Quando fazemos da letra I o ponto central, que é a letra N, todo o SheMa divino é alterado e o nome de IHOH cessa de ser pronunciado por seu conjunto, isto é, de ser manifestado exatamente por seu Verbo Criador.

Podemos perceber experimentalmente o que foi dito sobre nosso quadro aritmológico das 22 letras e sobre o Arqueômetro munido de seus quatro triângulos equiláteros. A definição do círculo era feita nas universidades patriarcais pelo trígono equilátero inscrito e correspondendo ao solstício norte, depois por sua reflexão no trígono do solstício sul. Disso resultava a estrela hexagonal, a Bra-Shith ou palavra Criadora da Héxade divina. O círculo era assim definido ou verbalizado, não pelo diâmetro, mas por uma relação real entre o círculo e os trígonos regulares definidores.

A distância de um dos ângulos da estrela hexagonal para seu ângulo vizinho é o raio do círculo. Essa definição pelo raio e pelo hexágono é uma das chaves da ciência antiga e ela falta à ciência moderna e à correspondência de todas as ciências entre elas.

Em relação à luz, o sistema metrológico de Newton baseado no diâmetro é apenas um sistema parcial, puramente analítico. Ele apenas explica fatos de aparência ou de decomposição prismática. A descoberta recente dos outros fatos mostra a insuficiência do newtonismo, e o próprio fato da ondulação, sufocando o da emissão, deixa os cientistas atuais desorientados e sem referência aquém dos raios vermelhos do Shemah-Hibor e certamente para além do violeta.

É porque a ondulação, que é a própria realidade, necessita de outra metrologia além da emissão diametral que é apenas uma consequência.

É isso o que Daniel indica no que precede para todas as ciências divinas, cósmicas, humanas, universais ou simplesmente planetárias.

E não é tudo, além do SheMa, há o SheMaM, e este tem

como equivalente de número não mais 340, mas 380, e ele significa o signo supremo, o do ângulo norte no céu da glória do Verbo e de sua palavra.

No ápice desse ângulo arqueométrico, podemos ver o solsticial norte da trindade princípio, as duas letras Ph e Sh, uma zodiacal, a outra planetária, uma trígono equilateral simples, a outra trígono equilateral reforçado por uma bissetriz que significa o eixo do mundo, o cetro de seu governo ao único Filho, como Verbo Criador e como Deus Salvador. Ph = 80, Sh = 300, as duas reunidas dão 380, e elas são o SheMaH, o signo supremo, o signo do ângulo ou da pedra angular.

Assim é o SheMaM-La-Ha ROSh, como signo supremo do Verbo rei, e as letras são bem pronunciadas sobre seu Arqueômetro, no qual a palavra criadora fala por si mesma.

É um fato fielmente demonstrável, exatamente experimental, e esse fato, lei do próprio princípio, não é uma palavra de homem, isto é, uma aproximação filosófica, uma mentira, mas palavra de Deus, única fonte de toda verdade.

Resta-nos demonstrar, no mais profundo dos mistérios da escola védico-bramânica, a evidência que acabamos de assinalar no mais profundo dos segredos transmitidos por Daniel a Esdras e à sua sinagoga.

Como as diferenças provêm de diversos pontos de partida, isto é, Ya, para a escola patriarcal à qual pertence Moisés; M, para aquela que o védico-bramanismo enxertou no sistema primordial, elas apenas ressaltam a antiga unidade do sistema primordial.

O dia do Yom-Kipur vai nos servir de demonstração. A palavra Yom não é uma palavra de discurso filosófico, mas de discípulo do Verbo, e é empregada por Moisés de acordo com a tradição e a ciência patriarcais de seus mestres egípcios. O Ya e o M se unem pelo signo conjuntor O; ele tem o número 56, número sabático como múltiplo de 28, mas sua pronúncia sagrada era Y-HOM.

É o Dia dos dias, e sua festa correspondia ao 15º do signo de Virgem, equivalente cósmico da potência verbal Ya, da divina sabedoria, rainha dos céus fluidos e astrais.

Nesse dia, no maior segredo, o nome do Pai era pronunciado pelos pontífices patriarcais nos templos, e pelos pais e mães de família nos lares patriarcais.

Essa pronúncia bastante particular glorificava o ponto de partida arqueométrico do duplo universo, fazendo girar o nome do Pai sobre ele mesmo em sua letra ou potência consubstancial ou física. Esse nome que o leitor religioso só deve ler orando, e que o irreligioso deve temer não apenas ler como também olhar, é o IHOHI.

Penetremos agora no mais profundo dos mistérios védico-bramânicos.

O mesmo dia, ou o correspondente, ali é intitulado o YHOM do AUM completo.

O sumo pontífice carrega a joia sagrada de ouro e de pedras preciosas que Moisés usava e que, segundo os ritos, servia para inflamar o fogo do altar.

Esse dia sagrado se nomeia AHO ou MHISh, e sobre a joia pode se ler em caracteres adâmicos a palavra AHaMIOH: eu sou IHOH.

A inversão dessa mesma palavra é IHOMaHa, IHO, o Grande.

Assim, a escrita secreta do Manava-Dharma-Sastra nos revela como a filiação do védico-bramanismo se liga à ortodoxia da protossíntese patriarcal.

Teríamos muitas outras provas a oferecer sobre esse tema, mas essa é a mais importante e as outras serão apresentadas no lugar certo.

No próprio início do Manava-Darma-Sastra, o redator indicou, à maneira antiga, a referência do sistema lunar bramânico ao solar-lunar de Ishva-Ra. À inversão da estrela dos solstícios do Verbo que leva para o norte o solstício das águas vivas, e ao sul o da Terra viva, corresponde a inversão do nome de Jesus ISHO, pronunciado ISIOUA ou IShVA segundo os dialetos e os ritos.

Antes de Brama é Schoua-Y Am-B'Uvi e, escrito dessa forma, ele significa:

1º: o ser existente por si mesmo;

2º: Swaya, o filho de Deus AMBU, a água. BU, nascer, existir, daí a terra, a Terra sagrada do mundo da glória, a substância divina da imanência e da imanação dos seres. VI, amar essencialmente, criar, engendrar. Enfim, BO ou VI, o hierograma da terra dos vivos, como AMBU é o da água viva; e claro que não se trata aqui dos elementos cósmicos nem da organização do caos pelos Alhim, mas unicamente das substâncias divinas do Universo divino cujo criador é o Verbo.

AM e BOuVI, sobre o qual eu poderia dar sentidos ainda mais profundos, se isso fosse necessário, são atributivos de Schoua Y, e ele mesmo é a inversão de IShVa; IshVa-Y-AM, IShVa que age ao mesmo tempo no Ya e no Me. É esse mistério que o primeiro Zoroastro evoca quando diz, ou melhor, quando AHOURA-MAZDAH, isto é, o ROuaH, responde-lhe que já revelou sua lei a YM, o chefe da humanidade, o YM-VR dos antigos escandinavos, o YM dos ALHYM e do MY-Hela.

Todos esses sentidos se explicam de uma maneira absolutamente racional e científica sobre o Arqueômetro. Podemos vê-los transportados da arte verbal para a arte gráfica na figura de Ishva-Ra, que mais adiante reproduzimos quando forem arqueometrados. Nesse hieróglifo, a posição primordial da estrela dos solstícios do Verbo é exatamente observada. O Verbo Criador é representado sobre um fundo de terra e de céu, ou de terra celeste. Ele está sentado sobre um tigre cujas listras marrons e amarela são o símbolo de muitas coisas, e entre elas o da refração luminosa. As listras amarelas representam a substância fotogênica, as brumas, que hoje são chamadas de *Frauenhaufer*, representando a resistência e a absorção dos meios, a transformação da luz em calórico latente.

Sob o Verbo e sob o tigre se estende o mar das águas vivas, onde a figura monocéfala de KaVi se projeta e se reflete. A posição do corpo de Jesus, Verbo Criador, desde a cabeça até os pés, desde os ombros até os braços, as mãos e os dedos, é completamente simbólica, ou melhor, fala por meio dos hieróglifos. O mesmo ocorre com o conjunto e os detalhes desse notável gráfico. O tridente representa Triloka, o governo dos três mundos. Ele pende para a esquerda e se arqueometra na direção da letra Me. Mas o tridente é o SHIN vatan invertido e sua inclinação na direção de Me se lê: SheMa. Esse é o hieróglifo ou a inversão da héxade, do primeiro trígono no segundo, do culto de Ishva-Ra no de Brama e magnificamente significado. É por isso que intencionalmente comparamos essa palavra gráfica às palavras verbais do Manava-Dharma-Sastra.

Quando lemos atentamente os primeiros poemas desse admirável livro sagrado, podemos ver que IShVa, invertido em SVa-Y, é realmente o *Rex Patriarchaurm*, o rei dos Patriarcas, o senhor dos Archis e dos Richis manávicos, e que Brama é apenas uma sombra inerte e engolida nas águas vivas do tempo sem limites YM. E, quando abrimos o livro de Moisés, veremos nele que essas águas vivas plásticas são o meio principal, e não apenas original, de onde saíram todas as hierarquias das almas universais ou específicas. O ponto de conversão entre o ato do princípio eterno e a execução da origem temporal pelos ALHIM está no centro arqueométrico na letra N, eco da letra Ma. Esse nó coletivo e umbilical entre os dois Universos teogônico e cósmico é a própria fonte da potência passiva que nomeamos NaTUReza. Esse nome admiravelmente composto vem das escolas mais antigas. NaT significa nó. OuR significa a luz viva, mas ainda não o *Lumen de lumine*. É a primeira correspondência da luz inacessível. É a ação reflexa do ROuH-ALHIM nas águas vivas.

É, em uma palavra, o ato reflexo do Espírito Santo instrumental do Verbo.

Enfim, o nó vital que une o mundo teogônico ao cosmogônico, NaT, é composto da letra central solar Na e de sua zodiacal solar-lunar Ta.

A correspondência de Ta é o Leão zodiacal, ela é também representada por um tigre ou uma pantera na escrita zoomórfica dos antigos egípcios, do Extremo Oriente das raças austrais e, finalmente, dos volamdes atlantes da antiga América.

A Natureza é, portanto, vista como o ponto local da incidência teogônica do Verbo e de sua reflexão na palavra cosmogônica.

Essa potente conexão conversível, cujo veículo é luz, tem então dois aspectos inversamente proporcionais e correspondentes. Um desses aspectos, o divino, corresponde ao ATh-ALHIM de Moisés e de São João, o outro a Ath-Ha-ShaM-IM, o ATh- Ha-A--ReTz, isto é, à alma ou razão viva constitutiva do mundo angélico dos céus da glória, dos céus fluidos e do céu grave e que gravita na astralidade.

Em sânscrito, ATh é o espírito constitutivo, alma, razão viva.

Quando o Verbo Encarnado diz: Eu sou o ATh, o Alefe e o Tau, isso significa: Eu sou a razão constitutiva do Universo, seu Verbo munido de todas as suas potências criadoras e conservadoras.

Em menor grau, ATh significa o alfabeto de 22 letras, a palavra reflexa do Verbo munido de suas funcionalidades.

Estas últimas, simples reflexos mortais e quase mortos no espírito humano, estão imortalmente vivas no espírito divino, e são os ALHIM.

Assim, por meio da Natureza, que é essa potência de dois aspectos inversamente proporcionais, a Ordem divina se naturaliza por meio de suas leis na ordem física, e esta última, por sua vez, se naturaliza na primeira pela obediência a essas mesmas leis.

Esse é o ponto central da psicogônia, esse ponto nodal que deu lugar às confusões panteísticas e outras, a partir da divisão das línguas eruditas e do esquecimento da palavra shemática do verbo.

O alfabeto vatan emprega Ma como consoante e a representa por uma linha horizontal introduzida em um pequeno círculo.

O alfabeto védico, no quadro com seus 80 signos, faz partir toda a sua teodicidade verbal da mesma letra. Mas esta, como ponto de partida, é apenas um pequeno círculo negro desprovido da barra ou linha reta. Então, essa letra, em vez de ser pronunciada Ma, permanece indefinida. Ela é apenas uma cerebral muda M, nem vogal, nem consoante, nem Verbo, nem

ISOUARA

palavra, nem pensamento, nem ação definida. Ela não é articulada pelos órgãos vocais. Ela ouve a si mesma nos trabalhos dos mistérios. Eis como:

Quando experimentamos esse ponto do AUM, temos as duas mãos sobre o rosto, cada um dos dedos estendidos, simulando a forma do Shin assírio.

Os polegares tapam os ouvidos, os mindinhos tapam as narinas, o anular, o médio e o indicador, espalmados, pressionam as têmporas. A boca permanece fechada. O resto do corpo, sentado à maneira oriental, mas de uma maneira ritual particular, também deve simular a forma de uma determinada letra, a de um hierograma desconhecido pela maioria dos membros da assembleia secreta designada sob os nomes hierárquicos de Yogâ, Yoga, Yogî, Yogi, Yoginâ, Yogin.

O nome antigo dessa assembleia, antes da constituição bramânica, era Yogîs havarra, contração de Yoga-Ishva-Ra, a união em Jesus Rei.

Uma vez que todas as condições estão prescritas, deve-se, no entanto, observar que aquilo que era ciência e consciência religiosas na prática dos mistérios, sob o reino de Ishva-Ra, pouco a pouco se tornou fórmula e rotina, à medida que a subversão do Y pelo M apagou a lembrança da suprema sabedoria, da suprema razão e de seu Supremo Senhor, para dar lugar apenas às suas reflexões no trígono das águas vivas.

Eis como a primeira letra deste último é experimentada. Quando o Yogi se posicionou da forma explicada anteriormente, depois de ter se purificado em seu interior pela penitência e a contrição, e exteriormente segundo as regras, pela água, pelo ar, etc., ele concentra sua visão física, por meio do sistema nervoso da visão, sobre o quiasma dos nervos ópticos e olha interiormente para a parte mediana de sua fronte, acima do meio da arcada superciliar, entre esta e o meio da testa. Ali está o terceiro olho dos mistérios antigos, o da visão direta e da contemplação.

Uma vez que todas as aberturas do corpo estão fechadas, como já dissemos, toda a energia interna, ao mesmo tempo psíquica e fisiológica, deve se concentrar sobre ela mesma e sobre seu eixo vertical de simetria, para que seja levada do peito ao cérebro. A ressonância vibratória desse esforço sinérgico chega ao órgão assimétrico cerebral, conhecido sob o nome de glândula pineal.

A esta última, a alma, isto é, a vida, permanece ligada por meio de seu corpo fluídico alguns dias depois daquilo que os homens chamam a morte.

Quando a vibração atingiu o ponto cerebral e o ângulo craniano correspondente, ela ressoa, espalhando-se até a membrana do tímpano que ela vibra e dali se move por todas as cavidades orgânicas.

Esse som interno, indefinido, não tem qualquer qualidade apreciável. Murmúrio é a única palavra que consegue expressá-lo minimamente, se delas cortarmos todas as letras menos o M, sem vogais nem consoantes. Uma comparação mais exata ainda seria esta: quando aproximamos bem os dois ouvidos sobre determinadas conchas marinhas, podemos ouvir uma espécie de mugido aéreo do mar. Essa é a percepção interna da letra cerebral M, a primeira do trígono do mar das águas vivas, intraetéricas e supraetéreas.

Tudo o que foi dito lança uma luz suficiente sobre a mistagogia das potências verbais da palavra. A prática desses mistérios é real, eficaz, mas perigosa quando excessiva, para qualquer homem não preparado intelectual, moral e fisicamente de acordo com as regras dos Patriarcas antigos.

Para os europeus, mais do que para os outros homens, eu insisto sobre esses perigos, aos quais estão expostos pela divisão de suas faculdades, por sua anarquia mental e cardíaca, por sua instrução insuficiente, por sua educação interna ou religiosa quase inexistente.

Falo aqui dos métodos de ensino, de suas faculdades sem vínculo sintético, do lugar medíocre que os programas universitários reservam para a instrução religiosa, e da verdadeira inépcia com a qual elas marcam os sentidos internos atrofiados, degenerados e quase anulados.

Portanto, é apenas aos religiosos que eu me dirijo aqui, erguendo para eles um pedaço do véu que lhes rouba a alma das coletividades orientais e a devolve impenetrável às suas maneiras greco-latinas, dialéticas e filosóficas de comentar o Evangelho.

Mesmo para esses religiosos, essas práticas, às quais relegam aquelas dos místicos dos conventos, são ainda muito perigosas sem uma fé absoluta e uma caridade sem limites. Vou avançar um pouco para lhes mostrar sua gravidade, depois retorno ao nosso assunto.

Aqui apenas citamos, deixando claro o que está obscuro nos mistérios da palavra, assim como são praticados pelos mais elevados e mais raros epoptas da antiga Igreja Bramânica e de seu ramo caldeu, de onde saiu Abraão. Trata-se do mistério da primeira letra adicionada à 22ª: ATh.

Segundo os Sastras, chamados glórias flamejantes dos arcanjos, o primeiro hierograma, cuja pronúncia eu não revelo, envolve o céu das águas vivas, o da linfa espiritual dos limbos do triângulo de Maria, do céu de Abraão e de

Brama. Ele se aplica a todas as almas que viveram sobre a terra desde o começo do atual Kalpa.

A alma é designada sob o hierograma de HAMSHIN, cuja inversão em hebraico é NISHAMH.

Palavra a palavra, a plenitude consciente dos dois movimentos da existência. Aqui, peço ao leitor que siga atentamente todas essas letras e todas essas palavras sobre o Arqueômetro.

O primeiro desses movimentos é ShaPhaN. Sua inversão, em hebraico é NePheSh, que significa pulsações, palpitações, sístole e diástole vitais.

Em NISHAMaH, a central solar, Na irradia sobre a letra de Jesus Sh, e move então a primeira letra de Maria M, depois a vital do Pai H.

É a alma glorificada e glorificável, convertida ou convertível ao céu da glória SheMaH, sobre a letra nodal da potência que naturaliza Na em um mundo ou no outro.

No primeiro movimento de NiShaMah, a alma glorificada e glorificável, convertida ou convertível, encerra o próprio NePhSeh, apoio de NePheSh sobre a nodal divina Na; mas apenas as duas letras de Jesus soam sob esse apoio: PheSh, PhoSh, potência de manifestação da vida. Ph + Sh = 80 + 300 = SheMaM, o signo dos signos.

O segundo movimento de NiShaMah é HOR, sua inversão em hebraico, ROuH, luz ascendente no primeiro caso, sopro contínuo no segundo. É a correspondência da psicologia à psicogonia se produzindo, seguindo o movimento arqueométrico universal, na similitude humana.

HOR e ROuaH correspondem ao Espírito Santo e, diante dele, ao tribunal dos ALHIM e, diante deles, até o fundo do trígono de Maria marcado pela potência H, cuja correspondência astral é o signo de Câncer e, na correspondência ultrazodiacal, é a estrela de Sírius, atribuída ao fundo da água espiritual e principial, assim como as sete estrelas do Polo Norte eram atribuídas aos Patriarcas assessores do Verbo Criador, aos Richis e Arshis de IShO, na protossíntese do Verbo.

Havia, portanto, uma humanidade típica que não tinha deixado o mundo da glória e não tinha caído no mundo dos céus astrais. Moisés fala sobre isso com palavras veladas ou fechadas.

Hamshim, que se pronuncia Hanshin, segundo as regras harmônicas da tábua eufônica do Ramayana, encerra as três correspondências literais da morte concebida como reviravolta sobre o nó das inversões proporcionais: HA, antifonia de HE, que é a vital expansiva do nome do Pai, a correspondência do signo equinocial e verbal de Áries. O ato fisiológico dessa letra, ou faculdade psíquica em correspondência com a identidade de sua potência cosmogônica, é uma expiração veemente dos pulmões pelas narinas.

A correspondência hierogramática desse ato fisiológico com o mundo da biologia direta se escreve UShNa.

Na análise anatômica do organismo vocal, essa palavra significa nasal, mesclada de calor vital, metade úmida, metade seca.

O que precede se pratica no trabalho do AUM.

No ponto mais alto dos mistérios deste último, sem outra vestimenta além de uma espécie de sudário particular, semelhante a um São Benedito, o epopta, sem portar nenhum metal, deita-se de costas para atravessar a porta dos mistérios que é a morte.

Ele pensa então nestes três hierogramas: HaMShiN NiShaMaH; HORROH; ShaPhaN-NePheSh.

Então ele assopra, para fora e com força, o ar contido em todas as cavidades da árvore pulmonar. É o signo do He e do Ha, da vida e da morte até o último suspiro. O epopta fecha então seus lábios, deixa o ar interno preencher sua boca, que permanece fechada, e respira fortemente pelas narinas. E, então, pronuncia interiormente, como já dissemos, a 13ª letra e depois fecha as narinas com os tampões de seu capuz.

Os olhos permanecem abertos até que ele sinta o calor fluir e comece a transpirar. Assim que o frio entra e sobe pela planta dos pés como um formigamento agudo, ele fecha os olhos; a luz celeste se espalha em torno da letra, e o sopro vital começa a circular na cavidade cerebral até o ponto de ângulo e de reverberação que já citamos. O único poder que resta no corpo gelado ali está representado pelo som M, acompanhado de um ligeiro eco: M. O epopta está perfeitamente consciente. O ShaPhan NiShaMaH está ligado em sua cabeça à glândula pineal e o suor da morte escorre no exterior de seu crânio.

Esse é o momento de pronunciar o hierograma arcangélico que é inútil transcrever aqui. Ora, ele está então fora da terra mortal, na primeira estação correspondente ao mesmo tempo ao mar das águas vivas e à terra dos vivos imortais.

Visão interior e consciente, luz celeste diante de si: eis o primeiro grau da mistagogia prática, a das letras da palavra, na antiga escola védico-bramânica, que sucedeu à Igreja antediluviana do Verbo-rei.

Nós começamos a passar o que precede pela pedra de toque do Arqueômetro. Agora, resta-nos examinar a letra vatan que, segundo sua posição, pronuncia-se Me ou Ma.

Da mesma forma que controlamos a escola judaica de Esdras pela universidade sânscrita, assim também podemos controlar esta última pelas de Zoroastro e de Pho-y. Esses dois Patriarcas reagiram contra a doutrina védica que substituiu a realeza do primeiro trígono pela predominância do segundo. Esse fato é inegável quando medimos sobre o Arqueômetro a inspiração e a doutrina do primeiro Zoroastro e as do legislador dos povos do Hoang-Ty.

No primeiro caso, vemos a palavra zenda A-Pa-M se inscrever por si mesma no lugar arqueométrico da letra M. Apan significa as águas. Mas um homem da importância do primeiro Zoroastro não se preocupa em escrever, para dizer uma tautologia, à maneira do sr. Jourdain e de seu professor de filosofia.

A palavra empregada por Zoroastro deve ser analisada como fizemos anteriormente. Então ela significa A privativo; Pa poder: M significa ao mesmo tempo a letra M e a letra O.

Zoroastro responde assim ao cisma védico: "Nenhum poder ao Me".

E, para complicar essa significação, ele não atribui Amesha. ShPheNTa, isto é, potência arcangélica.

Nós traduzimos propositalmente as letras em alfabeto zenda em seus equivalentes arqueométricos.

A primeira verificação já aparece sem réplica, vejamos então a de Pho-Y.

No dicionário dos 540 signos e entre os mais antigos destes últimos, a letra vatan Ma ou Me torna-se a letra I. A barra ou linha reta representa a unidade. O ponto ou círculo negro, introduzido pela barra, representa o zero. Esses dois reunidos expressam 10 e esse número é o equivalente da letra Y, ao passo que o equivalente da letra M é 40. A escola védica teria remanejado o alfabeto de 22 letras em proveito de sua sistematização, cuja característica é dar ao M a preeminência sobre o Ya. Essa é a chave da posição tão importante que nos ocupa e que deveria necessariamente vencer, para devolver ao Verbo o domínio da universalidade do espírito humano, por meio de todas as universidades religiosas.

Olhando sobre o Arqueômetro, notamos que o Y e o M vatans são as únicas letras que não têm morfologia diretamente correspondente àquela de seus respectivos signos astrais.

Portanto, houve aqui um remanejamento.

Mas as letras samaritanas cumprem muito bem esse papel e motivam, não na absoluta verdade, coisa que não é necessária, mas na demonstração experimental, as correspondências astrais que nós demos.

A escola védico-bramânica voltará atrás sobre esses importantes pontos? Evidentemente não, uma vez que ela apenas retornará à sua própria protossíntese, a de Ishava-Ra.

Talvez Zoroastro tenha ido um pouco longe quando negou todo poder ao Me, uma vez que ele mantinha no lugar desejado a tradição do HOM. Mas ele estava imbuído de uma inspiração muito pura, pois queria arrancar o Irã do culto dos Devas.

E a mistogogia operatória do Me conduz a essa submissão tão perigosa para a salvação das almas, quando o Me deixa de estar subordinado ao Ya, no YM dos ALHIM, assim como no nome sagrado do Pai IHOH e do filho IPhO-IShO.

Ora, lá se vão muitos séculos, e pensamos que foi a partir de Krishna que essa subordinação cessou na escola bramânica. Eis o que dizem hoje seus mais importantes mestres em seus ensinamentos mais fechados a respeito da letra M, chamada o ponto do AUM:

"Ela é o germe e a matriz, ela contém em si os dois princípios eternos que são Tahhanas e Krishna, o branco e o negro, o forte e o fraco, o bem e o mal, o puro e o impuro, o masculino e o feminino. Ela é Deus, ela é o ovo de ouro. Ela encerra em si a essência, a alma e a matéria, todo o estado germinal rudimentar, fora do ato e da obra. Essa obra deve ser feita e produzida por um agente; por isso a formação e a existência do homem mortal, macho e fêmea."

Aqui, qualquer comentário é inútil, a metafísica que precede se explica com suficiente claridade. A diarquia confessional da qual ela é testemunha atribui ao poder, do qual a letra M é o signo, uma complexidade de qualidades que se opõem inconciliavelmente entre elas.

É um núcleo caótico onde o espírito humano, entregue a si mesmo, busca explicar o ponto embrionário da série natural e temporal.

Tudo está nele, até a evolução do óvulo que se torna o ovo de ouro; tudo banha na linfa protoplasmática e se abre sistematicamente para dar nascimento a Brama. Essa linfa protoplasmática é a dos limbos de Brama e de Abraão.

De tudo o que precede, quando deixamos de lado a perigosa confusão entre o bem e o mal no ponto embrionário caótico, quando afastamos o maniqueísmo dos dois princípios ou que são considerados como, quando repudiamos a assimilação do masculino e do feminino a uma dualidade de oposição entre branco e preto, bem e mal, puro e impuro, resta a verdadeira ideia justa, o verdadeiro fato exato, mas subordinado, que expressa cientificamente o trígono de Brama, de Abraão, de Maria, e a degenerescência do círculo divino no ovoide astral.

Mas, ainda que os dois sejam correspondentes e inversamente proporcionais, há entre eles a diferença entre a biologia e a fisiologia, a vida eterna e a existência temporal, o princípio em repouso em sua finalidade e a origem incessantemente em movimento, no devir interrompido pela morte.

Os pontos perigosos desses fundamentos védico-bramânicos trabalharam os espíritos das outras raças com maior ou menor força e em todas as épocas de incredulidade ou de incerteza.

O mistagogo ocidental que foi o mais fortemente tocado ou, como ele próprio diz, pintado com essa tinta mesclada de branco e de preto, foi Jacob Boehme.

A transmissão lhe foi feita por Paracelso, que viajava pelo Oriente. Não estou falando dos Quabbalistas para os quais essa confusão é perpétua, desde a Babilônia até hoje.

Chego ao fato mais moderno, que é a obra de Darwin.

Poderíamos descrevê-lo como um alucinado e possuído pelos próprios fundamentos do védico--bramanismo até a afirmação do suposto papel da força na suposta lei da evolução e da pretensa seleção.

Há demasiado contato entre a Inglaterra e a Índia, para que o protestante Darwin não tenha sofrido a influência bramânica de forma direta ou indireta.

Voltando ao ponto do AUM e do sistema embriogênico dos Vedas, os mestres dessa escola, fechando-se ao princípio para se enclausurar na origem, só tiveram uma única saída possível. Eles precisaram aumentar infinitamente os períodos do tempo, uma vez que fizeram tudo depender da fisiologia astral; eles não poderiam enxertar mais nada na biologia do Deus vivo, de seu Verbo, nem de seu Espírito Santo.

É por isso que o seio de Brama como o de Abraão é o limbo dos limbos da extinção. O próprio budismo extraiu uma conclusão muito lógica da concepção filosófica naturalista e panteísta do bramanismo, seu mestre, ao conferir ao Nirvana o sentido que todos conhecem.

Mesmo desejando mais uma vez argumentar infinitamente, a fisiologia das almas desencarnadas não tem outra saída a não ser a da extinção no tempo, por mais alongado que ele seja, ou então uma nova embriogenia em uma matriz materna, em função de Me e de Ma.

O próprio Brama é mortal, de acordo com essa doutrina. Alguns bilhões de zeros adicionados à duração de seu tempo não mudam nada e não evitarão sua suprema Pralaya, onde está encerrada a reivindicação do Ya.

Quanto a Buda, regente do planeta Mercúrio, sua posição ao pé da virgem astral indica uma retomada possível da tradição primordial, cuja marca o bramanismo lealmente conservou.

Vamos continuar levantando os vestígios dessa marca em relação à letra M e sua ressonância arqueométrica por meio do sânscrito. Uma palavra somente a respeito da correspondência que subordina a letra M à letra Y.

Y ou I como potência da palavra do Verbo representa a divina sabedoria se afirmando na criação e na conservação do mundo divino, o da biologia eterna e das substâncias incorruptíveis, que são o elemento e o alimento dessas potências imortais. É por isso que na maioria das línguas humanas, Ya é a afirmação pronominal do Verbo, a da essência entrando em ação. É ao mesmo tempo sim e eu anunciando a vida ativa e sua benévola manifestação em favor do outro.

M, reflexo cerebral da cardíaca que precede, corresponde apenas ao reflexo desta em um meio plástico. É a Minerva dos etruscos, a lei refletindo o princípio. Assim, ela está na alma universal dos céus astrais e na alma do homem; ela é o ponto central da reflexão, seu recuo local no mental puro e na matriz ou imaginação desse mental.

Seu perigo é que ela se crê autônoma e se atribui valor de incidência, ao passo que ela só tem valor refletivo de apropriação.

Esse perigo será sentido de forma melhor por meio de uma demonstração prática ao dizer que as palavras Me e Mim são um eco fiel dessa potência.

A primeira afirmação da criança é a da sílaba apropriativa, Ma, Man, Mamãe: sílaba santa entre todas sobre os lábios da criança que afirma assim seu reconhecimento para com a mãe que lhe dá, ao mesmo tempo, a existência e a subsistência da vida.

Mas no homem a letra é menos santa quando ela não passa da afirmação de seu mim, afirmação sem verbo e sem reconhecimento da divindade, à qual ele deve tudo.

L. Na: Aqui, mais uma vez, na língua adâmica, o ponto não é separado do círculo ou do semicírculo.

Essa consoante expressa em védico e em sânscrito o nó, o umbigo, a conexão das partes entre elas, sobre um mesmo centro, a gnose no sentido arqueométrico.

I. Na: Significa o Sol, o mestre, o senhor índice da protossíntese.

Aqui, a arqueometria primordial é evidente, bem como a posição central ou solar da letra Na. Restabelecemos essa posição da letra Na e do Sol, posição que o sistema lunar lhe fez perder, desde a divisão das línguas. Colocar o Sol no centro da héxade significa retirar os sete selos que ocultam o do Deus vivo (São João).

Enfim, a linha curva dessa letra não vem nem de uma parábola nem de um ovoide com lares múltiplos, mas de um círculo perfeito de centro único.

LX. Sa: Significa em védico e em sânscrito vínculo, amarra, o que reúne, assimila; daí síntese, simpatia, socorro. Sa também expressa a ideia de fluido, extração, essência, engendramento similar.

Ela é dedicada a Vishnu na trindade bramânica. Vishnu encerra três letras do primeiro trígono arqueométrico invertido e a letra central Na.

Esse nome significa o penetrador, e se aplica não apenas a pessoas da trindade citada antes, mas também a Agni e a Surya.

Dessa forma tão distante, Sa conviria ao sentido positivo dos dois pontos que são a letra adâmica, como se unisse o centro da involução e da evolução gerais a todo centro particular.

Em caldeu assurita, esses dois pontos são representados sobre a primeira letra: o Alefe, um à direita e no alto, o outro à esquerda e embaixo da linha reta ou barra, de forma que, no alfabeto morfológico dos Patriarcas, esse Alefe se lê AS em sânscrito, ser, e também é o autor ou o criador de um fato.

Na mesma língua, ASThA significa o que une e reúne, união, reunião, e ATh, o espírito que anima o conjunto e o une.

O que precede explica o sentido oculto da palavra de Jesus: "Eu sou o Alefe e o Tau", o raio e a circunferência, e eu uni todo ponto ao ponto central divino.

LXXX. Pha: Expressa em védico e em sânscrito a potência de toda manifestação. Por isso os sentidos de virilidade, de fecundidade, fertilidade, floração, dos quais Pha é o sopro vital e o potencial.

Em grego, dessa raiz surgiu a luz, a voz, toda a fenomenia. Em latim, por sua correspondência enfraquecida, Fa gera fala e fato; e, na maioria das línguas do Norte, Fa expressa a paternidade.

Não tendo Pa o sopro criador de Pha, ela expressa simplesmente, em védico e em sânscrito, o poder, a potência que governa e manifesta.

Nessas duas línguas, Phala B'umi significa a terra da recompensa, e Phala B'uvi, a terra viva, a da vida eterna, da imanação e da imanência no Deus vivo. "Só beberemos desse vinho, só comeremos desse pão na casa de meu Pai", diz Jesus. E essas palavras são espírito para o vinho, e vida para o pão da terra da glória.

Podemos ler sobre o Arqueômetro a letra Pha no ápice do trígono da terra viva de Jesus. Ela está no ponto angular zenital, "a pedra do ângulo" que fora rejeitada. Essa terra emerge do trígono receptivo das águas vivas, abaixo de sua linha horizontal, de sua superfície marcada por essas duas letras: RâMa, a graça divina, aMRa, a imortalidade e o amor eterno.

XG. Tsa: Existe em adâmico, mas não diretamente em sânscrito.

Sua análoga enfraquece Ta, designa um movimento rápido, o som, por exemplo, vibrando do grave ao agudo: Tsatsava, tattava, todo instrumento musical, daí Tantara em latim. Aqui, é a trombeta suprema, como ressurreição e julgamento, mas a lira e a harpa, como criação e glorificação.

Em sânscrito, a correspondência do Tsa na arqueometria primordial está obscurecida, e essa deveria ser o I da sabedoria teogônica, mas foi destronada pelo M que é apenas sua imagem receptora; a Minerva cosmogônica.

Mas, pela potência do Arqueômetro e o atributo do som que restou ao Tsa em védico, o elo vai se refazer.

Tsa ocupa a função verbal de Mercúrio Trismegisto aos pés da rainha virgem-mãe: então I está em sua posição de domicílio diurno e de trono. A potência verbal de que se trata preside, portanto, a toda emissão evolutiva, e entre outras ao som fundamental teogônico, a trombeta divina; a sonometria do mundo da glória; lira e harpa do Universo divino.

Em sânscrito, essa potência é Buda, em védico também. Ele é o filho de Maya nessas línguas templárias, como no eslavo de Orfeu.

A lira celeste e sua constelação são o Hermayê Lurê de Orfeu, evocada no poema de Aratus. Lira perdida pelos gregos, depois alterada por Pitágoras, assim como pelos filósofos, a partir da divisão das línguas.

São João oferece a chave dessa lira do Verbo, que nós reconstituímos pela aritmologia das potências.

C. Kha: Designa, em védico e em sânscrito, o alto do conteúdo universal, encerrando os seres e as coisas: o Céu, o que cobre e protege.

Em um grau menor, é a atmosfera contendo as águas e seus vapores, e os seres visíveis e invisíveis. Dessas ideias, a mesma raiz passa para as de segurança, contentamento, prazer, felicidade, destino feliz.

Em suas combinações mais simples, encontramos Kai, que expressa potência, pureza, purificação, e também manifestação de um ser invisível no mundo visível.

Exceto para o céu, a arqueometria dessa letra está obscurecida nas duas línguas. No entanto, nas combinações encontramos Kumbha, que é a ânfora, como em Aquário.

CC. Ra: Como vogal, R se pronuncia Ri e significa todo movimento determinado que atinge diretamente seu objetivo. Em védico, Ri é descer, morrer, e Rij é ressurgir, reviver, reger. Ri em Rita, expressa tudo o que é receptivo de incidência direta, a água viva, a claridade atmosférica, a pureza, a virtude, a verdade.

Em Ri-Shi inversão de IShRa; o santo retornando a uma das sete Rishayas celestes, Ri torna-se aR e Rishi, Arshi. Patriarca tem seu equivalente em Pitriarshi.

Como todas as universidades que de forma mais ou menos direta derivam da palavra arqueométrica, a védico-bramânica primitiva, ainda que subversiva lunar, guardou a marca daquilo que São João nomeia o Selo do Deus vivo.

O enxerto das civilizações selvagens sobre o modelo perdido da cidade divina foi o objetivo de todos os sucessores mais ou menos ortodoxos ou heterodoxos dos primeiros Patriarcas. Tudo isso eu já demonstrei de forma mais detalhada em relação à arqueometria das sociedades antigas e modernas. Portanto, aqui vou me limitar a dizer que os sete Rishayas celestes da Índia não desapareceram totalmente, ainda, apesar de sua longa decrepitude, e da "péssima corrupção" engendrada pelos melhores corpos em decomposição.

Ra, como consoante, expressa a reflexão e a refração, bem como a absorção do raio e, assim, a luz e o calor, a rapidez e o ardor, toda irradiação, a realeza, a riqueza, em védico Raj.

Entre as combinações mais simples temos Ri, consoante em védico, e significa fluir; em védico e em sânscrito, Rahasa significa o mar, seja celeste, seja terrestre. Râhu, o nó ascendente Daitya, a cauda do peixe ou da serpente.

A serpente representa um papel importante no védico-bramanismo esotérico e exotérico; e tanto nela quanto na pomba, mas nesta um pouco menos, os dois espíritos, o nahashismo e o ionismo, o adamismo e a queda do período de subversão, misturam-se com o noaquismo como em nenhum outro lugar.

A Arqueometria primordial da letra Ra seria então apagada das línguas e das ideias dessa universidade, se o Arqueômetro do Verbo e de Jesus não nos fizesse prestar atenção ao que essas referências comportam.

O zodíaco lunar, do qual oferecemos uma reprodução, também foi eclipsado, se não na língua, pelo menos no pensamento, a Arqueometria como ciência no sentido moderno e exato dessa palavra.

Encontro apenas a palavra Ravata que une a letra Ra ao tambor do zodíaco lunar, e só resta descobrir a posição do dito tambor. É a Zeta dos peixes e, consequentemente, a correspondência astral da letra Ra.

CCC. Sha: Essa letra tem como substituição védica e sânscrita Sa e Ca, segundo os hábitos eufônicos.

Sha: significa o paraíso.

Si: a terra divina.

Sû: o Senho.

Su: o Filho, o engendrado, o verdadeiro, o belo, o bem supremo.

Shana: o ano eterno, sempre, a eternidade.

Shani: a glória, a potência, a honra.

Shah: o reino, o poder.

Shaha: a terra desse reinado.

Shânu: os céus.

Shahas: o mês do ápice (novembro-dezembro), o Agra-Hayana.

Ça como Sha: Çiva, inversão de ISh-Va.

Shu-Ra: Saturno.

Nenhum comentário se faz necessário aqui; a clareza dos sentidos permite ver, sem dúvida, as correspondências divinas bastantes antigas da letra Sha sobre o Arqueômetro do Verbo.

CD. Tha: Mesma observação para Tha, Tâ e Ta que para Sha, Sa e Ca. Tha expressa a própria conservação, a preservação, no sentido mais geral.

Tat: o que se desenvolve em sua amplitude.

Tathâ: a conformidade perfeita.

Tathya: a verdade completa.

Titha: o fogo, o tempo, o amor, em sua totalidade.

Tatva: a essência suprema, a realidade e a realização absolutas; o espírito e a inteligência em toda a sua potência de manifestação.

Tat é uma das três fórmulas iniciais da prece bramânica: OM! Sas! Tat! Brama Hamo!

A Arqueometria primordial de That está oculta no que precede. A significação científica primordial era aquela evocada pelo Verbo encarnado ao dizer: "Eu sou o Alefe e o Tau", a unidade e a universalidade, o raio e a circunferência universais.

O sistema solar do princípio divino, o selo da glória, o Shéma do Verbo Criador tem seu círculo perfeito definido pelo trígono e o hexágono. Ele é regulador de todos os seres e de todas as coisas por meio das XXII potências e seus equivalentes.

Ele se aplica ao duplo Universo, o dos céus fluidos, e o dos céus astrais, de cima para baixo da hierarquia harmônica e orgânica dos fatos.

O sistema lunar, o das origens temporais e não do princípio eterno, é uma elipse com dupla casa que o fundador do bramanismo tomou por uma diarquia de princípios, o que equivaleria à pura anarquia.

Das águas vivas, da linfa plástica em todas as coisas, o óvulo, o ovário e o ovoide eram a morfologia indicada. É por isso que o sentido da letra adâmica Tha perdeu suas correspondências verbais, ainda que vestígios manifestos subsistam no que precede.

Zodíaco Oriental

Números de 1 a 12, os signos do Zodíaco: a. o Sol, b. a Lua, c. Marte, d. Mercúrio, e. Júpiter, f. Vênus, g. Saturno, h. Cabeça do Dragão ou o Nó Ascendente, i. Cauda do Dragão ou Nó Descendente. No centro está a Terra cercada pelo Mar. Marcamos L O N S, os quatro pontos cardeais.

LIVRO III

As adaptações do Arqueômetro

CAPÍTULO I

A Arquitetura

Corda musical do marquês de Saint-Yves. Sua aplicação na arquitetura e em todas as artes decorativas, gráficas e plásticas, como: decoração, cerâmica, mosaico, vitrais, rendas, móveis, caixilharia, etc.

Por M. Ch. Gougy, arquiteto diplomado pelo governo.

Em todos os diversos ramos dos conhecimentos humanos, os sistemas empíricos, isto é, fundamentados apenas na experiência, são vários. Todo sistema racional rigorosamente demonstrado é único. Assim é hoje a teoria da luz em física.

Conde Camille Durutte, d'Ypres

(resumo elementar da técnica harmônica).

Assim será a teoria das proporções e das formas em arquitetura, decoração, etc.

Nas artes descritas, sendo a aplicação do princípio verbal musical, ou corda musical, puramente técnica e que exige, para sua compreensão e sua importância, um longo desenvolvimento e um grande número de desenhos, nesta apresentação daremos apenas um resumo muito curto e algumas figuras que permitem simplesmente explicar o princípio que é, em primeiro lugar, a aplicação rigorosa e exata das leis da harmonia musical em todas as artes e ofícios de artes estéticas.

A sonometria estabelecida pelo marquês de Saint-Yves torna imediatamente prática, em todos os casos, a adaptação da música, ou das leis da harmonia, às proporções e às formas. (Às proporções, pelas cordas reforçadas com seus intervalos e acordes escolhidos. Às formas, pelas vibrações dessas mesmas cordas, desses mesmos intervalos e desses mesmos acordes.)

Essas leis são os números, os mesmos utilizados na música e na harmonia, mas é evidente que aquilo que é corda para a medida dos sons, é linha para a medida das proporções e das formas.

Essa aplicação constitui uma nova ciência, e, armadas dessa ciência, todas as artes poderão então ser consumidas, em uma unidade arquitetônica que provavelmente nenhuma civilização conheceu nem praticou, e talvez nem tenha suspeitado.

Os recursos que esse princípio pode oferecer são inesgotáveis e provêm não apenas dos inúmeros acordes e intervalos que a música nos dá, mas também das oitavas que dividem a corda em um número indefinido de pequenos intervalos, os quais sempre podem ser divididos e subdivididos.

O músico está ainda bem longe de possuir essa riqueza infinita de recursos e de combinações que o arquiteto poderá possuir, pois ele tem à sua disposição somente um número muito pequeno dessas oitavas (cerca de oito ou nove), nas quais ele pode se mover praticamente.

No entanto, essas leis da harmonia musical, ainda que relativamente limitadas para o músico, em comparação com aquelas que o princípio verbal pode dar ao arquiteto, para os grandes inspirados da música nunca foram um entrave à sua liberdade nem um obstáculo ao desenvolvimento de todas as suas obras. Por isso são tão numerosas as obras que seus gênios criaram, e por isso também são tão numerosas as escolas muito diferentes que esses mesmos gênios organizaram.

Na presença desse fato, por que o mesmo não ocorreria com o arquiteto, e por que sua liberdade seria mais obstruída, mais paralisada, mais contrariada do que jamais foi a do músico?

A resposta está no próprio fato, e esse futuro vale menos para o arquiteto e para as outras artes do que a ausência total de recursos em que eles se encontram hoje faz com essas leis e com as combinações dessas leis; pois, e é preciso dizê-lo, a perfeição nas proporções e nas formas não pode ser obtida apenas com o auxílio do olhar, por mais aguçado que ele seja. Esse órgão precioso, mas menos afinado talvez do que o ouvido, sempre será hesitante e incerto e, consequentemente, poderá criar apenas incertezas e não a perfeição que é uma. Mas, em contrapartida, o ouvido só pode perceber de forma agradável os sons sobre uma extensão de oito oitavas aproximadamente, e o olho, ao contrário, em nosso sistema, pode ver de forma agradável uma infinidade delas.

Para a arquitetura é preciso que seja assim, pois um número restrito de oitavas seria insuficiente e não tornaria o sistema aplicável a todas as combinações.

Vamos tomar como exemplo uma fachada. Ela primeiramente será dividida em grandes intervalos, dando exatamente as localizações das vigas, beirais, frisos, batentes, etc. Em seguida, em outros intervalos menores que fixarão exatamente as dimensões dos espaços cheios e dos vazios. Enfim, todos esses elementos serão subdivididos em outros intervalos bem menores para gerar os elementos decorativos.

Graças ao número infinito de oitavas dado pelo princípio, podemos assegurar que isso é possível e que o problema está resolvido.

Por outro lado, todos os balcões dessa fachada poderão ser regulados seguindo as mesmas leis, para projetar, sobre eles mesmos, e depois uns sobre os outros, sombras cujas dimensões estarão em relações harmônicas entre elas e conformes ao modo e ao acorde escolhido para o conjunto.

Como já dissemos mais acima, as leis harmônicas das proporções, isto é, dos comprimentos das cordas, as das formas, isto é, das vibrações, e as leis harmônicas da música, ou seja, os sons são as mesmas. Sendo assim, música das proporções e das formas e música dos sons são inseparáveis e diretamente unidas, uma vez que nesse sistema umas são consequências das outras.

Uma vez que as cordas, por suas vibrações, produzem os sons correspondentes aos seus comprimentos, podemos concluir que umas são a causa e os outras são o efeito. Portanto, se há harmonia entre vários sons, há certamente as mesmas relações harmônicas entre os comprimentos das cordas que motivam esses sons, supondo, claro, cordas exata e teoricamente semelhantes, isto é, de mesma composição, de mesmo material, de mesma grossura, com tensão igual, etc. Ou seja, uma mesma corda, na qual as menores seriam supostas divisões desta, que é considerada a maior. Sendo assim, vamos abordar a regra musical.

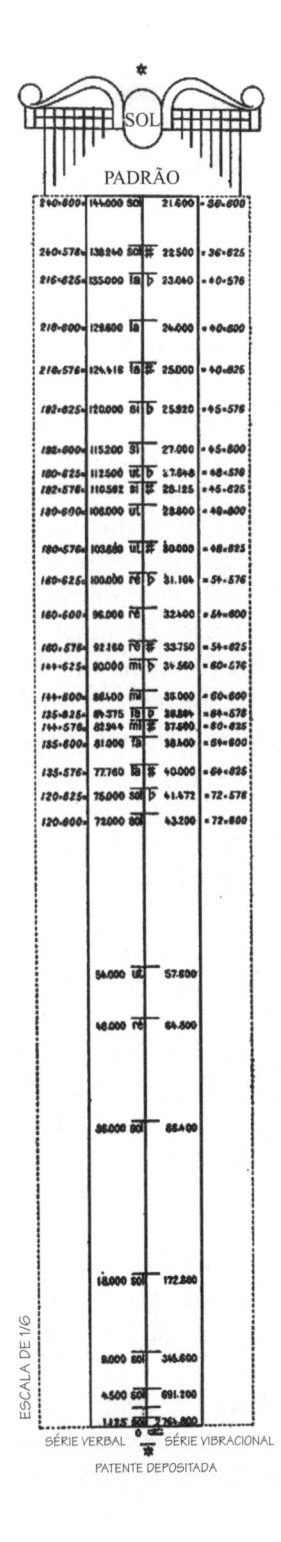

Regra musical do marquês de Saint-Yves

Essa regra musical difere das outras já conhecidas, na medida em que ela satisfaz as seguintes condições:

Ela é aritmológica por seus números e dá as proporções. Ela é morfológica por suas vibrações e dá as formas. Ela é metrológica, pois corresponde exatamente ao metro. Ela é arqueométrica, por causa de suas correspondências com o Arqueômetro. Esse padrão preenche todas as condições anteriores, o que nenhuma das regras usadas nos grandes laboratórios de física pode fazer.

Ela é equipada com uma dupla série de números que formam uma dupla regra proporcional. Sobre a régua da esquerda, cada nota é marcada por uma divisão transversal motivada pelo número correspondente a essa nota. Essa régua é destinada ao cálculo das proporções estéticas, e é ela que nos interessa para essa aplicação.

Sobre a régua da direita estão indicados os números das vibrações correspondentes a cada nota.

Não vamos nos alongar sobre a construção dessa régua; mas garantimos que ela é cientificamente exata e em perfeita correspondência com a dos físicos. Ela se refere à corda de Sol dividida em 144 mil e não à corda de Ut como as dos laboratórios de física.

Aplicação da régua musical na arquitetura e nas formas

Para todas as combinações arquitetônicas ou decorativas a ser desenvolvidas dentro do princípio, antes é preciso escolher o acorde que convém à combinação e que mais se aproxima das proporções.

As lâminas 2 e 4 representam dois tipos de estruturas musicais de estilos diferentes, a partir das quais foram construídas duas pequenas capelas, sendo uma em estilo grego e a outra em estilo românico ou de pleno arco.

As duas procedem da corda de Sol em 96, número do primeiro triângulo ou triângulo de Jesus (Arqueômetro).

A primeira dessas duas figuras não contém vibrações; a segunda, ao contrário, contém algumas dessas vibrações que dão diretamente a forma e o estilo do pequeno monumento.

Excetuando-se essas duas figuras, todas as outras se referem à corda de Sol dividida em 240, número do segundo triângulo de Maria (Arqueômetro).

Adotamos para nossa demonstração o primeiro exemplo dessa segunda série, isto é, o estilo de pleno arco, cujo acorde escolhido e adotado é Lá Ut Mi, acorde perfeito menor do Lá fundamental.

A corda de Lá, ou AB sobre a figura, é mais longa e adotada nesse exemplo como corda de altura. Ela contém seus intervalos Ut Mi levantados exatamente sobre a régua musical. Seu sentido procede de cima para baixo, do grave ao agudo, dos maiores intervalos aos menores. Dessa maneira, a multiplicação das oitavas no agudo aproxima cada vez mais os intervalos e permite destacar todos os elementos decorativos e os pequenos intervalos necessários para a composição.

A segunda corda vertical CD, do lado oposto da figura, é igual à que está acima, mas invertida sobre si mesma. Ela contém os mesma intervalos e procede inversamente, isto é, do agudo para o grave, dos menores intervalos para os maiores.

As proporções de altura assim regradas, passemos às proporções de largura, para formar a figura completa do retângulo ABCD.

Mais uma vez empregaremos uma única e mesma corda para os dois lados, e para uma

A Arquitetura 399

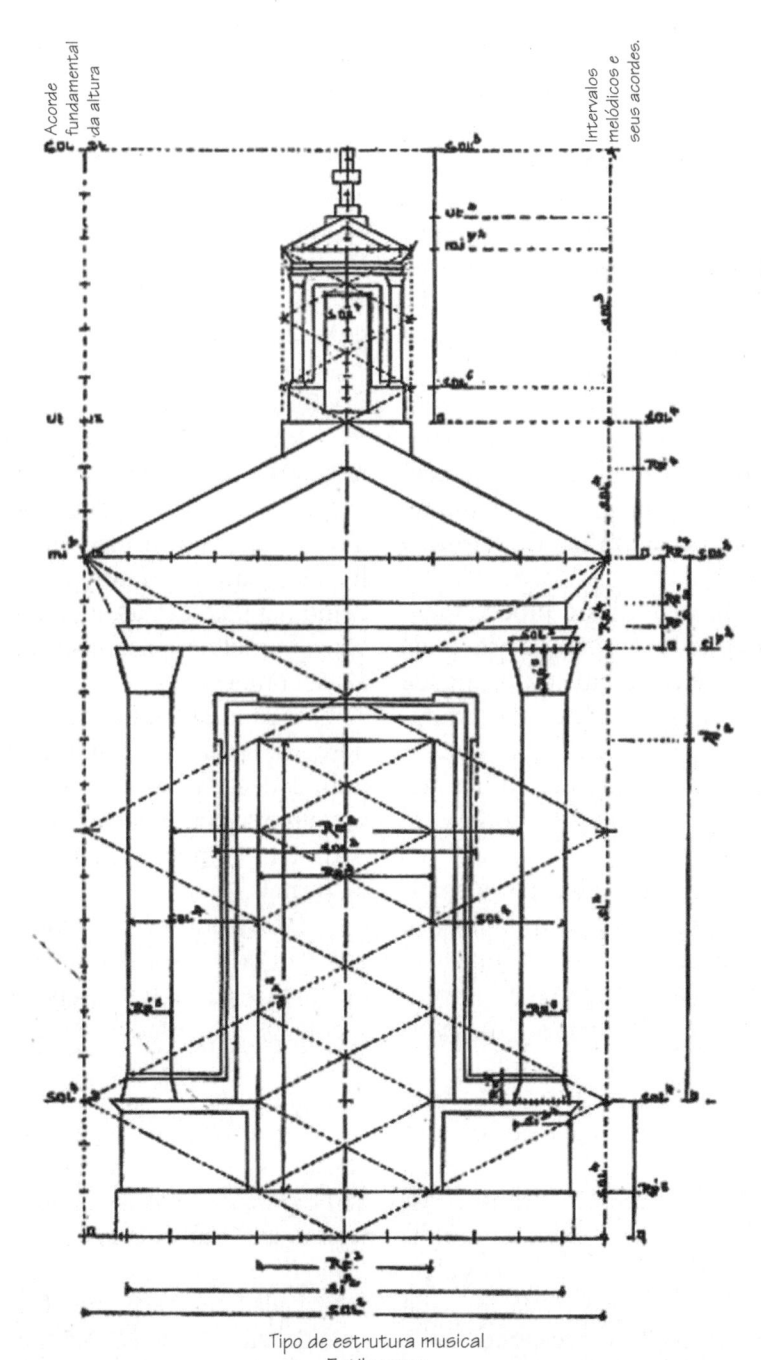

Tipo de estrutura musical
Estilo grego
Divisões musicais e intervalos referentes à corda subdividida. Sol dividido (em 96)
Número do triângulo de Jesus (Arqueômetro)

maior simplicidade, adotaremos a corda de La^2, metade e oitava da primeira.

A corda BC contém os mesmos intervalos que acima, mas a oitava procede da esquerda para a direita, dos maiores intervalos aos menores. A corda AC, oposta ao topo, é a inversão dessa corda BC e procede inversamente, isto é, da direita para a esquerda.

Enfim, as linhas horizontais e verticais, passando pelas divisões harmônicas dessas quatro cordas principais, constituirão esse primeiro gráfico da estrutura musical.

Por meio desse procedimento simples, toda obra de arte pode ser estabelecida em conformidade com as leis científicas da harmonia.

Esse gráfico determina um gênero, o das linhas ou cordas em repouso.

Para obter as formas, é preciso animar as cordas ou linhas que constituem a estrutura musical, fazendo vibrar tudo o que o movimento deve animar sem prejudicar a estabilidade. As amplitudes vibratórias darão suas leis, bem como todos os fatos do sistema musical verbal.

Nesse exemplo, como o estilo é o do pleno arco, as amplitudes vibratórias serão círculos, uma vez que cada corda ou cada parte da corda correspondente a cada intervalo torna-se o diâmetro do círculo de sua vibração, e como todas essas cordas e partes de cordas constituem, por seus comprimentos, relações harmônicas entre elas, consequentemente todos os seus círculos serão construídos de acordo com as mesmas relações harmônicas entre eles.

A estrutura musical, ou figura das proporções, animada por suas vibrações, constitui a figura das formas.

Munido dessas duas figuras indicadas sobre uma única neste exemplo, o artista pode compor diretamente no princípio, escolhendo, para as proporções assim como para as formas, aquelas que convêm melhor à sua inspiração e à sua composição.

Essa simples figura das proporções pode engendrar uma infinidade de vibrações, que se recortam e se combinam entre elas e permitem compor uma infinidade de formas.

Desejando ser o mais claro possível em nossa demonstração, indicamos nessa figura apenas as vibrações necessárias à construção de nosso exemplo. (A estela do pleno arco.)

Os exemplos seguintes são construídos sobre a mesma figura de proporções, mas de estilos diferentes; uns são tratados em estilo pleno arco, os outros em estilo ogival, e cada figura de proporções está munida das vibrações que correspondem ao seu estilo.

A Arquitetura

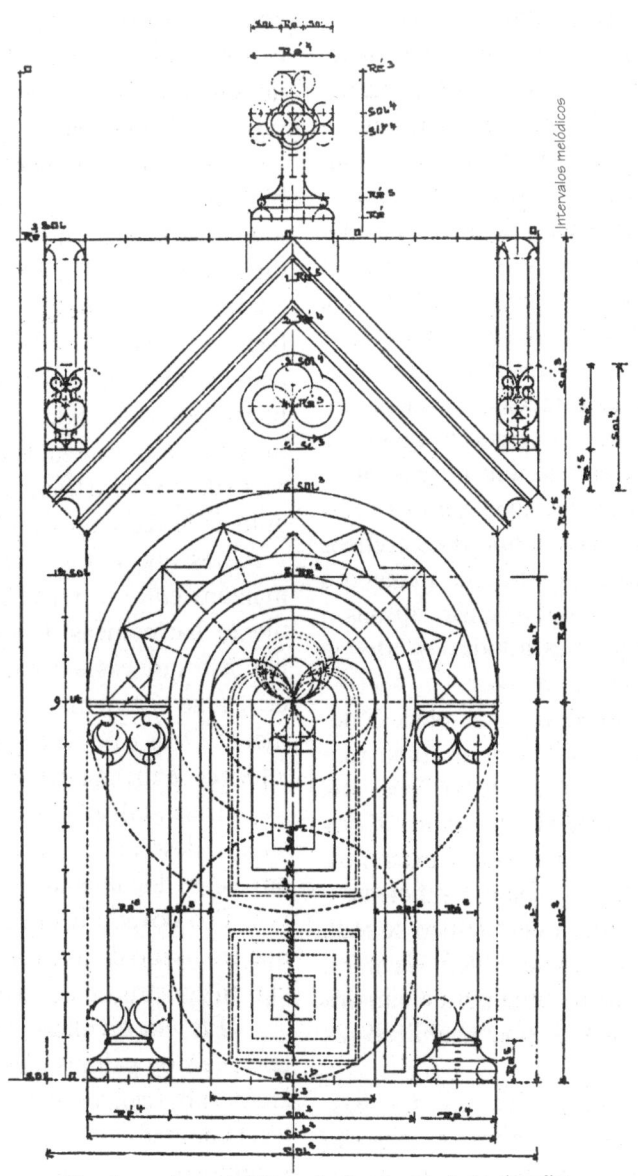

Tipo de escala musical formada de suas principais vibrações.
Divisões musicais e intervalos referentes à corda. Sol dividido (em 96).
Número do triângulo de Jesus (Arqueômetro)
Estilo pleno arco.

Por meio desses exemplos, é facilmente possível perceber os recursos infinitos que esse princípio encerra, pois pelo número infinito das cordas, e por suas múltiplas disposições, por suas inúmeras divisões de acordes e de intervalos, por seu número infinito de oitavas, por todas essas linhas e essas curvas que se combinam entre elas, enfim por todos esses estilos diferentes, o artista poderá estabelecer muitos gráficos diferentes sobre os quais ele irá trabalhar com toda segurança.

Quaisquer que sejam os acordes e os estilos, todos esses gráficos se constroem da mesma maneira e todos são aplicáveis não apenas à arquitetura, mas a todas as artes já citadas, sem exceção.

O objetivo desta obra é demonstrar o princípio de uma maneira simples e provar que sua aplicação é possível e prática. Esperamos que, graças a esses exemplos, nossos leitores vejam o suficiente e tenham certeza de que não se trata nem de imaginação nem de inútil magia, mas de uma pura e simples verdade cientificamente aplicada às artes.

No mais, algumas das passagens que citaremos, e que são extraídas da Bíblia, confirmam absolutamente que essa aplicação da música na arquitetura é não apenas possível, mas que ela sempre deverá ser a regra a ser seguida para a construção desses edifícios e, sobretudo, para a edificação de nossos túmulos, capelas, igrejas, objetos de culto, etc.

Veremos nesses exemplos bíblicos que todas as dimensões indicadas seguem uma mesma medida, o côvado, e que essa medida comum tinha função de módulo, base de todos os sistemas de proporções. Se relacionarmos todos os números desses côvados com a corda musical de Sol dividida em 96, número do primeiro triângulo ou triângulo de Jesus, sobre o Arqueômetro, veremos que todos esses números mantêm entre si relações perfeitamente harmônicas. Constataremos também que esses números não se devem ao acaso, mas à vontade formal de Deus e por Ele impostos sob a forma de mandamento.

Esse côvado é justamente aquele descrito por Chateaubriand em seus documentos comprovativos. É o côvado hebraico sagrado, que era usado de forma muito especial na construção dos templos.

Ele era dividido em seis partes iguais ou palmos menores, estes eram subdivididos em quatro partes. O número total de divisões e de subdivisões era, portanto, de 24.

O número seis transportado para a corda musical de Sol dividida em 96 dá as seguintes correspondências:

1	2	3	4	5	6
Ré^3	Ré^2	Sol	Ré	Si bemol	Sol

A Arquitetura

Ou acorde perfeito menor de Sol fundamental. Estamos realmente na presença de um metro musical semelhante àquele que nos serve atualmente para nossas demonstrações.

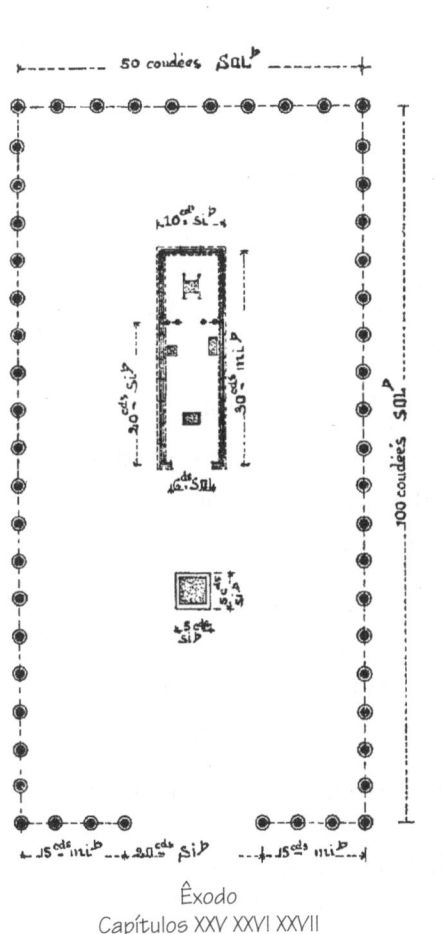

Êxodo
Capítulos XXV XXVI XXVII
Tabernáculo

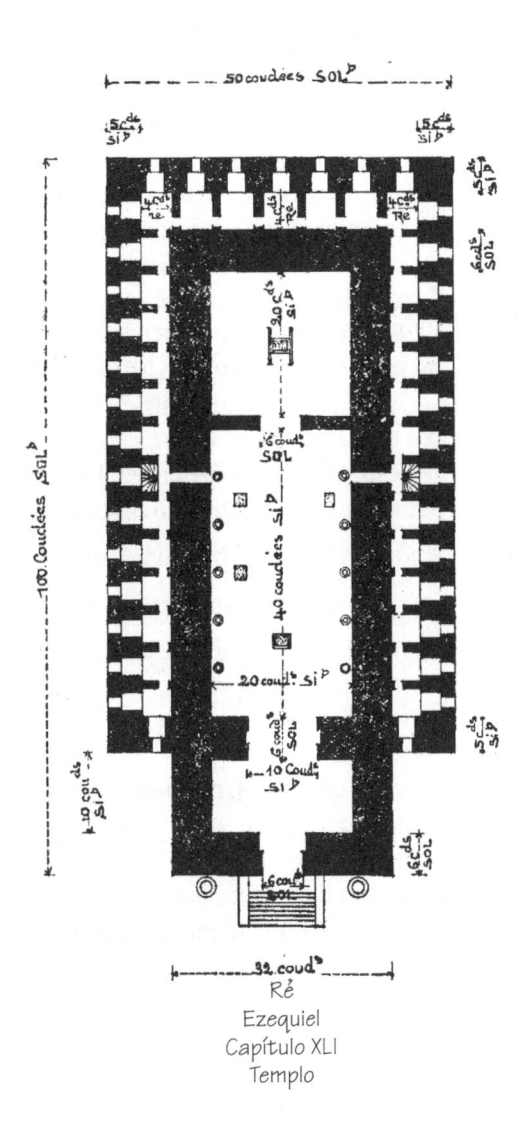

Ezequiel
Capítulo XLI
Templo

Referências bíblicas

Êxodo

CAPÍTULO XXV

Versículo 8.   Eles construirão para mim um santuário, e eu habitarei no meio deles.

Versículo 9.   O tabernáculo será construído exatamente de acordo com a fórmula que eu vos mostrarei. Eis a maneira pela qual vós fareis o santuário.

Versículo 10. Farão uma arca de madeira de acácia que tenha:

Dois côvados e meio de comprimento: ...   Si bemol

Um côvado e meio de largura: ....   Sol

Um côvado e meio de altura: ....   Sol

Farão também o propiciatório em ouro muito puro. Ele terá:

Dois côvados e meio de comprimento: ...   Si bemol

Um côvado e meio de largura: ....   Sol

Versículo 23. Também farão uma mesa de madeira de acácia que terá:

Dois côvados de comprimento: ....   Ré

Um côvado de largura: ....   Ré

Um côvado e meio de altura: ....   Sol

CAPÍTULO XXVII

Versículo 1.	Farão também um altar de madeira de acácia que terá:
	Cinco côvados de comprimento: .... Si bemol
	O mesmo tanto de largura: .... Si bemol
	Três côvados de altura: .... Sol
Versículo 9.	Farão também o átrio do tabernáculo. Cada lado terá:
	Cinquenta côvados: .... Sol bemol
Versículo 18.	O átrio terá cem côvados de comprimento: .... Sol bemol.

CAPÍTULO XXX

Versículo 1.	Farão também um altar de madeira de acácia para queimar incenso.
Versículo 2.	Ele terá:
	Um côvado de comprimento: .... Ré
	Um côvado de largura: .... Ré
	Um côvado de altura: .... Ré

Reis

CAPÍTULO VI – Descrição do templo

Versículo 2.   A casa que o rei Salomão construiu para a glória do Senhor tinha:

Sessenta côvados de comprimento:	Mi bemol
Vinte côvados de largura:	Si bemol
Trinta côvados de altura:	Mi bemol

Versículo 3.   Havia um vestíbulo no templo de:

Vinte côvados de comprimento:	Si bemol
Dez côvados de largura:	Si bemol

Versículo 6.   O andar inferior tinha:

Cinco côvados de altura:	Si bemol
O do meio tinha seis côvados de largura:	Sol

Ezequiel

CAPÍTULO XL

Versículo 2.   Ele me conduziu a uma visão divina, e me colocou no topo de uma montanha muito alta, sobre a qual parecia haver a construção de uma cidade virada para o lado do meio-dia.

Versículo 3.   Ele me fez entrar nessa construção, e encontrei antes um homem cujo olhar brilhava como o bronze radiante. Ele usava um bastão para medir.

A Arquitetura

CAPÍTULO XLI

Versículo 1. Depois disso ele me fez entrar no templo, ele mediu as pilastras da entrada e cada uma tinha:
Seis côvados de largura: .... Sol

Versículo 2. Ele mediu a largura da abertura da porta, que era de:
Dez côvados: .... Si bemol
E cada um dos lados da porta tinha:
Cinco côvados: .... Si bemol

Versículo 3. Ele mediu uma pilastra da porta, que era de:
Dois côvados: .... Ré

Versículo 4. Depois ele mediu o lado do templo uma largura de:
Vinte côvados: .... Si bemol
E uma largura de vinte côvados: .... Si bemol

Versículo 5. Depois ele mediu a espessura da muralha, que era de:
Seis côvados: .... Sol
E a largura de cada uma das câmaras construídas fora do templo era de:
Quatro côvados: .... Ré

Versículo 8. Eu considerava altas as câmaras que estavam em volta desse edifício, e elas tinham na parte de baixo a medida de um cajado ou de:
Seis côvados: .... Sol

Versículo 9. A espessura das paredes externas era de:
Cinco côvados: .... Si bemol

Versículo 10. Entre a construção dessas pequenas câmaras e a do templo havia um espaço de:

Vinte côvados: .... Si bemol

Versículo 13. Ele mede o comprimento da casa, que era de:

Cem côvados: .... Sol bemol

Versículo 14. A praça diante da fachada do templo tinha:

Cem côvados: .... Sol bemol

Versículo 22. O altar que era de madeira tinha:

Três côvados de altura: .... Sol

Dois côvados de largura: .... Ré

Com exceção dos átrios que tinham 50 ou cem côvados, números correspondentes à nota Sol bemol dividida em 96, todas as outras dimensões estão em correspondência exata com as notas Sol, Si bemol, Ré, acorde perfeito menor de Sol, divisões e correspondências musicais do côvado hebraico.

CAPÍTULO XLII

Versículo 15. Quando o anjo acabou de medir o interior do templo, ele me fez sair pela porta que olhava para o oriente e mediu esse recinto.

O anjo usou então o bastão para medir o lado do oriente e encontrou 500 medidas desse bastão: .... Sol

Ezequiel indica no Capítulo XLI, versículo 8, que a medida do bastão usada pelo anjo para medir o templo era de seis côvados.

Por outro lado, indicamos anteriormente que o número total das divisões e subdivisões do côvado era de 24.

6 x 24 = 144 ou medida do bastão
144 x 500 = 72.000.

72.000 transportado para o padrão musical do marquês de Saint-Yves corresponde à nota Sol, ou oitava desse padrão dividido em 144.000.

Mais uma vez há uma correspondência musical.

Enfim, concluímos essas referências citando algumas passagens retiradas também do livro do profeta Ezequiel.

CAPÍTULO XLIII

Versículo 10. Mas vós, Filho do homem, mostrai o templo à casa de Israel, para que ele meça toda a sua estrutura.

Versículo 11. Mostrai-lhes seu desenho, etc.

Versículo 12. Esta é a regra que se deve guardar quando se constrói a casa de Deus sobre a montanha.

Essas passagens provam abundantemente a importância capital que Deus dava a todos esses números para a construção de seus templos, e certamente tais números eram palavras musicais e constituíam, em seu conjunto, uma harmonia perfeita.

Devemos, no entanto, acrescentar que, apesar de tudo o que acabamos de expor, o conjunto deste trabalho não pode ser julgado a partir de simples dados e, sobre isso, eis qual era o pensamento do marquês de Saint-Yves:

"O sistema arqueométrico e seus derivados não exigem fé. Eles dão a certeza técnica ao estudo de mesma natureza. Como não procede da filosofia, mas da ciência apoiada na religião, ele não se origina na opinião, mas na observação e na experiência. Alguns fragmentos podem surpreender, mas não devemos esperar que eles possam convencer. A convicção só pode nascer do estudo, seja ele do conjunto, seja de uma das séries completas do sistema."

Quando a aplicação desse sistema nas artes for bem conhecido e bem compreendido, não temos dúvidas de que todos os artistas ávidos para conhecer essa pura verdade terão um reconhecimento sem limites para com o marquês de Saint-Yves, e, se aqui nós lhe prestamos a homenagem que ele merece, ele nos responderia o que nos disse várias vezes: "Glória ao Verbo Encarnado, a Nosso Senhor Jesus Cristo em seu princípio".

Só acrescentaremos uma única palavra. É para lhe apresentar, no além-túmulo, esse supremo e simpático reconhecimento, e a expressão mais sincera de nosso respeito por sua lembrança.

Ch. Gougy,
Arquiteto diplomado
pelo governo.

CAPÍTULO II

Arquitetura Falante e Musical

(Resumo das Várias Adaptações)

1. Morfologia da palavra sagrada. – 2. O Universo e a gota d'água, cristais, lírio, olho, placas. – 3. O padrão e seus derivados. – 4. Os vasos de eleição. Três estilos. – 5. As colunas sagradas, sete estilos diatônicos. – 6. As capelas do santo nome de Maria, quatro estilos. – 7. Igrejas e catedral, a Metropolitana do Santo nome de Jesus.

Sob o nome de Arqueômetro, inventamos, patenteamos e publicamos, como nosso selo e marca, um gráfico da ciência das correspondências cosmológicas fundada na palavra e em seus equivalentes.

Aqui, não há mais nada a ser descrito, mas devemos aplicá-lo como transferidor na arquitetura musical que encerra o princípio e as leis.

Esse princípio e essas leis interessam também a todas as artes e ofícios estéticos suscetíveis de entrar na síntese monumental, sagrada ou profana, ou dela serem retiradas.

Ou seja, a espécie arquitetural especificada pela palavra ou por seus equivalentes musicais pode imprimir a unidade de sua harmonia a tudo o que o edifício contém de formas e de cores esteticamente combinadas, qualquer que seja a substância empregada: ornamentação, mosaicos, afrescos, vitrais ou vidraças, pinturas, tapetes, mobiliário, cerâmica, estatuária para túmulos, tecidos, sudários, rendas, vestimentas, ourivesaria, detalhes em ferro, etc.

O edifício religioso é o que exige maior conformidade ao princípio, maior exatidão na observância das leis arqueométricas e de todas as suas correspondências. É, portanto, por meio dele que faremos nossa demonstração; ela será ainda mais válida para a aplicação de nosso método às artes profanas.

Para definir um monumento, segundo seu princípio e suas leis, empregamos vários instrumentos de precisão, entre os quais:

1º: O Arqueômetro como transferidor universal;

2º: O Padrão arqueométrico como régua de aritmologia, de metrologia e de morfologia musicais;

3º: Um transferidor dos graus do Arqueômetro, em relação à classificação exata das cores, suas músicas e suas correspondências universais.

A demonstração que será dada conterá a descrição dos dois últimos instrumentos cujo uso será então mais bem compreendido.

Apresentamos uma espécie arquitetural simples, a capela.

No empirismo da arte que nos ocupa, esta seria uma obra de imaginação apoiada na imitação. Ela não teria, portanto, uma especificação precisa e permaneceria indistinta e com uma finalidade indeterminada.

Na arte científica e religiosa que inauguramos, ela terá uma especificação e será determinada pelo nome ou pelo equivalente musical, que ela deverá expressar graficamente, segundo as leis da música das formas.

O nome que escolhemos é o de MaRiE. As letras maiúsculas são aquelas que deverão ser pronunciadas com predominância melódica. As outras entrarão na harmonia que acompanhará a melodia.

Arqueômetro

O nome de Maria nos leva então a aplicar o Arqueômetro à ciência das religiões, às suas posições exatas no Gênesis e na síntese do Verbo, à sua simbologia, à significação lógica de todas as expressões do pensamento criativo, letras, números, notas, formas, cores, funcionalidades angélicas ou cosmológicas, equivalências e correspondências de todos esses signos do Verbo, harmonias correspondentes do ano litúrgico, dos meses, dos dias, das horas, etc.

A religião do Verbo, que é o princípio de comparação de todas as outras, pode ser lida sobre os dois primeiros trígonos norte e sul do Arqueômetro.

O primeiro trígono tem na língua sagrada o nome do Verbo Jesus; o segundo, o de MaRiE.

É esse segundo triângulo, portanto, o do solstício sul da palavra, que vamos interrogar.

Sendo a música a língua dos números, é ela que vai nos dar a língua das formas lemos sobre o trígono de MaRiE: $M = 40 + R = 200 = 240$.

A divisão desse número musical por 8 se lê na terceira letra $E = 8$.

E também lemos $M = 40 + E = 8 = 48$. A referência litúrgica desse número, o musical elementar que se lê em Moisés, Gênesis, IV, 21: IO-Bal $= 48$. A primeira letra I indica a corda e suas correspondências.

$$\frac{48}{2} = 24 \times 10 \, (I) = 240$$

O Arqueômetro acaba de nos dar então o sistema musical do qual nos serviremos e que deriva do sistema musical do primeiro trígono e do nome do Verbo:

$$10 + 80 + 6 = 96, \frac{96}{2} = 48, \text{etc.}$$

Uma vez determinada a harmonia, já podemos ler o equivalente melódico do nome que escolhemos. O Arqueômetro nos responde: $M = Ré, R = Ut, E = Lá$.

Pronunciado à maneira moderna, esse nome dá as seguintes harmonias:

ARQUEOMETRIA MUSICAL DAS LÍNGUAS LITÚRGICAS
Saudação Angélica

Língua latina — Marquês de Saint-Yves d'Alveydre

---

69. Se for usada a harpa, tocar a nota em oitava.

te - cum! Be - ne - dic - ta - tu in mu - li - e - ri - bus!
Et Be - ne - dic - tus fruc - tus ven - tris tu
- i, Je - - sus!»
mf
mf
p
Ho - mi -
- nes di - cunt: «Sanc - ta Ma - ri - a
con moto
cresc.
cresc.

poco più animato
f appacionato
ma - ter De - i! O - ra pro - -
f
_no - - bis pec _ ca _ to _ ri - bus
p
p
a tempo
p
Nunc et in ho - ra mor - - tis
p
p
lento
mf
nos - trœ! A - men!
mf

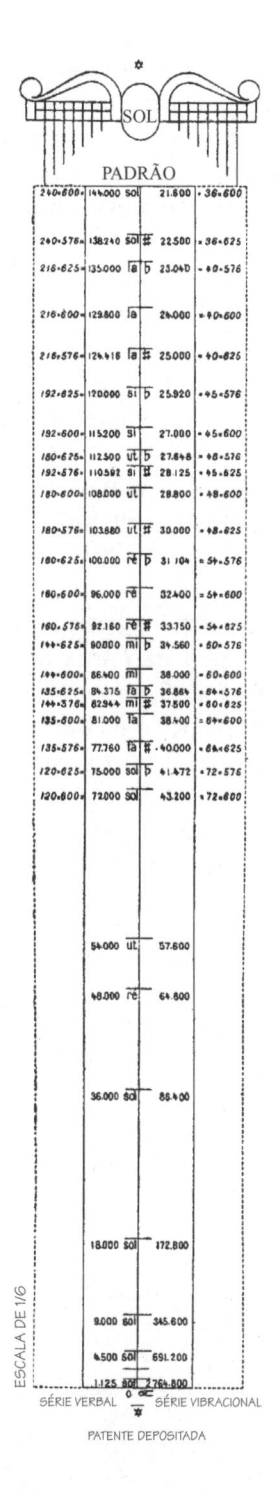

I = Sol, harmônico de Ut como quinta, de Ré, como quarta. – A é o raio ou a corda que será escolhida.

O Arqueômetro acaba de nos dar os números musicais do nome que queremos edificar e que deve ser pronunciado por todo objeto estético que entra no edifício sagrado.

Precisamos agora das séries musicais e modais desses números, e então de sua transposição da aritmologia para a morfologia, ou seja, da língua dos números para a das formas equivalentes.

O PADRÃO

1. Sonometria dos números da palavra sagrada, série verbal, série física. – 2. Padrão e derivados. – 3. Diatonia heptacorda. – 4. Octocorda. – 5. Cromatismo simples. – 6. Cromatismo duplo. – 7. Cromatismo múltiplo.

Podemos recorrer então ao nosso segundo instrumento de precisão, o padrão ou régua musical do Arqueômetro.

Eis sua descrição sucinta:

Ele se compõe de uma linha métrica de 1,44 metro marcada transversalmente por intervalos. Estes são especificados por números que de um lado trazem o nome de série verbal e do outro lado, o nome de série física.

A série verbal é a língua dos números, sua música universal.

As cifras da série física são sua inversão proporcional, o que permite todos os cálculos possíveis das vibrações.

Esse duplo sistema, dado pelo Arqueômetro, confirma o dos físicos, que se baseia nos números simples em suas relações igualmente simples.

Dessa forma, ele está conforme à ciência moderna e, ao mesmo tempo, à revelação cristã cujas referências aritmológicas e aritmométricas ele leva aos números 144.000 para a aritmologia musical e 144 para a metrologia correspondente.

A metrologia do padrão segue o mesmo caminho que sua aritmologia. Ela parte do maior comprimento da unidade qualitativa mensurável, e a aritmologia parte do maior número que faz a função de unidade qualitativa de universalidade, especificando verbalmente a série.

Uma simples leitura mostrará que esse padrão atribui a corda Ré b ao metro, e que assim toda a série verbal dos números encaixa exatamente a numeração e a mensuração do sistema francês, o que não é o caso para nenhuma outra régua sonométrica.

Sobre todas, assimilamos ao metro a corda de Ut e sua régua que não lhe corresponde, e a presença do metro ao lado dessa régua sonométrica de Ut é feita mais para atrapalhar do que para servir à observação, à experiência e ao cálculo, no que diz respeito à sonometria no duplo ponto de vista verbal ou musical e físico ou vibratório.

Leremos, sobre o padrão, que a posição exata da corda de Ut corresponde a 1,08 metro; assim, Ré b 1,000 metro, e o Padrão leva essa divisão até 1,00000 metro; por sua vez, Ut 1,080 metro e o padrão leva essa divisão decimal até 1,08000 metro.

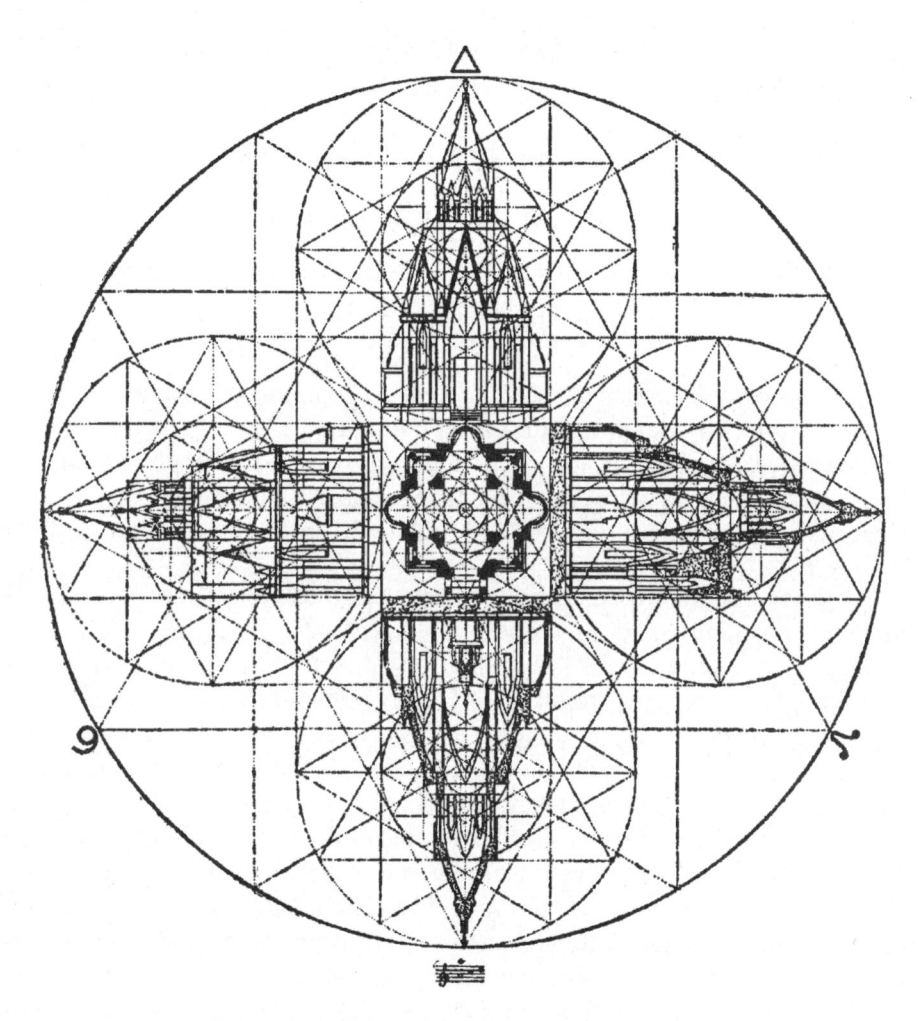

Quinto Estilo ou Grande Estilo – Capela de Maria.

REPÚBLICA FRANCESA

OFICINA NACIONAL DA PROPRIEDADE INDUSTRIAL

PATENTE DE INVENÇÃO[71]

De 26 de junho de 1903

XII. Instrumento de precisão.   Nº 333.393
3. Pesos e Medidas, instrumentos de Matemática

Patente de quinze anos pedida em 26 de junho de 1903 por
Joseph-Alexandre de Saint-Yves, residente na França
Meio de aplicar a régua musical à arquitetura, às belas-artes, ofícios e indústrias
de artes gráficas ou plásticas, meio chamado: padrão arqueométrico.
Concedido em 18 de setembro de 1903; publicado em 23 de novembro de 1903

Essa invenção tem como objeto um meio chamado: Padrão arqueométrico, isto é, uma escala musical, representada sobre uma régua que permite a aplicação na arquitetura, artes e ofícios ou indústrias de artes gráficas ou plásticas a razão matemática das proporções estéticas simples ou combinadas. As leis dessa razão são os números, os mesmos da música e da harmonia, mas aplicados às linhas proporcionais, às formas, em vez de ser simplesmente aplicado às cordas sonoras e aos sons. Esse padrão difere das outras réguas musicais, pois ele preenche as seguintes condições: 1º: Ele é completamente aritmológico, isto é, munido de uma dupla série de números que formam uma dupla régua proporcional, destinada ao cálculo das proporções estéticas. – 2º: Ele é morfológico por seus intervalos, cada intervalo é marcado por uma barra transversal. Essas divisões da corda ou da linha são motivadas pelos números correspondentes. – 3º: Ele é metrológico, em relação racional e falante com o sistema métrico decimal, o metro. – 4º: Ele é arqueológico e arqueométrico, em correspondência racional e falante como o arqueômetro de nossa criação.

Esse arqueômetro (ver figuras na p. 421) é um instrumento de precisão, transferidor cíclico, código cosmológico dos altos estudos religiosos, científicos e artísticos. Ele é composto de várias zonas concêntricas de equivalentes que compreendem uma circunferência no centro, uma dupla

---

71. A "patente" referindo-se principalmente ao padrão e às suas adaptações, nós a reproduzimos aqui *in-extenso*.

Fig. 4　　　Fig. 5　Fig. 6　Fig. 7　　　Fig. 8

Padrão
arqueométrico

Régua
sonométrica
Ptolomeu

Metro

Régua de
sistema
temperado

Régua do
sistema de
Pitágoras

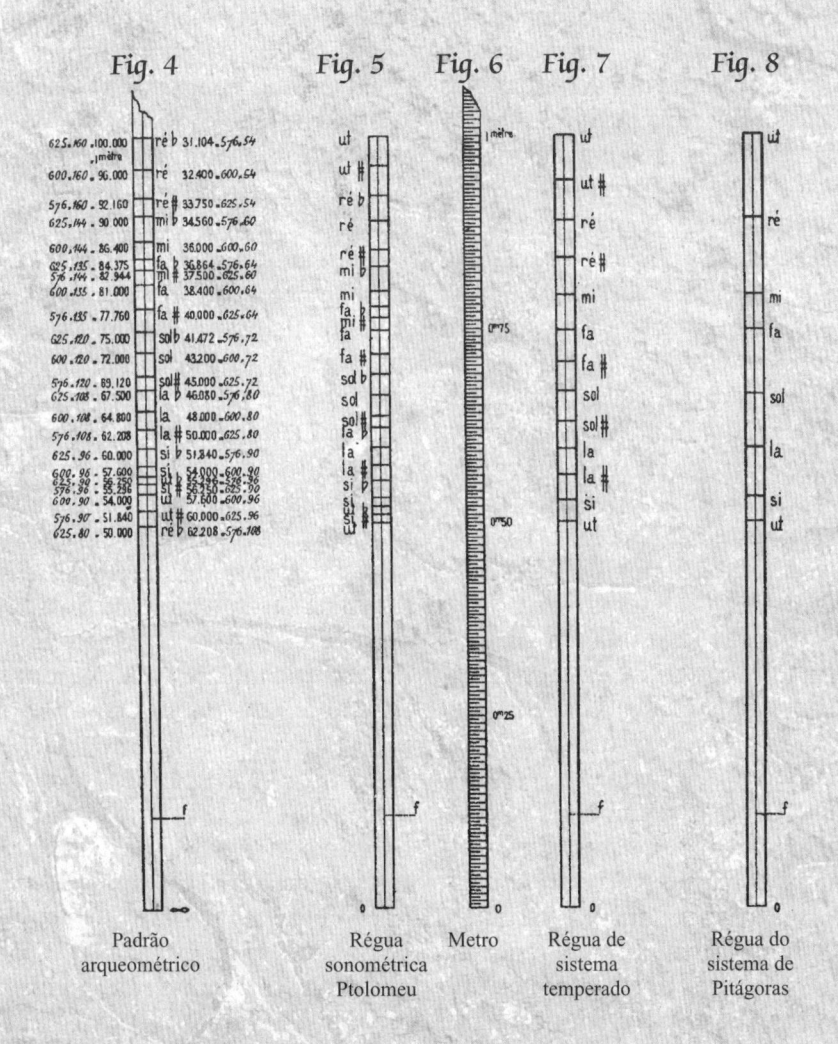

zona de graus, uma dupla zona de letras, uma dupla zona de números, uma dupla zona de notas musicais, uma dupla zona de cores e uma du-
5 pla zona de signos cosmológicos. Por meio dessas notas e desses números musicais, o arqueômetro é o gerador desse padrão. Mas notas e números têm, sobre o arqueômetro, outros equivalentes, como expres- 10 sões funcionais da razão científica. O padrão pode então ser usado, por suas relações exatas com o arqueômetro, em todas as aplicações possíveis deste último nas 15 artes, ofícios e indústrias de arte

designadas. Além do mais, ele oferece a todas as outras escalas e réguas musicais, aplicadas aos mesmo usos, todas ou parte dessas correspondências arqueométricas.

A lâmina mostra como são construídas as réguas musicais e quais as modificações que essa invenção traz a elas. Ela encerra cinco réguas, sendo que uma é o próprio metro: 1º: fig. 4, o padrão arqueométrico; – 2º: fig. 5, a régua sonométrica dos físicos, a de Ptolomeu; 3º: fig. 6, o metro decimal francês; 4º: fig. 7, a régua do sistema temperado; 5º: fig. 8, a régua do sistema de Pitágoras. As réguas das figuras 5, 7 e 8 são providas de uma linha mediana *f*, de um eixo cujo uso será explicado mais adiante. As réguas das figuras 5, 6 e 7 existem em todos os sonômetros, as das figuras 5 e 7 são séries aritmológicas. Sua escala musical mostra que as réguas das figuras 5 e 7 se referem à corda *ut*, que também é assimilada ao metro, figura 6. A régua da figura 5, a dos físicos, a única que é em si mesma cientificamente exata, está completa em relação à corda *ut* munida de 22 intervalos enarmônicos. Ela não é diretamente aritmológica, uma vez que não traz nenhuma série dos números lógicos e físicos que motivam suas divisões transversais. Ela não é morfológica de uma maneira direta, uma vez que os números que motivam seus intervalos estéticos ali não se encontram. Ela não é metrológica, uma vez que a corda de *ut* que ela representa é divisível por 9, portanto por 6 e por 3, o que não é o sistema decimal do metro. Portanto, ela não é arqueométrica, já que não tem essas correspondências cientificamente exatas. A régua da figura 7, a do sistema temperado, preenche ainda menos essas condições, pois é inexata em si mesma, sem falar das relações citadas anteriormente. Ela só encerra 13 intervalos cromáticos em vez de 22 enarmônicos; e essa série cromática de *ut* também é inexata, é uma espécie de medida malfeita, que confunde empiricamente o sustenido e o bemol. A régua da figura 6 é o metro dividido de acordo com as integrais 10, 100, 1.000, 10.000, 100.000. O maior número, atribuído ao metro inteiro, nele tem função de integral, de unidade aritmológica, qualitativa, de universalidade numérica e aritmométrica. Ele representa toda a medida de comprimento e, nos sonômetros, toda a corda de *ut*, o som fundamental, chamado de tônico.

Na aplicação, que é o objeto desta invenção, a corda torna-se a linha esteticamente divisível em tantos intervalos, ou linhas secundárias, quanto o número integral comanda sons musicais seriados. Portanto, o metro tem um sentido lógico, um sentido definido, qualitativo e não apenas físico ou quantitativo. Quando sua integral, em uma extremidade, comanda seu comprimento vezes 10, a outra extremidade marca zero, a interrupção da série, e acima do zero ele marca um decímetro, ou seja, o incremento da integral 10. O mesmo vale para 100, 1.000, 10.000, 100.000. Nesse último caso, se a integral na extremidade for 100.000, ela será nomeada grave; o incremento ao agudo será 1/1.000.000 do metro. E, nessa aplicação, isso seria 1/100.000 da linha estética, se o metro munido dessa integral pudesse ser assimilado a um sonômetro, isto é, se entre as 22 cordas enarmônicas houvesse uma suscetível da mesma integral: 100.000. Quando lemos esse número sobre o padrão, figura 4, série verbal do lado esquerdo, podemos ver que ele comanda a corda e, nessa aplicação, a linha *ré* bemol. *Ut* recuou portanto de 1 metro para 1,08 metro, isto é, para sua integral enarmônica 108.000. Esse recuo ao grave, necessário como veremos, dá então a relação *ut*108: *ré* bemol 100 = 27: 25.

Todos os números da escala das 22, série verbal, encaixam-se assim, sem nenhuma exceção nem fração, com as divisões correspondentes do metro. Consequentemente, o metro que corresponde exatamente à corda ou à linha de *Ré* bemol torna-se ao mesmo tempo um sonômetro, e, então, um morfômetro estético, o que não aconteceria sem essa invenção, sem esse padrão arqueométrico.

A vantagem, seja dessa aplicação direta do metro, seja dessa correspondência, tem um grande alcance prático. O uso da escala e o seu resultado foram simplificados e facilitados, não apenas para as composições gráficas e plásticas, mas para a execução pelo industrial, pelo empresário ou o mestre de obra. Além do mais, como a série verbal comanda a série física, lado direito, por inversão proporcional, a exatidão desse padrão, não apenas em suas proporções, mas em todas suas correspondências, permite retificar os sonômetros como instrumentos de física.

As figuras 5, 7 e 8 mostram que eles correspondem ao comprimento de sua corda musical com o metro, e isso estará correto se essa corda for o *ré* bemol em vez do *ut*. Mas o som da corda métrica é ele mesmo, graças ao diapasão, um som fixo, como a própria corda, e não apenas proporcional. Por exemplo, o diapasão atual, baseado no empirismo dos músicos e dos fabricantes de instrumentos musicais, é o *lá*[3], que dá ao seu intervalo ou à sua corda 862,2 vibrações, e, consequentemente, à tônica e à corda *ut*[3] 517,3. A única leitura dessas cifras mostra que eles são empíricos, e não poderia ser de outra forma, uma vez que os eruditos detiveram a caminhada no agudo, que é a dos músicos, sem recuá-la às suas correspondências exatas. Todos os tratados de acústica e de sonometria acabam concordando que esse diapasão é demasiado agudo.

As relações do padrão com o arqueômetro são: 1º: As notas musicais; 2º: Os números diatônicos. 3º: As correspondências do duplo círculo de 360º com a escala enarmônica de *sol*. Essas relações ocasionam as de todas as séries de equivalentes que o arqueômetro carrega. A relação das notas musicais é evidente e não precisa de demonstração. A relação dos números diatônicos é fixada em correspondência com as letras R. 200 + M, 40 = 240, número integral da corda de *sol*, série diatônica verbal. A correspondência entre o duplo círculo de 360º com a escala enarmônica de *sol* está fixada por este número 360 x 400, número da letra Th, a última dos alfabetos aritmológicos empregados sobre o arqueômetro. Esses alfabetos têm 22 letras, que são 22 números, como a escala enarmônica tem 22 intervalos, 22 cordas ou 22 linhas comandadas pelos 22 números. 360 x 400 = 144.000, corda de *sol* enarmônico.

O sentido lógico da série verbal corresponde diretamente com o sentido métrico, do maior número ao menor. O sentido da série física procede paralelamente, mas invertido, do menor ao maior número.

A linha do eixo *f*, traçada sobre as réguas musicais, figuras 4, 5, 7 e 8, representa a corda métrica, uma vez que essas réguas proporcionais são sonômetros. Mas ela representa também a linha estética, uma vez que esses mesmos instrumentos constituem regras proporcionais estéticas. Nesse caso, dispomos de uma ranhura que segue a linha de eixo, de forma que a régua seja aerada e que a ponta de um lápis ou de um tira-linhas nela possa deslizar facilmente.

Depois que o artista escolheu seus intervalos musicais, ele pode traçá-los, como será indicado, em linhas proporcionais segundo os números que regem esses intervalos. Em seguida, ele só tem de combinar essas relações lineares simples, observando suas harmonias aritmológicas, aritmométricas e, consequentemente, morfológicas. Essas réguas podem ser feitas em material transparente ou translúcido, encastoado ou não, como o vidro temperado ou qualquer outro material. Além do mais, esses metros podem ser articulados musicalmente, para que possa se dobrar de acordo com as divisões musicais. Enfim, eles podem ser deslizantes, como a régua de cálculo, de forma que cada um dos 22 intervalos ou de suas oitavas constitua uma régua proporcional modal de acordo com seu número. Em último lugar, essas réguas podem ser munidas de um mecanismo que permita combiná-las em réguas T ou em polígonos.

Depois de ter explicado a construção dessas réguas, vejamos a aplicação do padrão, que também é semelhante para todas as réguas sonométricas. Essa aplicação é válida para a arquitetura, para todas as artes e ofícios suscetíveis de entrar harmoniosamente em toda a síntese monumental e de acompanhá-la ou enquadrá-la: ornamentação, trabalhos em ferro, mobiliário, ebanista, afrescos, mosaicos, vidraças e vitrais, estatuária, cerâmica, ourivesaria, pinturas, tapetes, tecidos, sudários, vestimentas, rendas, joalheria, jardins e parques, mármore, túmulos, etc.

Os quatro exemplos a seguir, todos em um único estilo, são: uma capela em elevação e plana, figuras 9 e 10; uma cadeira, figura 11; um armário, figura 12; um vaso, figura 13. Para cada exemplo são adotadas predominantemente as três notas melódicas *lá, ut, ré,* escolhidas sobre o arqueômetro, figura 2, e que correspondem às letras M, R, H, sem prejuízo de seu acompanhamento harmônico, segundo o modo de sua tônica. Para a primeira posição dessas três notas, a tônica é *lá*. Destacamos então a régua musical de *lá*, em sua correspondência sobre a régua, figura 4, e a adotamos como linha e régua estética (AA'-A'A) de altura, ver figura 4. Tomamos em seguida sua oitava, sua metade, a linha e a régua (BB'-B'B) correspondente a essa oitava, e a adotamos como largura sob o nome de *lá*². Essas linhas ou réguas são reduzidas a um quarto nos quatro exemplos. Deslizando em seguida o lápis na ranhura *f*, ou ao longo dessas réguas, levantamos os intervalos por pontos e linhas. As figuras 9 e 10 servem de exemplo. É a fachada de uma capela conforme ao estilo dado pelas notas adotadas, consequentemente por seus intervalos e linhas. AA' é, portanto, a corda vertical de altura munida de seus intervalos; seu sentido vertical procede de cima para baixo, do grave ao agudo, dos maiores intervalos aos menores. Dessa maneira, a multiplicação das oitavas agudas aproxima cada vez mais os intervalos, e permite destacar os ornamentos da parte inferior, da base das colunas, da porta, etc. AA', lado oposto, é essa mesma corda ou régua em sentido contrário. Usando o mesmo procedimento da corda AA', obtemos os ornamentos da parte superior. Essa corda, como inversão da primeira, dá suas harmônicas-morfológicas, seguindo as leis que regem essas mesmas harmônicas, expressas em sons sobre a corda sonora.

As linhas horizontais, indicadas em traços finos, foram prolongadas de propósito até os intervalos que a geraram sobre essas duas cordas ou réguas verticais, para melhor mostrar essas correspondências. Uma vez as proporções de altura reguladas, podemos passar para as da largura. Mais uma vez, vamos empregar uma única e mesma corda, a de $lá^2$, metade ou oitava da precedente, com a mesma inversão usada antes. O sentido da corda horizontal ou régua BB', na base, é da esquerda para a direita. A corda B'B, no topo, tem o sentido da direita para a esquerda. Mais uma vez, e usando o mesmo procedimento, as linhas melódicas se enriquecem com suas harmônicas. Enfim, o recorte de todas essas linhas horizontais e verticais combinadas dá o gráfico musical no qual o monumento se desenha. Por meio desse procedimento tão simples, a obra de arte está conforme às leis científicas das proporções, uma vez que a morfologia dessas leis é a expressão exata de sua aritmologia. O gráfico que precede determina um gênero, o das linhas ou cordas em repouso, que nomeamos de inerte.

Para animar esse gênero, fazemos vibrar essas cordas ou linhas. Nos exemplos escolhidos, o retângulo tem como correspondência a vibração de pleno arco. É por isso que cada corda, maior ou menor, torna-se o diâmetro do círculo de sua vibração. Essas vibrações, assim como suas cordas, são musicalmente proporcionais em si mesmas e em suas combinações. Obtemos dessa forma, bem como em relação às linhas ou cordas em repouso, a música morfológica do conjunto e de todos os detalhes no conjunto. Mas o acorde *ut-ré-lá*, seus números e seus intervalos são suscetíveis de três posições de acordo com as leis musicais. Os exemplos das figuras 9, 10, 11, 12 e 13 dão apenas uma que basta para provar as duas outras. Quanto ao acompanhamento harmônico desse acorde, ele acontece em seu modo tônico, seguindo o exemplo adotado para a demonstração, e as linhas proporcionais resultantes são obtidas e tratadas da mesma forma anterior.

Em relação à cadeira da figura 11, ao armário da figura 12 e ao vaso da figura 13, seguimos a mesma maneira de operar, a mesma posição e o mesmo estilo.

Os 22 intervalos da gama das formas ou linhas proporcionais de beleza, que seguem as mesmas leis aritmológicas dos 22 sons, têm um número quase infinito de combinações científicas possíveis. É, portanto, todo esse novo recurso que essa aplicação da régua musical confere à arquitetura e a todas as belas-artes e ofícios de arte já citados.

Os exemplos anteriores correspondem à composição artística. Quanto à execução pela mão de obra e pela indústria, a redução ao quarto, assinalada anteriormente, permite perceber a simplificação que esses instrumentos trazem quando se coloca em escala, por maior que esta seja, principalmente em razão de sua relação exata com o metro, por meio do padrão arqueométrico.

Em relação à correspondência musical das cores com as formas, podemos ler sobre o arqueômetro crômico, figura 1:

H, *lá* = violeta: $\frac{\text{azul } 60}{\text{vermelho } 60}$;

R, *ut* = alaranjado: $\frac{\text{amarelo } 60}{\text{vermelho } 60}$;

M, *ré* = verde: $\frac{\text{azul } 60}{\text{amarelo } 60}$;

E assim para todas as outras notas e correspondências arqueométricas. A figura 3 representa um transferidor de 120°, impresso sobre um material transparente ou translúcido. Esse transferidor serve para determinar as proporções harmônicas exatas das cores fundamentais que devem entrar em uma mescla que corresponde a uma harmonia desejada. Esse transferidor é colocado sobre o arqueômetro crômico, figura 1, centro contra centro, de tal forma que seus dois raios extremos sejam bissectores dos ângulos e polígonos das duas cores fundamentais cujas mesclas desejamos conhecer.

Por procuração de Saint-Yves.
Maulvault.

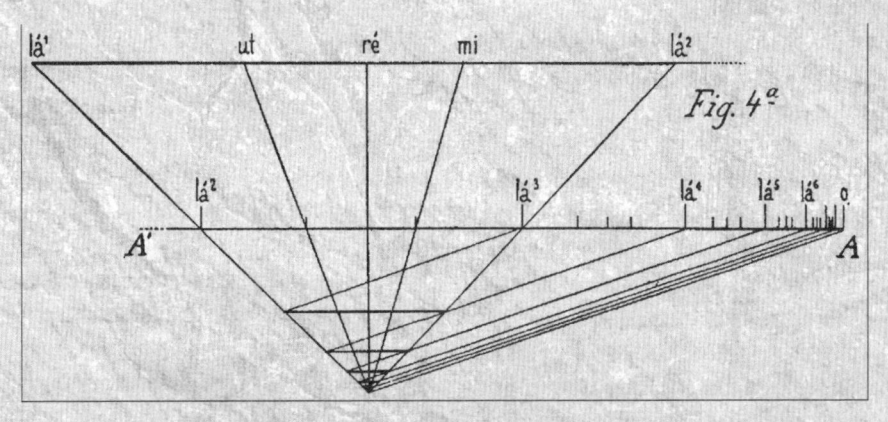

Aplicação do padrão na arquitetura, corda de lá.

Toda a aritmologia musical está então em correspondência exata com o sistema decimal e métrico francês.

O padrão do Arqueômetro é, dessa forma, suscetível de reduzir à unidade de sua universalidade todos os sistemas do mundo, mas podemos apenas nos limitar aqui à aplicação que é o objeto do presente livro.

Como o número verbaliza o intervalo e este a forma, será fácil compreender como vamos transpor a melodia e a harmonia nominais da língua aritmológica para a língua morfológica.

Lemos sobre o padrão o número 249 no alto da série válida:

600 x 240 = 144.000

O número 240 é o gerador de uma gama de XII sons, VIII diatônicos, IV cromáticos; e ele é específico da corda de Sol que corresponde à letra I.

Imediatamente depois de 240, a nota Sol, vem sua segunda diatônica, a nota 216, que será uma de nossas cordas.

Encontramos em seguida 180, a nota Ut, e a 160, a nota Ré, nossas duas outras cordas.

Temos assim as séries harmônicas determinadas pela melodia, em relação aos dois gêneros diatônico e cromático.

Mas, se em vez de VIII e XII números musicais, queremos empregar à gama todos aqueles do sistema ternário, que chamamos enarmônico, poderemos ler com a mesma facilidade essa enarmonia sobre nosso padrão. Ela resulta da multiplicação de cada número diatônico bequadro.

1º: por 600 = 24 x 25; 2º: por 625 = 25 x 25 para obter o bemol; 3º: por 576 = 24 x 24 para obter o sustenido.

É por isso que lemos sobre a série verbal do padrão:

Sol = 240 x 600 = 144.000
Lá = 216 x 600 = 129.600
Ut = 180 x 600 = 108.000
Ré = 160 x 600 = 96.000

E assim por diante.

As divisões correspondentes do padrão permitem empregar todos os gêneros musicais possíveis, diatônicos, cromáticos, enarmônicos, e transpô-los para a língua das formas por meio dos intervalos equivalentes:

O número 144.000, o único que possa dar a enarmonia da corda Sol, é litúrgico na revelação cristã. É ele que São João atribui ao sistema musical celeste como seu selo aritmológico.

O número 144 é aquele que ele atribui à unidade de medida morfológica. É por isso que o padrão carrega essa referência de 144.000 como aritmologia, e de 144 ou 1,44 metro, como metrologia.

Nós não procuramos essas correspondências entre a ciência e a religião, elas se apresentaram por si mesmas sobre nosso Arqueômetro e sobre seu padrão.

XXII Letras da palavra sagrada.
XXII Números da palavra sagrada.
XXII Intervalos métricos da palavra sagrada.
XXII Sons na gama enarmônica.
XXII Cores correspondentes... etc.

Esses são os cinco alfabetos das cinco línguas da palavra sagrada que o Arqueômetro e seu Padrão nos permitem aplicar na arquitetura e em todas as artes e ofícios estéticos.

As combinações enarmônicas de beleza com as quais dotamos assim as artes se mostram em uma cifra formidável:

5.842.587.018.385.982.521.381.124.421.

Seriam necessários nove sextilhões de anos com 12 horas de trabalho por dia para escrevê-las em notas musicais.

Mas na língua das formas lógicas, que constituímos aqui, é necessário ainda cubicar esse número de combinações possíveis do alfabeto musical das formas; e ainda o cubo convém apenas à morfologia poligonal mais simples.

E, no entanto, a fecundidade da ciência arqueométrica aplicada à arte não para por aqui.

O padrão sobre sua linha metrológica e pela combinação das XII cordas musicais que ela encerra dá apenas a morfologia harmônica em formas retilíneas e poligonais. É o que nomearemos o gênero arquitetural cristalino ou estrutura musical.

Mas fazemos vibrar essas linhas como as cordas da harpa ou da cítara.

Musicalmente, as cordas ou as linhas, simples ou combinadas, se armam de arcos proporcionais à espécie morfológica que comandam a série e os diferentes estilos que ela comporta.

Toda a ornamentação é assim especificada de acordo com a espécie e com seus diferentes estilos, e não há nada que não seja concordante, lógico, harmônico, desde o conjunto até o menor detalhe; nada em que o Verbo não dê ao espírito humano a causa e a razão exatas de toda beleza e de toda harmonia de belezas. É o que chamamos o gênero vivo ou orgânico, a transformação do cristalino inerte em animado.

É por isso que, diante da série verbal dos números, está a série física e inversamente proporcional das cifras que permitem o cálculo das vibrações, caso alguém queira se servir de nosso padrão como sonômetro.

Em relação à vibração morfológica, deixamos o trabalho estético tão exato e tão simples quanto possível pela lei que formulamos anteriormente; o arco é proporcional à espécie e aos diferentes estilos que ela comporta.

Alguns exemplos trarão a compreensão para o que foi dito.

Mas antes é importante mostrar de forma exagerada que a

equivalência da forma e do número é um fato e uma lei do Verbo.

O padrão, pelas equivalências dos intervalos e dos números, já o provou, mas as placas vibrantes vão corroborar essa prova.

1º: Equivalência do círculo e do número zodiacal XII.

Temos uma placa circular bem nivelada e polvilhada com poeira de licopódio: a vibração ali revelará um sistema de formas chamadas de ventres e nós, marcadas com o número duodecimal e com seus múltiplos. A equivalência do número zodiacal XII e da forma círculo afirma-se assim como uma palavra legislativa do Verbo.

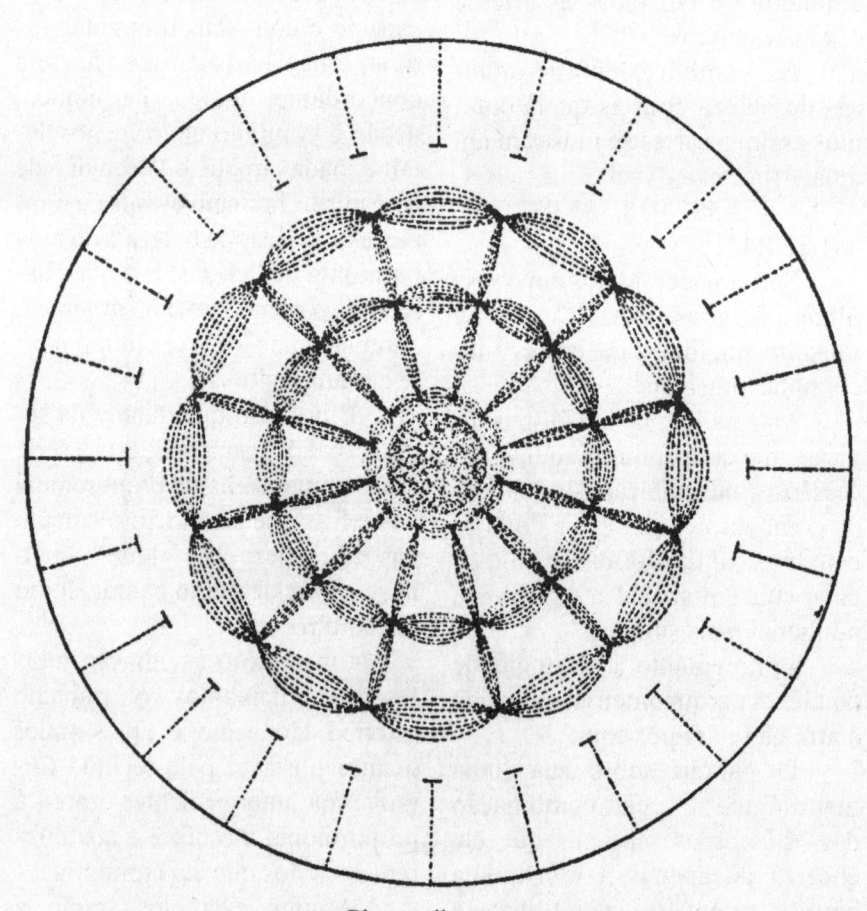

Placas vibrantes.

Igreja: estrutura musical dos planos cortes e elevações.

Quando congelada, a própria gota d'água (ver figura p. 443), considerada como superfície circular, mostra um sistema cristalino poligonal que vai do triângulo equilátero à combinação de dois, e então de quatro trígonos de mesma natureza, cujos ângulos estarão sucessivamente situados a 180°, 60° e a 30° graus uns dos outros. Essa é a definição do círculo zodiacal pelos polígonos regulares inscritos.

Por isso, adotamos em nosso Arqueômetro a forma zodiacal para o círculo, e os triângulos equiláteros para definir essa forma.

É o princípio verbal da morfologia e da arquitetura que assim se revela nesses fatos ou gráficos das leis. A forma ali está como sempre em função de equivalentes de números.

Temos agora uma placa vibrante em forma de triângulo equilátero. Ela é equivalente ao número 3, assim como o círculo o é ao número 12.

Seguindo a lei das interioridades numéricas, 3 contém 2 + 1 que, somado a si mesmo, dá 6. A placa vibrante do triângulo equilátero dá, com efeito, seis estrelas hexagonais. O interior de 6 somado a si mesmo dá 21. A mesma placa vibrante dá igualmente 21 círculos, semicírculos e terços de círculos.

Esses exemplos bastam para provar a equivalência da aritmologia e da morfologia e o valor científico de nosso Arqueômetro e de seu padrão aplicados à arquitetura.

Voltemos à nossa demonstração.

Os três modos melódicos do nome de Maria são suscetíveis de três posições de acordo com as regras conhecidas da música, mas esses sons só têm essa qualidade tripla em função dos números.

1º: 216 180 160 – (54 45 40)
2º: 180 160 108 – (54 40 27)
3º: 160 108 90 – (80 54 45)

Adotaremos aqui, para que a demonstração seja simples e fácil, o Lá^1 216 sobre Lá^2 108, sendo evidente que nesse intervalo de oitava, os de terceira menor Ut 180, e de quarta Ré 160, terão de pronunciar as outras letras do nome.

Tomaremos assim uma das três posições como exemplo, e esta nos dará cinco estilos.

Portanto, de nossa régua-mãe, destacaremos duas réguas secundárias ou cordas, Lá e sua oitava.

Elas serão dispostas em T, depois de terem sido graduadas em séries modais de acordo com o padrão e seu sistema diatônico.

A oitava 108 servirá de base, de linha horizontal e de largura, a corda inteira servirá de altura e de eixo de simetria. Poderemos observar que nossas cordas não combinadas são triplas.

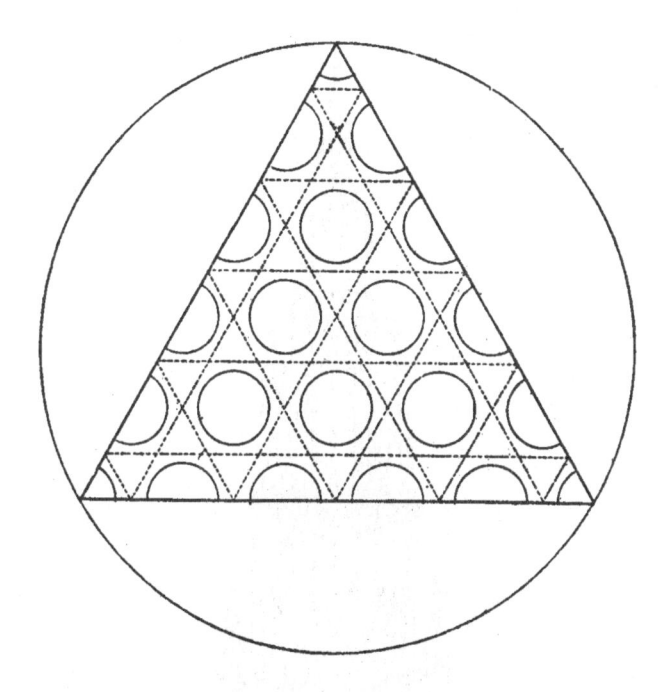

Uma dará a gama adotada, a outra dará sua inversão que permite levantar as harmônicas morfológicas correspondentes, as consoantes. Enfim, a corda ou linha métrica do meio reúne todos esses intervalos que se atraem, como quando dedilhamos com a ponta dos dedos as cordas de uma cítara, do ponto de vista morfológico em que os nomes despertam sons harmônicos consoantes.

A partir desses simples dados, a espécie musical adotada por nós, isto é, Lá^1 sobre Lá^2, 216 sobre 102, irá gerar cinco gêneros ou estilos.

Observamos que as cordas ou linhas metrológicas engendraram o T, este engendrou, por sua vez, um quadrilátero que acabou engendrando cinco triângulos diferentes.

Esses cinco triângulos, que chamamos de frontões, geram nossos cinco estilos, dois dos quais lembram muito o estilo grego. Como esses dois estilos são quase semelhantes, daremos apenas um exemplo.

Primeiro estilo: ele lembra o grego, mas sem imitá-lo, pois, como nosso método é diretamente lógico, verbal e musicalmente sistemático, ele elimina até mesmo a possibilidade de imitação. A inscrição colocada sob o edifício marca seu estilo. A primeira figura dá a estrutura musical de acordo com o gênero cristalino inerte que

Igreja: fachada principal

Arquitetura Falante e Musical

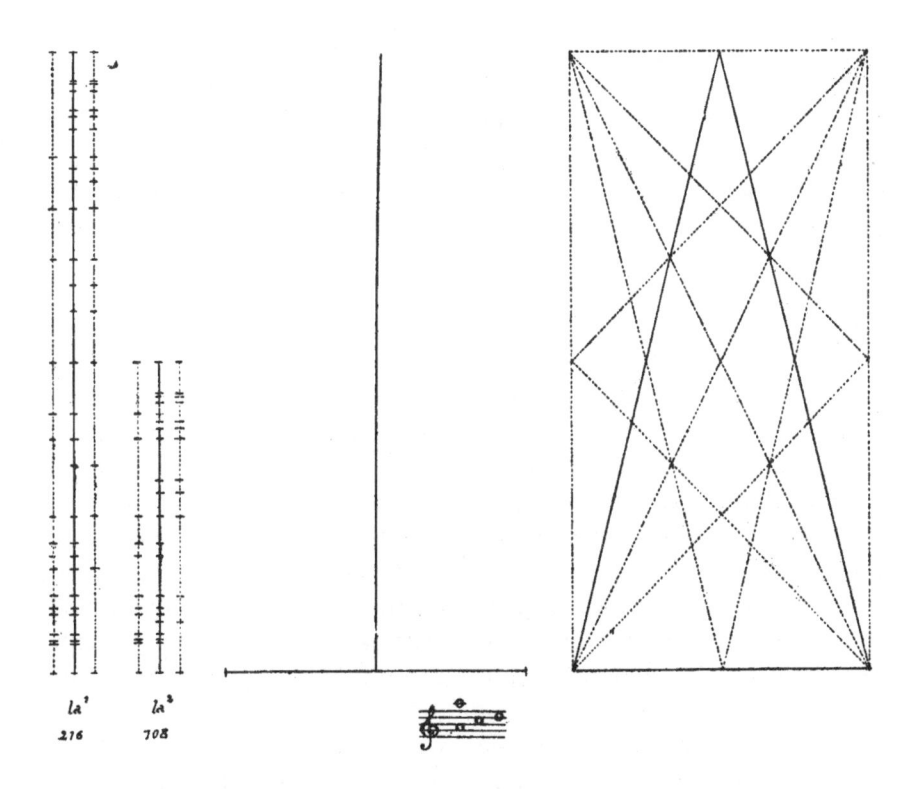

lhe é atribuído pela base e pela altura comuns aos quatro exemplos, com a diferença específica da triangulação marcada sobre a inscrição.

Não há necessidade de registrar as proporções musicalmente dadas, pois são muito fáceis de serem lidas no próprio exemplo.

A corda de Ut e a de Ré cantam sua música de formas nos pontos marcados sobre a régua e o modo harmônico de Lá acompanha e conclui essa melodia.

A próxima figura indica a passagem do estilo gênero cristalino para o gênero animado do qual ele é suscetível em razão da combinação dos arcos ou vibrações conformes à sua triangulação.

3º: estilo: mesmas observações

4º: estilo: mesmas observações

5º: estilo: mesmas observações

Assim, com uma única posição, obtemos cinco estilos. Podemos empregar três posições que nos darão 15 estilos. Indicamos também o aumento das oitavas sobre a corda vertical que permite desenvolver, ou até mesmo multiplicar, cada estilo. E também mencionamos que o assunto tratado segundo o mesmo princípio e as mesmas leis, mas inversamente, pode nos dar a pronúncia do mesmo nome em arquitetura profana em cidades, castelos, mansões, palácios, o que nos leva a 30 estilos para uma única espécie estipulada por um único nome.

E, quando estudamos atentamente esses exemplos, não podemos deixar de observar que o caráter da animação, da elegância e da exaltação sagradas aumenta gradualmente do primeiro ao quinto estilo.

Assim como os dois primeiros evocam o grego, o terceiro evoca o românico, o quarto o gótico e o quinto supera o que estava em estado de aspiração e de inspiração nas formas clássicas dos três anteriores.

Além do mais, depois do grego, que é uma espécie de infância e de balbucio da arte arquitetural, vemos os três outros estilos empregarem a coluna, mas de forma diferente. Ela agora não é mais um ornamento de beiral estranho ao edifício, mas um órgão arquitetônico de suporte real.

No sistema clássico, a coroa e o ábaco formam por si sós a ordem da arquitetura. No entanto, eles não pertencem nem a esta última nem à construção da qual ela é inseparável. Mas essa mesma ordem, variável em nosso sistema de acordo com a infinidade de suas espécies e de seus estilos, entra como parte integrante no conjunto arquitetural e em toda a construção. Isso já é visível em nosso terceiro estilo e cada vez mais no quarto e no quinto.

Arqueômetro regulador

Não quisemos interromper a aplicação de nosso padrão. Mas, antes de transformar as cordas do gênero cristalino em gênero vivo, por meio das vibrações proporcionais, nós controlamos ainda essa estrutura harmônica, colocando-a sobre o Arqueômetro.

Eis a descrição desse controle que pode ser acompanhado sobre a figura na p. 437.

A planta ocupa a parte central do círculo arqueométrico, de maneira a desenvolver o edifício em duas faces e em dois cortes.

1º: A vista da fachada ao Norte;
2º: A vista dos fundos ao Sul;
3º: O corte de fundo a Leste;
4º: O corte lateral a Oeste.

Arquitetura Falante e Musical 437

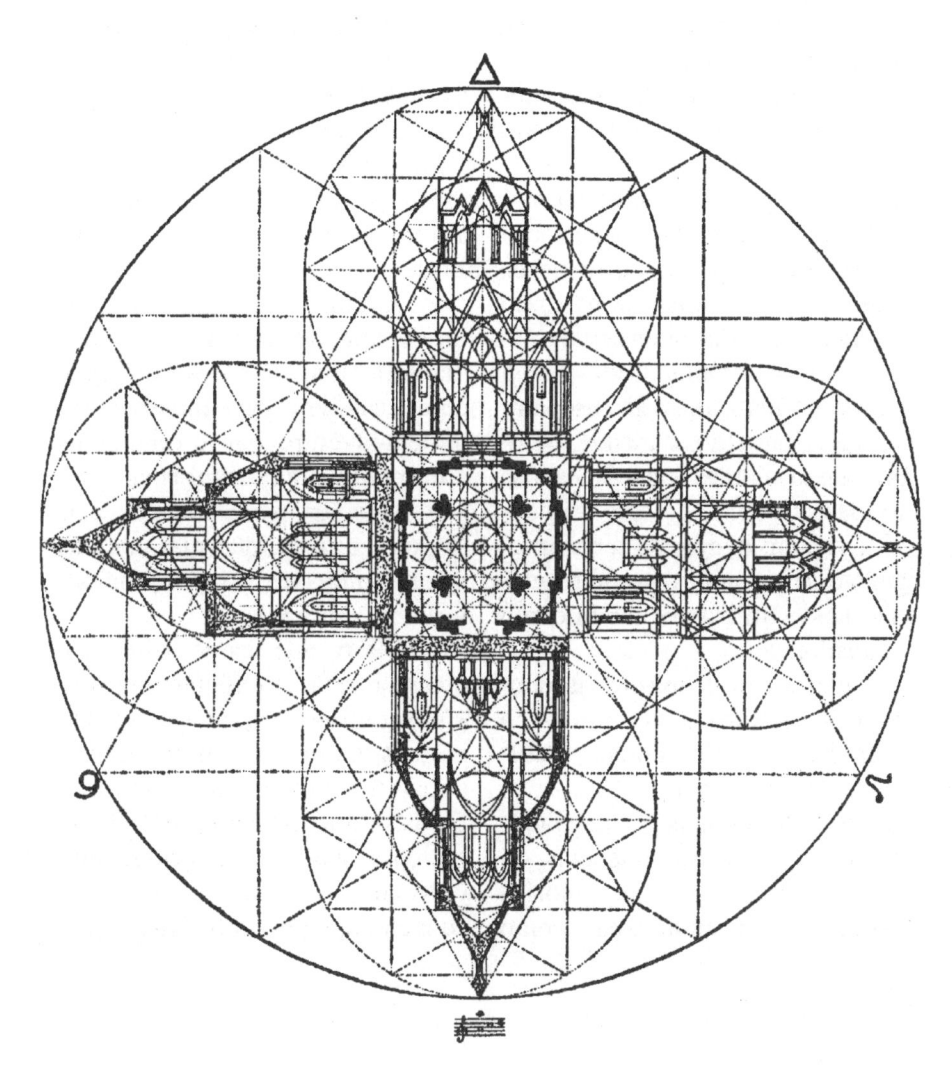

4º estilo (neogótico) – Capela de Maria.

Dessa forma, temos a verificação completa da harmonia de todo o edifício e de todas as suas partes em relação à planta.

Enfim, o pequeno círculo interior, que está no centro da planta, indica o módulo.

Mas este não se aplica apenas, como na arte grega, à ornamentação externa, designada sob o nome de ordem, isto é, à coluna e ao ábaco de um beiral ou de um peristilo.

Nosso módulo convém a todo o edifício musical, inseparável da construção, e a cada membro dessa síntese harmônica das formas.

Assim, depois de ter empregado o Arqueômetro como revelador, nós o utilizamos ainda como regulador.

Para esse controle arqueométrico daremos apenas um único exemplo, para não alongar inutilmente esta descrição.

O Arqueômetro revelador deu-nos as correspondências do nome de Maria, musical e morfologicamente pronunciadas como capelas, por transposição sobre o padrão. Da mesma forma, esses dois instrumentos de precisão, com o mesmo nome, nos dão uma das catedrais.

Em virtude do mesmo princípio, das mesmas leis e dos mesmos instrumentos, obtemos assim uma catedral do Verbo Jesus.

A ela acrescentamos uma igreja abacial criada da mesma maneira, mas sem se preocupar com a palavra, para mostrar que podemos empregar diretamente a língua musical das formas.

Mas, e apenas porque é a língua equivalente, ela nos dá por meio desse exemplo uma referência nominal.

Claro que essas catedrais e essa igreja são apenas um dos 15 exemplos que poderíamos dar para cada uma, sem prejuízo dos outros 15 monumentos semiprofanos, como palácios pontificais ou episcopais, seminários, universidades, escolas, hospícios, conventos, teatros religiosos, etc.

Vasos

Quanto aos objetos que podem entrar no edifício sagrado em consonância morfológica com sua harmonia, limitaremos nossos exemplos, em relação aos vasos, à cerâmica e à ourivesaria.

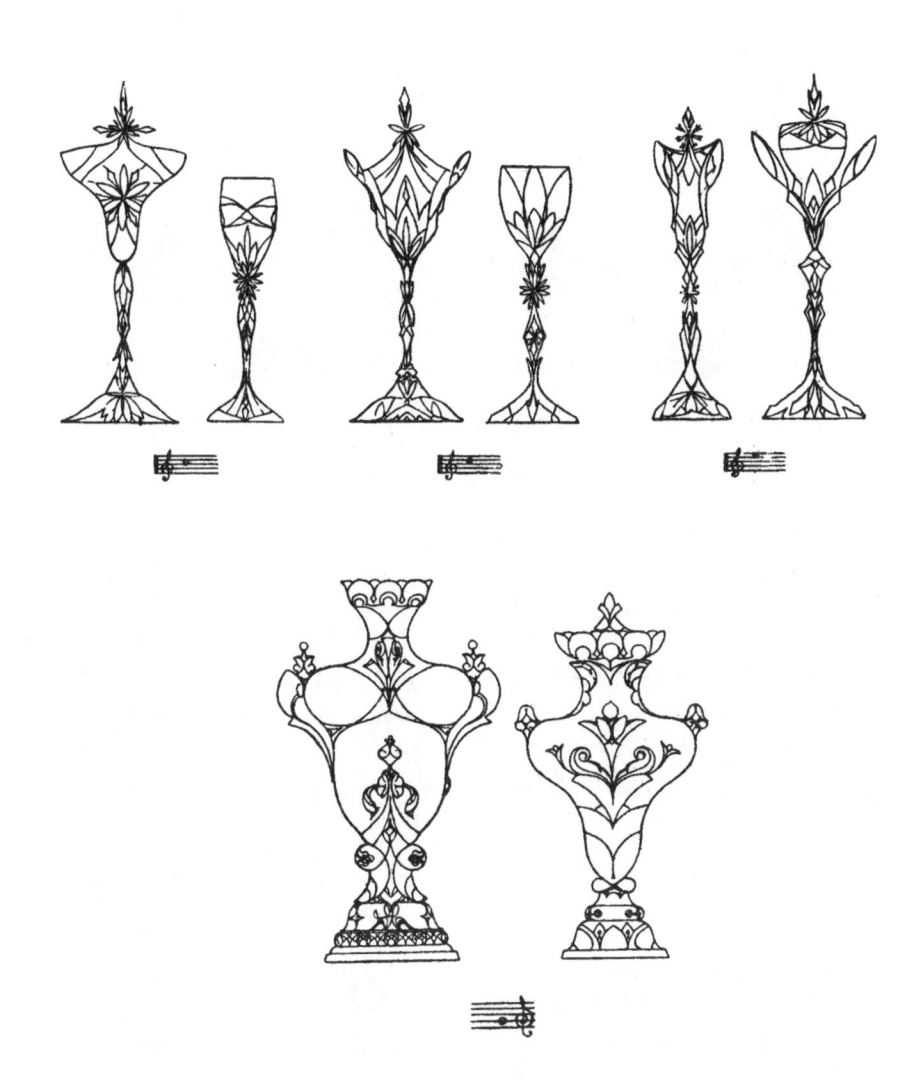

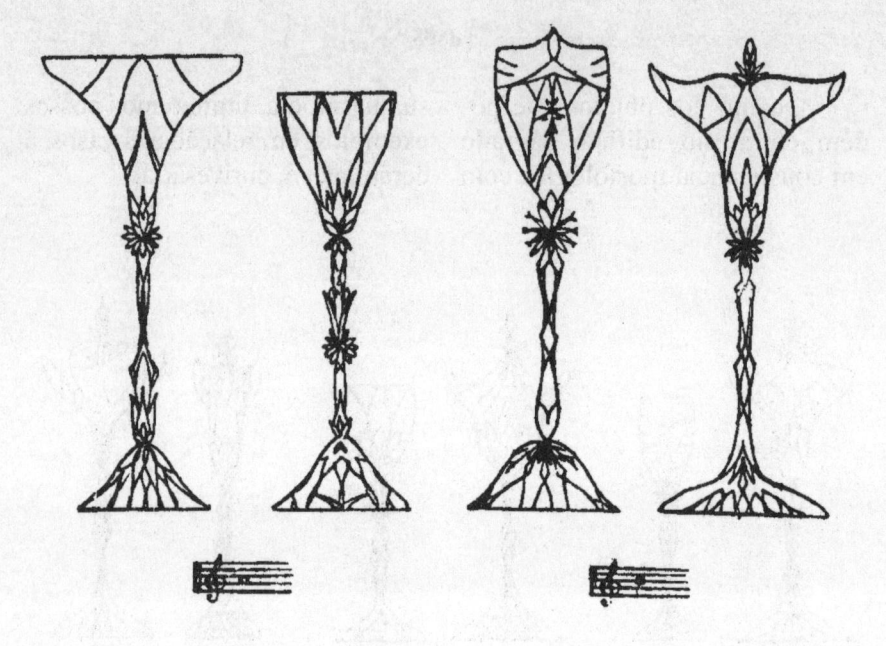

Mais uma vez, uma única espécie em uma única posição, mas suscetível de três, dá nos cinco estilos, sendo que quatro são dados de forma nítida.

O mesmo ocorre com todos os outros objetos estéticos designados no §.

Colunas

Ainda nos resta dar uma prova: a obtenção da coluna e do entrecolunamento seguindo o mesmo sistema e de acordo com o módulo do conjunto.

Os exemplos apresentados se referem à igreja abacial.

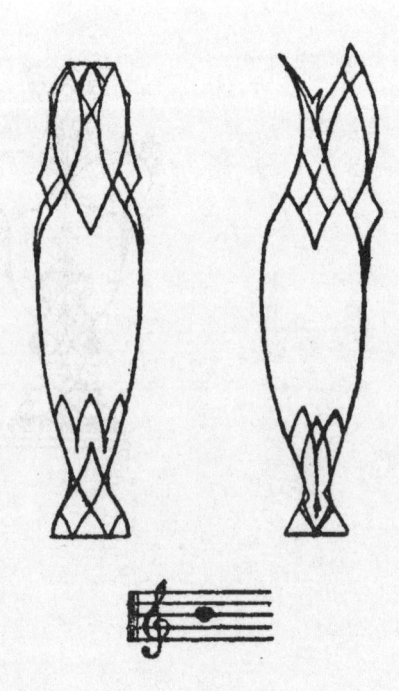

Arqueômetro cromológico

1. Cromologia da palavra sagrada, as três cores.
2. A héxade dos solstícios divinos.
3. A héxade dos equinócios angélicos.
4. A síntese ondulatória complemento da análise por radiações.
5. Cronometria Arqueométrica.
6. As gamas e modos da música crômica: diatonia
7. As gamas e modos da música crômica: cromatismo e Enhar.

Para obter a língua das cores equivalentes aos diferentes signos funcionais da palavra, nós empregamos dois instrumentos:

1º: O Arqueômetro cromológico;

2º: Seu transferidor, seção de sua zona de graus.

O Arqueômetro crômico e cromológico está de acordo com o sistema de Chevreul em relação à sucessão das cores sobre o círculo crômico, mas dele difere nos seguintes pontos:

O círculo crômico de Chevreul não mostra a geração das cores por recobrimento de superfície nem pelas proporções matemáticas. Ele não pode fazê-lo porque atribui a essas mesmas cores, como correspondências geométricas, os raios e não os polígonos inscritos.

Ora, o raio só está em correspondência métrica com a circunferência por aproximação, mas não está em correspondência morfológica. Por si só ele não é gerador de formas, não faz o círculo falar. Por isso, para obter a lei aproximativa de π, tivemos de proceder empiricamente por meio dos polígonos inscritos.

Para obter a morfologia, a palavra das formas, no círculo, é preciso recorrer à correspondência do raio com os polígonos regulares inscritos. É preciso, portanto, tomar como tipo a gota d'água e sua cristalização.

O primeiro polígono que dá essa palavra é o hexágono. A análise deste se faz por meio de dois triângulos equiláteros inscritos em que cada ângulo está situado a 60° do mais próximo. A corda do Arco de 60° é igual ao raio.

Quando dobramos a estrela hexagonal, e os ângulos consecutivos se situem a 30° um do outro, isto é, quando inscrevemos, nessas condições, quatro triângulos equiláteros, por suas interferências eles acabam gerando três quadrados cujos lados são por sua vez iguais ao raio.

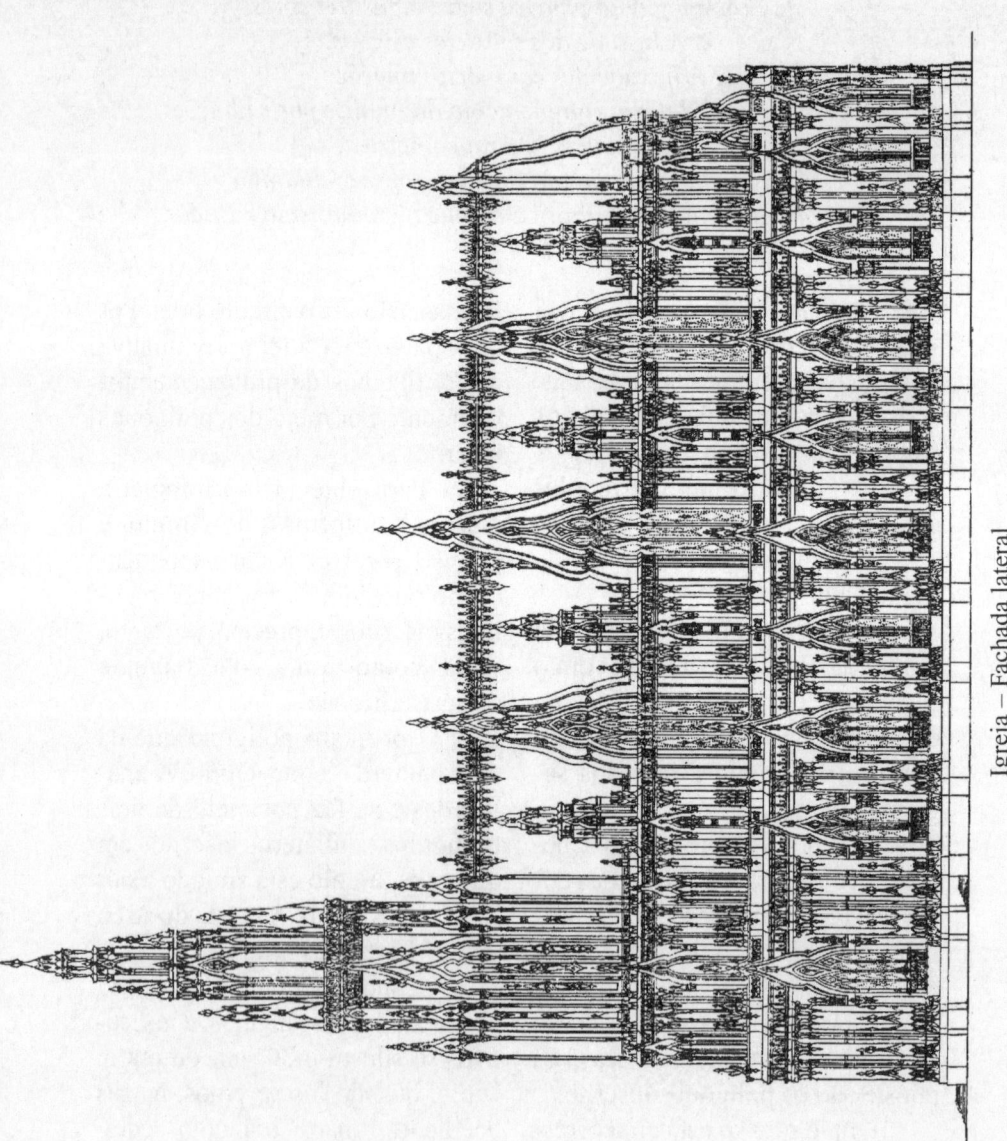

Igreja – Fachada lateral

Dessa maneira, portanto, temos o princípio e a lei ternárias da palavra das formas definidas pelos polígonos inscritos em sua relação com o raio.

Eis uma primeira diferença fundamental entre o círculo crômico de Chevreul e o do Arqueômetro, que é morfológico.

A segunda é que o círculo crômico de Chevreul não dá as cores puras, mas rebaixadas por uma mistura sucessiva e proporcional de branco e de preto.

A prova do fato da correspondência das cores com as formas é dada por rotação.

Quando fazemos girar sobre seu centro o círculo crômico de Chevreul, ele mostrará, assim como o disco de Newton, a anulação de todas as cores entre elas, em proveito de um branco acinzentado.

Ao contrário, quando fazemos girar o Arqueômetro crômico, veremos que as cores se compõem musicalmente entre elas, avivam-se mutuamente; e sobre esse fundo, o raio fotogênico amarelo se afirma com uma potência que ele parecia não ter quando o círculo arqueométrico estava em repouso.

Munido do primeiro triângulo norte, cujos ângulos estão situados a 120° um do outro, o Arqueômetro dá então o princípio ternário, crômico e cromométrico: azul 120, amarelo 120, vermelho 120.

Munido do primeiro triângulo norte, sul, ele dá essas três cores, mais sua mistura em partes iguais, sendo três duplas e posições:

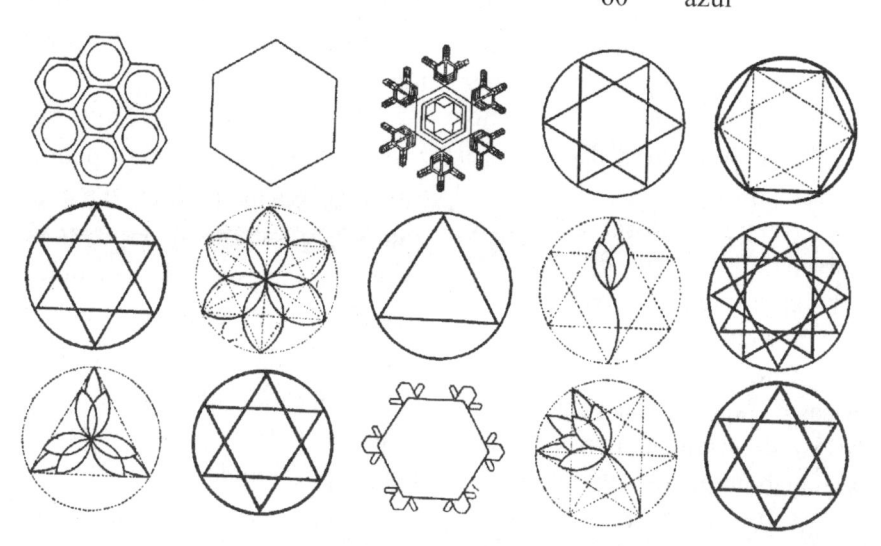

$$1° \; \frac{60°}{60°} \; \frac{azul}{amarelo} \quad 2° \; \frac{60°}{60°} \; \frac{amarelo}{vermelho}$$

$$3° \; \frac{60°}{60°} \; \frac{vermelho}{azul}$$

Cristalização e morfologia naturais diversas (ver p. 432).

Além dos anteriores, munido também de um par de triângulos oeste, leste, ele dá a mistura dos três pares de cores primárias nas proporções de $\frac{30}{90}$, $\frac{60}{60}$ e $\frac{90}{30}$. Essas são as cores zodiacais.

Por sua vez, essas cores inscrevem por si sós suas misturas interferenciais, aquelas que recobrem as interseções dos triângulos equilaterais.

Essas cores interferenciais não são mais zodiacais, mas horárias simples e combinadas. Adicionadas às 12 zodiacais, seu total é de 48 cores.

Para obter as cores horárias, também podemos dobrar o número dos triângulos equilaterais que definem o zodíaco, mas então as interferenciais, adicionadas às 24 cores, dão 168 cores.

Para munir o Arqueômetro em decanatos crômicos, são necessários 12 triângulos equiláteros; mas então as interferências adicionadas aos 36 ângulos dão um total de 360 cores.

Nenhuma dessas cores é rebaixada; todas são francas. Para rebaixá-las, recorremos ao sistema de Chevreul.

Cada par de cores arqueométricas é complementar quando está a 180° de distância, isto é, em seus pontos homólogos de oposição.

O raio ou diâmetro, representado no pequeno círculo central do Arqueômetro, sinaliza essa homologia.

Como as outras correspondências da linguagem das cores estão marcadas sobre o Arqueômetro, não precisamos mais insistir sobre esse ponto.

Cada série ou linguagem de equivalentes arqueométricos constitui então uma classificação crômica que falta às artes e aos ofícios que fabricam e utilizam as cores, apesar dos esforços de Chevreul para colocar um ponto final na confusão e na anarquia de suas nomenclaturas.

O Arqueômetro oferece então o mesmo tanto de elementos de classificação quanto de equivalentes da palavra que ele contém.

Mas, da mesma forma que nós o equipamos com um padrão em relação à aritmologia e à morfologia, também o equipamos com um segmento de seu duplo transferidor de graus em relação à cromologia. Temos então uma nova classificação segundo os graus, seus números e os segmentos proporcionais.

Transferidor de graus

Esse instrumento de precisão se compõe de um segmento arqueométrico de 120°, isto é, do espaço compreendido entre duas cores primárias sobre o trígono do Verbo.

A graduação, como aquela da dupla zona dos graus do Arqueômetro, segue uma dupla caminhada.

Dessa maneira, a composição das cores combinadas pode ser verificada pelos dois números que dão a proporção das misturas das duas cores-mães, sendo que o total é sempre 120.

Impresso sobre um material transparente ou translúcido, esse duplo transferidor deve ser colocado sobre o Arqueômetro crômico.

Os centros dos dois instrumentos devem coincidir. Os dois raios extremos do transferidor devem ser bissectores dos ângulos e polígonos arqueométricos que trazem as duas cores fundamentais cujas combinações matemáticas queremos conhecer, comandar e utilizar.

O setor está dividido em três zonas concêntricas.

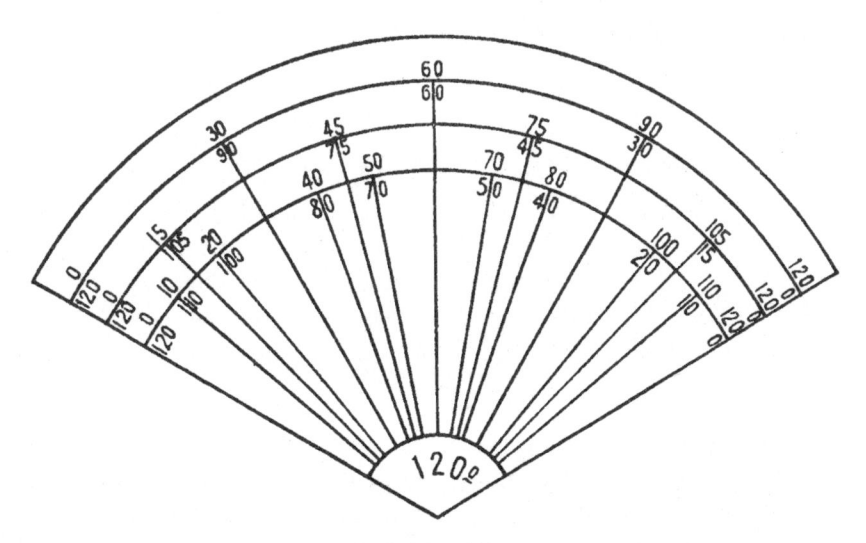

Transferidor de graus.

A primeira traz o nome de zodiacal; a segunda, de horário; a terceira, de decânico.

Consequentemente, o instrumento permite que se leia:

Cada par de cores primárias a 120°.

A geração de sua primeira mistura em partes iguais ou $\frac{60}{60}$.

Esta, $\frac{60}{60}$, quando entra no sistema zodiacal, não foi objeto de uma zona à parte.

De uma cor primária a outra situada a 120°, a zona zodiacal mostra três misturas na proporção de $\frac{90}{30}$, $\frac{60}{60}$, $\frac{30}{90}$: ou seja, com as interferências, 48 cores.

Os raios que indicam essas cores sobre a zona zodiacal do transferidor são bissetores dos ângulos do polígono que elas recobrem.

O mesmo vale para a zona horária que seguem os números $\frac{15}{105}$, $\frac{30}{90}$, $\frac{45}{75}$, $\frac{60}{60}$, $\frac{75}{45}$, $\frac{90}{30}$, $\frac{105}{15}$, ou seja, com as interferências, 168 cores.

As observações são as mesmas para a zona decânico e seus números, sendo o Arqueômetro então munido de 12 triângulos e de um círculo cromológico de 36 cores, que, com as interferências, dão um conjunto de 360 cores.

Na prática de nossos dois instrumentos, a classificação das cores resume-se da seguinte maneira:

Nomenclatura aritmética das cores pelo duplo transferidor dos graus

Do azul ao amarelo, série dos verdes.

Zona Zodiacal:	Azul / Amarelo	90/30,	60/60,	30/90;						
Zona Horária:	Azul / Amarelo	105/15,	90/30,	75/45,	60/60,	45/75,	30/90,	15/105		
Zona Decânica:	Azul / Amarelo	110/10,	100/20,	90/30,	80/40,	70/50,	60/60,	50/70,	40/80,	30/90,	20/100,	10/110

Do amarelo ao vermelho, série dos alaranjados, as mesmas zonas e os mesmos números acima.

Do vermelho ao azul, série dos violeta, as mesmas zonas e os mesmos números acima.

Ao artista só caberá determinar "seu" azul, amarelo e vermelho, de acordo com a potência de cobertura que delas desejar. Em seguida ele comandará as cores e suas misturas, de acordo com os números acima. Enfim, ele se servirá delas de acordo com esses números do transferidor e com as correspondências do Arqueômetro.

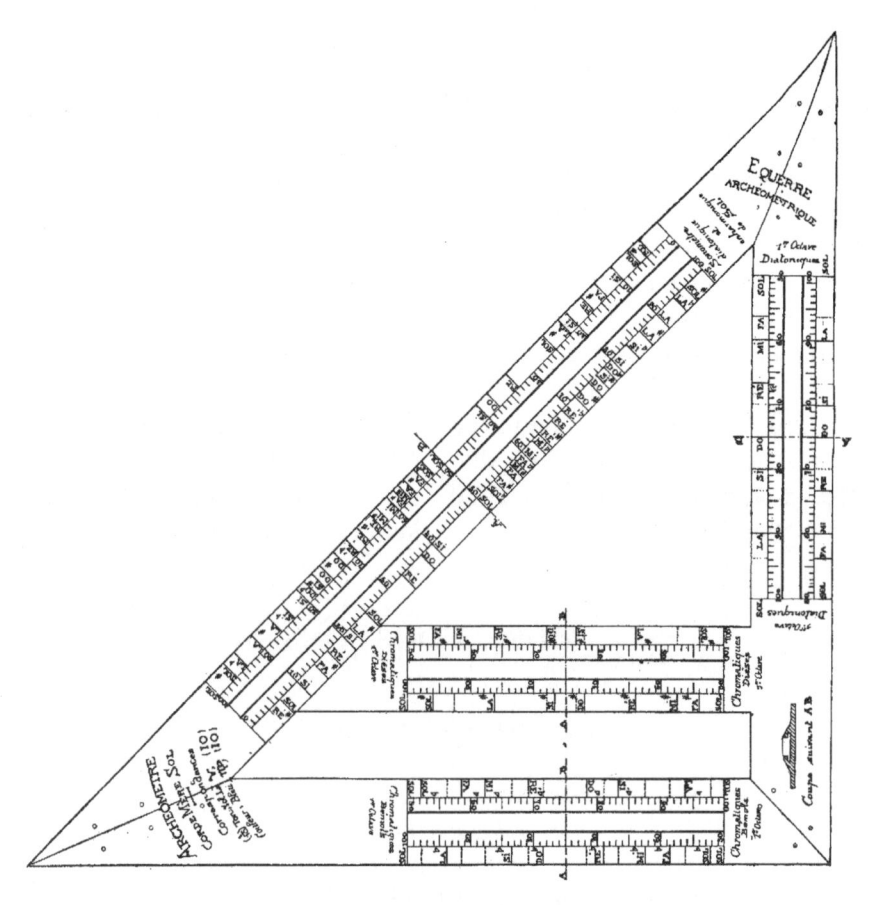

Esquadro arqueométrico.

Voltemos agora às correspondências cromológicas de nossas capelas.

As duas linhas extremas do transferidor colocado sobre o Arqueômetro armado como zodíaco serão bissetrizes do ângulo zodiacal azul e do ângulo zodiacal amarelo.

A cor da letra M será lida como verde zodiacal:

$$\frac{60 \quad \text{azul}}{60 \quad \text{amarelo}}$$

A mesma operação aplicada às combinações do vermelho e de azul revelará a letra E como violeta zodiacal:

$$\frac{60 \quad \text{vermelho}}{60 \quad \text{azul}}$$

Como pertencem ao triângulo sul, as cores do nome de Maria

representam as três primeiras combinações diatônicas dos três raios primitivos do trígono norte, o do Verbo Jesus.

Elas pertencem então ao sistema diatônico ou aos seis tons da gama marcada pelo número 240 sobre esses mesmo trígono.

Mas, como essa gama comporta também quatro cromáticas ou 12 intervalos, ela permite o acompanhamento da melodia do nome, segundo a harmonia diatônica ou a harmonia zodiacal ou cromática.

Às cores que formam a melodia do nome de Maria, é preciso acrescentar aquela que corresponde à sua assunção, como virgem mãe, rainha do céu, dos anjos, dos patriarcas, dos santos.

Podemos ler sobre o Arqueômetro que essa cor é o azul, equivalente crômico da sabedoria, da primeira letra do nome do Pai e do Filho, da corda celeste fundamental, do signo da Virgem, etc.

É o I do nome de Maria que subiu aos céus pelo Verbo – Jesus.

Música dos sons

1. A gênese e a síntese musical.
2. A música do tempo.
3. As sete regras sonométricas.
4. Os sete modos.
5. O triplo modo enarmônico dos solstícios do Verbo.
6. Os quadrados dos sete intervalos, sua notação em cifras.
7. Nova escrita cosmológica, pauta de sete linhas.

Tudo o que acabamos de dizer acerca da música das formas e das cores aplica-se sobre os mesmos números à música dos sons e às suas correspondências com as outras línguas da palavra.

É assim que toda língua sagrada ou litúrgica se transforma sobre o Arqueômetro em melodias, que trazem a marca direta do gênio de cada língua.

O acompanhamento harmônico, segundo os números que regram a melodia, pode ser feito de acordo com o sistema ocidental ou com os sistemas orientais. A arqueometria e seu padrão os localizam e os conduzem ao seu ponto exato de origem no sistema universal e integral dos quais eles dão a aritmologia e a sonometria.

Arquitetura Falante e Musical

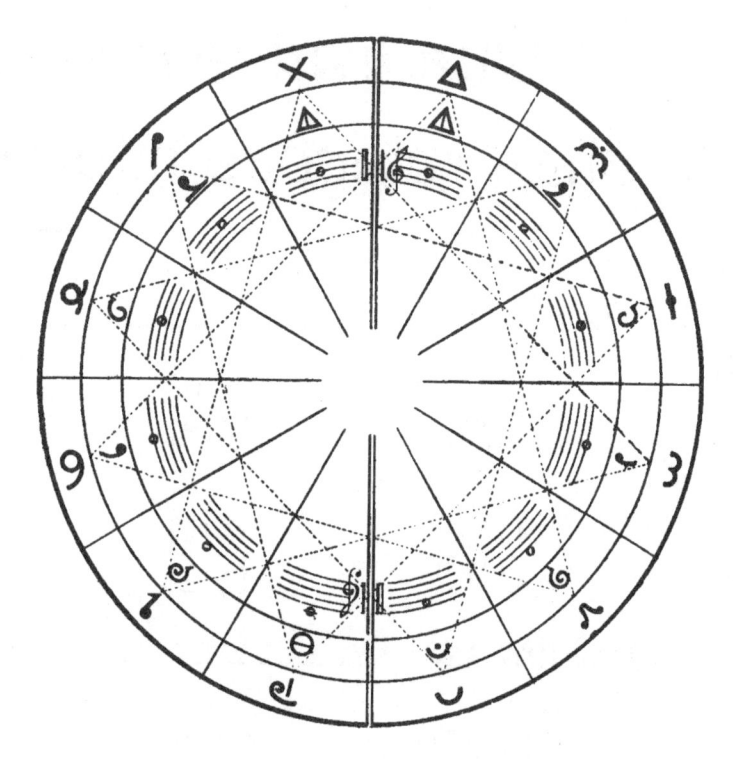

A música e o Arqueômetro.

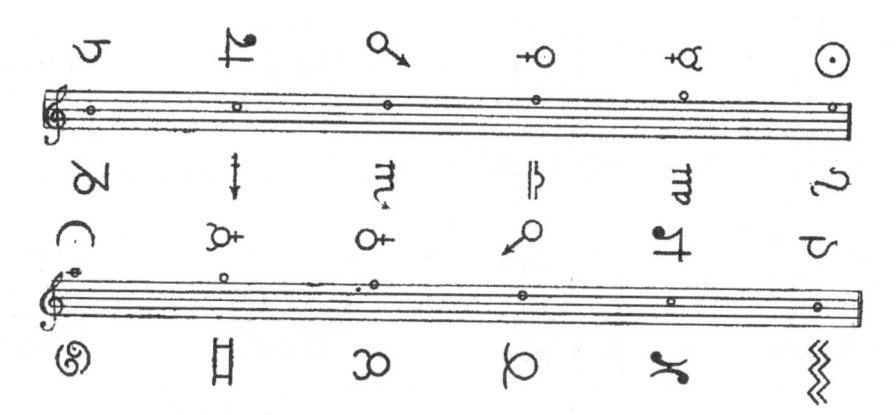

As notas de música, relações planetárias e zodiacais.

Quadrados dos seis e de suas relações nos sete

Segundas e Terças

Sol	La
La	Si

La	Si
Si	Ut

Si	Ut
Ut	Ré

Ut	Ré
Ré	Mi

1	2
2	3

2	3
3	4

3	4
4	5

4	5
5	6

Terças e Quintas

Sol	La	Si
La	Si	Ut
Si	Ut	Ré

La	Si	Ut
Si	Ut	Ré
Ut	Ré	Mi

Si	Ut	Ré
Ut	Ré	Mi
Ré	Mi	Fá

Ut	Ré	Mi
Ré	Mi	Fá
Mi	Fá	Sol

1	2	3
2	3	4
3	4	5

2	3	4
3	4	5
4	5	6

3	4	5
4	5	6
5	6	7

4	5	6
5	6	7
6	7	8

Quartas e Sétimas

Sol	La	Si	Ut
La	Si	Ut	Ré
Si	Ut	Ré	Mi
Ut	Ré	Mi	Fá

La	Si	Ut	Ré
Si	Ut	Ré	Mi
Ut	Ré	Mi	Fá
Ré	Mi	Fá	Sol

Si	Ut	Ré	Mi
Ut	Ré	Mi	Fá
Ré	Mi	Fá	Sol
Mi	Fá	Sol	La

Ut	Ré	Mi	Fá
Ré	Mi	Fá	Sol
Mi	Fá	Sol	La
Fá	Sol	La	Si

1	2	3	4
2	3	4	5
3	4	5	6
4	5	6	7

2	3	4	5
3	4	5	6
4	5	6	7
5	6	7	8

3	4	5	6
4	5	6	7
5	6	7	8
6	7	8	9

4	5	6	7
5	6	7	8
6	7	8	9
7	8	9	10

intervalos diatônicos
modos com notação cifrada

Ré	Mi
Mi	Fá

Mi	Fá
Fá	Sol

Fá	Sol
Sol	Lá

5	6
6	7

6	7
7	8

7	8
8	9

Ré	Mi	Fá
Mi	Fá	Sol
Fá	Sol	Lá

Mi	Fá	Sol
Fá	Sol	Lá
Sol	Lá	Si

Fá	Sol	Lá
Sol	Lá	Si
Lá	Si	Ut

5	6	7
6	7	8
7	8	9

6	7	8
7	8	9
8	9	10

7	8	9
8	9	10
9	10	11

Ré	Mi	Fá	Sol
Mi	Fá	Sol	Lá
Fá	Sol	Lá	Si
Sol	Lá	Si	Ut

Mi	Fá	Sol	Lá
Fá	Sol	Lá	Si
Sol	Lá	Si	Ut
Lá	Si	Ut	Ré

Fá	Sol	Lá	Si
Sol	Lá	Si	Ut
Lá	Si	Ut	Ré
Si	Ut	Ré	Mi

5	6	7	8
6	7	8	9
7	8	9	10
8	9	10	11

6	7	8	9
7	8	9	10
8	9	10	11
9	10	11	12

7	8	9	10
8	9	10	11
9	10	11	12
10	11	12	13

Sétimas e décimas terceiras

Sol	Lá	Si	Ut	Ré	Mi	Fá
Lá	Si	Ut	Ré	Mi	Fá	Sol
Si	Ut	Ré	Mi	Fá	Sol	Lá
Ut	Ré	Mi	Fá	Sol	Lá	Si
Ré	Mi	Fá	Sol	Lá	Si	Ut
Mi	Fá	Sol	Lá	Si	Ut	Ré
Fá	Sol	Lá	Si	Ut	Ré	Mi

Lá	Si	Ut	Ré	Mi	Fá	Sol
Si	Ut	Ré	Mi	Fá	Sol	Lá
Ut	Ré	Mi	Fá	Sol	Lá	Si
Ré	Mi	Fá	Sol	Lá	Si	Ut
Mi	Fá	Sol	Lá	Si	Ut	Ré
Fá	Sol	Lá	Si	Ut	Ré	Mi
Sol	Lá	Si	Ut	Ré	Mi	Fá

Si	Ut	Ré	Mi	Fá	Sol	Lá
Ut	Ré	Mi	Fá	Sol	Lá	Si
Ré	Mi	Fá	Sol	Lá	Si	Ut
Mi	Fá	Sol	Lá	Si	Ut	Ré
Fá	Sol	Lá	Si	Ut	Ré	Mi
Sol	Lá	Si	Ut	Ré	Mi	Fá
Lá	Si	Ut	Ré	Mi	Fá	Sol

Ut	Ré	Mi	Fá	Sol	Lá	Si
Ré	Mi	Fá	Sol	Lá	Si	Ut
Mi	Fá	Sol	Lá	Si	Ut	Ré
Fá	Sol	Lá	Si	Ut	Ré	Mi
Sol	Lá	Si	Ut	Ré	Mi	Fá
Lá	Si	Ut	Ré	Mi	Fá	Sol
Si	Ut	Ré	Mi	Fá	Sol	Lá

1	2	3	4	5	6	7
2	3	4	5	6	7	8
3	4	5	6	7	8	9
4	5	6	7	8	9	10
5	6	7	8	9	10	11
6	7	8	9	10	11	12
7	8	9	10	11	12	13

2	3	4	5	6	7	8
3	4	5	6	7	8	9
4	5	6	7	8	9	10
5	6	7	8	9	10	11
6	7	8	9	10	11	12
7	8	9	10	11	12	13
8	9	10	11	12	13	14

3	4	5	6	7	8	9
4	5	6	7	8	9	10
5	6	7	8	9	10	11
6	7	8	9	10	11	12
7	8	9	10	11	12	13
8	9	10	11	12	13	14
9	10	11	12	13	14	15

4	5	6	7	8	9	10
5	6	7	8	9	10	11
6	7	8	9	10	11	12
7	8	9	10	11	12	13
8	9	10	11	12	13	14
9	10	11	12	13	14	15
10	11	12	13	14	15	16

Oitavas e décimas quintas

Sol	Lá	Si	Ut	Ré	Mi	Fá	Sol
Lá	Si	Ut	Ré	Mi	Fá	Sol	Lá
Si	Ut	Ré	Mi	Fá	Sol	Lá	Si
Ut	Ré	Mi	Fá	Sol	Lá	Si	Ut
Ré	Mi	Fá	Sol	Lá	Si	Ut	Ré
Mi	Fá	Sol	Lá	Si	Ut	Ré	Mi
Fá	Sol	Lá	Si	Ut	Ré	Mi	Fá
Sol	Lá	Si	Ut	Ré	Mi	Fá	Sol

Lá	Si	Ut	Ré	Mi	Fá	Sol	Lá
Si	Ut	Ré	Mi	Fá	Sol	Lá	Si
Ut	Ré	Mi	Fá	Sol	Lá	Si	Ut
Ré	Mi	Fá	Sol	Lá	Si	Ut	Ré
Mi	Fá	Sol	Lá	Si	Ut	Ré	Mi
Fá	Sol	Lá	Si	Ut	Ré	Mi	Fá
Sol	Lá	Si	Ut	Ré	Mi	Fá	Sol
Lá	Si	Ut	Ré	Mi	Fá	Sol	Lá

Si	Ut	Ré	Mi	Fá	Sol	Lá	Si
Ut	Ré	Mi	Fá	Sol	Lá	Si	Ut
Ré	Mi	Fá	Sol	Lá	Si	Ut	Ré
Mi	Fá	Sol	Lá	Si	Ut	Ré	Mi
Fá	Sol	Lá	Si	Ut	Ré	Mi	Fá
Sol	Lá	Si	Ut	Ré	Mi	Fá	Sol
Lá	Si	Ut	Ré	Mi	Fá	Sol	Lá
Si	Ut	Ré	Mi	Fá	Sol	Lá	Si

Ut	Ré	Mi	Fá	Sol	Lá	Si	Ut
Ré	Mi	Fá	Sol	Lá	Si	Ut	Ré
Mi	Fá	Sol	Lá	Si	Ut	Ré	Mi
Fá	Sol	Lá	Si	Ut	Ré	Mi	Fá
Sol	Lá	Si	Ut	Ré	Mi	Fá	Sol
Lá	Si	Ut	Ré	Mi	Fá	Sol	Lá
Si	Ut	Ré	Mi	Fá	Sol	Lá	Si
Ut	Ré	Mi	Fá	Sol	Lá	Si	Ut

1	2	3	4	5	6	7	8
2	3	4	5	6	7	8	9
3	4	5	6	7	8	9	10
4	5	6	7	8	9	10	11
5	6	7	8	9	10	11	12
6	7	8	9	10	11	12	13
7	8	9	10	11	12	13	14
8	9	10	11	12	13	14	15

2	3	4	5	6	7	8	9
3	4	5	6	7	8	9	10
4	5	6	7	8	9	10	11
5	6	7	8	9	10	11	12
6	7	8	9	10	11	12	13
7	8	9	10	11	12	13	14
8	9	10	11	12	13	14	15
9	10	11	12	13	14	15	16

3	4	5	6	7	8	9	10
4	5	6	7	8	9	10	11
5	6	7	8	9	10	11	12
6	7	8	9	10	11	12	13
7	8	9	10	11	12	13	14
8	9	10	11	12	13	14	15
9	10	11	12	13	14	15	16
10	11	12	13	14	15	16	17

4	5	6	7	8	9	10	11
5	6	7	8	9	10	11	12
6	7	8	9	10	11	12	13
7	8	9	10	11	12	13	14
8	9	10	11	12	13	14	15
9	10	11	12	13	14	15	16
10	11	12	13	14	15	16	17
11	12	13	14	15	16	17	18

Arquitetura Falante e Musical

Ré	Mi	Fá	Sol	Lá	Si	Ut
Mi	Fá	Sol	Lá	Si	Ut	Ré
Fá	Sol	Lá	Si	Ut	Ré	Mi
Sol	Lá	Si	Ut	Ré	Mi	Fá
Lá	Si	Ut	Ré	Mi	Fá	Sol
Si	Ut	Ré	Mi	Fá	Sol	Lá
Ut	Ré	Mi	Fá	Sol	Lá	Si

Mi	Fá	Sol	Lá	Si	Ut	Ré
Fá	Sol	Lá	Si	Ut	Ré	Mi
Sol	Lá	Si	Ut	Ré	Mi	Fá
Lá	Si	Ut	Ré	Mi	Fá	Sol
Si	Ut	Ré	Mi	Fá	Sol	Lá
Ut	Ré	Mi	Fá	Sol	Lá	Si
Ré	Mi	Fá	Sol	Lá	Si	Ut

Fá	Sol	Lá	Si	Ut	Ré	Mi
Sol	Lá	Si	Ut	Ré	Mi	Fá
Lá	Si	Ut	Ré	Mi	Fá	Sol
Si	Ut	Ré	Mi	Fá	Sol	Lá
Ut	Ré	Mi	Fá	Sol	Lá	Si
Ré	Mi	Fá	Sol	Lá	Si	Ut
Mi	Fá	Sol	Lá	Si	Ut	Ré

5	6	7	8	9	10	11
6	7	8	9	10	11	12
7	8	9	10	11	12	13
8	9	10	11	12	13	14
9	10	11	12	13	14	15
10	11	12	13	14	15	16
11	12	13	14	15	16	17

6	7	8	9	10	11	12
7	8	9	10	11	12	13
8	9	10	11	12	13	14
9	10	11	12	13	14	15
10	11	12	13	14	15	16
11	12	13	14	15	16	17
12	13	14	15	16	17	18

7	8	9	10	11	12	13
8	9	10	11	12	13	14
9	10	11	12	13	14	15
10	11	12	13	14	15	16
11	12	13	14	15	16	17
12	13	14	15	16	17	18
13	14	15	16	17	18	19

Ré	Mi	Fá	Sol	Lá	Si	Ut	Ré
Mi	Fá	Sol	Lá	Si	Ut	Ré	Mi
Fá	Sol	Lá	Si	Ut	Ré	Mi	Fá
Sol	Lá	Si	Ut	Ré	Mi	Fá	Sol
Lá	Si	Ut	Ré	Mi	Fá	Sol	Lá
Si	Ut	Ré	Mi	Fá	Sol	Lá	Si
Ut	Ré	Mi	Fá	Sol	Lá	Si	Ut
Ré	Mi	Fá	Sol	Lá	Si	Ut	Ré

Mi	Fá	Sol	Lá	Si	Ut	Ré	Mi
Fá	Sol	Lá	Si	Ut	Ré	Mi	Fá
Sol	Lá	Si	Ut	Ré	Mi	Fá	Sol
Lá	Si	Ut	Ré	Mi	Fá	Sol	Lá
Si	Ut	Ré	Mi	Fá	Sol	Lá	Si
Ut	Ré	Mi	Fá	Sol	Lá	Si	Ut
Ré	Mi	Fá	Sol	Lá	Si	Ut	Ré
Mi	Fá	Sol	Lá	Si	Ut	Ré	Mi

Fá	Sol	Lá	Si	Ut	Ré	Mi	Fá
Sol	Lá	Si	Ut	Ré	Mi	Fá	Sol
Lá	Si	Ut	Ré	Mi	Fá	Sol	Lá
Si	Ut	Ré	Mi	Fá	Sol	Lá	Si
Ut	Ré	Mi	Fá	Sol	Lá	Si	Ut
Ré	Mi	Fá	Sol	Lá	Si	Ut	Ré
Mi	Fá	Sol	Lá	Si	Ut	Ré	Mi
Fá	Sol	Lá	Si	Ut	Ré	Mi	Fá

5	6	7	8	9	10	11	12
6	7	8	9	10	11	12	13
7	8	9	10	11	12	13	14
8	9	10	11	12	13	14	15
9	10	11	12	13	14	15	16
10	11	12	13	14	15	16	17
11	12	13	14	15	16	17	18
12	13	14	15	16	17	18	19

6	7	8	9	10	11	12	13
7	8	9	10	11	12	13	14
8	9	10	11	12	13	14	15
9	10	11	12	13	14	15	16
10	11	12	13	14	15	16	17
11	12	13	14	15	16	17	18
12	13	14	15	16	17	18	19
13	14	15	16	17	18	19	20

7	8	9	10	11	12	13	14
8	9	10	11	12	13	14	15
9	10	11	12	13	14	15	16
10	11	12	13	14	15	16	17
11	12	13	14	15	16	17	18
12	13	14	15	16	17	18	19
13	14	15	16	17	18	19	20
14	15	16	17	18	19	20	21

O Arqueômetro

Chave e pauta musical

*supprimant la nécessité des signes ♭, ♮ et ♯
et offrant encore d'autres avantages pratiques*

Arquitetura Falante e Musical

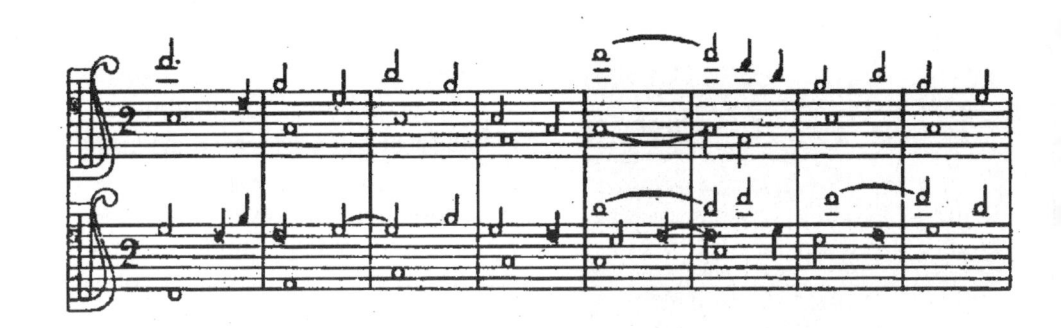

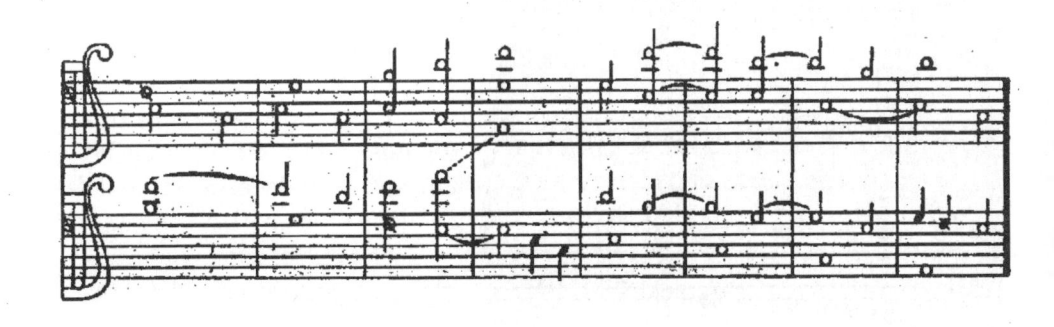

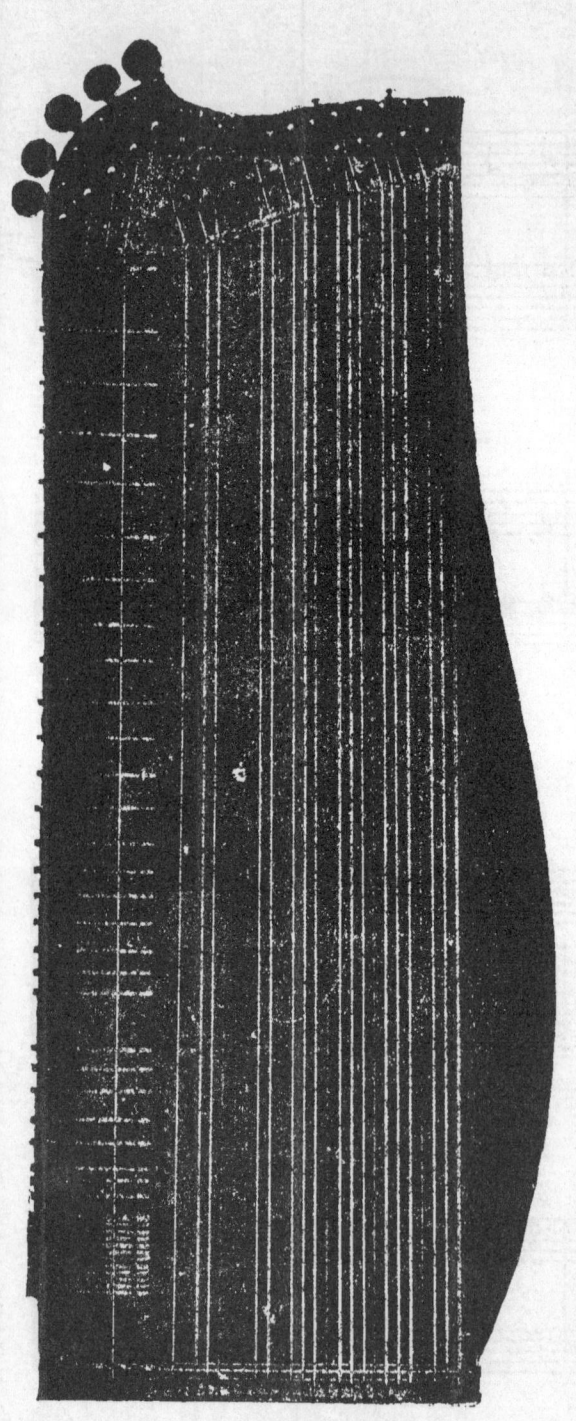

No entanto, sempre é bom indicar aqui alguns dados, depois as tábuas proporcionais arqueométricas e, finalmente, aquelas que são as mais usadas entre os povos europeus. Podemos empregar todas aos mesmos objetos, ainda que prefiramos as que são exatas sob o duplo ponto de vista religioso e científico.

Resumo

Esperamos ter demonstrado claramente que os três instrumentos citados, o Arqueômetro, o padrão, o transferidor graduado, são órgãos novos que permitem todas as aplicações que enunciamos.

Cada um desses instrumentos pode ser empregado em sua totalidade ou segundo os elementos que esta contém.

O Arqueômetro, por exemplo, pode ser decomposto seguindo suas diferentes estruturas de zonas e de polígonos; essas estruturas podem ser multiplicadas em sistemas horários ou decânicos, simples, duplos, triplos, etc.

O mesmo instrumento pode ser seccionado em segmentos, reduzidos em tábuas divididas em fragmentos; estes podem de ser acordo com as letras, com os números ou com suas combinações.

O padrão, por sua vez, pode ser seccionado na mesma quantidade de réguas e de cordas musicais, e estas podem ser combinadas em réguas T, em ângulos, esquadros, paralelogramos, frontões triangulares, etc.

Enfim, o setor arqueométrico graduado também pode ser seccionado ou aumentado de acordo com a necessidade dos estudos e das aplicações.

Quanto às cores arqueométricas, podemos reduzi-las em gamas, em séries harmônicas e, pela rotação, obter zonas musicais de cores novas desconhecidas nos sistemas atuais e cifráveis também segundo os imensos números de combinações de que são suscetíveis os XXII intervalos.

Reservamos também a aplicação de nosso padrão aos instrumentos de sonometria.

Mesma reserva sobre um sistema de barras móveis ou fixas sem número definido, podendo ser adaptadas aos instrumentos de cordas como as cítaras.

Nessas adaptações, o estudo sonométrico fará com que as barras ou os intervalos correspondam com os números cujas séries queremos estudar, seja simples ou comparativamente.

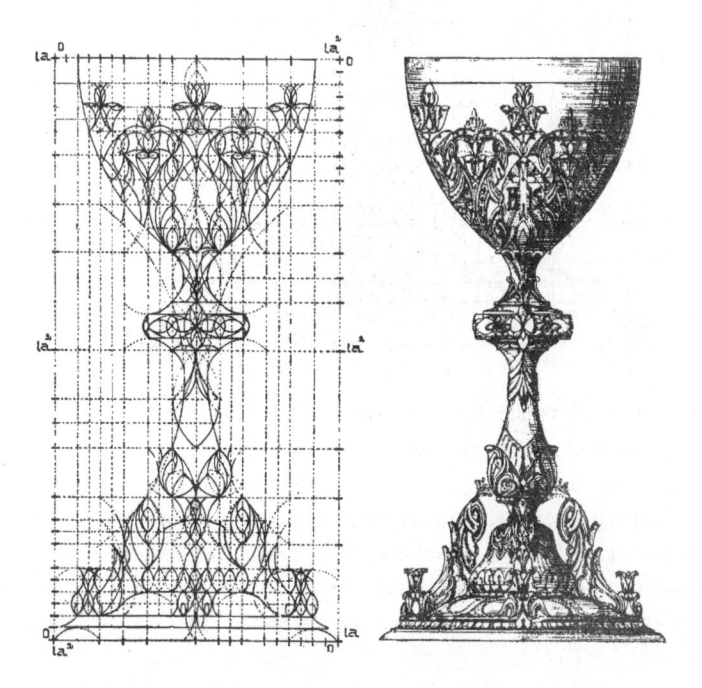

Um cálice (acorde Lá, Ut, Mi).

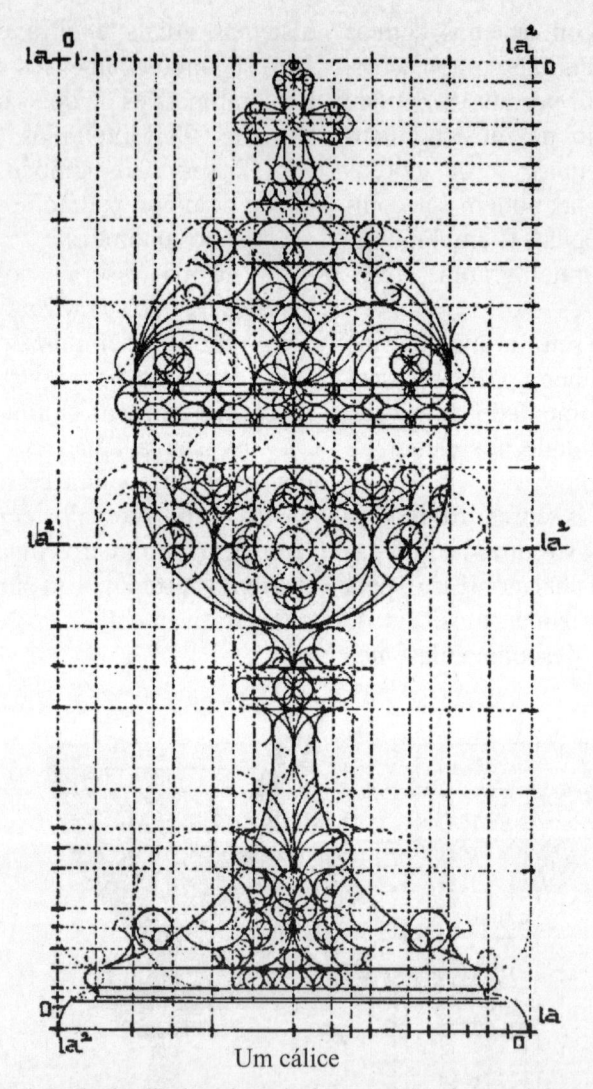

Um cálice

Um exemplo detalhado vale mais do que vários desenvolvimentos teóricos para mostrar a aplicação dos princípios dados pelo Arqueômetro.

Eis por que daremos uma série de lâminas graciosamente oferecidas por M. Gougy e que mostram em detalhe a adaptação para a arquitetura do acorde Lá, Ut, Mi.

A *grande capela*, estilo ogival correspondente a esse acorde, é apresentada nas oito lâminas seguintes sob todos os seus aspectos, e estamos persuadidos de que o estudo dessas figuras irá interessar a todos os arquitetos e todos os amantes de arte.

Arquitetura Falante e Musical 459

É bom lembrar que, graças ao Arqueômetro, todos os objetos contidos na capela,[72] bem como os vitrais e a decoração, são exatamente adaptados às notas, isto é, às letras e ao nome que materializa a capela.

O estilo de cada objeto e a cor mudam com cada nome divino.

Para as cores, as gamas coloridas e os pavilhões indicarão essas relações.

---

72. Ver os cálices descritos nas p. 457 a 459.

O Arqueômetro

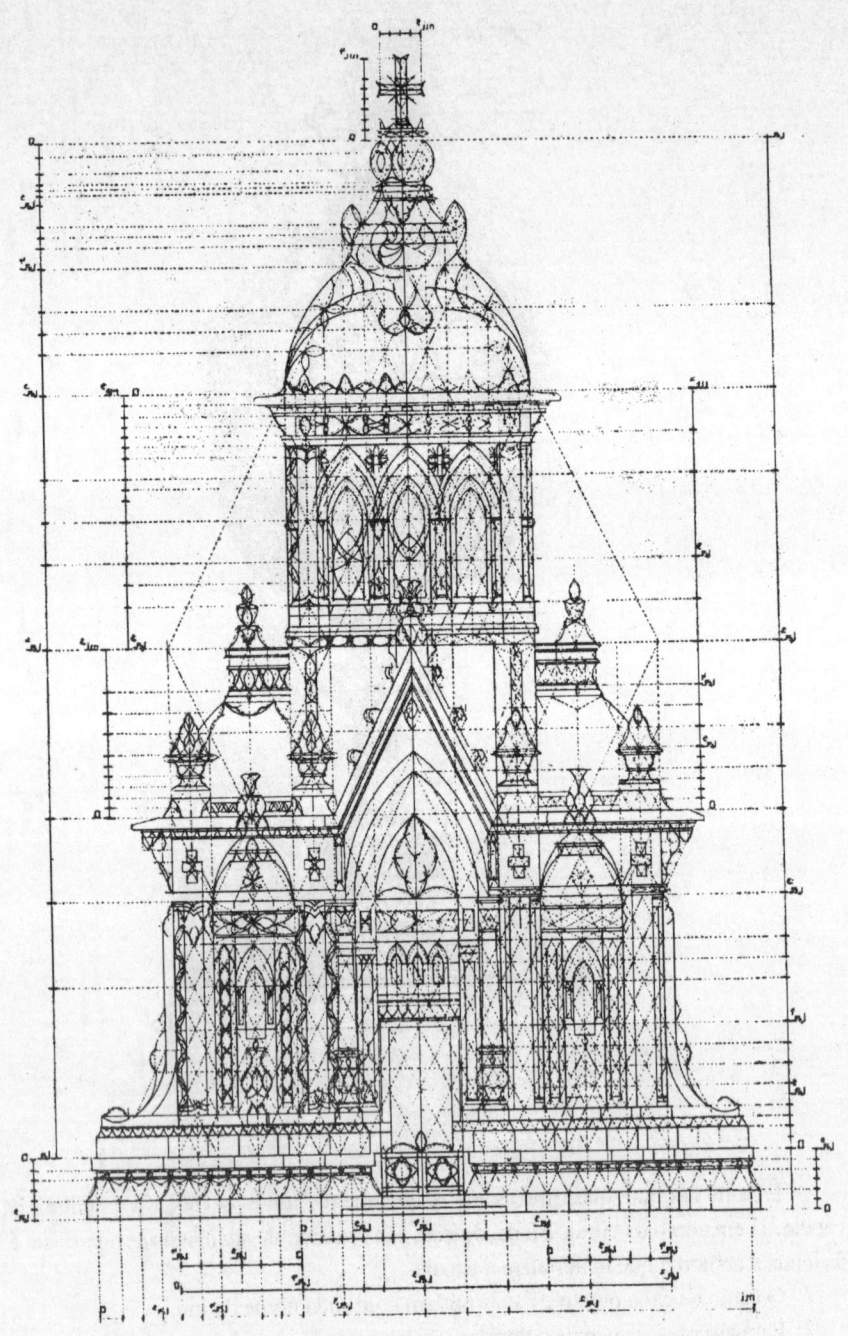

Grande Capela – Fachada (Estilo ogival) – Acorde Lá, Ut, Mi.

Grande Capela – Fachada (Estilo ogival) – Acorde Lá, Ut, Mi.

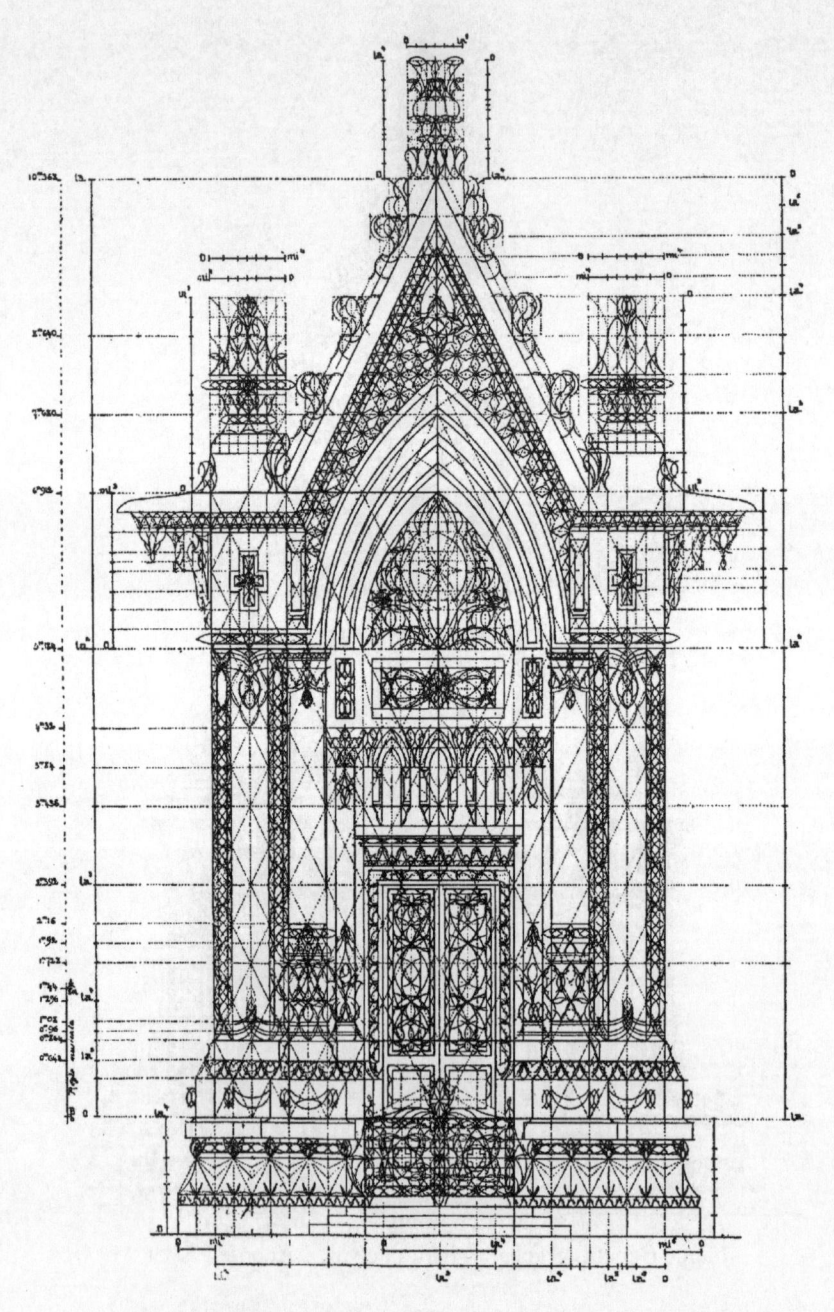

Grande Capela – Detalhe do Pórtico e da Porta de entrada
(Estilo ogival) – Acorde Lá, Ut, Mi.

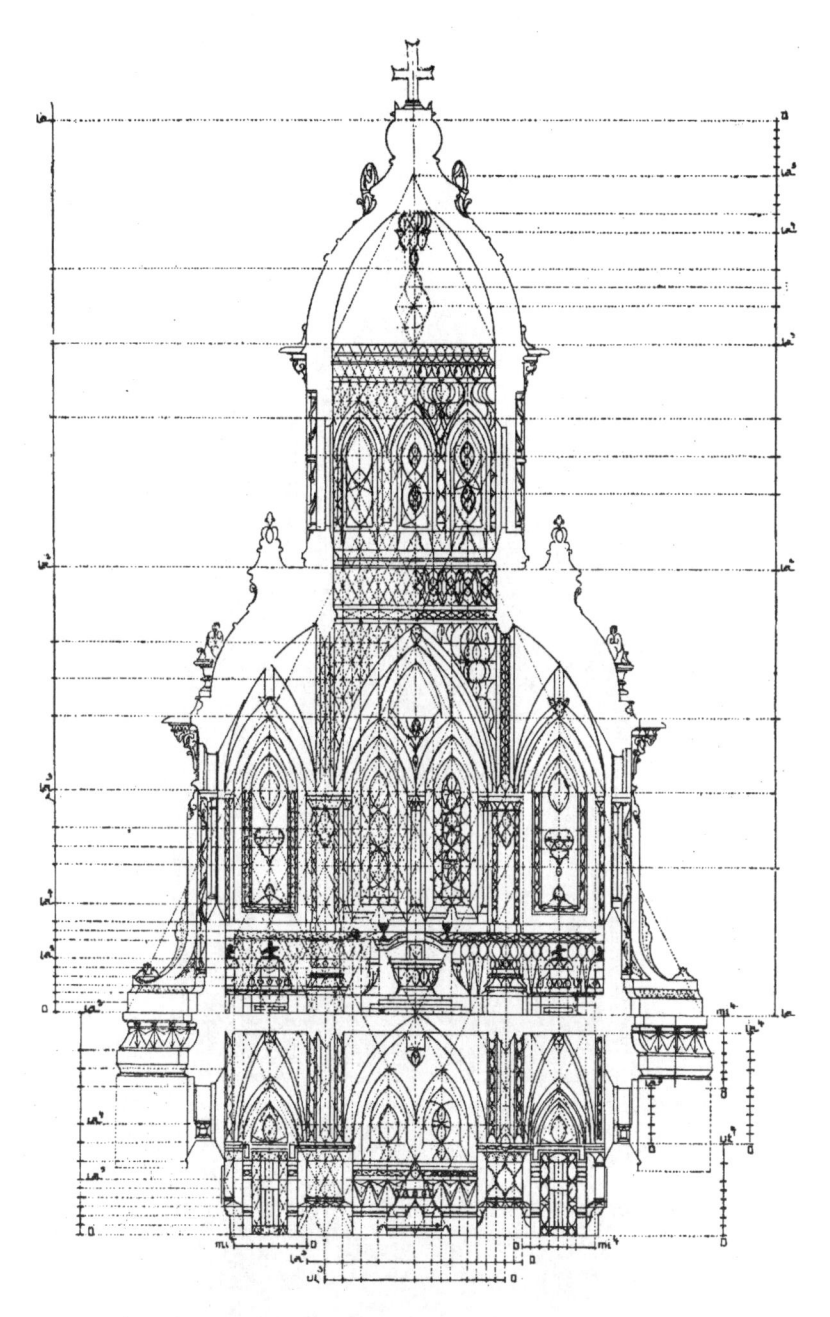

Arquitetura Falante e Musical 463

Grande Capela – Corte (Estilo ogival) – Acorde Lá, Ut, Mi.

Grande Capela – Corte.

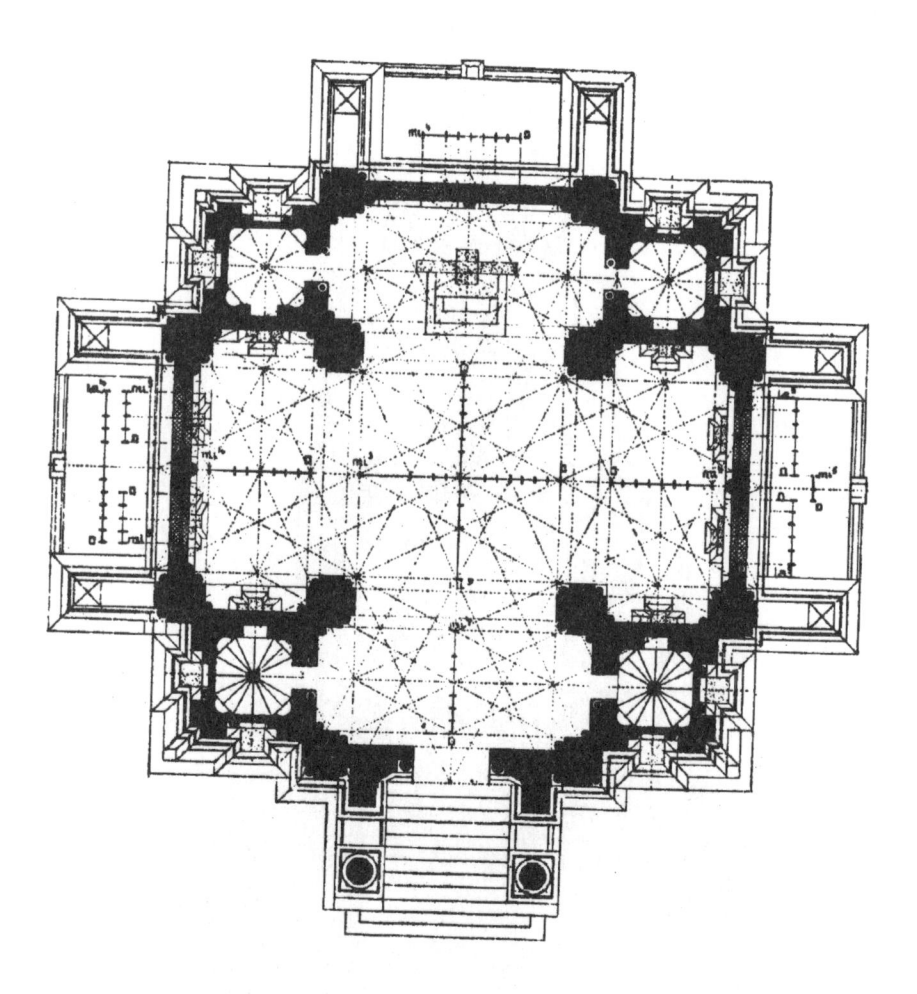

Grande Capela – Planta (Estilo ogival).

Grande Capela, (Estilo ogival) – Acorde Lá, Ut, Mi.

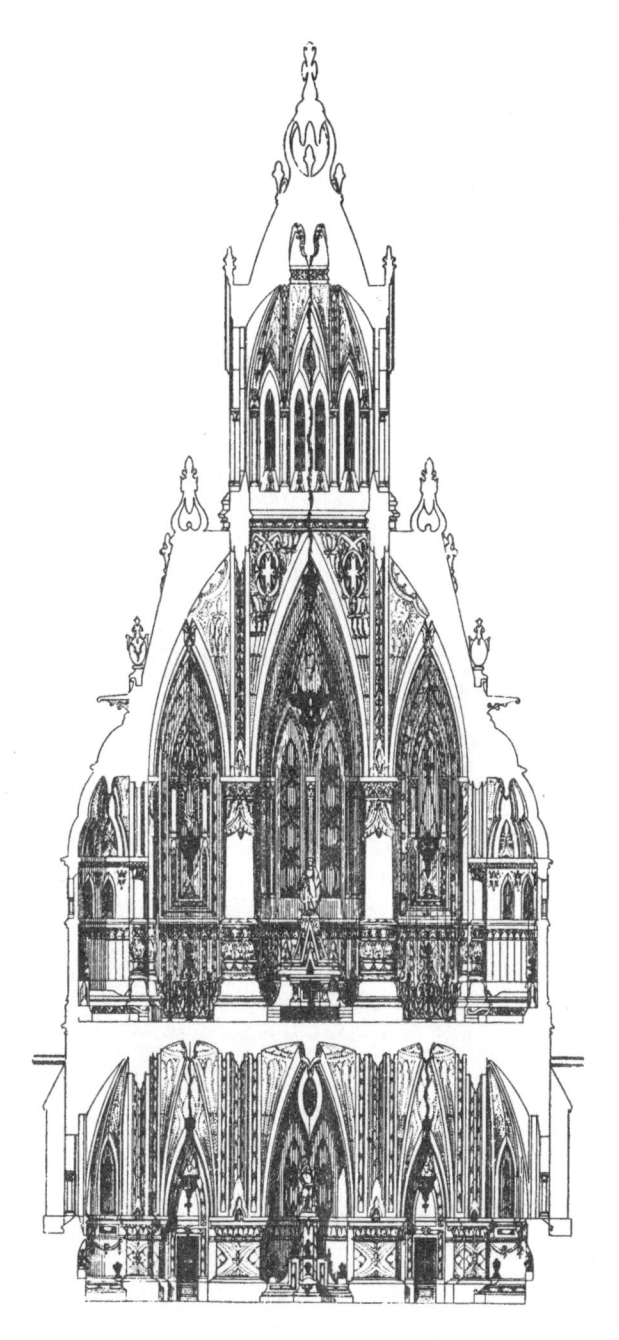

Grande Capela – Fachada e Corte sob figura de demonstração
(Estilo ogival) – Acorde Lá, Ut, Mi.

Conclusão

"E agora, em plena velhice, olhando retrospectivamente a longa trajetória de nosso dever cumprido, vemos, com uma grande paz de espírito e de consciência, que ela não desviou nem nos livros nem em nossos atos públicos ou privados. Ela paira sobre o desconhecimento e sobre a calúnia, mais alta do que o desprezo, tão alta quanto a piedade divina, para com esses infelizes cegos conduzidos por cegos ao Inferno humano que os irá engolir.

É essa mesma caridade que, apesar do luto mais cruel, apesar da idade, da doença, nos fez terminar a obra que tínhamos prometido ao divino Mestre empreender, e com sua ajuda realizar.

A glória então só deve ser dada apenas a Jesus Cristo, e n'Ele, a alma angélica à qual Ele nos uniu e da qual Ele quis que nem a própria morte pudesse nos separar."

Essas palavras de Nosso Mestre, que encerram o prefácio da "Sabedoria Verdadeira", também formam o encerramento lógico de seu admirável trabalho sobre o Arqueômetro.

Assim como o leitor estudioso pôde ver, esse Arqueômetro é antes um evocador científico e positivo, fora de qualquer magia, dos maiores mistérios das religiões antigas. Ele é também um instrumento maravilhoso de adaptação social e temos a real esperança de que, depois de ter estudado a presente obra, o leitor desejará ler as admiráveis "Missões de Saint-Yves": *Missão dos Judeus, Missão dos Soberanos, Missão dos Franceses*, e, sobretudo, a *Missão da Índia*.

Recomendamos especialmente para o estudo dos espíritos elevados a *Teogonia dos Patriarcas*, adaptação das chaves do Arqueômetro na tradução do Gênesis de Moisés e do Evangelho de São João.

Existem também alguns exemplares de um volume consagrado à adaptação musical do Arqueômetro e que formará o núcleo do segundo volume desta obra.

Ao lado do Arqueômetro, considerado como o evocador de toda a sabedoria antiga, pudemos ver dois instrumentos tão maravilhosos derivados do próprio Arqueômetro: primeiro, o padrão, cujas admiráveis adaptações arquiteturais M. Gougy nos revelou, ao evocar com nosso mestre a música das formas; em segundo, o *transferidor estético* e suas múltiplas aplicações.

Não fazemos nenhuma ilusão sobre o trabalho necessário para efetuar o manuseio, junto com toda a ciência desejável, dessa ferramenta de transformação intelectual, religiosa e social que é o Arqueômetro.

Talvez sejam necessários 20 ou 30 anos para que uma universidade ou para que um homem de gênio redescubra a obra de Saint-Yves e faça a esse gênio a justiça que lhe é devida. De fato, quando pensamos que Wroski ainda não foi recompensado por seus esforços em relação à síntese, damo-nos conta do número de anos que serão necessários para que o Arqueômetro seja julgado de acordo com seu justo valor.

Em nossa época de preguiça intelectual, em que os leitores das cidades pequenas são os únicos que têm a calma cerebral necessária para ler e meditar as obras técnicas, este trabalho será, sem dúvida, considerado como um *sistema ideológico divertido* pelos críticos apressados e forçados a, toda semana, dar conta de várias dezenas de obras novas. Mas o que importa! Depois de tanto trabalho, os "Amigos de Saint-Yves" puderam apresentar a obra à qual seu mestre consagrou mais de 20 anos de esforços ininterruptos.

Eles sabem que o mestre e seu anjo estão vivos do outro lado e que, se algumas obras sem raízes invisíveis podem desaparecer, *O Arqueômetro* é uma luz verdadeira à qual muitas tochas virão, de maneira patente ou oculta, pedir o fogo emancipador e que deve para sempre vencer as trevas, em todos os planos.

O Arqueômetro

Quadro sintético dos Altos Estudos
Lâmina 1

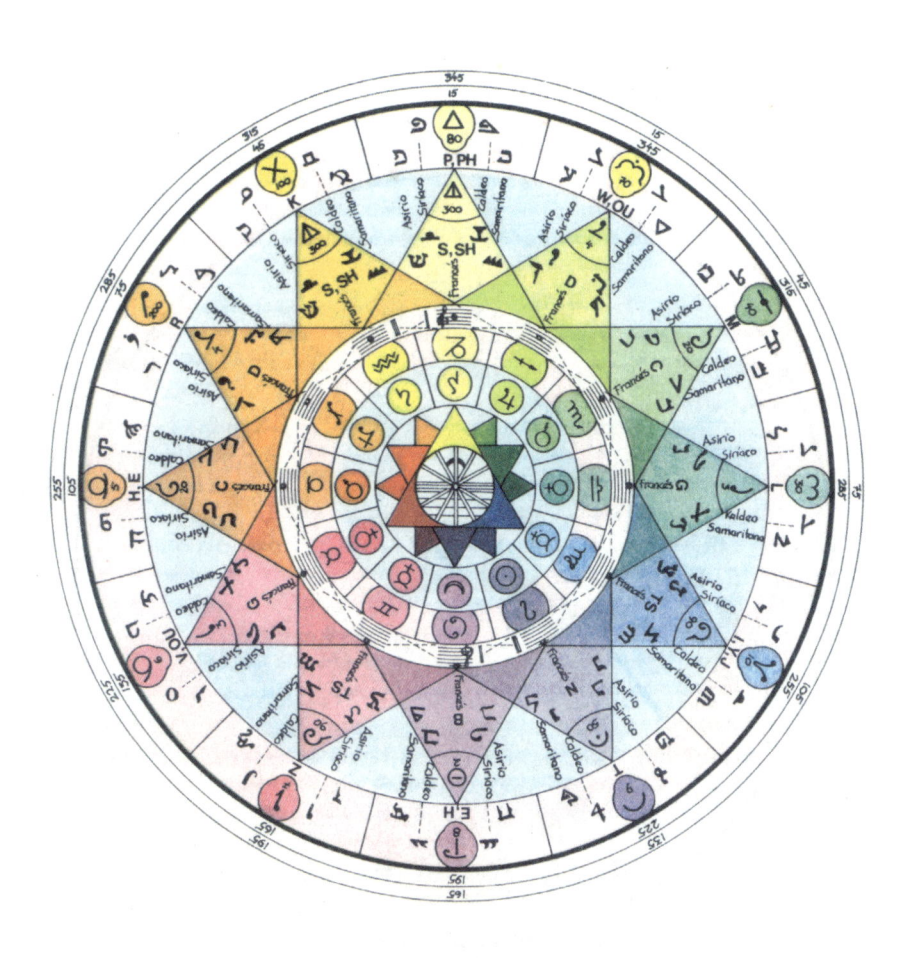

As III letras de construção: A, s, Th

O Arqueômetro

Os VII Modos Luminosos: Sistema Diatônico Bemol
Lâmina crômica II

Consultar o Arqueômetro, seu padrão, sua aritmologia e sua música.

Conclusão

O Arqueômetro

Os VII Modos Luminosos: Sistema diatônico bequadrado.
Prancha crômica III

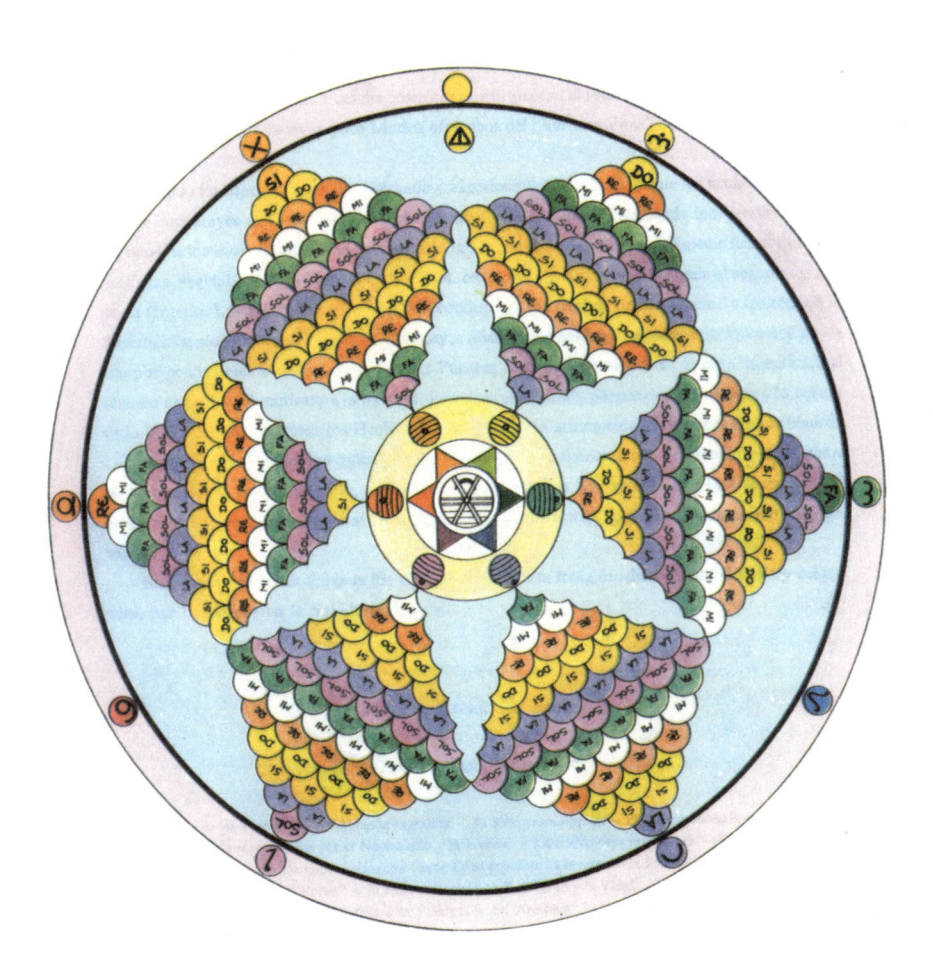

Consultar o Arqueômetro, seu padrão, sua aritmologia e sua música.

Bandeira Arqueométrica

Prancha crômica IV

Código Arqueométrico das Cores simples.

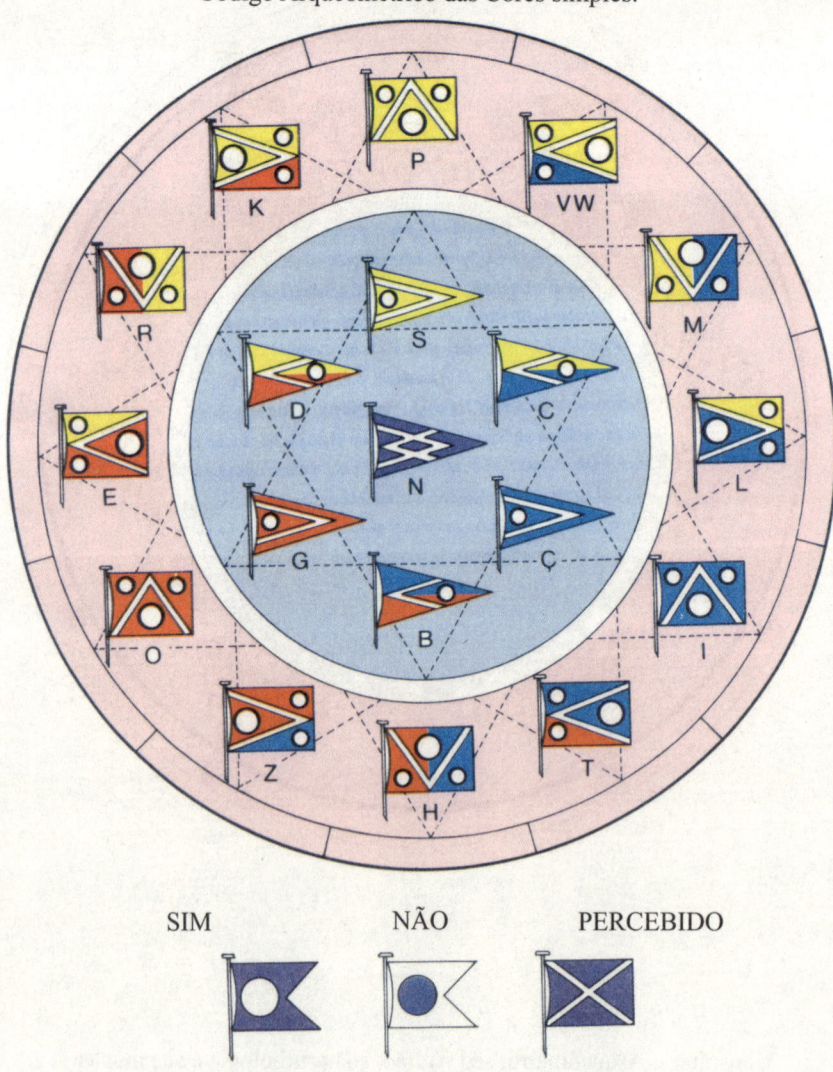

SIM   NÃO   PERCEBIDO

Consultar o Arqueômetro, seu padrão, sua aritmologia e sua música.

Bandeira Arqueométrica

Prancha crômica V
Código Arqueométrico das Cores simples.

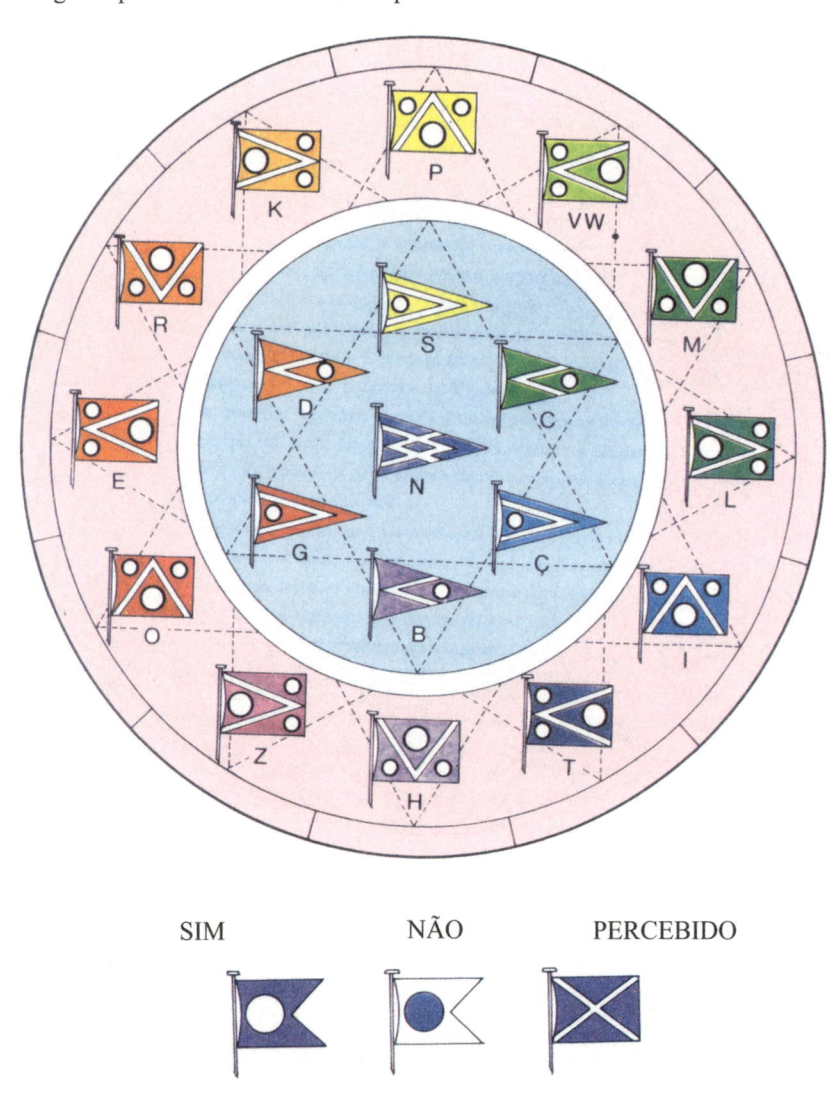

SIM   NÃO   PERCEBIDO

Consultar o Arqueômetro, seu padrão, sua aritmologia e sua música.

O Arqueômetro

Vibrações harmônicas.

Leitura Recomendada

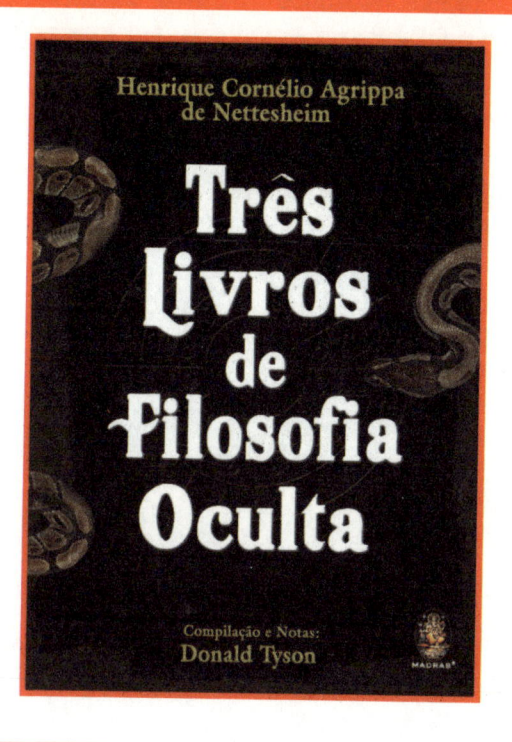

Três Livros de Filosofia Oculta
Henrique Cornelio Agrippa de Nesttesheim

Três Livros de Filosofia Oculta possui um amplo repertório mágico, o qual tem influenciado os ocultistas por cinco séculos. Este clássico da literatura oculta foi publicado pela primeira vez em 1531 e traduzido para o inglês em 1651, porém nunca na íntegra. Agora – pela primeira vez em 500 anos – Donald Tyson apresenta esses escritos da forma como Agrippa gostaria que eles fossem exibidos e com as correções dos equívocos cometidos na tradução original.

Nesta obra, reúnem-se extratos sobre a magia dos trabalhos desconhecidos de Pitágoras; Plínio, o Velho; Cícero; Ptolomeu; Platão; Aristóteles e muitas outras autoridades no assunto.

As anotações detalhadas de Donald Tyson esclarecem e simplificam as referências de difícil compreensão, além de
ele acrescentar citações originais, a fim de tornar o trabalho de Agrippa mais acessível para o leitor moderno.

Leitura Recomendada

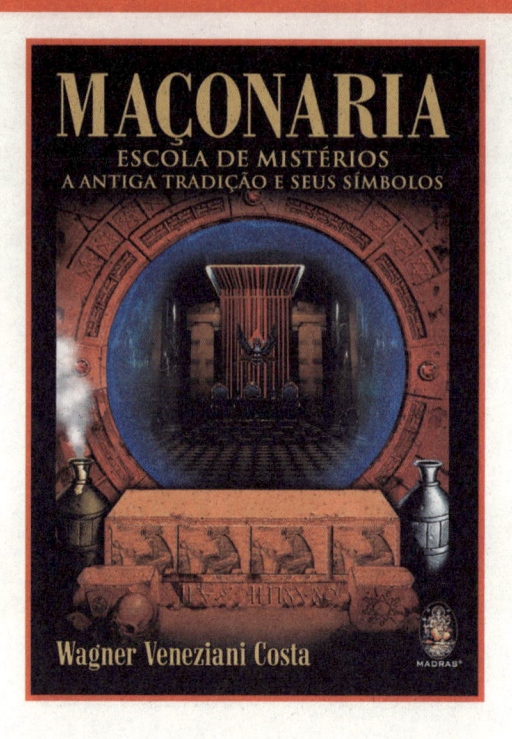

Maçonaria – Escola de Mistérios
A Antiga Tradição e seus Símbolos

Wagner Veneziani Costa

É comum ouvirmos que a Maçonaria consiste em uma instituição que congrega homens de bons costumes, solidários e transformadores da sociedade. Há quem diga que sua origem remonta às primeiras civilizações do mundo (egípcios, persas, gregos...) e que vem acumulando diversos conhecimentos desde então.

O que podemos afirmar é que a Maçonaria, sem sombra de dúvida, sempre foi uma Escola Iniciática de Mistérios, alicerçada nos símbolos e na tradição. Ninguém ensina Maçonaria para ninguém, é preciso vivenciá-la; isso é algo comum em qualquer escola iniciática. Cabe ao recipiendário absorver e praticar cada palavra, cada símbolo e detê-los em sua existência.

www.madras.com.br

MADRAS® Editora
CADASTRO/MALA DIRETA

Envie este cadastro preenchido e passará a receber informações dos nossos lançamentos, nas áreas que determinar.

Nome _____

RG _____ CPF _____

Endereço Residencial _____

Bairro _____ Cidade _____ Estado _____

CEP _____ Fone _____

E-mail _____

Sexo ❏ Fem. ❏ Masc.   Nascimento _____

Profissão _____ Escolaridade (Nível/Curso) _____

Você compra livros:

❏ livrarias   ❏ feiras   ❏ telefone   ❏ Sedex livro (reembolso postal mais rápido)

❏ outros: _____

Quais os tipos de literatura que você lê:

❏ Jurídicos   ❏ Pedagogia   ❏ Business   ❏ Romances/espíritas

❏ Esoterismo   ❏ Psicologia   ❏ Saúde   ❏ Espíritas/doutrinas

❏ Bruxaria   ❏ Autoajuda   ❏ Maçonaria   ❏ Outros:

Qual a sua opinião a respeito desta obra? _____
_____

Indique amigos que gostariam de receber MALA DIRETA:

Nome _____

Endereço Residencial _____

Bairro _____ Cidade _____ CEP _____

Nome do livro adquirido: *O Arqueômetro*

Para receber catálogos, lista de preços e outras informações, escreva para:

MADRAS EDITORA LTDA.
Rua Paulo Gonçalves, 88 – Santana – 02403-020 – São Paulo/SP
Tel.: (11) 2281-5555 – (11) 98128-7754
www.madras.com.br

MADRAS Editora

Para mais informações sobre a Madras Editora, sua história no mercado editorial e seu catálogo de títulos publicados:

Entre e cadastre-se no site:

www.madras.com.br

Para mensagens, parcerias, sugestões e dúvidas, mande-nos um e-mail:

marketing@madras.com.br

SAIBA MAIS

Saiba mais sobre nossos lançamentos, autores e eventos seguindo-nos no facebook e twitter:

@madrased

/madraseditora